中国社会科学院
日本研究所

新冠肺炎疫情冲击下的
日本与东亚
变局与深化合作的可能性

杨伯江　主编
唐永亮　叶　琳　副主编

中国社会科学出版社

图书在版编目(CIP)数据

新冠肺炎疫情冲击下的日本与东亚：变局与深化合作的可能性／杨伯江主编 . —北京：中国社会科学出版社，2020.12
ISBN 978 - 7 - 5203 - 6979 - 4

Ⅰ.①新… Ⅱ.①杨… Ⅲ.①东亚—国际关系—研究—日本 Ⅳ.①D833.12

中国版本图书馆 CIP 数据核字（2020）第 246545 号

出 版 人	赵剑英
责任编辑	王 茵　王 衡
责任校对	朱妍洁
责任印制	王 超

出　　版	中国社会科学出版社
社　　址	北京鼓楼西大街甲 158 号
邮　　编	100720
网　　址	http://www.csspw.cn
发 行 部	010 - 84083685
门 市 部	010 - 84029450
经　　销	新华书店及其他书店

印刷装订	北京明恒达印务有限公司
版　　次	2020 年 12 月第 1 版
印　　次	2020 年 12 月第 1 次印刷

开　　本	710×1000　1/16
印　　张	24
字　　数	358 千字
定　　价	139.00 元

凡购买中国社会科学出版社图书，如有质量问题请与本社营销中心联系调换
电话：010 - 84083683
版权所有　侵权必究

目　　录

第一章　疫情与全球及区域形势

疫情冲击下的世界与亚洲 …………………………………………（3）
疫情对国际分工体系的冲击
　　——区域化新动向与东亚生产网络新趋势 …………………（16）
疫情下的中日关系与美国因素 …………………………………（34）
知识—认知共同体与东亚地区公共卫生治理
　　——中日合作的必要与前景 …………………………………（49）

第二章　疫情对日本经济的影响及其未来走向

日本应对疫情的紧急经济政策分析 ……………………………（71）
疫情冲击下中日货币金融政策比较 ……………………………（83）
疫情强化日本跨国公司对华FDI的调整 ………………………（103）

第三章　疫情对日本政治外交的影响及其未来走向

疫情对日本政局的影响 …………………………………………（119）
疫情冲击下日本对外战略走向 …………………………………（134）
中日救灾外交中的功能性合作与情感认知 ……………………（150）
疫情背景下日本对华认知的维度和限度 ………………………（164）

第四章 疫情对中日及区域合作的影响及其未来走向

疫情对中日经贸关系的影响与合作契机 …………………………（177）
疫情对中日与东盟关系的影响 ……………………………………（190）
疫情背景下深化中日韩合作的机遇及其今后走向 ………………（200）
疫情背景下的东亚区域经济合作及日本政府政策取向 …………（212）

第五章 疫情对中日关系的影响及其未来走向

日本的疫情应对及其对中日关系的影响 …………………………（231）
疫情背景下的日本动态与中日关系 ………………………………（238）
防疫合作与中日建设性安全关系
　　——基于非传统安全理论的分析框架 ………………………（268）
民间外交与文化共享对构筑新时代中日关系的意义
　　——对中日携手抗击疫情的若干思考 ………………………（291）

第六章 疫情与公共卫生管理体制

日本危机管理体制机制的运行及其特点 …………………………（301）
国家安全体系下的日本公共卫生安全体系建设 …………………（309）
日本应对疫情的国内政策选择 ……………………………………（325）
日本"官民协作"的危机治理模式及其启示 ……………………（343）
日本地方政府公共卫生危机应急管理机制及启示 ………………（349）
日韩公共卫生危机管理机制比较研究 ……………………………（362）

后　记 ………………………………………………………………（380）

第一章

疫情与全球及区域形势

疫情冲击下的世界与亚洲[*]

当前，新冠肺炎疫情的暴发及蔓延已成为影响国家间关系、国际格局及秩序变动的重要变量，疫情带来的全方位冲击使得原本就处于"百年未有之大变局"的世界更加充满变数，不确定性进一步上升。如何辩证认识疫情冲击下的世界和地区形势，准确把握未来发展前景，成为摆在各国面前的当务之急。

一方面，疫情并未改变世界大势，世界处于"百年未有之大变局"的基本方位没有变化。像新冠肺炎疫情这样的重大传染性疾病一直伴随着人类，人类社会正是在克服种种挑战的过程中不断获得新生和发展。疫情的发生并未使世界脱离当今的时代主题，而是对全球化做了一次深刻、生动的注脚。中国对总体形势的基本判断应予坚持，即"世界正处于大发展大变革大调整时期，和平与发展仍然是时代主题。世界多极化、经济全球化、社会信息化、文化多样化深入发展，全球治理体系和国际秩序变革加速推进，各国相互联系和依存日益加深，国际力量对比更趋平衡，和平发展大势不可逆转。同时，世界面临的不稳定性不确定性突出，世界经济增长动能不足，贫富分化日益严重，地区热点问题此起彼伏，恐怖主义、网络安全、重大传染性疾病、气候变化等非传统安全威胁持续蔓延，人类面临许多共同挑战"。[①]

另一方面，新冠肺炎疫情又以前所未有的冲击力度，加速了世界大

---

[*] 杨伯江，中国社会科学院日本研究所所长、研究员。
[①] 习近平：《决胜全面建成小康社会 夺取新时代中国特色社会主义伟大胜利——在中国共产党第十九次全国代表大会上的报告》，新华社，2017年10月27日，http://www.gov.cn/zhuanti/2017-10/27/content_5234876.htm［2017-10-30］。

发展大变革大调整的趋势，对"百年未有之大变局"历史进程进行着阶段性重塑。作为一次全球公共卫生危机，新冠肺炎疫情相比其他非传统安全领域的危机，如自然灾害、金融危机等，具有突发性、无差别性、跨国性、不确定性等特征。疫情波及范围广、治理难度大、损伤程度深、恢复周期长，极易冲击区域乃至世界经济增长，造成危及一国国内乃至全球局势稳定的复合性后果。[1]

一 疫情下的经济全球化与世界多极化

首先，全球化趋势不会逆转，但节奏将会调整、范式会有变化。短期来看，疫情冲击下，经济全球化的确陷入了阶段性暂停的窘境。世界银行的数据显示，截至2020年4月初，将近150个国家关闭了所有学校，强制取消了各种活动，80多个国家关闭了所有工作场所，目的是控制病毒扩散。旅行限制成为普遍现象。强制性封锁加上消费者和生产者自觉保持社交距离，对全球经济活动和贸易造成了混乱。[2] 全球贸易投资急剧收缩，WTO已预测今年全球贸易将出现13%—32%的下滑。[3] 世界银行预测，2020年新冠肺炎疫情引发的全球衰退将成为第二次世界大战以来程度最深的衰退。[4]

严峻形势催生了悲观论调，疫情冲击下，西方不少著名学者对全球化前景看衰，甚至认为经济全球化已经终结。哈佛大学肯尼迪政府学院

---

[1] 杨伯江：《疫情影响评估及"后新冠"阶段国际形势展望》，中国社会科学网，2020年4月27日，http：//www.cssn.cn/gjgxx/gj_bwsf/202004/t20200427_5119035.shtml［2020-07-07］。

[2] Dana Vorisek, "COVID-19 will Leave Lasting Economic Scars around the World", https：//blogs.worldbank.org/zh-hans/voices/covid-19-will-leave-lasting-economic-scars-around-world［2020-06-08］.

[3] 杨伯江：《疫情影响评估及"后新冠"阶段国际形势展望》，中国社会科学网，2020年4月27日，http：//www.cssn.cn/gjgxx/gj_bwsf/202004/t20200427_5119035.shtml［2020-07-07］。

[4] Justin-Damien Guénette, "Global Economy Hit by Deepest Recession in 80 Years Despite Massive Stimulus Measures", https：//blogs.worldbank.org/voices/global-economy-hit-deepest-recession-80-years-despite-massive-stimulus-measures［2020-06-10］.

教授斯蒂芬·沃尔特认为全球化会进一步消退，疫情将会创造出一个不再那么开放、繁荣与自由的世界；英国皇家国际事务研究所所长罗宾·尼布莱特认为新冠肺炎疫情可能是压垮经济全球化的最后一根稻草。[1] 实际上，经济全球化的发展一直伴随着反全球化、逆全球化的浪潮，"疫情终结全球化"观点不过是这些浪潮的一种折射，反映了全球化进程中一直存在的不公平、不平衡和不协调的问题，反映了全球化利益分配的不均衡。疫情确实会对全球化形成"迟滞"效应，使全球化的节奏放缓，这意味着全球及区域供给链重塑，有关国家将陆续出台政策，促使制造业回归本土，全球主义让位于区域主义，等等，整个世界进入到一种"慢全球化"的状态。

但从长周期看，全球化体现了人类社会发展规律，大势不可逆转。世界整体发展史观认为，从封闭走向开放、从隔绝走向联系为人类所向往，是人类生活、生产与发展的基本轨迹。而新冠肺炎疫情给了人类进一步思考完善全球化的机会，会促使我们思考如何实现更公正、更平衡、更和谐的全球化。各国会更加重视参与全球化的步调与方式选择，更加注意平衡社会与市场，更加强调竞争公平，更需要正视公私企业并存发展的世界经济微观形态。[2] 疫情之后，以人工智能、互联网金融、全球远程同步视频等为标志的数字经济或许会成为推动新一轮全球化的主要动力。

其次，疫情考验各国的治理能力，全球力量对比发生变化。治理能力是国家运用制度管理社会各方面事务的能力，包括改革发展稳定、内政外交国防、治党治国治军等各个方面，[3] 是国家综合实力的全面和集中表现，更是对国家运用自身软硬实力能力的一种综合衡量。此次新冠肺炎疫情的冲击是对世界各国国家治理能力的一次综合测试，测试结果表明发达经济体应对疫情的治理能力远低于预期。截至2020年7月20

---

[1] "How the World will Look after the Corona Virus Pandemic", *Foreign Policy*, 2020.
[2] 傅梦孜：《新冠疫情冲击下全球化的未来》，《现代国际关系》2020年第5期。
[3] 习近平：《在中共十八届三中全会第二次全体会议上的讲话》，中国共产党新闻网，2015年7月20日，http://cpc.people.com.cn/xuexi/n/2015/0720/c397563 - 27331317.html ［2020 - 07 - 08］。

日，美国累计确诊 3760975 人，累计死亡 140471 人，高居全球首位；在累计死亡人数排前 10 名的国家中，欧洲国家占了 4 个（英国、意大利、法国、西班牙），在累计确诊人数排前 20 名的国家中，欧洲国家占了 6 个（英国、西班牙、意大利、土耳其、德国、法国）。日本本土确认感染病例 25425 人，排在全球第 58 位，病死率 3.87%，排在全球第 53 位，尽管扩散速度远远低于欧美国家，疫情在总体可控范围内，但疫情暴发以来安倍政府领导的防疫工作没有达到国民的期待值。

相对于传统发达国家，新兴市场国家尽管公共卫生管理系统普遍基础薄弱，但中国等国却在这次测试中交出了值得称道的答卷。国家治理能力决定着一国的疫后经济恢复能力，新兴市场国家与发达经济体之间的相对实力差距因疫情而缩小，而且正在形成趋势。根据 2020 年世界银行发布的《全球经济展望》报告，预计发达经济体今年的经济活动将收缩 7%，新兴市场及发展中经济体（EMDE）将收缩 2.5%；如果发达经济体能在年中、EMDE 能在稍晚时候遏制住疫情，预计全球经济增长率将在 2021 年回弹至 4.2%，其中发达经济体增长 3.9%，EMDE 增长 4.6%。从中国、美国、欧元区三大经济体的横向比较来看，世界银行预计中国 2020 年经济增长 1%，2021 年回弹至 6.9%；美国经济 2020 年将收缩 8%，2021 年回弹至 4.5%；欧元区经济 2020 年收缩 10%，2021 年回弹至 6%。根据以上数据计算，2020 年中国的 GDP 将达到美国的 72.1%（中国约为 14.22 万亿美元，美国约为 19.72 万亿美元）。这些数据表明，无论是从新兴市场国家与传统发达国家，还是从世界前两大经济体美国与中国的比较看，全球力量消长都在发生着重大变化。[1]

再次，疫情暴露了美国全球维稳能力的不足，国际秩序在失序风险中积聚重构动力。面对疫情，作为"自由主义国际秩序"以及全球化曾经的主导者，美国提供公共产品、维护秩序的意愿和能力进一步下降，国际秩序面临失序风险。疫情暴发前，特朗普政府奉行的美国优先和反全球化政策不但使自由主义全球经济秩序逐步失去制度基础，加剧

---

[1] The World Bank Group, "Pandemic, Recession: The Global Economy in Crisis", 2020, https://www.worldbank.org/en/publication/global-economic-prospects [2020-10-30].

了民族主义、贸易保护主义的抬头，也使美国自身的领导力和权威大为削弱。疫情则导致美国全球领导能力进一步弱化。2008年国际金融危机以来，发达国家将国内矛盾如居民收入不平等、地区发展失衡、制造业衰落等归咎于全球化，进而采取鼓励制造业回流、阻止跨国公司全球配置产业链、保护本国产业等措施，这些措施因疫情而得到强化和固化，其结果是美国等发达经济体的经济可能趋于恶化，[1] 美国的全球维稳能力也会因此进一步削弱。美国国际战略研究所副所长科里·舍克指出，面对新冠肺炎疫情，原本可以通过国际组织提供更加丰富有效的信息，使各国政府有更多时间进行准备并把资源调配到最需要的地方去，疫情的全球冲击原本可以得到极大的控制，然而，在这场领导力测试中，美国"挂科"了。由于美国政府的狭隘自私与无所作为，美国将不再被视为国际领导者。[2]

与此同时，随着全球各国实力对比的明显变化，世界多极化趋势加快，国际格局面临重大调整，国际秩序重构的动力在积聚。受美国单边主义、对华"脱钩"、退群解约等政策性因素影响，"自由主义国际秩序"呈现碎片化特征，世界主要力量如中美之间、美西方内部、美日之间围绕秩序重构的价值理念存在分歧，在体现权力分配的国际机制的运行上，各方之间的博弈愈演愈烈。不过，正如新加坡学者郑永年所指出的，国际秩序并不一定因美国的衰落而坍塌。[3] 在中国学界看来，当前的国际秩序状态更像是一个过渡期，一种新的秩序正在多方博弈中逐渐酝酿。近代以来国际关系的历史表明，每一次世界秩序的变更，几乎都出现了一个多元、多样、多极力量共同参与，甚至是共同主导下的世界秩序。1648年威斯特伐利亚体系是欧洲内部多元化的初步体现，1814年维也纳体系意味着跨欧亚大陆的各大文明之间的共处，1945年雅尔塔体系则包含着美、英、法、中、苏各大文明的多元共存。2008年金融危机后国际治理体系的重心从G7向G20转变，尽管没有终结冷战后

---

[1] 姚枝仲：《新冠疫情与经济全球化》，《当代世界》2020年第7期。
[2] "How the World will Look after the Corona Virus Pandemic", *Foreign Policy*, 2020.
[3] 郑永年：《国际秩序倒坍了》，《联合早报》2020年6月2日。

美国称霸的局面，但凸显出多元多极并进的强劲势头。在政治经济不平衡规律的作用下，力量变化所触发的危机，几乎推动着每一次世界秩序的变更，以不同程度走向多元化，而不是霸权化，当年如此，今后也极有可能出现这样的态势。①

二 区域化发展与亚洲的未来

近年来，"世界经济政治重心向东转移"的趋势一直在持续，亚太、东亚在世界经济、国际政治中的地位不断上升。2015年德国东亚问题专家卡尔·皮尔宁提出，一个新的多中心化的世界正在悄然成型，亚洲成为当今世界最具发展活力和潜力的地区之一，世界经济和政治的重心，毫无疑问正在从北大西洋向亚洲转移，即从西北部向东南部转移。② 2019年，麦肯锡全球研究所发布题为《亚洲的未来》的研究报告，认为亚洲世纪已经开始，亚洲是世界上最大的区域经济体，随着其经济进一步融合，有可能推动并塑造全球化的下一阶段。全球跨境流动正从贸易、资本、人员、知识、运输、文化、资源七个方面向亚洲持续转移。在包括GDP和消费在内的主要宏观经济指标中，亚洲在全球范围内的重要性不断上升。2000年，按购买力平价计算，亚洲占全球GDP的32%，该份额在2017年增加到42%，并且到2040年有望达到约52%。相比之下，2000—2017年欧洲的份额从26%下降到22%，北美从25%下降到18%。按消费量计算，2000年亚洲占全球总量的23%，到2017年升至28%，到2040年，亚洲可能占到39%。③ 但从中

---

① 冯绍雷：《我们正在经历的，是世界秩序过渡期的一场综合性全面危机》，观察者网，2020年6月28日，https://www.guancha.cn/FengShaoLei/2020_06_28_555551.shtml［2020-07-08］。

② 卡尔·皮尔宁：《人民日报国际论坛：当世界重心东移》，《人民日报》2015年8月19日。

③ Oliver Tonby, Jonathan Woetzel, Wonsik Choi, Karel Eloot, Rajat Dhawan, Jeongmin Seong, and Patti Wang, "The Future of Asia: Asian Flows and Networks are Defining the next Phase of Globalization", 2019, McKinsey Global Institute, https://www.mckinsey.com/featured-insights/asia-pacific/the-future-of-asia-asian-flows-and-networks-are-defining-the-next-phase-of-globalization［2020-07-08］。

近期看，亚洲经济正在经历各种叠加效应的冲击，区域化发展的外部风险提升，内部困难增多。新冠肺炎疫情如同一把双刃剑，亚洲经济既可能因其冲击而获得区域化加速发展的新机遇，也可能因美西方的战略打压而削弱继续发展的活力。深化区域合作、共同应对挑战，对促进亚洲经济增长有着比以往任何时候都更加重要的意义。①

当前，大国在亚洲的战略集结度进一步上升，地区经济—安全二元化结构副作用日益突出。亚洲的可观未来提升了美欧等域外力量对本地区的战略关注度，中国应对疫情的相对从容与富有成效强化了美西方对中国影响力不断扩大的战略警觉。在此背景下，区域内固有矛盾不断激化，地缘竞争进一步加剧，中国与周边关系将增添更多变量，面临更大挑战。中美关系是影响亚洲地缘政治前景的最大变量，特朗普政府挑起贸易摩擦，进而借疫情向中国发难，使得原本就已不睦的中美关系更加紧绷。西方政治家们对意识形态过度着迷，担忧中国对西方的医疗援助会影响受援国民众对中国的看法，而这种状态只会妨碍西方正确地认识国际形势的发展趋势并做出适当的调整和改变，甚至会加速西方的衰落。②

中美战略博弈加剧促使美国更积极地利用多边杠杆实施对华压制，其中，亚洲域内同盟体系最可资利用。美国强化运用现有双边同盟，推动"同盟＋"网络化发展趋势，提高盟国及友邦地位和作用，拓展"长臂管辖"触及范围。在美国迫使盟国对华同步施压乃至"脱钩"的问题上，日本的表现尤为值得关注。从日本过去两年里修改的外商投资法、对政府采购产品对象国的限制等，都可以窥见美国"长臂管辖"的影子。疫情暴发后，关键医药及医疗设备产品被加入外商投资限制的范围之内。日本推动签署的"全面与进步跨太平洋伙伴关系协定"（CPTPP），前身是美方主导的"跨太平洋伙伴关系协定"（TPP），其中的跨境数据流动规则是当初美国打下的底子；2019 年日美两国在签订货物贸易协定的同时还签订了数字贸易协定，重新确定了跨境数据自由

---

① 张宇燕、徐秀军：《亚洲经济运行的现状、挑战与展望》，《东北亚论坛》2020 年第 4 期。
② 张驰、郑永年：《新冠疫情、全球化与国际秩序演变》，《当代世界》2020 年第 7 期。

流动以及禁止数据本地化的规则。由此,美国在日实施数据治理的长臂管辖既有了国内法基础,也有了双边协议保障。2019年年底日美主导修订《瓦森纳协议》这一集团性出口控制机制,增加了对12英寸硅片技术出口的限制内容。分析认为,这是要对中国实施"卡脖子"工程,精准打击中国快速发展的半导体产业。在美国打压华为的同时,日本也约谈了几家中国高科技公司的负责人。疫情暴发后,日本政府出台政策支持在海外投资的日企回撤国内或实现多元化,宣布向把生产转移回日本的公司提供贷款2200亿日元,向把生产转移到其他国家的公司提供235亿日元。这些都与美国提出的一系列逆全球化措施如出一辙。今后,日本将加强经济安全作为修改《日本国家安全战略》的重要内容。①

随着美国及其亚洲盟国收紧经济安全政策,亚太特别是中国周边区域的经济—安全二元化结构更为突出,地区体系内"撕裂"现象更为明显。中国周边国家多以中国为头号贸易伙伴,同时又是美国军售、收紧同盟之网的重点对象。在中美关系相对稳定时期,上述二元结构尚能基本保持功能性稳定,背离现象并不十分突出,中国周边国家拥有一定的战略空间,在依靠中国发展经济和依靠美国维护安全二者之间维系平衡。但随着中美战略博弈加剧,周边国家在经济和安全二者间保持平衡的空间缩小,亚洲经济发展面临失去活力的风险,美国及其亚洲盟国在本地区提供国际公共安全产品的难度和不确定性也同步增加。

不过,从长周期、积极方面看,亚洲经济发展的韧性依然全球领先。亚洲经济特别是东亚太平洋地区经济虽因疫情冲击而急剧衰退,但较其他地区情况尚好,仍将牵引全球增长。中国依然是亚洲经济增长的龙头,同时,疫情还催生了区域化加速发展的动力。根据世界银行对世界各地区经济的预测,2020年东亚太平洋地区GDP增速将降至0.5%,欧洲中亚地区将收缩4.7%,拉美加勒比地区增速将下降7.2%,中东北非地区将收缩4.2%,南亚地区将收缩2.7%,撒哈拉以南非洲地区将收缩2.8%。② 尽

---

① 「安保戦略、多角的に改定　日米安保発効60年　ミサイル防衛や技術保護、年内に」,『日本経済新聞』2020年6月26日。

② The World Bank Group, "Pandemic, Recession: The Global Economy in Crisis", 2020, https://www.worldbank.org/en/publication/global-economic-prospects [2020-11-10]。

管东亚太平洋地区经济增长将创下1967年以来的最低值，但对比世界其他地区经济的萎缩程度看，亚洲地区在疫情冲击下依然保持一定增速实属不易。如果再对照一下世界银行对各地区2021年经济恢复程度的预测，我们对亚洲发展的韧性将更加充满信心。数据显示，2021年东亚太平洋地区经济增速将恢复至6.6%，而欧洲中亚地区、拉美加勒比地区、中东北非地区、南亚地区、撒哈拉以南非洲地区则分别为3.6%、2.8%、2.3%、2.8%和3.1%。① 数据还显示，2020年中国仍可以保持1%的增速，此外本地区还有老挝、缅甸和越南可以保持正增长；2021年中国将恢复至6.9%的增速，本地区还有马来西亚与中国增速持平，其他国家则低于中国速度，可见疫后中国依然是亚洲经济增长的总引擎。还有一组数据的对比能够反映出中国经济在疫情冲击后的恢复速度是超预期的：世界银行2020年1月的预测数据曾显示，中国经济2020年将收缩4.9%，2021年增速为1.1%，但到了6月，其预测调整为增长1%和6.9%。②

表1　　2020年6月世界银行对部分东亚太平洋国家
2020—2021年经济增长速度的预测　　　　单位：%

GDP市场价（2010 USD）	2017	2018	2019e	2020f	2021f
美国	2.4	2.9	2.3	-6.1	4.0
中国	6.8	6.6	6.1	1.0	6.9
日本	2.2	0.3	0.7	-6.1	2.5
印度	7.0	6.1	4.2	-3.2	3.1
印度尼西亚	5.1	5.2	5.0	0.0	4.8
越南	6.8	7.1	7.0	2.8	6.8
蒙古国	5.3	6.9	4.8	-0.5	4.9

注：e=估算；f=预测。
资料来源：The World Bank Group, "Pandemic, Recession: The Global Economy in Crisis", 2020, https://www.worldbank.org/en/publication/global-economic-prospects ［2020-10-30］。

---

① The World Bank Group, "Pandemic, Recession: The Global Economy in Crisis", 2020, https://www.worldbank.org/en/publication/global-economic-prospects ［2020-10-30］.
② Ibid.

而且，更为重要的是，新冠肺炎疫情在引发全球化调整、生产链重塑需求的同时，在东亚还催生出深化区域合作的需求。换言之，亚洲特别是东亚区域合作的必要性反而因疫情更加凸显。病毒攻击不分国界，但带有地域性特点。生产基地与消费市场之间距离越远、布局越分散，就意味着风险越大。因此，国际合作可能会更多考虑地理、地缘性因素。各国海外投资的企业将会把经营重点放在本土或更靠近本土而不是更远的地方。对那些国土面积狭小、战略纵深有限的国家来说，本土化实际就意味着"本地区内"。这将促进地缘经济思维的上升。① 正如 2020 年 4 月 14 日 "东盟与中日韩（10+3）抗击新冠肺炎疫情领导人特别会议" 所体现的那样，合作抗疫、促进区域一体化、加强政策协调和畅通产业链成为东亚各国共同的呼声。各国将加大区域内投入，区域合作成为优先选项，呈现深化发展的势头。② 新冠肺炎疫情下，世界不同地区的表现存在较大差异，欧盟、东亚（包括东北亚和东南亚）、北美国家，各个地区政府及民众在反应和对策上都有明显不同。疫情应对在一定程度上反映出各个地区内在的文化共性，相对于欧美的"工具理性"思维，东亚国家的抗疫举措体现出"人本化"价值观念。而这些文化共性或将成为进一步加强区域合作的社会文化基础。③ 以东北亚地区为例，中日韩长期机制化合作成效在此次新冠肺炎疫情防控过程中得到检验，三国关系实现良性互动、三国合作被赋予新动能，这也意味着东北亚区域治理迎来重要机遇期。下一步，中日韩需要利用好与欧美成功防疫之间的"时间差"，主动优化分工合作、携手维护制造业供应链安全稳定与深化拓展各领域合作；同时，三国应超越抗击疫情合作，从非传统安全领域入手推动区域治理取得进展，以区域治理为切入点推动实现东北亚秩序转型。

三　中国外部环境与应对策略

综上所述，新冠肺炎疫情如同一副催化剂，触发了全球范围的综合

---

① 杨伯江：《"后新冠"时期的世界将会怎样》，《世界知识》2020 年第 9 期。
② 傅梦孜：《新冠疫情冲击下全球化的未来》，《现代国际关系》2020 年第 5 期。
③ 杨伯江：《中日韩合作战"疫"与东北亚区域治理》，《世界经济与政治》2020 年第 4 期。

性危机,全球化出现"慢"化及回归"经济主权"趋势,① 美国国际影响力和领导力下降,中美战略竞争持续加剧,国际秩序加速调整演变,中国所处的安全和发展环境出现重大改变。如习近平总书记指出的,"面对严峻复杂的国际疫情和世界经济形势,我们要坚持底线思维,做好较长时间应对外部环境变化的思想准备和工作准备"。② 面对外部环境中显著增多的不确定不稳定因素,中国最需要守住自信,保持定力,冷静分析,智慧应对;针对形势变动中蕴藏的潜在发展机遇,要善于抢抓先机,科学研判,扬长补短,提质增效。

综合来看,面对疫情冲击下的国内外环境,中国依然是"危""机"并存,关键在如何化"危"为"机"。短期内,中国在发展和安全两个层面上要面对较多的风险和挑战,但放眼中长期,现在恰恰是利用外部压力进行倒逼式改革、挖掘自身潜力的战略机遇期。

从发展角度看,短期内,由于疫情仍在全球蔓延,中国参与全球化的进程会受到一定迟滞。一是外部需求大幅萎缩,贸易增长持续下降,中国很多地方的企业复工之后,由于欧美国家的订单减少甚至消失,所以无法恢复正常生产。二是疫情暴发后,全球生产链、物流链和价值链处于恢复、调整、重建之中,美欧日等的部分企业或产能可能迁出中国,从而给中国带来较大的产业调整成本。但从长期看,中国有望从"受限的全球化"中获益。一是美欧日企业或产能不可能全部撤离,部分企业即使回迁,也将是一个比较缓慢的过程。二是美欧日企业撤出后,会腾出一定的国内市场空间,中国本土企业可以迅速占领。中国不仅是世界上产业门类最齐全的国家,而且国内市场空间广阔。对中国本土企业来说,"受限的全球化"不仅可以使其占领外企离开后留下的产业链和市场空间,而且可以对那些外企进行补充替代,进而向产业链上的高附加值环节攀升,加快实现产业升级。③ 从经济全球化角度看,疫

---

① 张驰、郑永年:《新冠疫情、全球化与国际秩序演变》,《当代世界》2020年第7期。
② 习近平:《坚持底线思维 做好较长时间应对外部环境变化的准备》,新华网,2020年4月11日,http://www.mofcom.gov.cn/article/i/jyjl/e/202004/20200402954380.shtml[2020-07-08]。
③ 张驰、郑永年:《新冠疫情、全球化与国际秩序演变》,《当代世界》2020年第7期。

情还凸显和强化了中国在推动全球化方面的作用，无论是疫情下还是疫情后，中国都有进一步对外开放和推动全球化的坚定意愿。2020年5月，中共中央、国务院在《关于新时代加快完善社会主义市场经济体制的意见》中，明确指出坚持扩大高水平开放，建设更高水平开放型经济新体制，并以开放促改革、促发展。[①]

从安全角度看，美西方十分担忧中国在全球抗疫过程中国际影响力、地缘政治影响力的上升。美国不会想和其他国家共享国际权力，尤其是与一个同自己文化、价值体系、意识形态和政治制度那么不相同的国家共享权力，[②] 中国面临的安全威胁正在从传统地缘政治安全领域向经济安全和非传统安全领域扩散和蔓延。随着中美战略博弈持续激化，不排除美国尝试触碰中国的核心利益，如台湾问题。2019年5月美国国会通过"2019年台湾保证法"及"重新确认美国对台及对执行台湾关系法承诺"决议案，2020年3月又以415票赞成、0票反对的压倒性票数通过了所谓"台北法案"。美国特朗普总统于3月27日签署了这项法案。这些都会激化中美在台湾问题上的深刻矛盾，甚至成为未来冲突的导火索。美西方在借疫情散播"中国责任论""中国威胁论"的同时，对安全问题的重视日渐上升，更多地把经济、科技问题与国家安全结合起来考虑。面对美西方在地缘政治、经济安全、国际舆论等方面的多重打压，中国需要反思自查在参与全球治理、掌握国际话语权、参与国际规则制定诸方面的漏洞和短板，同时着眼自身独有的战略优势，不断增强抵御国际风险的能力。中国拥有全球最完整、规模最大的工业体系和强大的生产能力、完善的配套能力，拥有1亿多市场主体和1.7亿多受过高等教育或拥有各类专业技能的人才，还有包括4亿多中等收入群体在内的14亿人口所形成的超大规模内需市场，正处于新型工业化、信息化、城镇化、农业现代化快速发展阶段，投资需求潜力巨大。[③] 不

---

① 《关于新时代加快完善社会主义市场经济体制的意见》，中国政府网，2020年5月18日，http://www.gov.cn/zhengce/2020-05/18/content_5512696.htm［2020-07-08］。
② 郑永年：《国际秩序倒坍了》，《联合早报》2020年6月2日。
③ 《危机中育新机 变局中开新局：习近平擘画中国经济新发展》，人民网—理论频道，2020年5月24日，http://theory.people.com.cn/n1/2020/0524/c40531-31720982.html［2020-07-07］。

管外部环境如何变幻，经济潜力足、韧性强、回旋空间大、政策工具多的基本特点和优势都是中国战胜挑战、赢得未来的根本依靠。

中国正在"日益走近世界舞台中央"，这一国际地位归根结底是由举世瞩目的经济发展成就所奠定的。同样，中国有效应对外部风险挑战的前提也在于稳住和进一步推动经济社会协调发展，以及更积极、更主动地参与区域化和全球化发展。中国应抓紧利用好与欧美在疫情控制上的"时间差"，力争率先全面恢复正常的生产生活秩序，积极调整、主动作为。在经济产业上，一方面全力推动产业转型与提质升级，通过科技研发逐步实现高技术产品及其零部件的进口替代，提升在区域乃至全球分工体系中的地位；另一方面集中资源，大力开发欠发达地区，通过投资改善发展环境，释放发展潜力，带动内需规模性发展以支撑总体经济增长。

对外政策上，中国应借疫情防控合作契机，主动推动区域融合与经济一体化，积极推进"区域全面经济伙伴关系协定"（RCEP）如期签署，并在此基础上加快推进中日韩自贸协定谈判。同时，以东北亚为重点，推进区域治理合作。此次疫情暴发及各国的应对，不仅给出了区域化加速的前景，而且为东北亚区域化发展的路径、方式提供了启示。新冠肺炎疫情防控中，欧盟的困境反映出其一体化模式存在的问题，特别是经济社会一体化政策与国家主权之间的矛盾。从这个角度看，东北亚区域应当以治理为导向、而非以权力为导向构建地区秩序。东北亚通过治理合作推动区域一体化与地区秩序转型，更适合采用东盟模式，重大决策在国家而非地区组织的层面上作出，不照搬强行"大一统"的欧盟模式。其关键是：奉行"柔性的多边协调主义"原则，坚持"优化存量、改善变量"的基本思路，探索由浅入深、循序渐进的实操路径。[1]

---

[1] 杨伯江：《疫情影响评估及"后新冠"阶段国际形势展望》，中国社会科学网，2020年4月27日，http://www.cssn.cn/gjgxx/gj_bwsf/202004/t20200427_5119035.shtml［2020-07-08］。

疫情对国际分工体系的冲击

——区域化新动向与东亚生产网络新趋势[*]

伴随全球新冠肺炎疫情的蔓延扩散以及对2020年秋冬或将暴发第二波疫情担心的不断加剧,世界大有掀起一场更大规模反全球化潮流的趋势。很多国家以阻止境外疫情输入为由,采取了封闭国门的措施,一些发达国家甚至提出反对本国企业对外直接投资,而试图"鼓励"它们回归国内。这种不断强化的"政治干预",必将冲击冷战结束以来所形成的国际分工体系。作为其重要一环的东亚生产网络也出现调整趋势,与此相关联,东亚区域一体化也将出现新的动向。

一 "有形之手"干预国际分工体系

疫情暴发以来,很多国家采取了各式各样的出口限制措施,主要针对口罩和防护面罩等医疗物资以及相关药品和呼吸机等医疗设备。而且,不仅自由贸易受到了强烈的政治干预,横跨世界的国际分工体系也成为一些政治家们的改造目标,美国就是典型代表。自从特朗普担任美国总统之后,贸易便成为美国对外经济交往的有力武器。美国已经远离甚至抛弃了多边协定(如WTO)主义路线,以维护"美国利益"为核心,组织推动重新谈判区域特惠贸易协定(将NAFTA变成USMCA),特别是积极启动双边贸易协定谈判。借助关税促使产业链迁回国内,以此带来就业机会、实现经济振兴,最终"让美国再次伟大"——这是特

---

[*] 张玉来,南开大学日本研究院教授。

朗普总统清晰的执政路线。很显然，疫情应对也同样会被纳入该路线。

（一）日本推倒第一张"多米诺骨牌"？

2020年4月，日本政府推出的一项新经济政策引发了全球瞩目，它被法国国际广播电台（RFI）等知名国际媒体以"日本政府宣布斥资二十亿美元援助企业从中国撤回"为题进行重点报道。① 然而，事实上该内容属于断章取义，它只是日本经济产业省提出的2020年度补充预算案的一部分，该预算包括四项内容，即"防疫及研发新药、维持就业、复苏经济以及构建强劲经济结构"，总计预算规模高达83193亿日元，是报道金额的37.8倍。而且，这项旨在维护日本国内供应链稳定的政策金额为2486亿日元，并非报道所提及的2200亿日元（20亿美元）。②

很显然，日本政府上述政策虽有国家安全保障因素的考虑，但政策目标仍是确保供应链安全，而非鼓励日企撤出中国。这也可以视为2012年日本企业为分散风险而实施"China + One"战略的延续，当时背景是由于钓鱼岛争端问题而使中日两国关系迅速降温。而且，反向思维的话，如果真是为推动日企离开中国，那些资金就是杯水车薪，很难发挥出真正作用。截至2019年年底，日本对华直接投资余额已经突破1300亿美元（1303.09亿美元），③ 中国是日本的第四大投资对象国。

而且，据日本外务省统计显示，当前在华常驻日本人约为12万人，虽然自2013年以来有所减少，但以商务人士为主的驻华日本人最近呈现出稳定趋势。再从企业数量来看，中国也是海外日企数量最多的国家。截至2017年年底，在华日企数量超过3.2万家，约占海外日本企业总数的43%，远远超过第二位的8600家在美日企。④

---

① 《日本政府宣布斥资二十亿美元援助企业从中国撤回》，东京华人网，2020年4月10日，https://www.tokyocn.net/article-356151-1.html［2020-06-01］。
② 経済産業省『令和2年度補正予算（概要）』、2020年4月、https://www.meti.go.jp/main/yosan/yosan_fy2020/hosei/pdf/hosei_yosan_gaiyo.pdf［2020-06-26］。
③ 日本貿易振興機構『日本の直接投資（残高）』、2020年6月22日、https://www.jetro.go.jp/world/japan/stats/［2020-06-26］。
④ 外務省『海外在留邦人数調査統計』、2019年11月7日、https://www.mofa.go.jp/mofaj/toko/page22_003338.html［2020-06-01］。

另外，由于对华投资中制造业企业占比很高（占日企海外制造业企业总数的20%），不仅投资规模巨大，而且构建了庞大的生产体系和复杂的供应链体系，如丰田、本田、日产等日系汽车企业带动为其提供零部件配套的日系供应商，在广州、天津、武汉等地形成了日系汽车产业集群。

（二）疫情之下美国加大市场干预

特朗普执政以来，美国政府的政策导向是彻底服务于"本国优先"目标，甚至毫不掩饰、不遗余力地维护美国利益。以《北美自贸协定》为例，白宫公开宣称USMCA新协议为美国创造了超过680亿美元的经济价值和17.6万个就业岗位。[①] 出于同样逻辑，特朗普政权对中美贸易摩擦寄予更大期待，希望以此作为自己连选总统的靓丽成绩单。

疫情给美国政治干预市场提供了充分理由。疫情大规模暴发之后，美国政府曾以疫情为由，在3月底和4月初两次援引《联邦国防生产法》（Defense Production Act），命令通用汽车公司制造呼吸机，并禁止3M公司向外国销售口罩和医护用品，甚至还指示海外美国企业也要将口罩及呼吸机等重要医疗物资优先出口美国。一些国家批评美国此举实属"强盗行为"。

伴随美国国内各地感染人数不断攀升，对相关药物及防护装备的需求也迅速飙升。特朗普政府以及美国各政治派别的议员便把供应链安全提上讨论议程，批评美国大批医疗物资依赖向中国采购存在巨大风险。根据彼得森国际经济研究所（Peterson Institute for International Economics）的调查数据显示，美国近一半的个人防护医疗设备——包括口罩、护目镜和手套等均从中国进口。

以涉及国家安全为由，一些议员动议政府应协助将相关产业迁回美国。如佛罗里达州共和党参议员马尔科·卢比奥和马萨诸塞州进步派民主党参议员伊丽莎白·沃伦、康涅狄格州参议员克里斯·墨菲等人向参议院提交议案，要求制药公司首先要向五角大楼报告从中国采购原材料

[①] 《特朗普的成绩单：政策框架和前景展望》，FT中文网，2020年2月11日，https://m.ftchinese.com/story/001086032? adchannelID = &full = y&archive ［2020 - 06 - 01］。

数量，以便国防部调查药物供应链对中国的依赖程度。美国贸易代表罗伯特·莱特希泽也将其重要性提升至国家战略高度，认为此次疫情暴露的依赖其他国家廉价医疗产品和物资来源是美国经济的战略弱点。一些议员提出应由美国政府支持确立专项贷款，以帮助企业将供应链迁回美国，同时还应对这些企业予以税收减免的奖励。

美国政府一些人抓住了这个机会，积极策划新的干预手段。白宫首席贸易顾问彼得·纳瓦罗多次明确表示，新冠肺炎疫情大流行是将全球产业链迁回美国国内的一次机会。他甚至恫言，美国医疗供应体系随时可能因中国关闭大门而中断，"疫情表明我们未必能够依靠其他国家——甚至亲密盟友——向我们提供所需物资"。6月初，纳瓦罗又透露，特朗普总统将支持一项规模高达2万亿美元的推动制造业工作岗位迁回美国的刺激计划。其实，自疫情暴发以来，美国国会已经批准超过3万亿美元的经济刺激资金。[①] 一系列事实表明，本轮政治对市场干预力度将超过2008年的金融危机。

（三）加速全球价值链重塑进程

新冠肺炎疫情导致全球公共卫生产品供应断裂，暴露了全球价值链的脆弱性，这将进一步增强西方国家反全球化思潮和逆全球化的民意基础。

20世纪90年代以来，大规模经济全球化的结果是在发达国家与新兴市场国家之间构建起庞大、复杂的国际分工体系，使生产变得更细分和碎片化。2005年托马斯·弗里德曼出版了详细描述这种模式特征的著书——《世界是平的》(*The World Is Flat: A Brief History of the Twenty-first Century*)，他告诉人们，世界各国参与到全球价值链实现了重新分工，相互协作、优势互补，大大提升了生产效率。然而，托马斯·皮凯蒂却在其《21世纪资本论》(*Capital in the Twenty-First Century*) 一书中指出，近几十年来，发达国家财富不平等现象呈扩大趋势，尽管作者并未明确反对经济全球化，但显然对现行资本主义发展模式提出了质疑。以此为

[①] 《白宫称联邦失业救济金"阻碍"就业》，FT中文网，2020年6月15日，https://m.ftchinese.com/story/001088137? archive［2020－06－26］。

背景，西方社会反思和质疑全球化的声音不断高涨，并成为欧洲反移民运动、英国脱欧，甚至特朗普践行"美国第一主义"的社会基础。

融入国际分工体系，让新兴市场国家经济力量迅速发展。基于这种国际分工体系在全球的蔓延拓展，世界货物及服务出口总量也迅速扩大，1995—2017年增长3倍以上，其中，新兴市场国家货物出口量更是高达原来的6.5倍。[①] 当然，这也造成了发达国家与新兴市场国家之间经济力量对比发生了巨变。根据国际货币基金组织（IMF）统计数据，1980年新兴市场国家在世界GDP中占比仅为22.9%，到2000年也仅为25%。但中国加入WTO之后，变化开始加速，2010年新兴市场国家世界占比突破34%，2015年更是接近40%（38.8%）。相反，发达国家在世界GDP中占比迅速下滑，2017年的日美欧总占比降至52%，比2007年减少了11%。[②]

毋庸置疑，此次疫情将像中美贸易摩擦一样，被特朗普总统用于推动企业把生产迁回美国，这无疑将推进全球价值链重塑的步伐，如何应对这种潮流，对于深深参与国际分工体系的世界各国形成了严峻考验。美国已经改造了NAFTA，它不仅为其附加了很多条件，甚至连名称也变成《美墨加协定》（USMCA）。

美国前财长劳伦斯·萨默斯近日撰文指出，"新冠肺炎疫情可能标志着一个历史转折点"。[③] 他认为，新冠肺炎疫情危机堪称是继2001年"9·11"事件和2008年世界金融危机之后，对全球体系的第三次重大冲击，且程度之深也将远远超过前两次。

二 东亚生产网络及其GVC逻辑

融入全球价值链（Global Value Chain）是东亚地区经济崛起的真正

[①] 経済産業省『通商白書令和元年版』、2019年7月、https://www.meti.go.jp/report/tsuhaku2019/pdf/2019_gaiyo.pdf［2020-06-06］。

[②] 経済産業省『通商白書平成30年版』、2018年7月、166頁。

[③]《新冠疫情可能标志着一个历史转折点》，FT中文网，2020年5月18日，http://www.ftchinese.com/story/001087704?archive［2020-06-01］。

原因。长期以来,相较于欧盟及北美一体化趋势而言,东亚区域一体化进展及效果并不显著,但由于各国采取积极融入全球价值链的政策措施,尤其以中国的改革开放为代表,使该地区深度融入了国际分工体系,成为全球生产加工中心。作为东亚的四大主体,中国、日本、韩国以及东盟之间形成了以中间产品贸易为主的产业内贸易特征,其运行逻辑便是全球价值链体系。

(一) 生产网络为根基的东亚崛起

2018 年,包括中日韩以及东盟(ASEAN)在内的东亚地区名义 GDP 为 23.17 万亿美元,再加上中国台湾和中国香港则为 24.1 万亿美元,全球占比已经突破 28%。然而,1999 年,即便包括印度等南亚各国在内,东亚的 GDP 也仅为 7.8 万亿美元,而且,当时日本一国的 GDP 就达 4.6 万亿美元,占比超过一半。很显然,就是在这 20 年之间,东亚实现了经济快速崛起。作为世界制造中心,"东亚生产网络"是东亚崛起的关键原因,相比欧美日等传统世界制造中心,它又具有显著不同的特征。

第一,全球跨国制造公司将东亚视为生产基地。以世界 500 强为代表,世界制造业巨头纷纷把东亚作为其全球战略布局的重要构成,这不仅拉动了东亚地区的对外以及对内的贸易发展,同时,更使之成为全球价值链的重要一环。加之,东亚各国具有差异化显著的产业发展水平,这也有利于形成区域内生产分工体系。于是,在区域内贸易方面,逐步形成了以零部件、加工产品为主的中间产品贸易特征。2010 年东亚的中间产品贸易占比就已经高达 60%,而同期欧盟的中间产品贸易占比为 50%,北美自贸区甚至仅为 40% 左右。

第二,基于这种全球制造中心的特点,东亚对外贸易形成"大量出口最终消费品和大量进口中间产品"的显著特征。以作为东亚生产网络核心的中国为例,其对欧盟出口贸易中的中间产品占比约为 3 成,对以美国为主的北美市场出口贸易中的中间产品占比更在 3 成以下;相反,中国从欧盟和北美进口贸易中的中间产品占比均在 4 成以上。同时,中国从日本与东盟的进口贸易中的中间产品占比超过 6 成,从韩国进口贸易中的中间产品占比更是超过 7 成。此外，日本、韩国对东盟出口贸易中的中间产品占比也都超过 7 成。[1]

第三，与欧盟及北美自贸区经济圈建设中显著的政府协调性特征不同，东亚经济圈则是以依靠典型的生产分工型为特征。在欧盟和北美区域一体化过程中，各国政府间的政治协调发挥了重要作用。然而在东亚，各国政府的政治协调，特别是作为地区大国的中日韩之间非常困难，只有东盟国家之间的政府协调一直发挥着重要作用。因此，在东亚一体化进程中，可以说各种政府协调一直处于缺位状态。但是，显然生产分工弥补了该不足。由于各国产业发展水平不同，在全球价值链上互补性特征显著，东亚发展成典型的生产网络体系。中国及东盟各国通过打造开放型经济体，以"打开国门"政策成功吸引了大量外资；相反，日本和韩国则扮演了"供应商"以及"投资商"的双重角色，利用其身处全球价值链上游的地位，以 FDI 方式与中国和东盟形成了紧密的产业关联。

第四，"雁型模式"特征依旧明显，且今后仍具拓展空间。据日本学者小岛清的分析，日本对东亚各国直接投资先后经历了劳动密集型、资本密集型以及资本技术密集型等阶段，[2] 这种不断升级转型的投资方式对东亚产业发展产生了极大影响。基于东亚雁型发展模式，东亚生产网络形成了鲜明的"四极体制"：以中国为主、东盟为辅的生产加工中心，日本和韩国则充当了生产加工的中间品供给中心。以中国 2010 年对外贸易为例，其对美、欧贸易均呈顺差，分别达 2159 亿美元和 1190 亿美元；相反，中国对身处价值链"上游"的日本及韩国，则呈现出贸易逆差的特点，逆差额分别为 125 亿美元和 919 亿美元。[3] 此后，伴随中国经济发展与产业升级，劳动密集型生产便逐步向东南亚甚至南亚转移。

---

[1] 経済産業省『通商白書 2013 年版』、2013 年 10 月 24 日、57 頁。
[2] 小島清「雁行型経済発展論・再検討」、『駿河台経済論集』第 9 巻第 2 号、2000 年、102—111 頁。
[3] 中华人民共和国海关总署：《统计快讯 2013 年 12 月进出口商品主要国别（地区）总值表》，2014 年 1 月 10 日，http://www.customs.gov.cn/tabid/2433/InfoID/690424/frtid/49564/Default.aspx［2020-06-28］。

(二) 东亚生产网络的"四极体制"

在区域一体化水平上，东亚地区显然还难以比肩欧洲的欧盟（EU）以及北美的《美墨加协定》（USMCA）。如《里斯本条约》框架下的欧盟，各国不仅享有自由贸易、一致的对外关税和对外贸易地位，各国公民可以在经济圈内自由居住或工作，甚至使用单一货币等。但是，东亚的最大优势在于构建起高效、低成本的生产网络，形成了横跨各国的国际分工体系。就突出特征而言，这个生产网络形成了"四极体制"，主要包括中国（含中国台湾及香港）、日本、韩国和东盟。

首先，中国是东亚生产网络的中心，是名副其实的世界工厂。拥有14亿人口的中国，人均GDP已达约1万美元，不仅是世界第一大贸易国（2018年进出口总额4.6万亿美元），对内直接投资也稳居世界前列（2018年仅次于美国，位居世界第二）。深度融入国际分工体系才是中国经济崛起的真正原因。可以看到，加入WTO成为中国经济腾飞的分水岭，从这一年开始，中国逐步成长为东亚生产网络的中心。以区域内中间品贸易为例，2000年，横跨中国、日本、韩国以及东盟之间的中间品贸易总额为2358亿美元，其中，中国的进出口贸易总量为962亿美元，占比41%。作为生产加工中心，其进口中间品额度是一项重要指标，这一年中国从日本、韩国以及东盟进口中间品660亿美元，尚不及东盟地区中间产品进口总量的721亿美元。但在中国加入WTO的9年之后，在总额5278亿美元的区域内中间品贸易中，中国进出口总额为3355亿美元，占比约64%，相比2000年增长了23%。再从中间品进口状况来看，中国从日、韩及东盟进口2266亿美元，远超东盟的1243亿美元，甚至是后者近两倍规模。[1]

其次，日本不仅是东亚生产网络的"供应商"，同时，投资该地区的日本企业也是重要生产参与者。早在20世纪60年代，日本企业就大举投资东南亚，利用当地的廉价经营成本。70年代之后，日本又开始

---

[1] 柳瀬「東アジア生産ネットワークの変化と震災余波」、『住友信託銀行調査月報』2011年5月号、2頁。

投资采取对外开放政策的亚洲四小龙（NIES）。截至1994年，日本累计对东盟五国投资达428.7亿美元，对NIES投资326.8亿美元。[①] 中国改革开放之后，日本开始对华投资，但真正大规模投资则是在2001年中国加入WTO之后。截至2001年，日本对华累计投资100.4亿美元，到2018年该数字为1237.7亿美元，17年之间总投资1137亿美元，年均67亿美元。加上对韩国投资的391.5亿美元、对中国（包括中国台湾地区）相关投资的484亿美元以及对东盟投资的2289亿美元，截至2018年日本对东亚地区累计投资额高达4402亿美元。另据外务省统计显示，截至2017年在亚洲地区投资的日本企业数量为5.2万家，总占比超过70%。[②] 再从日本贸易来看，2018年日本对亚洲出口44.7万亿日元，占出口总额一半以上。其中，对中国大陆出口15.9万亿日元（此外，对中国香港3.8万亿日元和对中国台湾4.7万亿日元）、对韩国出口5.8万亿日元、对东盟出口12.6万亿日元，很明显，日本以零部件为主的中间产品出口主要面向东亚生产网络。[③]

这里，虽将东盟和韩国称为东亚生产网络的另外"两极"，但在综合经济力量方面，它们确实要远远逊色于中日两国的影响力，但韩国对东亚地区投资、东盟在接受投资等领域近年增长强劲，如韩国2018年对外直接投资规模已经逼近500亿美元，其中对中国大陆投资47.7亿美元（加上香港则为82.5亿美元）；而东盟接受直接投资则一路攀升，到2017年已经达到1370亿美元，主要来自欧盟（254亿美元）、中国（包括港澳台为215亿美元）、日本（132亿美元）、美国（54亿美元）和韩国（53亿美元）。韩国在出口方面，2018年对中国出口1621亿美元、占比27%，且半导体占韩国对华出口的约3成；对东盟出口1001亿美元、占比17%；也就是说，对中国和东盟出口约占韩国出口的近半。[④]

---

① 日本貿易振興機構「日本の直接投資（報告・届出ベース）2004年度で更新終了」、https：//www.jetro.go.jp/world/japan/stats/fdi/［2020-06-28］。
② 外務省『海外在留邦人数調査統計（2018年）』、2019年11月、https：//www.mofa.go.jp/mofaj/toko/page22_003338.html［2020-06-29］。
③ 財務省『貿易統計（2018年度）』、2019年3月、https：//www.customs.go.jp/toukei/shinbun/happyou.htm［2020-06-24］。
④ JETRO『世界貿易投資報告2019年版』、2019年10月、3頁。

(三) 中间品贸易与"附加值链"

从全球贸易视角来看,东亚生产网络为全球提供大量最终消费品。以 2016 年为例,中国向美国出口 4310 亿美元,向欧盟 27 国出口 3860 亿美元,这些出口均以最终消费品为主,中间产品占比均低于 40%。此外,东盟向美国和欧盟的出口规模均为约 1450 亿美元,且同样以最终消费品出口为主。这一年全球出口总规模 156699 亿美元,而中国和东盟向美国和欧盟出口占比就达 7%。[①]

与对外以出口最终消费品为主的特征不同,东亚区域内贸易则是以中间产品为主。由于东亚各国及地区之间建立起紧密的生产分工关系,也就是各产业的生产工序被配置在不同的国家或地区,形成跨国或地区的国际分工体系,这就使得中间品贸易逐步成为区域内贸易的主体。2017 年,东亚的区域内出口贸易额攀升至 22622 亿美元,其中,中间产品高达 15027 亿美元,占比为 66%(见图 1-1)。

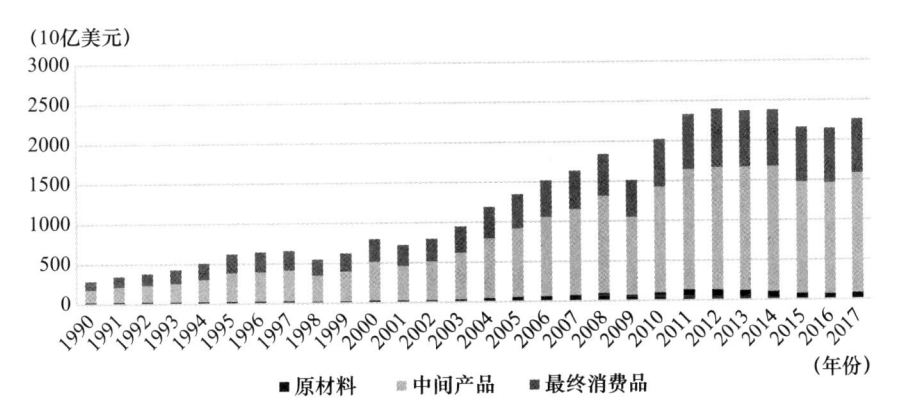

图 1-1 东亚区域内出口构成及其演变(1990—2017 年)
资料来源:经济产业省『通商白書令和元年版』、2019 年 7 月、123 页。

1990 年,东亚区域内出口贸易额为 2909 亿美元(约为 2017 年的 1/8),其中,中间产品贸易额 1575 亿美元,占比为 54%。也就是说,

---

① 经济产业省『通商白書令和元年版』、2019 年 7 月、124 页。

由于当时亚洲四小龙经济都在快速增长，中国也实施了改革开放政策，东亚地区区域内贸易就呈现出以中间品为主的特征，这显著区别于欧洲和北美地区的区域内贸易。

除了以中间品为主的区域内贸易特征之外，"附加值链"也贯穿于东亚生产网络。为了更好分析全球价值链体系，OECD组织开发出附加值统计（OECD TIVA）的概念。它不仅有助于分析一国出口中附加值占比，还可以依据原产地规则来区分一国进口中的附加值情况；而且，由于掌握了两国贸易中的原产国附加值，就可以作为两国间实施贸易限制措施的判断依据，可以分析本国附加值出口的最终需求地，以及可以追踪各国附加值路径以及最终需求国家及其内容。

以日本对美国出口附加值追踪为例，可以看到，东亚生产网络发挥了重要作用。统计显示，2015年日本对美国货物出口额为1370亿美元，其中，来自日本的附加值为1201亿美元（见图1-2）。然而，事实上这一年从日本出口美国的附加值链贸易规模为1493亿美元，也就是说，除了上述1201亿美元直接从日本出口美国之外，还有从世界其

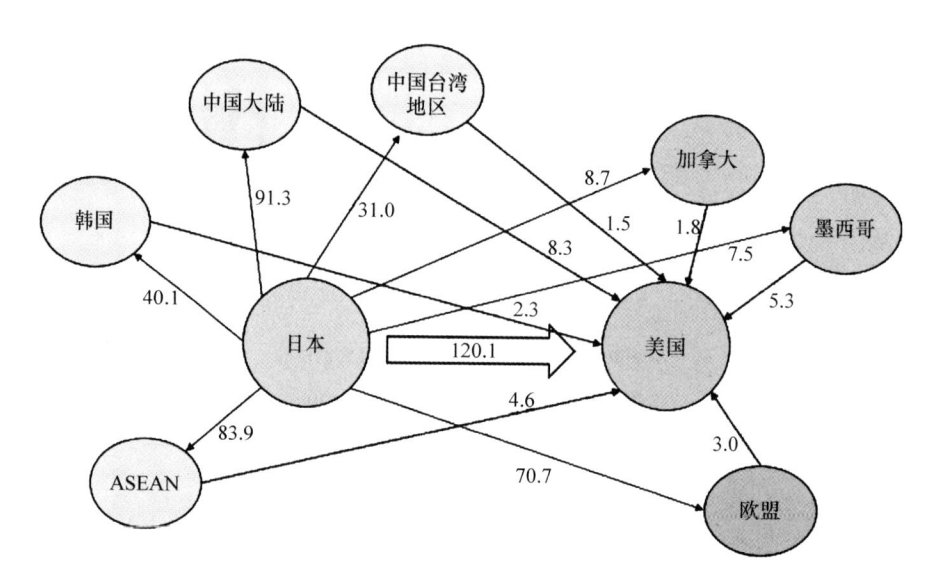

图1-2 2015年日本对美国附加值链贸易构成（单位：10亿美元）

资料来源：経済産業省『通商白書令和元年版』、2019年7月、127页。

他国家或地区出口美国的 291 亿美元附加值。其中，从中国大陆、中国台湾地区、韩国以及东盟等东亚生产网络出口美国的日本附加值为 167 亿美元，此外还有从北美自贸区（NAFTA）的墨西哥与加拿大出口美国的 71 亿美元、欧盟出口美国的 30 亿美元。显然，东亚是日本附加值间接出口美国的重要地区，占比超过一半（57%）。

由此可见，2015 年从东亚生产网络出口美国的日本附加值就达 1368 亿美元。而从区域内附加值链来看，日本对中国大陆及中国台湾、韩国、东盟的附加值出口额为 2463 亿美元，其中最多是中国大陆（913 亿美元），占比近四成。

三 区域化新动向推动生产网络调整

近年来，伴随着逆全球化浪潮的兴起，世界经济开始出现区域化特征。在东亚地区，伴随着全球各种贸易摩擦风险的不断提高，加之地区经济发展的转型升级，国际分工体系向东南亚甚至南亚地区拓展的趋势越加显著。在此次疫情冲击下，区域化为背景的东亚生产网络调整也将加速。仅以日本企业而言，2020 年 5 月日本经济新闻社"百名社长问卷调查"显示，有 7 成日企高管表示将"重新调整供应链"，建立更具灵活性采购模式以及实施分散布局成为企业战略调整的核心。①

（一）企业重新布局应对环境之变

面对以美国为代表的政治干预压力不断增大的大趋势，以中国台湾企业为代表的全球价值链部分供应商已闻风而动，开始调整其战略布局，此举不仅会影响国际分工体系，更会带来东亚生产网络的调整。

作为全球最大的半导体代工企业台积电（TMC）迈出新的步伐，一

---

① 《7 成日本企业家表示要调整供应链》，日经中文网，2020 年 6 月 2 日，https：//cn.nikkei.com/industry/management-strategy/40766－2020－06－02－04－41－00.html［2020－06－06］。

是准备加强对美国市场开发,二是强化台湾作为生产据点的地位。由于美国强力打压华为等中国企业,台积电不得不在中美高科技摩擦问题上被迫站队,尽管华为订单占到该公司营收额的15%,但美国客户订单占比高达60%。加之,考虑到美国新技术创新的强大实力,台积电高层把目光投向了美国。它计划于2021年开始在美国亚利桑那州投资120亿美元建设新工厂,以应对美国超威(AMD)等半导体企业以及军用半导体的庞大需求。拥有7纳米量产技术和5纳米新技术的台积电近日宣布,尽管疫情严重,其2020财年仍将增收18%。

以中国台湾为重要据点,以此来避免中美贸易摩擦的冲击,这成为大批台湾IT企业的战略选择。据统计,2019年1月至2020年5月,189家中国台湾企业申请在岛内投资,其额度高达7614亿新台币(约合258亿美元),[①] 大幅超过了对中国大陆的投资规模(41亿美元)。投资转移趋势显著,这种动向主要是受三大因素影响:一是中美贸易摩擦,二是台湾当局推出了优惠政策,三是新冠肺炎疫情的影响。2018年9月,美国启动"第三轮"对华追加关税措施,IT相关的服务器和通信设备从中国大陆出口美国关税从零提升至10%,2019年5月又提高至25%,但从中国台湾出口美国则仍能维持零关税。2019年1月,蔡英文当局专门针对在大陆投资企业推出系列投资优惠措施,包括在中国台湾投资企业在工厂用地、外籍工人就业以及融资利息补贴等政策。新冠肺炎疫情也在加快企业回归台湾,这主要是出于对"中美脱钩"的担心,包括美国加大对中国大陆企业制裁措施。

作为全球第三大电子设备代工企业(EMS),广达电脑也开始在中国台湾北部桃园市新建工厂,投资额150亿新台币。该公司一直为美国脸书(Facebook)和谷歌等美国科创巨头提供数据中心使用的服务器,此前曾是在中国大陆生产零部件,再出口美国和墨西哥进行组装,今后将改在中国台湾生产零部件。此外,鸿海精密工业(即富士康公司)

[①]《台湾IT产业加快从大陆回归步伐》,日经中文网,2020年5月26日,https://cn.nikkei.com/industry/itelectric-appliance/40687 - 2020 - 05 - 26 - 09 - 29 - 28. html? start = 1 [2020 - 06 - 28]。

旗下的大型液晶面板生产商群创光电,也宣布将投资701亿新台币在中国台湾建厂,将在中国大陆组装工序转回中国台湾,实现在当地的一贯制生产。

(二) 价值链体系创新尝试更加活跃

对于一些国家因疫情而试图干预全球产业链的做法,商界人士是持批评态度的。瑞典企业联合会安娜·斯特林格(Anna Stellinger)近日就表示,"政府若要鼓励企业实现有效的多元化和培养韧性,上策是让商业恢复正常,取消出口禁令,为航空运输创造便利条件,并确保企业能够将具备关键才能的员工派至其他国家"。[①] 事实上,企业也在通过构建新价值链体系等相关措施,来应对新压力。

美国苹果公司堪称全球价值链的领跑者,2007年它推出世界第一款智能手机iPhone,这不仅开启了一场新的通信技术革命,更重要的是它还推动了生产方式革命,依靠国际分工体系而实现了无工厂化经营。苹果手机由富士康公司在中国生产,但受中美贸易摩擦影响,它开始了新的战略转型。一是分散生产基地,避免过度集中在中国。据《日本经济新闻》报道,苹果新的无线耳机AirPods产品在越南的生产已经全面启动,预计2020年4—6月的供货量将达数百万副,占到整体的3成左右。二是大力扶持新的代工企业,以形成竞争而降低成本。2011年开始,苹果就与中国大陆企业立讯精密工业建立交易,2017年又将上述无线耳机订单委托立讯。2019财年,立讯营业收入已经达到625亿元,净利润47亿元,其中苹果业务占到营收的6成左右。[②] 三是继续研发核心产品,扩大对价值链的控制权。6月22日,苹果公司宣布将在其个人电脑Mac上搭载自主开发的CPU(中央处理器),告别2006年以来使用的英特尔CPU。苹果公司自称这是"历史性的1天",完成了乔布

[①] 《全球供应链这一次终于要被摧垮了?》,FT中文网,2020年6月11日,https://m.ftchinese.com/story/001088096? adchannelID =&full = y&archive [2020 - 06 - 26]。

[②] 《中国立讯正在成为"第二个鸿海"》,日经中文网,2020年6月28日,https://cn.nikkei.com/china/ccompany/41035 - 2020 - 06 - 28 - 04 - 40 - 00.html? start = 1 [2020 - 06 - 28]。

斯 15 年前留下的"作业"。①

与苹果等美国企业比较起来，华为等中国企业将遭受更大压力，因为要应对来自美国的全面制裁。首先，华为未雨绸缪，在新产品研发上极力摆脱美国的影响。不久前，在日本专业调查公司 Fomalhaut Techno Solutions 配合下，《日本经济新闻》分析了华为新一代高端机型"Mate30" 5G 版，它发现相比 4G 版，新产品所使用的中国产零部件大幅提升了 16.5%，达到 41.8%；相反，美国零部件只剩下玻璃壳等极少部分，占比降至 1.5%；与此同时，日本企业零部件使用量也有很大提高。其次，大量储备尖端部件，以实现安全过渡。同样是《日本经济新闻》的报道，华为已经储备两年份的美国半导体尖端产品，主要是赛灵思公司的"FPGA"可编码型芯片、英特尔以及超威半导体的服务器 CPU 产品，这些都属于美国企业占据垄断优势的领域。最后，加速培育新的供应商，如手机芯片方面，华为已经与全球第二大 IC 设计企业联发科技（Media Tek）、中国大陆紫光集团旗下的紫光展锐（UNISOC）强化合作。作为中国大陆最大半导体代工企业中芯国际集成电路制造公司（SMIC）也准备替代台积电来承接华为订单，华为荣耀手机芯片"麒麟 710A"已经由原定台积电 12 纳米制程技术制造转为中芯国际采用 14 纳米技术制造。尽管可能面对沉重的转型之痛，但作为全球 5G 专利最领先企业，华为自身的技术优势极有可能成为其华丽转身的杀手锏。

很显然，各国企业正在积极应对中美贸易摩擦以来愈加强大的政治干预，苹果、华为等品牌商大胆尝试进行价值链体系创新，台积电、中芯国际等代工企业或供应商则积极调整战略布局。今后，在半导体制造装置及零部件方面具有较大影响力的日本企业、在 DRAM 存储以及 NAND 存储方面具有强大竞争力的韩国企业等也将参与进来，一场国际分工体系大调整、全球价值链体系创新即将到来。

---

① 《苹果 15 年后完成乔布斯留下的"作业"》，日经中文网，2020 年 6 月 24 日，https://cn.nikkei.com/industry/itelectric-appliance/41047-2020-06-24-04-43-00.html ［2020-06-28］。

(三) 区域化背景下中国经济转型

很多观点认为，此次疫情暴露了全球价值链脆弱性的一面，这将成为逆全球化的推力。其实，自中美贸易摩擦以来，世界经济格局就已经开始发生异动，两个突出特征是：一些劳动密集型商品从中国转移到了东盟诸国，形成了对东盟国家的投资热潮；再者，北美的墨西哥向美国出口高附加值商品数量也在迅速增长，表明一些高端制造业转移到该国。这种事实似乎证明，全球各大贸易集团之间的政治分歧，确实在导致全球供应链走向区域化特征。①

早在中美贸易摩擦之前，东亚生产网络调整转型就已经对中国贸易带来部分结构性变化。一些统计显示，2015—2017 年，中国对美出口商品中的劳动密集型商品呈现不断下降趋势，主要以箱包、鞋类、毛衣为主（分别从 2015 年的 64%、54% 和 38%，下降至 2017 年的 58%、48% 和 33%）。② 相反，从东南亚地区出口美国的这类商品呈增长趋势，因为那里的劳动力成本更具有优势，当然，这与中国环境意识提高以及产业升级密切相关，以此为背景，中日韩三国企业对东盟投资出现显著增长的势头，且制造业特征也非常显著。

在对东盟投资中，日韩企业的制造业特征显然比中国企业更为突出。近年来，中日韩三国企业都在不断扩大对东南亚地区的投资。如日本 2012 年对东盟投资就已达 146 亿美元，2013 年甚至高达 247 亿美元，日本对东南亚投资明显以制造业为主，这 6 年间仅制造业投资就高达 404 亿美元，年均 67 亿美元。中国 2012 年对东盟投资 177 亿美元，当时制造业仅为 8 亿美元；但 2013 年中国对东盟仅制造业投资就超过 30 亿美元，总额 122 亿美元；2016 年达到一个峰值，为 241 亿美元，制造业投资攀升至 37 亿美元（见图 1 - 3）。韩国对东盟投资在 2013 年突破 43 亿美元，规模是 2012 年的 3.3 倍；2016 年韩国对东盟投资攀升至

---

① 《打造供应链韧性不应导致贸易壁垒》，FT 中文网，2020 年 6 月 15 日，https：//m. ftchinese. com/story/001088146？archive［2020 - 06 - 28］。

② 《产业链外迁，中国怎么办？》，FT 中文网，2020 年 5 月 13 日，https：//m. ftchinese. com/story/001087645？adchannelID = &full = y&archive［2020 - 06 - 28］。

65亿美元；与日本相类似，韩国也是以制造业投资为主，6年间对东盟制造业投资总额136亿美元，年均23亿美元。①

(10亿美元)

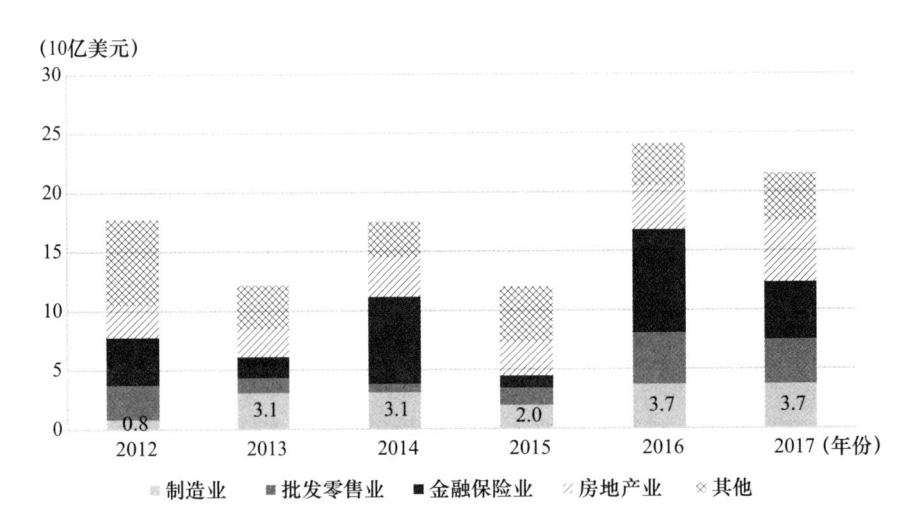

图 1-3　中国对东南亚直接投资（2012—2017年）

资料来源：东盟事务局，转引自经济产业省『通商白書令和元年版』、2019年7月、291頁。

在中美贸易摩擦以及新冠肺炎疫情蔓延的双重冲击下，中国出口面临的压力正在逐步增大，加之，中国国内相关生产要素比较优势也在衰减，一些劳动密集型产业的企业将更趋向于将产业链转移出去，东南亚甚至南亚各国成为重要目标。

中国正在从传统的"世界工厂"转向新型的"世界市场"，2018年中国社会消费品零售总额突破38万亿元，已经逼近美国约40万亿元的市场需求，这种社会转型也将逐步改变过去以"投资、消费和出口"为主的"三驾马车"型发展模式，消费占比将有大幅提升，这也符合习近平在中国共产党第十九次全国代表大会上的报告所提出的"我国社会主要矛盾已经转化为人民日益增长的美好生活需要和不平衡不充分的

---

① 経済産業省『通商白書令和元年版』、2019年7月、https：//www.meti.go.jp/report/tsuhaku2019/2019honbun/i2330000.html［2020-06-26］。

发展之间的矛盾"。

最近,中国通过修改《中华人民共和国外商投资法》,出台负面清单并在市场准入方面实施了一系列改革,如降低行业准入条件、加大外资持股比例、支持外资从参股到控股等,在逆势中吸引了大量外资进入。在此背景下,一批新的跨国公司开始把目光投向中国,如特斯拉、埃克森美孚、巴斯夫、宝马等跨国企业正在抓紧投资中国,代表性项目包括特斯拉上海设立的超级工厂,项目总投资500亿元;埃克森美孚在广东惠州投资的大型独资石化项目,涉及金额高达100亿美元等。2019年6月,中国宣布取消加油站零售业务限制之后,壳牌公司在中国的加油站业务得到快速增长,最近它与中海油合作的南海石化项目总投资超过100亿美元,成为壳牌全球也是中国最大的合资化工项目。

正如中国领导人近年来多次重申的,作为世界最大开放型经济体的中国,不会关闭对外开放的大门,相反,在新一轮深化改革的背景下,中国营商环境将持续改善,外资限制将进一步减少,相关政策将更具透明度,知识产权保护也将更加有力,以此为基础,中国经济将加速转型。

疫情下的中日关系与美国因素[*]

新冠肺炎疫情发生前后，日本的对华态度有一个较为明显的反差变化，而这与美国特朗普政府对中国疫情及抗疫进程的评价变化发生着奇妙的同步现象。2017年开始尤其2018年中日高层互访启动后，两国关系加速改善并逐步恢复到正常化水平，各方面合作提速，被双方称之为进入"新时代"，疫情期间则更有多轮良性互动。然而，随着国际社会疫情的起伏变化，中美之间的博弈以及对华"甩锅"论的发酵，作为西方国家一员的日本不可避免地受到了影响。西方一些国家力图打造后疫情时代"去中国化"的潮流和观点，从国家安全、经济安全等方面渲染反华氛围，炮制"中国责任论"，日本的"小气候"受到美国如此"大气候"的影响，在战略取向和态度上对中国悄然做出了一些出人意料的改变。

当然，日本对华外交姿态也是复杂多元的，合作与博弈并存仍是中日交往的常态。日本要想确保"安倍经济学"业绩，保持稳定的周边环境，就无法绕开"中国因素"，整体上也不会像美国那样和中国发生直接对立和碰撞。因而，日本如果能保持战略定力和远见，在中美日三角中采取睿智的相对平衡策略，则疫情后中日激活有利存量因素，两国关系开展"再出发""新起航"，就不但有基础，也是非常有可能的。

一 疫情下的国际形势与中日美关系

此次疫情发生在两个大变化的背景下，即国际关系百年大变局以及

---

[*] 吴怀中，中国社会科学院日本研究所副所长、研究员。

美国"特朗普冲击",后者的影响更直接、更剧烈、更具体。历史表明,最深刻的经济和社会变革往往发生在重大危机、灾难或冲突之后,它们对现有秩序产生了催化和破坏作用,创造了新的现实和对未来的不同思考方式。美国学者罗伯特·卡普兰(Robert Kaplan)认为,新冠肺炎疫情是一种经济和地缘政治的冲击,是全球化第一阶段和第二阶段之间的历史标志。[1] 由于病毒攻击的无差别和跨国性,疫情很大程度上对国际关系的演变发挥了催化作用,其中既有促进交流和加强合作的积极因素与正面效应,也有加剧大国权力博弈与地缘战略竞争的消极因素与负面作用。尤其随着疫情的持续发展,美国"甩锅""退群",中美矛盾加速激化,导致地缘博弈加剧,日本对华政策随之发生相应摇摆,而所有这些"涉美"的宏观因素都对中日关系的发展产生着重要影响。

首先,疫情下的美国"逆全球化"加剧,对日本政策导向产生冲击。

疫情对全球化的冲击存在正向与负向两种力量,但美国的示范作用所带动的主要方向,是阻止、妨碍物质实体层面的全球化,包括叫停人员跨国往来、阻隔产业链与供应链等。美西方的部分发达国家注意到在关键医疗用品及其他生产部件方面明显"依赖"中国的现状,认为在当今全球化框架下,疫情暴露了供应链的脆弱性。这些国家都已不同程度地为全球价值链及供应链的"脱钩"做准备,为疫情后的未来做准备,可以想见,在全球贸易恢复正常时,供应及采购的地域多元化将升至新的高度。从现在起,作为一个政策问题,西方大国需要"保护"和"回迁"的企业名单可能扩大,投资审查将在世界各地收紧,国家安全的定义可能会扩大。[2] 美国主导的这一趋势导致各国的政策可能发生变化:一种是经济民族主义与贸易保护主义的流行与泛起,支持国内生产,对外国投资设置障碍,缩短供应链,以避免跨国生产;另一种则是指向更特定的"脱钩",即大幅降低对中国经济的依存,把中国部分

---

[1] 《新冠病毒大流行会结束我们所了解的全球化,还是会进入另一个阶段?》,半岛中文网,2020年3月22日,https://chinese.aljazeera.net/sport-culture/2020/3/22/will-coronavirus-end-globalization-or-will-enter-another-phase [2020-08-08]。

[2] Leo Lewis, "Japan Models a New Look for National Security", *Financial Times*, May 13, 2020, https://www.ft.com/content/2aa29fdc-946d-11ea-abcd-371e24b679ed [2020-08-08].

甚至全部地排除在美国主导的自由贸易体系之外。疫情危机发生后，在美国的不良倾向带动下，全球民粹主义情绪高涨，国际社会重新体验19世纪末那种地缘政治紧张加剧、贸易保护主义和超级大国竞争的前景并非虚妄。因此，疫情也确实正加速中国和美西方之间已经紧张关系的"脱钩"进程。

同时，可以看到，国际格局方面，"西降"态势将较前明显。欧洲、北美、东亚，是全球三个最重要的经济活动区域及国家集群所在，在应对和控制疫情方面，美欧世界在治理能力、公共信誉、集体协作诸方面遭受前所未有的损伤，疫情对世界最富裕国家集群造成了很大的破坏。疫情后，新一轮科技革命以及经济动能转换，将促使各国综合国力消长及战略格局重塑，"新旧交替"的速度进一步加快。这一趋势不可避免地加剧美国的对华紧张与焦虑，增加美国对华遏制、打压的冲动。这些对日本国家战略定位、区域合作政策及经济安全政策倾向无疑将产生微妙的影响，也将不可避免地波及中日经济关系。

其次，全球霸权国即美国受到较大负面冲击，需"拉日制华"。

由于政策失当导致疫情失控、社会分裂加剧，美国国内治理体制的缺陷暴露在全世界面前，其国际地位、可信度乃至全球领导力下降幅度明显。对全球共同应对疫情，美国缺乏道义、不负责任，导致国际多边合作困难重重，特朗普政府甚至不愿向盟友和伙伴伸出援助之手。在全球抗疫过程中，美国本来手握好牌——利用强大国力及先进医疗科技，发挥领导力、联合或领头全球抗疫。然而，特朗普政府固守"美国优先"，并未提供援助或发挥领导力，反而到处"甩锅"、推责、"截胡"，甚至与加拿大、欧盟或韩国等盟友伙伴发生矛盾。2020年4月8日，美国对外关系委员会主席理查德·内森·哈斯在《外交》杂志刊文指出：当前危机的一个特点是美国明显缺乏领导力，美国没有团结全世界共同应对病毒，其他国家正在尽其所能地照顾自己，或者向中国等已经度过了感染高峰期的国家寻求援助。①

---

① 《世界各国疫情最新数据》，2020年4月25日，http://www.860816.com/aricle.asp?id=2468&p=4［2020-08-08］。

这场危机让人们对美国领导地位的持久性产生了新的疑问。面对疫情，美国对权力的粗暴使用影响了其他国家及个人。从世界卫生组织（WHO）"退群"表明，现任美国政府对多边合作及发挥领导作用极其缺乏兴趣。美国的东亚问题专家希拉·史密斯就此表示："除了暴露出美国领导意愿的减弱外，对大流行病的应对也暴露出一个新的现实——美国的无能。这可能对华盛顿的盟友和合作伙伴造成更具破坏性的影响"。[1]

特朗普治下的美国具有的不确定性以及其以后可能出现类似领导人的情况，使得美国的盟友都在为最坏的情况做准备。一个可预测、奉行重视盟友及多边主义协商的美国政府，今后能否出现以及持续多久，疫情下已变得难以预测。如果疫情危机持续更久，形势变得更严重，美国经济将遭受更大的损害，这就可能需要削减国防开支和海外援助。这些情况正对日本外交的决策评估特别是对美国领导力与影响力的判断产生影响。认识到这些可能性和不安的前景后，日本必然会采取两方面的举措：一是拉住、稳住美国，稳固日美同盟并使美国继续担负领导责任；二是在安全防卫上加紧落实新版《防卫计划大纲》，加快步伐向更大的"强军经武"和"国防自立"目标进发。这些动作将主要在安全领域尤其对中日建设性安全关系产生种种影响。

再次，激发地缘政治博弈加剧以及三国关系复杂化。

如果说危机和战争往往是打造新秩序和新制度的关键，那么此次疫情也不例外，它可能会重塑全球地缘政治。疫情是否造成基辛格所云"永远改变世界秩序"[2]，尚待进一步观察，但围绕国家发展模式与治理体制、核心竞争力、高科技能力以及秩序规则制定权的竞争、博弈，将更加突出。这正如理查德·哈斯指出的，新冠肺炎疫情不会改变世界历史的基本方向，反而会加速世界历史的发展，这场大流行病和对它的反

---

[1] Sheila Smith, "US Pandemic Politics Spells Trouble for Its Asian Partners", East Asia Forum, May 5, 2020, https：//www.eastasiaforum.org/2020/05/24/us-pandemic-politics-spells-trouble-for-its-asian-partners/［2020－08－08］.

[2] 基辛格：《新冠病毒大流行将永远改变世界秩序》，《华尔街日报》2020年4月3日，转引自《参考消息》2020年4月7日。

应揭示并强化了当今地缘政治的基本特征。① 尤其是，疫情对中美关系造成相当大的冲击，美国对成功"抗疫"且影响力进一步上升的中国更加忌惮并更感焦虑，将斗争矛头猛烈对准中国，这加剧了两国之间已经加深的战略不信任，并破坏了双方的长期合作伙伴关系。

特朗普政府试图加大力度攻击中国，全方位打压中国崛起，并由此转移国内对其在处理疫情时失误的批评。除了单独发力，美国意欲动员包括日本在内的盟国联合对华施压，例如试图举办排斥中国的"G11"会议、利用"五眼联盟"打压华为、力挺英联邦国家干预港台事务等。美国可谓不择手段地遏制中国，其反华情绪正在增长，呈现出一种危险的态势。在2020年3月召开的七国集团（G7）危机讨论会上，美国国务卿蓬佩奥（Mike Pompeo）坚持要将COVID-19命名为针对中国的污名。当其他成员国拒绝称其为"武汉病毒"时，美国反过来又拒绝签署一份联合声明。美国学者自己对此都承认："这是一个明目张胆的'不听我的，就走人'外交的例子。"② 特朗普总统的这种美国外交例外主义，让美国的盟友也感到震惊。

这一事态，对日本的对华政策不可能不产生重要影响。日本、欧盟等对华态度的摇摆不定，都体现了美国政策及施压盟友造成的地缘政治影响。当前，尤其需要注意的是，尽管感到很难应对特朗普的不确定性，但在一些日本政治精英看来，特朗普政府对中国的强硬立场虽然存在种种弊端，却似乎比奥巴马的做法更符合日本的国家安全利益。对于日本保守执政势力来说，最大的外交噩梦是美中共治（G2）及联手主导亚太。③ 在这种思维背景下，与奥巴马政府时期相比，日本不少政客和官员即便不是毫无保留但也宁愿赞同特朗普的对华政策，他们认为，特朗普政府的强力施压更有希望使中国的行为发生某种变化——这种变

---

① 《世界各国疫情最新数据》，2020年4月25日。
② Sheila Smith, "US Pandemic Politics Spells Trouble for Its Asian Partners", East Asia Forum, May 5, 2020, https://www.afr.com/world/asia/us-pandemic-politics-spells-trouble-for-its-asian-partners-20200524-p54vur [2020-08-08].
③ 安倍政府始终对奥巴马政府"软弱"的对华政策，颇有微词和疑虑。例如，2013年，奥巴马政府国家安全顾问赖斯（Susan Rice）表示"在中国问题上，我们寻求建立一种新的大国关系模式"，这令日本外交当局感到非常意外和焦虑。

化总体上也有利于日本，同时这也意味着中美短期内无法和解，即美国不大可能实施绕过日本的对华政策。①

二 疫情初期中日关系向好与美国因素

众所周知，疫情发生初期，中日曾有一段热络的互动和互助时期，日本对华态度积极、友善。这既与2017年以来中日关系加速改善的势头和存量积累有关，也与美国对中国抗疫的正面肯定姿态以及中美正向互动关系密不可分。并且，日本在疫情前后的对华态度调整，与美国特朗普政府对中国疫情及抗疫战绩的评价变化发生着奇妙的共振和同步现象。

2020年1月，中美通过谈判达成了被外界称为标志性成就的第一阶段贸易协议，两国关系进入一段"休战"与缓和的时期。与此呼应，疫情发生后直到2020年3月，特朗普政府对中国的抗疫成效及美中合作持欣赏和赞成态度。1—2月，特朗普曾有相关的四次公开表态，3月13日，特朗普在新闻发布会上再次对中国疫情防控成果和努力进行积极评价，表示：中国提供的数据和应对经验对美国抗击新冠肺炎疫情非常有帮助，中国疫情控制效果明显，美国的一些医药公司团队也正在与中国专家全力合作。② 直到4月1日，特朗普在白宫召开的疫情发布会上仍然表示："有些国家的情况真的很糟，如果中国帮助其他国家，我完全支持，我支持我们大家互相帮助。"③

所以，在"美国因素"相对宽松、积极并且中日互动友善的环境下，日本的对华认知与行动以及中日关系在2020年第一季度呈现良好的发展景象。并且，日本的这种对华姿态也与其对美的认知有关：在美

---

① Fumiaki Kubo, "Japan-US Relations in a Post-COVID－19 World", East Asia Forum, June 6, 2020, https://www.castasiaforum.org/2020/06/06/japan-us-relations-in-a-post-covid-19-world/［2020－08－08］。

② 《美国进入紧急状态，特朗普称赞中国疫情防控效果》，《华夏时报》2020年3月14日。

③ 《特朗普白宫疫情发布会》，2020年4月1日，https://weibo.com/1765700930/IBru6kaJW? type = comment ［2020－08－08］。

国的承诺缺乏确定性即美国并不完全靠谱的情况下，面对疫情引发的前所未有的公共卫生和经济危机，亚洲领导人将不得不继续寻求相互协作的新形式。事实上，疫情发生后，日本对因自身"亚裔元素"而受到美欧讥讽对待同样抱有不满。① 当然，日本外交的基本前提仍是维持与美国的同盟关系。这些共识并没有自动转换为中日关系加速友好发展的直接推力，但也至少有助于推动日本外交方向在中美日三角架构间保持最低限度的平衡。

短期内这种正面利好及促进因素，使得两国关系至少在2020年春季之前达到2017年加速改善以来的一个小高潮。在疫情最初的流行中，东亚曾一度看到一个新的合作秩序和中日关系更上一层希望的到来。

首先，"抗疫"合作曾部分改善中日相互认知与国民感情。

在疫情跨境影响和共同抗疫目标驱动下，中日间的矛盾分歧被暂时搁置，而"命运共同体"的相互认知则因此得到增强。以疫情为契机，中日民间及舆情曾有良好互动，国民感情得到一定改善。2019年，中日政府同意加快合作，开创"新时代"关系。这一共识在2020年两国最初共同抗击疫情的积极行动中得到了体现，双方曾坚持在全球疫情期间通过寻求合作而不是冲突来发展"新时代"双边关系的承诺。

日本尽管最初受到了疫情的严重影响，但在疫情暴发后对中国采取的措施似乎更像是一种例外，如没有立即关闭其边境。相反，日本率先对中国抗疫提供宝贵支持和帮助，各界热情向中国提供大量防疫物资，并附以古诗词，中国外交部专门对日本各界善意表达赞赏和谢意。中日还在地区多边平台进行防疫抗疫的互动与合作，中日韩三国在3月就举行了新冠肺炎问题特别外长视频会议。其后，日本疫情开始告急，中国同样没有缺席邻国的抗疫努力。两国之间良性互动，礼尚往来，作为回报，中国中央和地方政府以及公众自3月以来也向日本捐赠了大量医疗物资。两国民众和社会舆论对相互风雨同舟之举高

---

① 例如，麻生太郎副首相在2020年3月24日的众议院会议上曾吐槽，其2月末在沙特G20财长和央行行长会议上曾善意提醒欧洲同行注意新冠肺炎疫情，却被嘲笑为这仅是亚裔之病。

度关注和赞赏，合作共赢气氛进一步生成，彼此好感度皆有上升。中日相互驰援、守望相助，中国外交部发言人对此表示中日韩是一衣带水的友好邻邦，在疫情面前更是命运共同体，王毅外长亦表示"疫情面前，中日是同舟共济的命运共同体"。① 这种以"捐助外交"为代表的互帮互助，使人产生一种希望：这将有可能扭转这两个东亚邻国几代人以来的紧张关系。

其次，中日合作加强，以重振遭受疫情重创的经济。对两国政府而言，应对疫情后的经济低迷均将成为首要执政议题。

"安倍经济学"是安倍的标志性经济重振计划，也是其对选民吸引力的关键所在，但在2020年，据预测，日本将经历自第二次世界大战结束以来最严重的经济衰退。日本方面由于奥运推迟、战后最长景气期终结、内外需动能疲软、社会总需求恢复乏力，居民消费仍相当谨慎，对华经济依赖性进一步增强。日本政府表示，经济"在极其严峻的形势下迅速恶化"，并且11年来首次在其经济评估中使用"萧条"一词。② 疫情几乎将不可避免地破坏安倍想要留下的遗产——在奥运会推动旅游业发展的同时强劲复苏经济。

安倍在初期应对疫情上行动迟缓、优柔寡断，原因也是因为他不愿把疫情置于其他政策优先事项之上——先是奥运会，后是商业和经济。即使在奥运会于3月24日宣布推迟之后，安倍仍然在维持经济活动和防止疫情传播何者优先问题上存在犹疑。日本的利益相关者已经为2020年东京奥运会花费了巨额资金，推迟举办估计将使日本再损失数千亿日元。3月，日本通过25.7万亿日元的年度第一次补充预算，这相当于国内生产总值的5%。日本庞大的财政刺激计划是其财政平衡的沉重负担，预计2020财年财政赤字将扩大至GDP的14%左右。

当西方还在艰难"战疫"的上半场或中场，中国已进入下半场或扫尾阶段。中国成为疫情后最早复苏的经济体之一，复工复产的进程比美

---

① 外交部：《王毅同日本外相茂木敏充通电话》，2020年2月27日，https://www.fmprc.gov.cn/web/wjbz_673089/xghd_673097/t1749878.shtml [2020-07-08]。

② 「首相、経済は大不況より厳しい」、『毎日新聞』2020年4月28日。

日欧更快更实，并为世界其他国家的复苏提供早期推动力。日本经济恢复及振兴与中国经济的关系在短期内不会减弱。当然，对中国来说，围绕经济、技术、人文交流等方面，中美双方都在采取减少对对方依赖的措施，部分脱钩不可避免，日本对中国经济来说的作用也在上升。中日强化经济合作显然是互利选择，可为两国经济发展注入动力，并对美国发动的逆全球化、贸易保护主义形成对冲和牵制。

三 日本对华政策异动与美国因素

随着美国疫情从2020年3月起日益严峻，以特朗普为首的美国政客没有认真反思与总结其疫情工作的不足，反而开始一次又一次把矛头指向中国，不断向中国泼脏水，推行"甩锅"策略。例如，4月8日，特朗普公开指责世卫组织应对新冠肺炎疫情不力，还偏袒中国，并威胁要"断供"世卫组织。4月28日，特朗普表示美国正在对中国疫情暴发展开深度调查，再度"甩锅"称造成美国如今刻不容缓局面的很大一部分原因来自中国，甚至直言要中国对美国疫情期间造成的损失进行赔偿。很快，美国全面打压中国以及形成大国博弈更趋激烈的总体格局，作为结构性因素对中日关系形成一定的规范作用，给两国关系发展带来不利影响。此形势下，日本对华政策"两面性"及其牵制与竞争手段的执着推进，进一步对两国关系造成了负面影响。无法忽视的是，在东亚，至少在一定程度上，仍然存在一个高度紧张的地缘政治格局。中日在海洋及领土问题上的争端不会随着疫情流行而消失，安全紧张局势和不信任仍将存在。随着构成中日关系的结构性矛盾变得明显，两国之间的裂痕开始浮现并继续扩大。自2017年以来一路升温的中日关系，发生了降温现象，并有不断冷却和下滑迹象。

（一）日本对华经济安全政策调整背后的"美压"因素

此次疫情，某种程度上确实重新定义了国家安全的范围和意义。疫情在生产、消费、投资等方面给日本经济带来明显冲击，日本认识到国家安全和经济利益比以往任何时候都更加紧密地联系在一起，承认经济问题在国家安全思维中极为重要。在疫情导致部分供应链紊乱和医疗卫生商品短缺的刺激下，日本内部加速展开关于减少对中国经济依赖的政策辩论。尽管近几年来日本与中国的关系逐步改善，但安倍政府仍认为需要"进一步采取措施，增强我们供应链的健壮性和韧性"。①

同时，中美竞争加剧的背景，应对中美"脱钩"的长远考虑，对日本来说也是一个重要的刺激因素。2020年5月，特朗普政府出台一系列对华消极政策和措施，直至7月蓬佩奥对华发表"新铁幕演说"，试图掀起新冷战，对这种政策辩论走向也产生了重大影响：东京仍需与华盛顿站在同一阵线，将新的战略重点放在与中国的经济竞争上。从目前的动向看，经济安保方面，需要注意日本有调整战略并将经贸事务战略化、政治化与安全化的倾向。

2020年春夏之交，日本国家安全保障会议（NSC）开始讨论新的国家安全战略，其中的重头戏是经济安全战略，具体由国家安保局下设的"经济班"负责制定，目标是整合对外战略中的各种经济举措，以确保国家经济安全施策的一致性、统筹性和最大效力。安倍政府设想的经济安全战略五大支柱是：发展科学技术和保护敏感信息、保护领海和专属经济区的海洋权益、消除5G等下一代电信标准的潜在威胁以及打击网络袭击、外商在日投资的出口管制制度和措施、开展基础设施建设合作。② 当今的大国竞争是一种综合博弈，其中最重要的是经济与科技领域，因为国家安全很大程度上依赖于经济成功和科技领先。许多国家已经意识到，需要改进政府治理能力，实施更明智的经济治国之道，其中，日本可能是工业化国家中第一个实际改变其核心安全决策部门机能、使其专门关注经济安全战略和政策协调的国家。

除了政策文件修订外，日本政府还加快修法以配合这一战略调整进程。2020年6月7日，《外汇与外贸法》修正案生效，该修正案旨在构

---

① 「1ヵ国に依存しない強靭なサプライチェーン構築を支援＝安倍首相」、Newsweekjapan、2020年4月3日，https：//www.newsweekjapan.jp/headlines/world/2020/04/270278.php ［2020-10-10］。

② "Japan Likely to Draw Up Economic Security Strategy in 2020", Nation Thailand Econ, January 5, 2020, https：//www.nationthailand.com/business/30380154 ［2020-10-10］。

建围绕外国投资的经济安全措施——例如扩大需要预先审批的企业范围、加强国家对投资流入的控制等,以增强日本的国家安全保障能力。为此,日本政府大幅降低了外国投资者必须通过的最低股份门槛,即从10%降至仅1%。① 自2019年秋天以来,日本一直在加强对电力、军事装备、软件等十几个关键领域的投资审查制度,疫情则促使其进一步加大相关投入。② 这种新定义的对外国投资的限制措施,揭示了日本在疫情大流行下对商业贸易的一种态度,容易使投资者产生极大的挫败感,也可能成为世界各国政府的负面仿效模板。

实际上,日本政府也正在继续推进生产链、供应链回归国内,并逐步降低对华经济依赖度,确保经济上的战略自立性。为此,安倍内阁还专门在2020年度第一次补充预算中安排了促进供应链生产据点重返国内的2200亿日元补助金预算。日本经济再生大臣西村康稔6月表示,日本过于依赖中国,需要扩大供应来源以维持供应稳健和多样化。③ 受此推动,日企在可能范围内考虑将在华生产或供应基地转向国内或东南亚的趋势正在加速。据东京商工研究机构的数据显示,2020年初春,约有1000家日本企业放弃了中国供应商,开始分散采购生产所需的零部件。④

(二) 日本涉华防卫政策调整与同盟强化

除了调整经济安全政策,日本政府在2020年春夏之交也开始着手修改2013年版《国家安全保障战略》中的传统内容部分,并力争年内完成。在当今复杂国际形势下,日本此举可能带来一系列重要影

---

① 「外資規制強化、6月7日に全面適用外為法改正」、『日本経済新聞』2020年5月24日。

② Leo Lewis, "Japan Models a New Look for National Security", *Financial Times*, May 5, 2020, https://www.ft.com/content/2aa29fdc-946d-11ea-abcd-371e24b679ed [2020-10-10]。

③ 「TPP閣僚級テレビ会議を検討 中国への供給網依存など議論—西村経済再生相—」、2020年6月14日, https://www.jiji.com/jc/article? k=2020061400147&g=eco [2020-10-10]。

④ "Coronavirus: Tokyo Pays for Its Businesses to Leave China", *Asia News*, April 4, 2020, http://www.asianews.it/news-en/Coronavirus:-Tokyo-pays-for-its-businesses-to-leave-China-49787.html [2020-10-10]。

响。从种种动向研判，日本将谋求军事安全政策的"正常化"与"攻击转型"。

此番战略调整之际，"美国因素"的作用——即日本傍美、日美联动，更是明显。6月23日，《日美安全保障条约》迎来生效60周年，《日本经济新闻》当日的报道称：由于焦点是应对中国，战略的修改将与美国进行协商，与日美安保体制联动，综合讨论包括防止先进技术外流的经济安保等措施。无独有偶，就在安倍政府发布新版《防卫白皮书》的前一天，特朗普政府在一份声明中毫无道理地拒绝承认中国的南海相关主张。

2020年6月，日本防卫大臣河野太郎代表政府宣布，因技术问题取消部署美国两套陆基"宙斯盾"导弹防御系统的计划。随后，安倍迅速宣布有意修改日本的国家安全战略及防卫指导方针，据此，日本NSC将就新的导弹防御方式等领域进行重点讨论。安倍政府推动战略修订的具体指向是，以陆基"宙斯盾"系统部署计划停止为由，考虑拥有攻击敌方基地能力即远程打击力量。其思路是，建立强大的常规威慑武力，以攻代守，以高效的进攻性手段达成新形势下的有效威慑和反击军力。近年，日本政府要人及安倍本人已在多个场合表达了这种愿望。实际上，日本自卫队已拥有了相当的打击力量及精锐攻势作战能力，安倍第二次执政以来在防卫领域不但大力解禁或松绑"软件"，还大胆发展高精尖武备等硬件。日本2018年版《防卫计划大纲》，提出多维联合防卫力量构想，打造陆海空天电网"跨域作战"，其追求目标已接近于"正常大国"水准。在此基础上，谋求更进一层的"攻击能力"，其可能选项将有巡航导弹、对敌战术弹道导弹、中远程轰炸机加精确制导炸弹等，其中，巡航导弹（引进美国"战斧"等）的实现可能性较大，进程也较快。

可以看到，在军事安全方面，讨论中的新战略意图实现重要禁忌事项的明文化、政策化与"正常化"，将正面突破"专守防卫"国策。在美国对华战略竞争与打压持续发力背景下，美国可能会允许日本超越日美战略下的常规防御角色，包括讨论获得先发制人打击能力的可能性。

日本推动战略调整，邻国无须对号入座，但这种调整，高度对华、紧密联美，其释放的信息无法忽视。安倍政府提前修改安全战略本身，就被认为意在应对中国。2020年7月，安倍内阁通过2020年版《防卫白皮书》，表示中国正加大对地区海域的领土主张力度，甚至利用疫情扩大影响力并取得战略优势，对日本和该地区构成更大威胁，"直接影响印太地区的和平与稳定"，声称要将中国推动的"秩序构建"与"国家竞争""作为安保领域课题，予以重大关注"。① 河野太郎还在7月14日的新闻发布会上强硬表态："由于中国现在拥有自己的能力，并试图单方面改变许多地方的现状，我们必须密切了解中国的意图。"②

四 结语

可以看到，疫情发生前后，日本的对华姿态以及受此影响的中日关系发生了微妙的变化。就外部因素而言，最有可能的解释是，其姿态转变是为了迎合或至少不得罪华盛顿。特朗普政府"恶用"疫情，5月出台对华战略、升级制裁华为措施等，全面打压与攻击中国，中美对抗由此显著升级。不难想象，白宫会敦促日本等盟国加入其对华攻击和压制计划，助其摆脱内外困境。③ 对此，日本似在摸索调适对华政策指向，试探加入美国不断升级的对华地缘政治竞争与抗衡。这典型地体现在，从一开始态度犹疑摇摆，到最终决定协调和主导七国集团（G7）外长会议在6月发表涉港联合声明一事上。并且，大概自5月始，日本对华政策出现明显消极动向和"跑偏"迹象，刺激两国关系的做法不时显现。日本明里暗里推动对华安全对抗、军事威慑以及经济"脱钩"，且在涉台、涉港、涉岛等方面显露出格言行，似有误判国际变局与"后疫

---

① 防衛省『令和2年版防衛白書』、2020年7月14日、https://www.mod.go.jp/j/publication/wp/wp2020/pdf/index.html［2020-10-10］。

② 「コロナで影響力拡大　防衛白書、中国を警戒」、『日本経済新聞』2020年7月14日。

③ Hugh White, "Australia must Get Better at Picking Its Fights with China", East Asia Forum, May 10, 2020, https://www.eastasiaforum.org/2020/05/10/australia-must-get-better-at-picking-its-fights-with-china/［2020-10-10］.

情"形势、朝向不明智方向发展的苗头。

当然,安倍政府对华策略的微妙调整,不仅仅是"美压"下的被动所为,这也与其对形势尤其美国对外战略、中美关系走向的如下三点判断有关:第一,美国打压中国及中美战略竞争加剧是中长期态势,即便美国总统更替换人,中美实施"越顶"外交以及日本被美国"抛弃"可能性不大;第二,安全与海洋问题方面,短时无解,日本日益无力单独应对中国不断增大的"压力",需要进一步强化日美同盟及"自主防卫";第三,趁美国打压中国之际,在选定节点和可控范围内,联手美西方,在规则及技术领域设限中国,有利日本保持"立国之本"的经济竞争力。

然而,也需看到,即便发生了如此变化,中日关系的大势未变,基本面仍有积极可取之处。例如,这次疫情部分扩大或加深了中日在世界观、秩序观上的共同认知,这至少包括:全球治理形势严峻、全球化遭遇危机、地区合作及一体化只能加速不能放缓。与美国指责中国的疫情处理、声称新型冠状病毒为"中国病毒"不同,日本至少最初基本上没有参与。两国的共同深刻体会是:中日刻意保持经济上的距离或自我孤立,在不必要的地方过分制造敌意,既会加深经济危机,也会延长复苏之路;疫情危机提供的教训不是强调分歧、阻隔合作,而是需要认识到让全球经济免于长期停滞和萧条的共同利益。同时,当前中日关系发展的积极面和正能量随时可以激活、升温,毕竟就在数月前疫情暴发初期,两国还曾相互支持、密切沟通。两国的积极互动成效也很显著,仅从经贸上看,2020年上半年中日双边贸易额就接近1500亿美元。日本许多大企业的利润主要来源于对华贸易和投资所得。相比与美欧贸易的严重低迷,7月日本对华贸易率先由负转正。日本央行称,日本下一阶段经济结构改革成效"取决于中国市场状况"。

当前阶段,中日关系发展处于重要且敏感阶段,面临向好、徘徊、下行的三种可能指向。为维护并发展两国新时代关系,双方应放眼长远,管控政治摩擦,深化务实合作,拉近国民感情。日方则尤其要保持定力和信心,排除来自美国的压力和干扰,适度平衡并正确处理中美日三角关系的复杂函数。为此,当前中日两国应回归"初志",基于"十点共识",寻求战略沟通及稳定,管控安全危机,同时携手维护自贸体制及区域产业链安全,应对逆全球化挑战,开展抗疫复产等非传统安全及全球治理合作。总之,一个稳定发展、合作共赢且不为第三方因素干扰的中日关系作为长远战略无疑符合双方的国家利益。

知识—认知共同体与东亚地区公共卫生治理

——中日合作的必要与前景[*]

一 引言

2020年年初，突如其来的新冠肺炎疫情给东亚地区带来了巨大挑战，日本、韩国与新加坡等东亚国家都成了中国以外确诊病例数量较多的国家。这样的情势也正反映了近年来东亚地区经济社会一体化空前深化的客观事实。回顾历史，东亚地区一体化源于危机，1997—1998年的东亚金融危机凸显了仅仅依靠国际货币基金组织（IMF）等传统全球多边金融机制并不能有效地防御和应对东亚地区发生的经济危机及由此派生出来的社会危机。因此在东亚金融危机中，以东盟与中日韩（10+3）为基本框架的东亚合作机制应运而生。尽管日本提出的东亚货币基金组织（Asian Monetary Fund）因各种原因没有能够实现，但是就金融领域而言，此后成立的清迈倡议及后续的各种地区性安排逐步完善。1999年，中日韩这三个东亚最大的经济体又开始探索三国合作的机制性建设。21世纪前10年，以东盟经济共同体与东盟—中国、东盟—日本自由贸易协定等为代表的地区自由贸易合作机制建设也取得了很大进展。在此基础上，东亚国家还建立了各种功能性的地区合作机制以及各种层级的磋商合作框架，其中最重要的是将东亚国家首脑聚集一堂的东亚峰会变成常规性年会，这对于东亚地区合作的机制性建设起到了极其重要的政治

---

[*] 张云，日本国立新潟大学国际关系学副教授。原载《世界经济与政治》2020年第3期。

引领作用。① 从过去20多年东亚合作的历程来看，东亚地区长期以来由于殖民主义、冷战对峙造成的相互之间长期不了解、不熟悉以及依存度低的状况，正是在危机发生后"转危为机"的过程中有了改善，东亚国家间增加了相互理解和依存。尽管东亚国际关系还存在各种问题，但至少可以说比起30年前，这个地区相互之间的交往和了解、利益攸关以及命运相连已经在质和量两个方面都发生了飞跃。全球化和地区一体化是历史发展的潮流，正如20多年前亚洲金融危机后东亚国家没有关闭一体化的大门而是进一步通过地区一体化来化解风险一样，各国同样不可能因为疫病的传播而关起门来，疫情的地区内传播恰恰反映出在这个高度依存时代，需要进一步通过深化地区合作来化解风险以及抓住机遇努力培育和构建东亚公共卫生治理和命运共同体的地区认知。

现有的公共卫生治理研究大多集中在国内以及全球的层面，地区层面的公共卫生治理的讨论还较少。② 由于地理相近以及全球化、地区化的发展，东亚国家与地区间的经济依存紧密、人员流动相当频繁，尽管东亚地区公共卫生治理的研究尚未得到应有重视，但也已经有一些知识积累。然而，现有研究主要以医学和流行病控制视角分析为主，③ 从国际关系视角分析的研究存在以下三个方面的不足：第一，不少研究属于

---

① 关于东亚地区一体化的相关文件可参见 Peter J. Katzenstein and Takashi Shiraishi, eds., *Beyond Japan: The Dynamics of East Asian Regionalism*, Ithaca: Cornell University Press, 2006; M. G. Curley and N. Thomas, *Advancing East Asian Regionalism*, London and New York: Routledge, 2007; Edward J. Lincoln, *East Asian Economic Regionalism*, Washington D. C.: The Brookings Institution, 2004; Yun Zhang, *Sino-Japanese Relations in a US-China-Japan Trilateral Context: The Origins of Misperceptions*, New York: Palgrave Macmillan, 2017, pp. 109 – 156；张蕴岭：《在理想与现实之间：我对东亚合作的研究、参与和思考》，中国社会科学出版社2015年版；田中明彦『アジアの中の日本』、NTT出版社、2008年；张云：《国际政治中"弱者"的逻辑——东盟与亚太地区大国关系》，社会科学文献出版社2010年版；张云：《日本的农业保护与东亚地区主义》，天津人民出版社2011年版。

② Mark W. Zacher and Tania J. Keefe, *The Politics of Global Health Governance: United by Contagion*, New York: Palgrave Macmillan, 2008; David Fidler, *SARS, Governance and the Globalization of Disease*, Basingstoke and New York: Palgrave Macmillan, 2004; Andrew T. Price-Smith, *Contagion and Chaos*, Cambridge: MIT Press, 2009.

③ 例如英国医学类的权威杂志《柳叶刀》（*The Lancet*）发表过从流行病学角度的亚洲地区合作的论文。中华预防医学会主办的《中国公共卫生》和日本的医学学术杂志《公共卫生》（『公共衛生』、医学書院）从传染病的国际合作角度发表过亚洲地区国家合作的论文。

对东亚公共卫生合作的历史演变和现状的描述,普遍缺乏理论视角和实证分析。① 第二,一些从全球治理和全球化的理论视角分析公共卫生国际合作的文献普遍偏重相关理论综述和全球卫生治理历史回顾,尽管对东亚地区公共卫生治理与合作有一些涉及,但没有进行充分理论探讨和实证分析。② 第三,存在一些以区域公共产品、多边主义等理论视角分析东亚卫生合作的研究,但大多数集中在2010年之前,对中国在成为世界第二大经济体以后对于东亚公共卫生秩序影响的分析不足。③

与有明晰上下关系的中央—地方政府体系和以强制执行力为基础的国家治理不同,国际治理需要在地区国家之间构建以相关科学知识共识为基础的地区性知识权威及以政治和社会舆论认知共识为基础的地区性认知权威。从该意义上说,这一研究和探讨首先是一个知识创造的进程。同样,面对重大国际公共卫生危机,学术界有责任积极主动地以上述问题意识推动知识日程(intellectual agenda)的地区建构,并且与政策界及其他社会各界开展知识对话和互动,以公共卫生为突破口推进东亚地区共同体建设。下文将从知识和认知的新视角出发,探讨东亚公共卫生治理机制的理论与政策问题。

二 知识—认知共同体与国际治理

冷战后,随着全球化空前发展,全球治理(global governance)已经

---

① 朱新光、苏萍、齐峰:《东亚公共卫生合作机制探略》,《东北亚研究》2006年第6期;齐峰、朱新光:《论中国—东盟自由贸易区公共卫生安全合作机制的构建战略》,《太平洋学报》2006年第3期;王丹、刘继同:《中国参与湄公河地区全球卫生合作的基本类型及特点》,《太平洋学报》2019年第4期。

② 陈颖健:《公共卫生问题的全球治理机制研究》,《国际问题研究》2009年第5期;何帆:《传染病的全球化与传染病的国际合作》,《学术月刊》2004年第3期;Mark W. Zacher and Tania J. Keefe, *The Politics of Global Health Governance: United by Contagion*, pp. 60-70。

③ 陈露:《区域公共产品与东亚卫生合作(2002—2009)》,博士学位论文,复旦大学,2010年;朱明权、汤蓓:《多边主义与东亚地区公共卫生安全合作》,《国际问题研究》2009年第5期;Caballero Anthony Mely, "Combating Infectious Diseases in East Asia: Securitization and Global Public Goods for Health and Human Security", *Journal of International Affairs*, Vol. 59, No. 2, 2006, pp. 105-127。

成为政治精英、国际关系学术界与主流媒体话语体系中不可或缺的关键词。尽管学术界对于如何界定全球治理不断做出努力,然而至今似乎仍未有一个标准定义。① 这里,无意为全球治理定义提供新的版本,但认为在开展东亚地区公共卫生治理的讨论之前有必要就治理在国际层面和国家层面的不同点进行理论探讨,在此基础上提出地区治理机制建构背后的知识和认知的关键作用。既然有治理,那就自然会有"治者"和"受治者"。显而易见,权力(power)可以带来有效的治理,从这个意义上来说,治理可以被理解为通过规则、结构和机制来指导、规范和控制社会生活。② 在以主权为基础的国家体系下,一个国家在本国领土内可以通过行政权力特别是强制力(coerciveness)来维持社会秩序稳定,这可以说是国家治理最为突出的特点。③ 国际社会和国内社会的最大区别在于不存在一个具有强制力的世界政府,这决定了国际治理的基础很难根植于权力。④ 国际治理需要动员不同主权国家通过合作来维护国际秩序稳定,其与国家治理最大的不同之处可能就在于"与强制力的脱钩",⑤ 合法性更多地依赖权威(authority)而非权力。在一个没有世界政府的国际社会中形成权威相当困难,尽管霸权国家可以依靠超强的物质权力建构共识,但由此形成的权威往往不可持续。戴维·贝尔(David V. J. Bell)认为权威需要通过沟通而被激活(activated by communica-

---

① Commission on Global Governance, *Our Global Neighborhood: The Report of the Commission on Global Governance*, Oxford: Oxford University Press, 1995, pp. 2 – 3; Andrew Hurrell, *On Global Order: Power, Values, and the Constitution of International Society*, Oxford: Oxford University Press, 2007; Martin Griffiths, et al., *International Relations: The Key Concepts*, London and New York: Routledge: 2008, pp. 127 – 128.

② Michael Barnett and Raymond Duvall, eds., *Power in Global Governance*, Cambridge: Cambridge University Press, 2008, p. 2.

③ David A. Baldwin, *Paradoxes of Power*, New York: Blackwell, 1989, pp. 50 – 51. 这并不是说国家治理仅仅依靠权力,但以强制性质的权力为基础是国家治理不同于国际治理的根本区别。关于国家治理层面的权威问题不是本文探讨的内容,相关论述参见燕继荣《国家治理及其改革》,北京大学出版社2015年版。

④ James N. Rosenau and Ernst-Otto Czempiel, eds., *Governing Without Government: Order and Change in World Politics*, Cambridge: Cambridge University Press, 1992.

⑤ Emanuel Adler and Steven Bernstein, "Knowledge in Power: The Epistemic Construction of Global Governance", in Michael Barnett and Raymond Duvall, eds., *Power in Global Governance*, p. 302.

tion）的对于指令的遵从（compliance）。[1] 换言之，权威不可能完全依靠强制力获得，而主要是通过互动建构一种信念体系（belief system）并在此基础上产生行为的合法性。正如有学者指出的那样，国际治理上的权威很大程度上是关系性的（relational），并且需要依靠各种网络渠道构建。[2] 笔者认为，不同于国家治理主要依靠垂直的权力基础，国际治理主要通过构建水平的网络（network）来构建被认可的跨国信任体系从而树立和维护权威。这就需要引入知识因素（epistemic element）。笔者认为，包括东亚地区公共卫生治理在内的功能性领域国际治理能够有效并且有持续性需要两个层面的与知识相关的共同体（epistemic communities）：一个是传统国际关系理论意义上以专业知识为基础的专家网络知识共同体（knowledge-based epistemic communities）；[3] 另一个则是超越上述专业知识、通过跨国合作解决功能性难题的更加一般性的跨国共识认知共同体（perception-based epistemic communities）。上述两个共同体是互惠协同的关系：没有前者，后者在相关功能性领域的合作的地区政治共识和社会舆论认知就会因为缺乏科学知识权威的背书而失去知识合法性；没有后者，相关领域的知识共同体就会缺乏政治和社会支持动力，从而很难从知识共识转化为政治和社会舆论认知共识，知识共同体本身也就很容易被边缘化。基于上述理论思考，笔者认为要确保东亚公共卫生治理的有效建立和持续运转，根本在于建构地区层面的知识—认知两个共同体。

三 为什么需要地区层面公共卫生治理机制

尽管地区主义研究在国际关系领域中一直是一个重要议题，然而介

---

[1] David V. J. Bell, *Power, Influence and Authority: An Essay in Political Linguistics*, New York and London: Oxford University Press, 1975, p. 18.
[2] James N. Rosenau, "Governance in a New Global Order", in David Held and Anthony McGrew, *Governing Globalization: Power, Authority and Global Governance*, Cambridge: Polity, 2002, pp. 70–86.
[3] Peter M. Haas, "Introduction: Epistemic Communities and International Policy Coordination", *International Organization*, Vol. 46, No. 1, 1992, pp. 1–35.

于国家治理和全球治理之间的地区治理长期以来并没有得到足够重视，这是因为地区治理既不存在类似于以主权国家内部强制力量为基础的国家治理那样具有执行力的政治权威，也没有类似于应对人类共同挑战的全球治理的道义权威。同样，目前对公共卫生领域治理的研究和探讨也大都集中在全球和国家层面。要说明为何需要地区公共卫生治理机制，就必须首先说明全球和国家层面的局限性以及地区治理机制不同于前两者的特点及其存在的必要性。

第一，地区公共卫生治理机制能够弥补以世界卫生组织为核心的全球公共卫生治理机制的不足。作为联合国系统下的专门性组织，世界卫生组织毫无疑问在全球公共卫生治理中扮演着重要角色，它拥有194个成员并在世界各地设有地区和国家办公室。然而，世界卫生组织在应对发生在世界不同地区的公共卫生问题时具有明显的局限性。《世界卫生组织宪章》中开宗明义地指出其宗旨为"使全世界人民获得可能的最高水平的健康"，[①] 这就意味着世界卫生组织的工作重点首先要向那些卫生健康脆弱地区（如非洲）倾斜。2015年9月25日，193个国家通过了《联合国2030年可持续发展议程》，设定了可持续发展目标，卫生健康是其重要组成部分。然而，当前全球公共卫生治理面临的最大挑战在于各种新的议程、构想与框架不断扩散，这些又往往因为缺乏一以贯之的规则和程序造成发展中国家在构建国内卫生体系上的混乱和缺乏效率。[②] 世界卫生组织的关注重点是全球范围内的公共卫生议题，覆盖面很广，很难对如此多样化的各个地区发生的公共卫生问题保持关注和跟踪，这个短板就需要有地区性公共卫生治理机制作为补充。

公共卫生问题由于其广泛的关联性，具有跨领域和跨部门综合议题的属性。世界卫生组织作为联合国专门性组织，人员构成和知识基础主

[①] Marcos Cueto, Theodore M. Brown and Elizabeth Fee, *The World Health Organization: A History*, Cambridge: Cambridge University Press, 2019, p. 1.

[②] Ikuo Takizawa, "Unity in Diversity: Reshaping the Global Health Architecture", in Raj M. Desai, et al., eds., *From Summits to Solutions: Innovations in Implementing the Sustainable Development Goals*, Washington D. C.: The Brookings Institution, 2018, p. 347.

要集中在卫生医药领域，其与具体国家对接的时候往往也通过卫生部门，而卫生部门在各国内权力结构中往往处于弱势地位，这就意味着在非危机时期，世界卫生组织的建议转化为国家层面政策偏好和执行效率可能会受损。与此同时，各国在国家公共卫生治理层面往往需要协调卫生、经济、金融、司法、执法、出入境、海关和环保等多个领域，形成联防联控机制。这实际上就产生了全球层面与国家层面在对接过程中的不匹配问题，从而影响了公共卫生领域国际协调的质量。然而，我们又不可能要求世界卫生组织发展成为能够提供联防联控机制的综合性、全球性组织，地区性公共卫生治理机制则可以减少上述不匹配。以东亚地区为例，尽管在公共卫生领域的地区性安排主要是紧急对应型（如严重急性呼吸道综合征和人感染禽流感暴发后的东盟与中日韩卫生部长特别会议），① 而且存在缺乏与其他领域协调的问题。然而，随着东亚地区一体化整体推进，各个功能性领域的合作机制犹如雨后春笋般出现，这本身为东亚地区性的公共卫生治理朝着跨领域、跨部门的地区性联防联控机制发展提供了基础。

第二，地区公共卫生治理机制一方面可以为国家公共卫生治理体系提供及时的外部压力和动力以促进国内机制的改善和创新；另一方面也可以及时将国内层面的准确信息、有效经验反映到国际层面，对于构建有利于增强国家治理层面的执行信心的国际性认知环境产生很大作用。地区公共卫生治理机制不同于全球治理机制的一个重要特征就是能够产生地区国家之间即时性的相互"横向比较"（horizontal comparison）效应。在公共卫生危机发生后，各国国内的行政单位会首先了解自己的邻省、邻市县是怎么做的并同自身相比较，知晓哪些地方他们能做得好而自己做得不好、哪些地方自己做得好他们做得不好，同样这种比较会在地理上相连、文化相近的地区国家之间出现，这在此次新冠肺炎疫情中体现得尤为明显。这种比较实际上是对各国国家治理和地区治理提出了更高的要求，地区公共卫生治理机制如果能够及时将压力转换为动力，总结和分析比较的结果，以科学为基础努力

---

① 朱新光、苏萍、齐峰：《东亚公共卫生合作机制探略》，《东北亚论坛》2006 年第 6 期。

推动地区层面关于改善公共卫生新思路、新办法的新知识和认知共识的形成，就可以让各国取长补短、及时提升专业化水平和相互协调合作的意愿。

上述基于比较基础的知识和认知的再创造不是以抹黑或者单纯批评某个国家为目的的，而是要在肯定成功经验的同时，认真分析不同情况下的具体适用性问题，在一个国家内的好做法并不一定能够让另一个国家照搬。例如，中国在此次抗击新冠肺炎疫情过程中强有力的国家动员[①]以及对口支援[②]的做法效果显著并受到国际社会肯定，可供其他国家参考，但是否可以完全复制则需具体问题具体分析。此外，地区公共卫生治理机制及时肯定地区国家内部以及国家之间在实践中的成功经验和有效做法，可以极大减少错误信息（misinformation）的扩散，为各国决策者在改进国家治理和推动国际合作方面创造良好的外部舆论和社会氛围。这个过程也是一个凝聚地区认知共识的过程。

综上，地区公共卫生治理机制的权威性不在于获得国家治理层面的强制力，也不在于争取全球普遍的道义力，而在于努力构建以地区专门知识为基础的专家网络知识共同体以及在此基础上的地区政治和社会认知共同体。缺乏政治和决策者的认知共同体很难为上述知识共同体提供持续性的政治动力；缺乏有利的社会舆论认知共识则会让知识共同体在社会层面上的沉淀变得更加困难。地区公共卫生治理机制的发展方向应当是建立一种地区性的协调性权威（coordinating authority），以建立和创新地区知识和认知共识为目标。这些共识一旦成为地区性规范就会进一步内化（internalization）到各国内部治理体系，深入决策和执行系统，从而有利于各国强化地区认同（regional identity）。到那个时候，地区性的联防联控、群防群控就会变成自律性的行为。

[①] 世界卫生组织总干事在 2020 年 1 月 30 日的声明中高度肯定了中国在抗击疫情中的巨大决心和努力，认为中国正在为应对卫生危机设定新的对应标准，参见 WHO, "IHR Emergency Committee on Novel Coronavirus (2019 – nCoV)", https://www.who.int/dg/speeches/detail/who-director-general-s-statement-on-ihr-emergency-committee-on-novel-coronavirus- (2019 – ncov) ［2020 – 02 – 18］。

[②] 《19 省份对口支援湖北 16 市州及县级市》，《人民日报》（海外版）2020 年 2 月 11 日。

四 知识共享、认知共建与东亚公共卫生治理机制

国际公共卫生治理机制主要包括平时的监控预警机制和非常时期（危机）的防控机制两个部分，东亚公共卫生治理机制也不例外。要让这两个支柱起作用不是只靠建立制度措施就可以实现，关键在于能否有效和及时地实现知识共享和认知共建。

第一，传染病医学防疫学科领域专家层面的知识共同体的建立是实现知识共享的基础。无论是在监控预警还是防控阶段，有关疫情疾病的相关信息就是最直接的知识来源。如果说过去的相关信息太少的话，随着互联网与社交媒体的发展，公共卫生领域在信息提供上不是太少而往往是过多，多种渠道的信息实际上并没有解决信息提供的可靠性问题。相反，信息提供者的多样化常会带来不正确信息的扩散，造成高质量的疫情疾病信息提供不足。公共卫生领域信息提供的核心在于可靠信息（reliable information）的共享。①

其一，要及时否定和排除错误信息，通过建立地区层面的专家网络构建东亚地区公共卫生信息知识权威。例如，构建东亚流行性疾病错误信息公布平台，汇总流行在各国的各种不实消息并交给这个地区组织统一发布，增强正规渠道消息的权威性，减少谣言和错误信息造成不必要的地区恐慌和地区国家之间的相互猜疑以及社会污名化（social stigmatization）② 带来的负面效应。

其二，构建东亚公共卫生知识交流互动的权威专家平台可以缓解过度依赖欧美知识平台所造成的延误知识共享和创新问题。当前东亚地区在知识领域高度向欧美看齐，以能够在欧美英文刊物上发表论文作为默认的学术评价标准。诚然我们需要承认欧美在知识建设和传播上仍然是世界的主流，然而知识上过度的欧美至上主义倾向客观上减弱了东亚地

---

① Inge Kaul, Isabelle Grunberg and Marc A. Stern, eds., *Global Public Goods: International Cooperation in the 21st Century*, New York: Oxford University Press, 1999, p.61.

② Lai-Ha Chan, *China Engages Global Health Governance: Responsible Stakeholder or System Transformer?*, New York: Palgrave Macmillan, 2011, p.126.

区知识共享和共识建构的速度和动力。在此次新冠肺炎疫情中,包括中国在内的东亚国家的专家争先恐后地在欧美期刊上发表研究成果,或者争取尽快与欧美同行进行知识交流。这样的做法并没有错,然而东亚国家之间横向的知识共享、知识共创实际上很少,欧美的研究机构和期刊有其自身的评价标准和选择取向,东亚国家的一些研究成果和知识产品可能会遭到排斥。例如,钟南山在2020年2月27日的记者会上就坦言其团队的研究论文被欧美期刊拒绝。①日本公共卫生专家押谷仁（Hitoshi Oshitani）在接受采访时就明确强调,中国武汉应对疫情的主要障碍不是技术不够,这样大面积的疫情放在任何国家都会出现能力不足的问题；武汉是一个现代化城市,并非因为医疗设施和技术落后才造成疫情扩大。②如果存在一个东亚有关公共卫生的权威知识平台,那么本地区的专家就可以及时发表和交流他们的研究成果,这会成为东亚公共卫生知识共同体建构的重要表现。

其三,专家知识共同体可以加速共同研制疫苗和开发新药的速度。尽管西方世界在卫生医药领域长期领先,但也要看到东亚国家已经取得很大的成就和进展,问题在于知识上的西方中心思维使得东亚国家在医药方面横向联系不强。中国在很短时间内确认毒株基因序列,并研制出快速检测试剂盒,③说明中国在卫生医药领域的能力建设已经具有一定水平。事实上,本地区的发达经济体——日本、韩国和新加坡——在卫生医药领域都具有一定实力,如果能在知识共享和创新上强化横向联系、构建立足本地区的知识共同体,则会具备巨大潜力。以此次疫情为例,在中国处于高暴发期时,东亚国家对中国的援助以赠送防护服、口罩和募捐等方式为主。但随着地区性扩散扩大开始进入新阶段,中国的经验对于其他国家抗击疫情和治愈病患有了重要价值,特别是目前中国

---

① 《钟南山：疫情不一定发源于中国,有信心4月底基本控制》,http://www.chinanews.com/m/sh/2020/02-27/9106302.shtml ［2020-02-29］。
② 『NHKスペシャル 感染はどこまで拡（ひろ）がるのか—緊急報告 新型ウイルス肺炎—』,https://www.nhk.or.jp/docudocu/program/46/2586239/index.html ［2020-02-29］。
③ 习近平：《在统筹推进新冠肺炎疫情防控和社会经济发展工作部署会议上的讲话》,《人民日报》2020年2月24日。

已经有治愈大量病患的经验,对于老龄化程度较高的东亚其他国家来说,及时分享经验具有重大现实意义。如果以中日韩为代表的东亚卫生医疗能力最强的国家携手尽快开发出有效治疗的药物和疫苗,将是对地区和人类福祉的重大贡献。中国国务委员兼外交部部长王毅在2020年2月26日晚同日本外务大臣茂木敏充通电话时指出,两国可进一步加强卫生部门和专家层面的交流,密切疫情防控、医疗救治和药物疫苗研发等领域合作,并积极探讨在多边框架下加强国际公共卫生合作。①

第二,东亚地区政治和社会层面的认知共同体的构建,对于上述知识共同体的可持续性和有效性将提供至关重要的政治引领力和积极的社会舆论环境。公共卫生知识共同体对于疫情疫病的信息而言是重要的知识来源,但更为重要的是对于这些信息的分析及传播,这方面的缺失与不足将会对国家、地区甚至全球产生与恐怖主义、跨国犯罪和经济制裁相当的巨大损失。公共卫生的跨领域综合性课题属性决定了相关信息的分析结果和传递、传播方式会对社会经济政治等领域造成巨大影响,在这个过程中东亚地区政治和社会舆论层面的认知共同体的构建对于减少过度恐慌、维护地区可持续发展具有重要意义。正如有学者所指出的那样,国际组织要在卫生危机中真正起作用,需要对获得的各种信息进行"过滤"和仔细评估而非直接释放。②

当然,关于疫情疫病的相关科学性信息应该由上述专业领域的知识共同体提供,在这个基础上政治决策精英需要及时沟通和协调对应措施。由于应对公共卫生危机的强制力措施(如出入境限制和强制隔离)主要由主权国家实行,目前这些措施基本上是各国根据疫情发展情势自我判断的结果。如果东亚国家政治和决策精英能够努力塑造持续性的沟通和协调的习惯,那么就很可能在引领国际公共卫生领域相关应对措施的规范建立方面取得突破。在此次新冠肺炎疫情中,中国领导人和外交部部长主动与各国特别是东亚相关国家领导人进行电话会谈,在引领地

---

① 《王毅同日本外相茂木敏充通电话》,http://www.xinhuanet.com/world/2020-02/27/c_1125631816.htm [2020-02-27]。
② Inge Kaul, Isabelle Grunberg and Marc A. Stern, eds., *Global Public Goods: International Cooperation in the 21st Century*, p.61.

区政治精英对于疫情的认知共识的构建上具有积极意义。正如中国领导人指出的那样，要主动回应国际关切，"促进疫情信息共享和防控策略协调，争取国际社会理解和支持"。[1] 与此同时，公共卫生危机的解决需要良好的社会和舆论氛围。应对疫情的最大挑战在于如何战胜恐惧，因此如何在国际舆论上树立能够战胜疫情的社会信心极为关键。东亚地区主要媒体的报道和评论文章对于塑造社会准确认知疫情情况和理性预期疫情发展上发挥着重要作用。从此次新冠肺炎疫情的情况来看，一些西方媒体的报道呈现出种族主义色彩，东亚国家的主要媒体报道则基本上理性客观，但东亚在社会舆论上的横向联系不够紧密，很大程度上还没有形成地区性的社会舆论合力。事实上，带有种族主义色彩的"黄祸论"不仅针对中国，整个东亚都是潜在的受害者。[2] 如果东亚社会和舆论能够在公共卫生方面有意识地建构认知共同体，将会对政治认知共同体和专家组成的知识共同体提供有利的社会和舆论环境，形成协同联动效应。

东亚的一个重要特点是多样性，各国在社会制度、人口数目以及经济发展程度等方面相差很大。这意味着东亚在公共卫生领域合作上无法搞一刀切，只能适应现实尽可能地确立具有包容性的日程。此次疫情暴发后，作为第二大经济体和世界人口第一大国的中国在医疗资源调配、经济实力和动员速度上都体现了巨大的决心和能力，也为世界其他国家防疫提供了重要的黄金准备期。与此同时，很多东亚国家由于条件所限并不一定具备这样的实力和条件，疫情如果首先发生在经济和社会基础相对薄弱的国家，后果难以预料。因而，东亚公共卫生领域地区合作的一个重点就在于如何帮助本地区的脆弱国家（vulnerable states）尽快建立相应的能力和危机时期地区援助机制。正如此次疫情中，我们看到，由于抵抗力较弱，患有基础疾病的人和老年人里重症与危重症病例比较集中，他们是各国国内的"脆弱人群"，对于地区社会内的"脆弱成员

---

[1] 《中共中央政治局常务委员会召开会议 研究加强新型冠状病毒感染的肺炎疫情防控工作 中共中央总书记习近平主持会议》，《人民日报》2020年2月4日。
[2] 张云：《"黄祸论"与疫病关联的前世今生》，《联合早报》2020年2月7日。

国"也要以同样的心态去关心和爱护，这将是最终实现地区命运共同体的重要路径。

五 东亚地区知识—认知共同体与中日合作

作为世界第二、第三大经济体，中日两国合作的质量和速度对于东亚地区在公共卫生领域建立可持续的知识—认知共同体、凝聚地区知识和认知共识以及推进新一轮的东亚一体化扩展和深化具有风向标作用。

第一，中日两国在卫生领域的发展成就与共同经历能够为双方构建东亚地区公共卫生治理和规范合作的知识和认知共识提供共同的思想基础（ideational basis）。现代国际公共卫生体系最初源于殖民国家为保护自身安全防止殖民地所谓的病疫进入的想法，背后实际上体现了西方卫生对非西方不卫生的基本思维框架。尽管殖民主义已经成为历史，然而国际卫生治理理念很大程度上仍然存在很多西方国家以自己标准改造非西方的信仰。日本作为唯一成为发达大国的非西方国家，其卫生健康领域的成就证明了非西方经验的有效性。日本前首相桥本龙太郎（Hashimoto Ryutaro）访问非洲时曾说，日本人的平均寿命从第二次世界大战后初期大约50岁延长到2013年的超过80岁，是日本国家再建设过程中遭遇了很多的失败后才有的成果：一是全民医疗制度普及，二是自来水的普及，三是消灭寄生虫。[1] 他还特别指出，日本对发展中国家在公共卫生方面的帮助，包括环境、农业甚至厨房改造等都有很多经验，在这些领域日本完全可以同欧美竞争。[2] 与此同时，中华人民共和国成立以后在卫生健康领域同样获得了空前改善，中国人的平均寿命从1952年的35岁增加到了1985年的68岁。[3] 全国第六次人口普查结果显示，

---

[1] 石川薫「感染症と日本の外交政策—国づくりの観点から—」、『国際問題』2003年12月号、15頁。
[2] 五百旗頭真・宮城大蔵『橋本龍太郎外交回顧録』、岩波書店、2013年、159—161頁。
[3] Gerald Chan, Pak K. Lee and Lai-Ha Chan, *China Engages Global Governance a World Order in the Making*, New York: Routledge, 2012, p.111.

2010年中国平均预期寿命进一步提高到了74.83岁。① 作为世界上最大的发展中国家,中国在卫生健康领域获得的成功同样惊人。中国和日本在第二次世界大战后复兴的道路上实现了卫生健康巨大成功的共同经历,为双方能够以对方听得懂的共通话语在探讨非西方世界在公共卫生领域的经验上有着天然知识基础,这也为进而构建东亚地区的知识和认知共识提供了便利条件。

第二,第二次世界大战后日本在东亚地区知识能力和知识网络建设方面发挥了中心作用,走向复兴的中国也将在本地区知识和认知建构中发挥重要作用,双方的合作有助于加快东亚地区知识建设新时代的到来,为更多的"东亚智慧"和"东亚方案"提供智力支持。冷战时期,中国与包括东亚在内的外部世界长期隔绝。相比之下,日本在第二次世界大战战败后与东亚其他国家和地区的交往历史比中国长,尽管有日美同盟大框架的限制,日本还是在经济等功能性领域发挥着知识能力建设的领导力。例如亚洲金融危机后,在日本主导下亚洲开发银行开始构想建立的新的信息收集和分析机制是为亚洲构建金融早期预警体系(regional early warning system)知识创造的最初尝试。日本在亚洲金融危机后的地区性构想的努力实际上反映了日本更加倾向于地区性方式(regionally based approach)的认知基础。② 正如一位学者所说,事实上东亚地区很多的金融和经济研究能力大多数是在日本的努力下建立起来的,这为东亚地区发展有别于美国的知识创造能力以及有效并适合自身的金融标准和经济政策提供了可能。③ 换言之,日本曾经是东亚地区推动形成知识共识的首要力量。④ 然而,过去十多年中国的迅速发展不仅从物质力量上带来了东亚地区格局的变化,同时也引发了知识领域的结构性

---

① 《我国人口平均预期寿命达到74.83岁》,http://www.stats.gov.cn/tjsj/tjgb/rkpcgb/qgrkpcgb/201209/t20120921_30330.html [2020-02-28]。

② Natasha Hamilton-Hart, "Creating a Regional Arena: Financial Sector Reconstruction, Globalization, and Region-Making", in Peter J. Katzenstein and Takashi Shiraishi, eds., *Beyond Japan: The Dynamics of East Asian Regionalism*, Ithaca and London: Cornell University Press, 2006, p. 127.

③ Natasha Hamilton-Hart, "Creating a Regional Arena: Financial Sector Reconstruction, Globalization, and Region-Making", p. 124.

④ Ibid., p. 127.

变化。例如2008年国际金融危机后,中国积极构想并且推动建立了东盟与中日韩宏观经济研究办公室(AMRO),总部设在新加坡,首任主任为前中国人民银行高级官员魏本华。该办公室实际上发挥着地区宏观经济政策性智库作用,主要职责是每季度提供监管报告,相当于早期预警系统。[1] 可以设想,随着"一带一路"倡议的发展与亚洲基础设施投资银行的有效运转,更多带有中国智慧和中国方案的东亚地区性智库会不断出现。这意味着在和平发展的新形势下,中国对于地区合作的知识创造贡献增加,而中日两国如果在地区合作方面能够携手进行知识再创造,将会有更多以东亚为出发点的新想法和新实践。中日合作将会让东亚地区性知识有效性(knowledge validity)和政策合法性的建立更加容易,而作为本地区最具影响力的国家,两国在本国国内的实践对地区其他国家具有极大的说服力和示范效应。中日合作进行知识创造进而提出"东亚方案"并不是要推翻现有的国际秩序和机制安排,而是要因地制宜地创造新的标准设定和协调行动的领域,[2] 与原有的在欧美经验基础上形成的标准进行对话和相互学习。

第三,中日在包括公共卫生领域的地区治理上的知识和认知共识建构过程中具有很强的互补性。与东亚地区的多样性相对应,中国国内发展也呈现出多样性,在卫生领域同样如此。正如习近平所指出的,中国卫生健康领域的挑战在于既面对着发达国家面临的卫生与健康问题,也面对着发展中国家面临的卫生与健康问题。[3] 这说明中国是一个卫生问题的混合体,中国这种多样性本身就能为世界和地区公共卫生和健康的知识再创造提供重要的实证来源和基础。在东亚地区,高收入国家和低收入国家并存,在一国国内同样有高收入人群、低收入人群以及日益壮大的中等收入人群。这种多样性意味着在进行公共卫生健康教育上的重点和方式要有所区别。日本在高中收入人群关心的问题上可以提供有效的知识经验,中国则可以提供发展中国家关切的知识,中日在知识上的

---

[1] "A Rather Flimsy Firewall", *Economist*, Vol. 403, No. 8779, 2012, p. 32.
[2] Natasha Hamilton-Hart, "Creating a Regional Arena: Financial Sector Reconstruction, Globalization, and Region-Making", p. 129.
[3] 《习近平谈治国理政》(第二卷),外文出版社2017年版,第371页。

互补性是推进东亚地区公共卫生健康意识提高和知识能力共同建设的巨大潜力所在。日本曾经以自身从卫生落后国家进入先进国家的经验对中国提供过帮助。20 世纪 80 年代末，中国小儿麻痹症流行，一年中多达 9600 人感染，日本在监控机制强化、病毒实验室诊断以及人才培养方面对中国提供了帮助。1993—1994 年，中国已经实现了全国推广口服疫苗，有效清除了小儿麻痹症的流行。日本在帮助中国的过程中也获得了宝贵经验，并以此在世界其他地区扩展。① 在 20 多年后，新冠肺炎疫情中，中国在检测能力和规模上已经超过日本，中国为日本提供检测试剂说明相关领域的知识流动已经不再是单向而是双向的。与此同时，在疫苗和新药开发上中日合作同样具有很强的互补性。长期以来，研发型制药企业集中在欧美国家，主要市场也在发达国家，这些企业前期大量投入研发出来的新药往往希望通过严格和长期的产权保护来收回成本，并为今后的研发提供后续资金。然而，广大发展中国家很难承受高昂的药价，使得药品进入鸿沟不断扩大。② 如果中国和日本在新药开发领域能够合作，中国的巨大市场可以极大缩减收回前期开发投资的周期，从而缩短新药产权保护时间，进而让价格低廉的仿制药（genetic drug）可以尽快投放市场，惠及更多人口。新药开发本身就是知识开发和普及的过程，如何建立中日之间在疫苗和新药上的知识共同体对于东亚公共卫生治理极为关键。

第四，中日在构建东亚公共卫生治理机制过程中的知识和认知互动有助于日本外交知识基础朝着地区化方向转型，进而有利于促成中日两国外交政策知识基础趋同，为中日关系长期稳定构筑牢固的知识和认知基础。第二次世界大战后，日本放弃了战前追求军事大国的国家认同，重新定义战后日本新的国家认同，即"经济大国"。③ 冷战结束后，日

---

① 石川薰「感染症と日本の外交政策—国づくりの観点から—」、『国際問題』2003 年 12 月号、14 頁。

② 古城佳子「グローバル化における地球公共財の衝突」、大芝亮・古城佳子・石田淳編集『日本の国際政治学』、有斐閣、2009 年、17—34 頁。

③ 参见张云《东亚国际秩序的共建与中日美三边关系》，载王缉思主编《中国国际战略评论》，世界知识出版社 2016 年版，第 278—289 页。

本泡沫经济崩溃并陷入长期低速增长。21世纪后，中国经济总量超过日本，加之其他新兴大国的崛起，从20世纪70年代后形成的世界经济大国的国家认同出现动摇。在新的国际环境下日本要成为一个什么样的国家，成了日本政治和知识精英一直探索的重要课题。20世纪末和21世纪初，在以原联合国难民事务高级专员绪方贞子（Sadako Ogata）为代表的知识精英与小渊惠三（Keizo Obuchi）、桥本龙太郎等政治精英的联合下，日本曾经一度试图将"人的安全保障"（human security）作为冷战后日本外交的知识基础，[1] 而这一努力并没有持续下去，随着朝鲜核危机、恐怖主义和中日关系紧张，日本外交开始朝着强化价值观的方向发展。[2] 尽管福田康夫（Fukuda Yasuo）在就任首相期间对上述价值观外交的转向进行了调整，强调日本、中国以及整个亚洲存在着相同的文化和知识基础，[3] 时任外务省事务次官的谷内正太郎（Shotaro Yachi）等人提出了以日美同盟与亚洲外交的共鸣为基调的新的外交知识基础，[4] 但随后由于日本国内政治动荡以及中日关系因为领土和历史问题恶化，日本在寻找新的国家认同旅程中强调价值观的倾向增强。[5] 近年来，随着中日关系的改善，有关日本外交的知识基础的争论又重新开始。可以说，日本外交的知识基础目前正在朝着努力实现日本与西方国家价值观的共性与非西方发达国家的人的安全保障两大支柱平衡的方向发展。如果日本像前些年那样过度强调价值观，不仅会同东亚地区疏远，而且作为一个非西方国家在事实上过度强调价值观，会使日本同其他西方国家相比失去特色，也就降低了其在发达国家俱乐部内的存在价值。而人的安全保障则会突出日本作为非西方发达国家的经验，可以对

---

[1] 野林健·納家政嗣『聞き書 緒方貞子回顧録』、岩波書店、2015年、219—250頁。
[2] 麻生太郎『自由と繁栄の弧』、幻冬舎、2007年；Shinzo Abe, "Policy Speech by Prime Minister Shinzo Abe to the 165th Session of the Diet", September 29, 2006, http://www.kantei.go.jp/foreign/abespeech/2006/09/29speech_e.html［2020-02-28］。
[3] 张云：《国际政治中"弱者"的逻辑——东盟与亚太地区大国关系》，社会科学文献出版社2010年版，第185—188页；张云：《日本的农业保护与东亚地区主义》，天津人民出版社2011年版，第141—162页。
[4] 同上。
[5] 安倍晋三『美しい国へ 完全版』、文春新書、2013年、149—164頁。

发展中国家提供不同于其他西方发达国家的意见和建议，是日本外交潜在的价值根本所在。国际公共卫生是非常重要的领域，日本在这一领域一直比较积极。2000 年在九州—冲绳举办的八国集团峰会上，日本第一次将传染病纳入峰会议程。2002 年，日本又积极促成"抗击艾滋病、结核病和疟疾全球基金"的设立。2008 年在北海道洞爷湖举办的八国集团峰会上，日本再次将强化卫生体系作为议题提出。2016 年在伊势志摩举办的七国集团峰会上，日本在总结埃博拉病毒教训的基础上就国际卫生基金的运营方式进行了讨论。① 中日在东亚公共卫生领域的合作并不应止步于功能性领域，而是要在合作中努力寻找双方在外交政策和对外关系背后的知识基础趋同点（convergence）。

六　构建相互关爱和共享的东亚地区共同体

东亚的地区建设一直在危机中发展，我们看到东盟在越南战争中诞生，就是为了避免发生越南战争那样的惨剧。东盟的扩大是在推动柬埔寨危机解决的进程中实现的，因为如果不能将中南半岛国家纳入，东南亚的地区建设永远无法完成。"10＋3"框架同样在危机中诞生和发展，没有亚洲金融危机和全球性金融经济框架能力不足的暴露，就不会有后来的东亚合作机制。以经济领域为例，随着东亚经济对话框架的建立和扩大，形成了官员、专家之间的地区对话网络，频繁的对话极大提高了相互之间的透明度，经验和想法交流实际上就是知识传播和再创造的过程。以这种知识再创造的产品之一的"清迈倡议"为代表的地区安排实际上担负了对于国际游资投机活动对东亚国家金融体系可能冲击的第一道防线作用。② 当 2008 年国际金融危机冲击美欧国家的时候，东亚国家并没有像十年前那样遭受重创。东亚国家在双边和多边层面建立的金融防护网的作用背后是知识和认知共识的建构和再创造。

---

① 「課題先進国日本の経験を共有財産に」、『外交』2016 年 3 月号、23 頁。
② Amy Searight, "Emerging Economic Architecture in Asia: Opening for Insulating the Region?", in Michael J. Green and Bates Gill, eds., *Asia's New Multilateralism: Cooperation, Competition, and the Search for Community*, New York: Columbia University Press, 2009, p. 232.

同样，此次新冠肺炎疫情危机催发了东亚地区公共卫生领域专家网络建设的现实需要，以公共卫生医学专业知识为基础的知识共同体是保证东亚公共卫生治理机制的知识权威性的重要来源。与此同时，公共卫生是一个综合性问题，包括医学、公共政策、法律与国际关系等各种议题，这就需要建立有利于知识共同体持续起作用的、通过紧密和实质性的东亚地区合作来解决难题的政治和社会舆论认知权威，构建起地区认知共同体。地区性权威的确立最终还需要反映在各国国内的立法和执行上，反过来国内层面的具体情况信息及时反映到地区层面也会促使这个地区机制进行及时更新。与此同时，地区层面机制的建立也是对全球公共卫生治理体系的重要补充，全球、地区和国家三个层面的机制不是相互排斥而是相互补充、相互塑造的关系。

如前所述，中日作为世界上第二和第三大经济体，在公共卫生领域取得了突破性成绩，两国作为非西方世界正在崛起和已经崛起的大国的经验，对于非西方世界特别是东亚地区国家的发展具有提振信心的作用，对丰富人类治理多样化理论与实践也具有极其重要的历史意义。国际公共卫生领域一些规范创新的实现有赖于建构新的共识，在这一点上中日合作将会起到重要的政治引领作用，并提出更多"东亚智慧"和"东亚方案"。如果中日能够在地区公共卫生领域达成一些共识和规范，考虑到两国的本地区大国地位和国内执行力保证，它们将很容易成为地区性规范。这与世界卫生组织的功能相互配合，反过来还可以帮助其赢得更多的地区支持，是对全球治理体系完善的重大贡献。正如习近平所说，中国要积极参与健康相关领域国际标准、规范等的研究和谈判。[①]中日两国要从战略高度认识这一机遇，并且抓住机遇为东亚公共卫生治理和命运共同体的地区认知提供持续的政治领导力，建构和不断强化东亚地区命运相连的地区认知共识，最终建成一个相互关爱和共享的东亚命运共同体（sharing and caring community）。

---

① 《习近平谈治国理政》（第二卷），外文出版社 2017 年版，第 373 页。

第 二 章

疫情对日本经济的影响及其未来走向

日本应对疫情的紧急经济政策分析*

2020年1月30日,世界卫生组织(WHO)宣布新型冠状病毒是"国际关注的突发公共卫生事件",同日,日本政府迅速成立新型冠状病毒感染症对策本部(以下简称"新冠对策本部"),[①] 由安倍首相任本部长,全体内阁大臣为成员,主导此次疫情应对机制。

一 日本政府出台的紧急经济政策

截至2020年8月末,新冠对策本部共召开42次会议,制定疫情应对方针,出台紧急措施等。[②] 伴随疫情的蔓延发展,日本政府四次出台紧急经济对策。

(一)第一轮紧急经济对策

2020年2月13日,日本政府出台总额153亿日元的紧急经济对策,其中包含103亿日元预备费。同时,作为融资举措,日本政策金融公库提供5000亿日元紧急贷款及担保额度。[③] 其政策目的在于保障海外归国人

---

* 刘瑞,中国社会科学院日本研究所研究员。
① 首相官邸、http://www.kantei.go.jp/jp/singi/novel_coronavirus/th_siryou/konkyo.pdf [2020-06-20]。
② 首相官邸、http://www.kantei.go.jp/jp/singi/novel_coronavirus/taisaku_honbu.html、http://www.kantei.go.jp/jp/singi/novel_coronavirus/th_siryou/konkyo.pdf [2020-06-20]。
③ 首相官邸、http://www.kantei.go.jp/jp/singi/novel_coronavirus/th_siryou/kinkyutaiou_corona.pdf、http://www.kantei.go.jp/jp/singi/novel_coronavirus/th_siryou/konkyo.pdf [2020-06-20]。

员安全，阻止疫情在日本扩散，减少疫情对旅游业打击等（见表2-1）。

表2-1　　　　　　第一轮紧急经济对策具体内容　　　　单位：亿日元

政策目标	主要内容	政策规模
援助海外归国人员	接收归国人员； 防卫省对其生活和健康管理的援助	30
强化日本本土应对机制	强化检测和医疗体制； 设立咨询中心； 疫苗研发； 国际合作疫苗研发； 引进口罩生产设备等	65
强化边境防控对策	防止感染者扩大； 加强检疫机制等	34
紧急援助易受疫情影响的相关产业	设置用户呼叫中心； 雇佣调整补贴等	6
加强国际合作	助力亚洲各国充实检查机制； 通过非政府组织进行援助等	18
合　计		153

资料来源：首相官邸「新型コロナウイルス感染症に関する緊急対応策」、http://www.kantei.go.jp/jp/singi/novel_coronavirus/th_siryou/kinkyutaiou_corona.pdf［2020-06-20］。

（二）第二轮紧急经济对策

2020年3月10日，日本政府祭出第二轮紧急对策，其中包括4308亿日元财政措施和1.6万亿日元规模的金融措施（见表2-2）。

表2-2　　　　　　第二轮紧急经济对策具体内容　　　　单位：亿日元

政策措施	政策目标	主要内容	政策规模
财政举措	防止传染扩大，完善医疗体制	防止保育园、看护设施传染扩大； 供需双方解决口罩问题的综合对策； 强化核酸检测制度； 完善医疗提供体制； 加速研发治疗所需药物等	468
	应对学校临时停课产生的问题	监护人休假补助； 加强放学后儿童机构管理； 应对学校停止配餐； 推进远程教育等	2463

续表

政策措施	政策目标	主要内容	政策规模
财政举措	应对经营活动收缩及就业恶化	扩大就业调整补贴的特例措施； 强有力的资金周转对策； 旅游业应对等	1192
	快速应对事态变化的紧急措施	通过WHO等国际组织对感染国进行紧急援助等	168
金融举措	紧急融资	安全网融资及担保； 新冠病毒特别贷款； 日本政策投资银行对大企业和中坚企业融资支持； 国际协力银行对稳定产业链的融资支持等	1.6万

资料来源：首相官邸「新型コロナウイルス感染症に関する緊急対応策—第2弾—」、http：//www.kantei.go.jp/jp/singi/novel_coronavirus/th_siryou/kinkyutaiou2_corona.pdf［2020-06-20］。

（三）第三轮紧急经济对策

疫情迅速恶化背景下，2020年3月18日，日本政府紧急追加相关措施，缓解民众生活困难。主要包括四项举措：一是扩大居民紧急小额融资等特殊条例适用范围，对受到疫情影响的个体经营者提供上限20万日元的融资。二是延缓水电气等公共费用的支出时限。三是延缓国税、社保费用交付期限，减免滞纳金等。四是延缓地方税的征收。[①]

（四）第四轮紧急经济对策

2020年4月7日，日本政府出台第四轮紧急对策，将政策应对场景划分为两个阶段，即控制疫情的紧急支援政策和经济复苏后促进消费政策，共涵盖五项政策支柱，政策规模达108.2万亿日元，其中财政支出39.5万亿日元，均突破历史纪录。

---

① 首相官邸「生活不安に対応するための緊急措置」、https：//www.kantei.go.jp/jp/singi/novel_coronavirus/th_siryou/kinkyutaiou3_corona.pdf、http：//www.kantei.go.jp/jp/singi/novel_coronavirus/th_siryou/konkyo.pdf［2020-06-20］。

74 第二章 疫情对日本经济的影响及其未来走向

伴随感染人数急速增加，2020年4月16日，日本政府宣布全国进入紧急事态。4月20日，日本政府修改了紧急对策中现金支付条件，补助发放对象从每个家庭收入减少的更改为全体居民，金额从每户30万日元调整为每人10万日元。政策规模进一步增加至117.1万亿日元，其中财政支出达48.4万亿日元（见表2-3）。

表2-3　　　　　　　　　紧急经济对策内容　　　　　　单位：万亿日元

政策阶段	政策支柱	财政支出	政策规模
紧急支援政策	1. 防止感染扩散，完善医疗供应体系，研发药物	2.5	2.5
	2. 维持就业，继续维持业务发展	30.8	88.8
促进消费政策	1. 第二阶段官民共同推动经济复苏	3.3	8.5
	2. 构建强韧的经济结构	10.2	15.7
	3. 未来的准备金等	1.5	1.5
合　计		48.4	117.1

资料来源：首相官邸「『新型コロナウイルス感染症緊急経済対策』の変更について」，http://www.kantei.go.jp/jp/singi/novel_coronavirus/th_siryou/200420kinkyukeizaitaisaku.pdf［2020-10-08］。

此次出台的紧急经济对策规模，包括2019年12月日本政府出台的"开拓安心与成长的未来综合经济对策"（以下简称"综合经济对策"）及前两轮紧急对策（见表2-4）。

表2-4　　　　　　　　　紧急经济对策规模　　　　　　单位：万亿日元

名　称	财政支出	政策规模
综合经济对策	9.8	19.8
第一轮、第二轮紧急经济对策	0.5	2.1
第四次紧急对策（新追加支出）	38.1	95.2
合　计	48.4	117.1

资料来源：首相官邸「『新型コロナウイルス感染症緊急経済対策』の変更について」，http://www.kantei.go.jp/jp/singi/novel_coronavirus/th_siryou/200420kinkyukeizaitaisaku.pdf［2020-10-08］。

二 日本央行紧急金融举措

IMF 指出，新冠肺炎疫情大流行，使全球面临 20 世纪 30 年代大萧条以来最严重的经济衰退。[1] 为稳定金融市场，各国央行也出台危机应对举措，提供流动性，确保企业资金融通。日本银行主要推出三大紧急金融政策。

（一）扩大资金供给，提供企业金融支持

2020 年 3 月 16 日，日本银行罕见地提前召开金融政策决定会议，出台支持企业融资的新型公开市场操作对策。[2] 其后两度金融政策决定会议对这一举措不断扩充，形成规模为 120 万亿日元的政策支持框架。其中 20 万亿日元用于购买商业票据（CP）、企业债等（最初为 5 万亿日元），100 万亿日元用于"应对新冠肺炎疫情的特别操作"，由政府为信用风险背书，为民间金融机构发放疫情应对融资提供有力保证，其对象也扩展到为中小企业提供无息或无抵押担保融资。

2020 年 5 月 22 日，日本副首相兼财务大臣与日本银行总裁发表联合声明，明确了政府与央行携手积极援助企业融资的政策指向。[3]

（二）提供充足流动性，维护金融市场稳定

为维护金融市场稳定，日本银行政策工具更加灵活。美元资金方面，2020 年 3 月 15 日，日本银行与美联储（FRB）等 6 家主要央行协

---

[1] IMF, "World Economic Outlook, April 2020: The Great Lockdown", 2020, https://www.imf.org/en/Publications/WEO/Issues/2020/04/14/weo-april-2020, http://www.kantei.go.jp/jp/singi/novel_coronavirus/th_siryou/konkyo.pdf [2020-06-25].

[2] 日本銀行「新型感染症拡大の影響を踏まえた金融緩和の強化について」、2020 年 3 月 16 日、https://www.boj.or.jp/mopo/mpmdeci/state_2020/k200316b.htm/ [2020-06-25].

[3] 日本銀行「新型コロナウイルス感染症への対応についての副総理兼財務大臣・日本銀行総裁共同談話」、2020 年 5 月 22 日、https://www.boj.or.jp/announcements/press/danwa/dan2005a.pdf [2020-06-25].

作，扩充全球美元流动性。① 日本银行为市场提供超过 20 万亿日元的美元资金，降低跨国企业和金融机构美元资金成本。

日元资金方面，在收益率曲线调控框架下，日本银行取消每年 80 万亿日元的国债购买上限，积极提供日元资金。

(三) 积极购买风险资产，平抑资产市场大幅波动

为抑制资产市场的风险溢价，平抑市场大幅震荡波动，恢复投资者信心，日本银行将上市交易基金（ETF）、房地产信托投资基金（J-REIT）等风险资产购买额度上调一倍，其中 ETF 从每年 6 万亿日元升至 12 万亿日元，J-REIT 从 900 亿日元上调至 1800 亿日元。

三 紧急经济政策特点

(一) 政策规模巨大，财政赤字大幅上升

2009 年 4 月，为应对"雷曼冲击"引发的金融危机，麻生政府出台 56.8 万亿日元经济刺激政策，其中财政支出 15.4 万亿日元，成为此前规模最大的经济政策。② 此次为应对疫情出台的紧急政策，其事业规模和财政支出分别是 2009 年的 2.1 倍和 3.1 倍，突破历史新高。

安倍政府提出财政重建目标，即 2015 财年中央与地方政府基础财政收支赤字减少至 3% 左右，2020 财年实现基础财政收支盈余。2014 财年起，日本国债发行规模持续减少。但 2018 年末日本经济下行，加之消费税增税和此次疫情影响，2019 年第四季度起，实际 GDP 连续三个季度负增长，2020 年第二季度环比减少 7.9%，按年率计算同比下降 28.1%，创第二次世界大战后最大跌幅纪录。加之人口老龄化加剧等结

---

① 日本銀行「グローバルな米ドル流動性供給を拡充するための中央銀行の協調行動」、2020 年 3 月 15 日、https://www.boj.or.jp/announcements/release_2020/rel200316c.pdf [2020-06-25]。

② 日本銀行「金融緩和の強化について」、2020 年 4 月 27 日、https://www.boj.or.jp/mopo/mpmdeci/state_2020/k200427a.htm/ [2020-06-25]；日本銀行「中小企業等の資金繰り支援のための『新たな資金供給手段』の導入」、2020 年 5 月 22 日、https://www.boj.or.jp/announcements/release_2020/k200522a.pdf [2020-06-25]。

构性顽疾，日本债务负担严重，财政状况不断恶化。2020 财年日本债务总量达 1182 万亿日元，为 GDP 的 2 倍，在主要发达国家中最为严重。受疫情影响，日本基础财政收支实现盈余延至 2029 财年，且其前提为名义 GDP、实际 GDP 分别维持 3% 和 2% 的增长。

在突如其来的新冠肺炎疫情冲击下，2020 财年日本政府两次追加补充预算，财政支出达 160.3 万亿日元（见表 2-5），比最初预算增加 90%。由于税收收入无法弥补全部支出，只能依赖新发国债确保财源，2020 财年日本新发国债高达 90.2 万亿日元，是 2009 财年应对国际金融危机时的 1.7 倍。2020 财年末，日本国债发行规模首次突破 1000 亿日元，一般会计赤字从 9.2 万亿日元上升至 66.1 万亿日元，约占名义 GDP 的 12%。

表 2-5　日本 2020 财年两次补充预算后的预算框架　　单位：万亿日元

财政支出		财政收入	
一般会计支出	120.4	税收	63.5
最初预算	63.5	其他收入	6.6
第一次补充预算	25.5	国债	90.2
第二次补充预算	31.4	最初预算	32.6
地方转移支付	15.8	第一次补充预算	25.7
最初预算	15.8	第二次补充预算	31.9
第一次补充预算	0.0		
国债费	24.0		
最初预算	23.4		
第一次补充预算	0.1		
第二次补充预算	0.5		
合　计	160.3	合　计	160.3

资料来源：财务省『日本の財政関係資料』、2020 年 7 月、https://www.mof.go.jp/budget/fiscal_condition/related_data/202007.html [2020-10-10]。

（二）作为大型政策组合，作用于供需两方

与经济衰退大多源于需求不足不同，疫情蔓延冲击了经济的供需两

端。需求方面，个人消费和设备投资受阻，生产停滞。供给方面，新冠肺炎疫情导致商品生产体制、服务供给体制受损，供应量减少。

日本政府和央行出台的大规模经济刺激对策，是包括财政政策、金融举措、税收优惠等在内的大型政策组合，不仅作用于稳定金融市场、提振经济的总需求政策，还包括结构性调整的供给政策，如允许出诊时运用网络进行远程诊断的规制缓和对策。值得关注的是，疫情的蔓延恶化，在全球暴露出程度不同的供应链脆弱性问题，日本也陷入口罩、消毒液、医疗防护服、人工呼吸机等医疗物资严重不足的问题，暴露出医疗产品高度依赖海外的制度性缺陷。

2020年4月，日本经济产业省（以下简称"经产省"）推出"供应链改革计划"，以应对疫情冲击下口罩等医药物资供应链断裂等紧急事态，并以此为契机，祭出两大举措。一是补贴制造业企业回归本土，对特定国家依赖较高的产品和零部件，鼓励其将生产网点迁回日本国内，其中政府负担部分搬迁费用。二是以生产设备为对象，将海外生产据点分散至东南亚等地。

2020年4月，日本政府推出117.1万亿日元的历史最大规模紧急经济对策，日本国会也通过2020财年补充预算案，其中2200亿日元用于支持制造业回归本土，鼓励高度依赖特定国家的产品和零部件的企业，以及国民健康相关的医疗战略物资，在日本国内设立工厂或引进设备；235亿日元用于供应链多元化布局，鼓励日本企业海外网点向东盟等国家和地区转移。

2020年7月，经产省公布第一批补助名单，其主要对象为在华医疗物资生产企业。其中574亿日元补贴57家企业从中国迁回日本国内，[①] 110亿日元用于30家企业迁往越南、泰国、菲律宾等东南亚国家。[②]

[①] 経済産業省「サプライチェーン対策のための国内投資促進事業費補助金の先行審査分採択事業が決定されました」，https://www.meti.go.jp/press/2020/07/20200717005/20200717005.html［2020-07-25］。

[②] 経済産業省「海外サプライチェーン多元化等支援授業の一時公募採択事業が決定されました」，https://www.meti.go.jp/press/2020/07/20200717007/20200717007.html［2020-07-25］。

(三) 政府与央行在政策上紧密协调

在应对疫情过程中，日本央行与政府保持高度紧密性和协调性，主要表现在两方面。一是危机时的企业资金支持。此次在日本政府紧急经济对策框架下，日本银行推出应对危机的无息、无担保融资制度，新增融资中的政府信用担保比例大幅增加，对包括中小企业、小微企业在内的经济主体提供资金便利。这一特别制度规模也持续增加，最初额度为30万亿日元，2020年5月第二次补充预算时追加28万亿日元，日本银行的额度随之提升。

二是财政政策与金融政策协调。在重大危机面前，积极财政政策几乎成为各国首选，日本也动用财政政策，通过发行国债落实史上最大规模经济刺激计划。而日本银行大量购买国债，将收益率曲线调控至极低水平，抑制了财政恶化导致利率攀升、国债价格骤降的局面，为日本政府实施灵活机动的财政政策创造了稳定支撑。在这一框架下，"财政金融政策组合"[①] 发挥出应有效果。

四 政策效果及课题

(一) 日本银行资产购买规模大幅扩张

截至2020年7月末，日本银行总资产665.9万亿日元，是2月末新冠肺炎疫情应对措施实施前的1.14倍。其中短期国债增长超过两倍，CP、公司债保有规模也大幅增长（见表2－6）。在日本银行强力宽松政策下，CP、公司债发行利率降低，资金筹集成本减少。截至2020年8月7日，CP发行规模达25.9万亿日元，创2009年10月有历史记录以来最高值。[②]

受疫情冲击，日本股票市场出现震荡。2020年1月20日经股票价

---

① 黑田東彦「最近の金融経済情勢と金融政策運営」、2020年9月23日。
② 株式会社証券保管振替機構『発行者区分別短期社債残高〈週次〉』、https://www.jasdec.com/download/statistics/cp_hw.pdf［2020－08－15］。

格为24083日元,3月19日降至16552日元,两个月市值缩水1/3。2020年3月日本银行扩大ETF购买规模后,日经指数企稳回升,截至2020年7月末为22529日元。

值得注意的是,日本银行保有的ETF规模逐年上升,从2011年3月末出台这项举措时的0.2万亿日元升至2020年3月末的31.2万亿日元,其在东证一部股票市值所占比重也从0.1%升至5.9%。[1] 2020财年日本银行将超过年金管理行政法人(GPIF),成为日本股市最大的持有人,并成为主要企业实际意义的大股东。[2] 这一做法将弱化企业公司治理,在股市下滑时导致日本银行收益受损。

表2-6　　　　2020年1—7月日本银行资产规模变化　　　单位:万亿日元

月度		短期国债	长期国债	CP	公司债	ETF	J-REIT
1月末		10.8	475.4	2.2	3.3	28.5	0.555
2月末		12.6	479.8	2.2	3.3	28.9	0.558
3月末		12.4	473.5	2.6	3.2	29.7	0.583
4月末		13.7	479	3.3	3.4	31.2	0.594
5月末		17.3	482.8	4.1	3.8	32.3	0.603
6月末		30.3	478.9	4.4	4.1	32.8	0.615
7月末		42.2	484.5	4.7	4.5	33.5	0.624
7月与2月相比变化	金额	29.6	4.7	2.5	1.2	4.6	0.066
	增长率(%)	235	1	114	37	16	12

资料来源:根据日本银行「営業毎旬報告」制作。

(二) 金融机构贷款增加,但企业经营仍处于困境

在免息免担保融资制度安排下,2020年7月银行、信用金库贷款平均规模达573万亿日元,同比增加6.3%,创历史最大增幅。[3]

---

[1] 日本銀行『業務概況書』。
[2] 井出真吾「日銀が日本市場の『最大株主』へ」、『週刊エコノミスト』2020年8月4日号。
[3] 日本銀行「貸出・預金動向速報」。

但与此同时，2020年6月日本银行全国企业短期经济观测调查（以下简称"日银短观"）结果显示①，制造业大企业状况判断指数（DI）为-34，创国际金融危机后的2009年6月以来最低水平。非制造业下滑25个点至-17，创历史最大恶化幅度。②制造业中受打击最大的是汽车行业，下滑到-72，为2009年6月以来最低。非制造业除零售业外，其他行业均明显恶化。其中住宿、餐饮服务下滑至-91，娱乐设施下滑至-64，均创历史新低。

疫情对中坚企业、中小企业冲击更为严重，DI分别为-36、-45，远低于3月短观的-8、-15。在疫情扩散及政府控制不力的背景下，日本经济受到重创，企业对经济前景悲观。大企业认为未来三个月经济略有好转，但中坚企业、中小企业进一步恶化至-41、-47。

（三）金融机构收益减少，应注重金融资产质量

在长期超低利率环境下，日本金融机构尤其地方银行利差收缩，盈利减少。因此金融机构在资产运用时，以增加高风险产品配置作为提高盈利水平的手段。伴随利率变动，此类产品可能带来经营损失，对此日本金融厅在业务检查中严格审查。但面对疫情冲击，中小企业融资条件和融资规模大幅放宽。

2009年，为防止中小企业陷入经营困境，日本金融厅出台《中小企业融资畅通法案》，这是一项临时法案，于2013年结束。这一法案要求银行尽可能为中小企业贷款提供便利，如放宽贷款条件、延长还款期限等。事实上，虽然众多中小企业受惠，但也催生出不具备重建能力，或之前处于被淘汰边缘的"僵尸企业"。③在此次疫情下，政府和央行推出多项援助举措，作为资金供给方，从金融系统风险考量，应认真筛选融资对象，避免原本应市场出清的企业再次延命，拖累金

---

① 日本銀行調査統計局『第185回全国企業短期経済観測調査（短観）』、2020年7月1日、https://www.boj.or.jp/statistics/tk/zenyo/2016/all2006.htm/［2020-10-10］。
② 『日本経済新聞』2020年7月1日。
③ 阿部成伸「コロナ倒産、抑え込みの功罪、ゾンビ発生の懸念」、『日経ヴェリタス』2020年10月18日。

融机构背负不良债权。

五　结语

疫情严重打击了日本经济，东京奥运会也被迫延期。消费税增税后，2019年第四季度起，实际GDP连续三个季度负增长，2020年第二季度环比减少7.9%，按年率计算同比下降28.1%，创第二次世界大战后最大跌幅纪录。2020年1—8月访日游客累计395万人，同比减少82%。2020年2—9月，511家企业因疫情导致破产，旅游、运输、旅馆、餐饮等行业占比较高。截至2020年9月，因疫情被解雇的人员超过6万人。

在突如其来的重大疫情面前，为挽救国民生命，稳定居民生活，支持企业生存，政府出台大型经济对策必要且必须。虽然在"安倍经济学"框架下，由于过度倚重总需求政策，日本财政负担沉重，货币政策已接近极限，应对危机的政策工具有限，但在全球宽松政策背景下，财政政策与货币政策协调会更加紧密、深化。根据日本银行与内阁府测算，2020财年实际GDP预计分别减少4.7%和4.5%。如果疫情反弹或加剧，日本政府或将出台第三次补充预算，动用财政手段，放宽对财政赤字的容忍度。货币政策方面，将可能继续维持长期利率为零的诱导目标，进一步扩大负利率空间，加大ETF、J-REIT等风险资产购买规模等。日本政府虽然划分出紧急援助和促进消费两个阶段，但如何有效控制疫情，实现经济增长，如何前瞻性设计财政金融政策从紧急事态回归正常化，如何认识疫情长期化、严峻化带来的经济社会结构性变化，完善相关制度建设，仍是日本政府面临的重大政策考验。

疫情冲击下中日货币金融政策比较[*]

2020年年初新冠肺炎疫情突然暴发与迅速蔓延重创全球经济。作为较早发生疫情的国家，中国和日本采取了丰富而灵活的货币金融政策来应对疫情冲击。两国的做法既有相似性又各具特色，比较两国应对疫情冲击的货币金融政策，既可为中国的后续"抗疫"政策提供建议，也可对其他国家抗击疫情冲击提供政策启示。

一 新冠肺炎疫情重创全球经济

2020年1月以来，新冠肺炎疫情在全球范围内迅速传播，感染人数及死亡人数急剧攀升。据WHO统计，全球已有216个国家报告了新冠肺炎病例。根据约翰斯·霍普金斯大学的新冠肺炎疫情统计，2020年6月19日全球累计确诊病例超过846万人，累计死亡人数超过45万人，死亡率高达5.3%。[①] 由于中国和日本的疫情发生较早，并且采取了比较严格的防止疫情蔓延措施，因此两国发病率远低于全球平均水平，治愈率分别达到了94%和90%，而当前全球的治愈率仅为49%。在大多数国家无法采取强有力的隔离措施、疫苗研发与投产尚需时日的情况下，新冠肺炎的全球感染病例的数量还将进一步增加。

---

[*] 付丽颖，东北师范大学日本研究所副教授。
[①] COVID-19 Dashboard by the Center for Systems Science and Engineering (CSSE) at Johns Hopkins University (JHU)，约翰斯·霍普金斯大学网站，https://coronavirus.jhu.edu/map.html[2020-06-19]。

表2-7　　　全球及主要国家的累计确诊、治愈、死亡病例统计　　　单位：人

	确诊病例排序	累计确诊	累计治愈	累计死亡
全　球		8461617	4141975	453216
美　国	1	2188037	599115	118386
巴　西	2	978142	534215	47748
俄罗斯	3	560321	313409	7650
印　度	4	366946	194325	12237
英　国	5	301935	1313	42373
中　国	19	84462	79511	4638
日　本	51	17588	15753	935

注：数据截至2020年6月19日。

资料来源：COVID-19 Dashboard by the Center for Systems Science and Engineering (CSSE) at Johns Hopkins University (JHU), 约翰斯·霍普金斯大学网, https://coronavirus.jhu.edu/map.html [2020-06-20]。

新冠肺炎疫情对世界经济的冲击首先表现在金融层面，全球金融市场自2020年2月下旬起陷入一轮前所未有的动荡之中。全球风险资产价格下跌，3月9—18日美股在8个交易日内发生4次熔断，同期原油价格下跌。通常风险资产价格下跌往往伴随美国国债、黄金等避险资产价格上升，而本轮金融动荡的特异之处在于风险资产与避险资产齐跌，显示出全球金融市场因投资者集体抛售各类资产而发生了流动性危机。[1] 疫情发生至今，全球主要资产价格波动率增加，并表现出阶段性特征。如果把2020年2月22日作为海外疫情暴发之始，海外疫情暴发第一个月，全球股指下挫，美债收益率下跌，大宗商品价格下跌，同期美元指数大涨；海外疫情暴发第二个月，股市明显向上方修正，但国债、商品、汇率普遍下跌，黄金价格上涨；海外疫情暴发第三个月起全球资产普遍企稳，商品出现补涨势头，股指次之，美债收益率跌幅放缓，全球资本市场出现企稳迹象。[2]

---

[1] 张明：《全球金融动荡下的中国债券市场发展》，《债券》2020年第5期。
[2] 陈俊州：《新冠肺炎疫情对全球资产价格影响分析》，《期货日报》2020年6月2日。

疫情对实体经济的冲击堪比大萧条时期。疫情对经济的冲击直接体现为国内需求蒸发，企业资金链维系困难、雇用困难导致经营风险增加，进而产出减少。随着疫情的蔓延发展，多国采取隔离措施后，对国际贸易产生巨大打击，一方面出口需求减少，另一方面进口需求难以得到满足。国际产业链存在断裂风险，物质层面的全球化萎缩。WTO 公布的《COVID-19 如何改变世界：统计视角》报告显示，2020 年第一季度全球工作时间减少 4.5%，第二季度可能会减少 10.5%，相当于 3.05 亿全职工人每周工作 48 小时。新冠肺炎疫情对就业产生了直接和全面的影响，劳动力市场受到前所未有的冲击，就业率下降幅度为第二次世界大战以来最大。[1]

IMF 在 2020 年 4 月出版的《世界经济展望》中预测 2020 年全球增长率将下降到 -3%，与 1 月的预测相比下调了 6.3 个百分点，而在全球金融危机时期的 2009 年全球 GDP 仅下降了 0.1%。疫情造成的 2020 年和 2021 年全球 GDP 的累计损失可能达到 9 万亿美元，大于日本和德国经济之和。如果疫情持续更长时间，2020 年全球 GDP 增速可能进一步降低至 -6%。[2] 世界银行 6 月 8 日发布的《全球经济展望》中预测 2020 年全球经济将萎缩 5.2%，其中发达经济体将收缩 7%，新兴市场和发展中经济体将下滑 2.5%。[3] IMF 预测 2020 年日本经济将下降 5.2%，中国经济有望实现 1.2% 的增长，[4] 世界银行的相关预测数据则为 -6.1% 和 1.0%。[5]

---

[1] WTO, *How COVID-19 is Changing the World: A Statistical Perspective*, 2020, https://www.wto.org/english/tratop_e/covid19_e/covid19_e.htm [2020-06-20].

[2] Gita Gopinath：《大封锁：大萧条以来最严重的经济衰退》，IMF, https://www.imf.org/zh/News/Articles/2020/04/14/blog-weo-the-great-lockdown-worst-economic-downturn-since-the-great-depression [2020-06-20].

[3] World Bank, *Global Economic Prospects*, June 2020, Washington, DC: World Bank, 2020, p. 5.

[4] Gita Gopinath：《大封锁：大萧条以来最严重的经济衰退》，IMF, https://www.imf.org/zh/News/Articles/2020/04/14/blog-weo-the-great-lockdown-worst-economic-downturn-since-the-great-depression [2020-06-20].

[5] World Bank, *Global Economic Prospects*, June 2020, Washington, DC: World Bank, 2020, p. 5.

表 2-8　　　　　　　IMF 对产出与进出口贸易的预测　　　　　单位：%

	年同比				第四季度同比			
	实际值		预测值		实际值		预测值	
	2018年	2019年	2020年	2021年	2018年	2019年	2020年	2021年
产　出								
世　界	3.6	2.9	-3.0	5.8	3.3	2.7	-1.4	4.9
发达经济体	2.2	1.7	-6.1	4.5	1.8	1.5	-5.2	4.4
新兴市场和发展中经济体	4.5	3.7	-1.0	6.6	4.5	3.7	1.6	5.2
亚洲新兴市场和发展中经济体	6.3	5.5	1.0	8.5	6.1	4.7	4.8	5.0
美　国	2.9	2.3	-5.9	4.7	2.5	2.3	-5.4	4.9
欧元区	1.9	1.2	-7.5	4.7	1.2	1.0	-5.9	3.6
日　本	0.3	0.7	-5.2	3.0	-0.2	-0.7	-3.2	3.4
中　国	6.7	6.1	1.2	9.2	6.6	6.0	4.9	5.1
世界贸易量（货物和服务）	3.8	0.9	-11.0	8.4	—	—	—	—
进　口								
发达经济体	3.3	1.5	-11.5	7.5	—	—	—	—
新兴市场和发展中经济体	5.1	-0.8	-8.2	9.1	—	—	—	—
出　口								
发达经济体	3.3	1.2	-12.8	7.4	—	—	—	—
新兴市场和发展中经济体	4.1	0.8	-9.6	11.0	—	—	—	—

资料来源：IMF，*World Economic Outlook*，April 2020。

表 2-9　　　　　　世界银行对产出与进出口贸易的预测　　　　　单位：%

	实际值			预测值		与2020年1月预测相比	
	2017	2018	2019e	2020f	2021f	2020f	2021f
世　界	3.3	3.0	2.4	-5.2	4.2	-7.7	1.6
发达经济	2.5	2.1	1.6	-7.0	3.9	-8.4	2.4
新兴市场和发展中经济体	4.5	4.3	3.5	-2.5	4.6	-6.6	0.3

续表

	实际值			预测值		与2020年1月预测相比	
	2017	2018	2019e	2020f	2021f	2020f	2021f
美　国	2.4	2.9	2.3	-6.1	4.0	-7.9	2.3
欧元区	2.5	1.9	1.2	-9.1	4.5	-10.1	3.2
日　本	2.2	0.3	0.7	-6.1	2.5	-6.8	1.9
中　国	6.8	6.6	6.1	1.0	6.9	-4.9	1.1
世界贸易量（货物和服务）	5.9	4.0	0.8	-13.4	5.3	-15.3	2.8

资料来源：World Bank，*Global Economic Prospects*，June 2020。

二　新冠肺炎疫情给中日两国带来全方位经济冲击

从疫情发展过程看，中日两国是较早受到疫情冲击的国家，也是较早控制住疫情蔓延的国家。疫情对两国的总需求与总供给、金融市场、产业发展、就业等方面都造成了重大冲击。

中国卫健委2020年1月21日起每天公布前一天的全国疫情数据，1月21日新增病例数即超过百人，此后每日新增确诊病例迅速超过千人，2月19日降至千人以下，3月6日起降至百人以下，此后中国疫情发展平稳，意味着中国严格的防控措施及时而有效，在一个月以内的时间度过高峰期，用大约一个半月的时间基本控制住疫情发展。日本3月27日新增病例首次超过百人，4月10日新增病例863人之后开始进入下降区间，5月9日起日新增病例降至百人以下，日新增病例在百人以上的持续时间与中国接近。[1] 从疫情暴发时间看，日本较中国晚两个月，两国疫情发展路径相似，控制疫情所用的时间接近，因此进入疫后经济恢复的时间也相差约两个月，即两国经济受疫情冲击的时间线相差约两个月。

在疫情期间，冲击首先产生在消费侧，特别是以人员聚集性、流动

---

[1]《新冠肺炎实时动态》，https://sa.sogou.com/new-weball/page/sgs/epidemic［2020 - 06 - 20］。

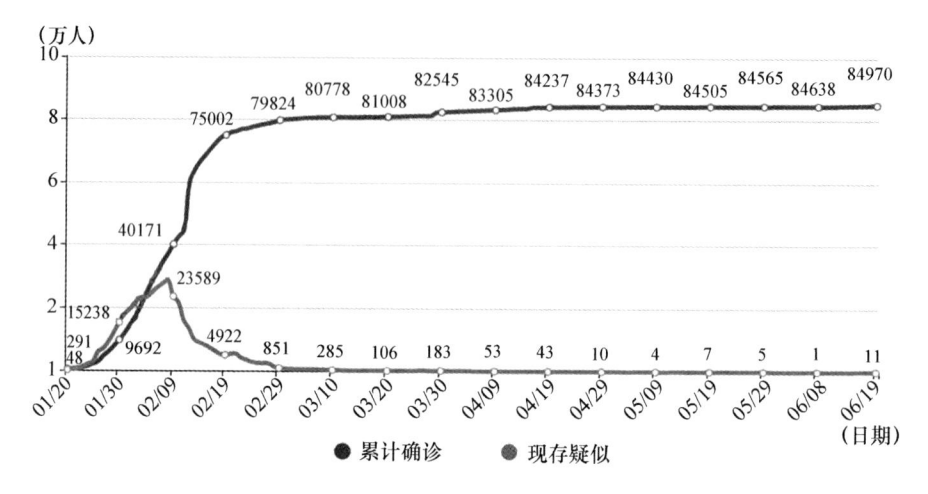

88 第二章 疫情对日本经济的影响及其未来走向

图 2-1 中国疫情发展（截至 2020 年 6 月 19 日）

资料来源：《新冠肺炎实时动态》，https://sa.sogou.com/new-weball/page/sgs/epidemic [2020-06-20]。

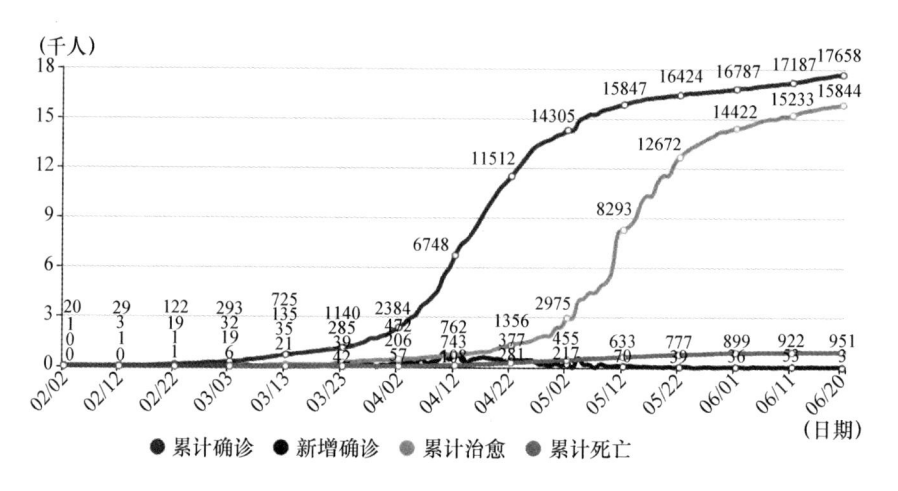

图 2-2 日本疫情发展（截至 2020 年 6 月 20 日）

资料来源：《新冠肺炎实时动态》，https://sa.sogou.com/new-weball/page/sgs/epidemic [2020-06-20]。

性消费为特征的餐饮住宿、商业服务业经营受到重创。根据中国国家统计局统计，2020 年第一季度中国居民人均可支配收入累计增长

-3.9%,居民人均消费支出累计增长-12.5%。① 2020年第一季度中国线上超市零售额累计增长1.9%,百货店零售额累计增长-34.9%,专业店零售额累计增长-24.7%,专卖店零售额累计增长-28.7%。2020年第一季度中国住宿和餐饮业增加值指数同比下降45.3%,批发零售业增加值指数同比下降17.8%。疫情使中国旅游业直接停摆,旅游业涵盖的吃、住、行、游、购、娱行业普遍遭受严重冲击。

投资方面,因人流物流受阻,工人返程延迟、工厂复工推迟,制造业、房地产、基建投资基本停滞。企业面临停工停产、资金紧张、收入锐减等困难。人员密集型生产企业停工损失严重,2020年第一季度中国建筑业增加值指数仅为2019年同期的82.5%,交通运输、仓储和邮政行业的增加值指数仅有86.0%。进出口行业面临出口订单减少、供应中断等诸多问题。疫情冲击导致就业形势严峻,全国城镇调查失业率2018年1月至2020年1月在4.8%—5.3%之间波动,2020年2—4月则分别升至6.2%、5.9%和6.0%。

疫情导致产出减少,国内生产总值同比下降。2020年第一季度中国国内生产总值同比下降6.8%,三大产业增加值同比下降3.2%、9.6%和5.2%。

日本累计确诊病例人数仅为中国的1/5,但如果按确诊病例占人口数量计算,日本的患病率约为中国的1.5倍,因此新冠肺炎疫情成为日本进行危机管理的重大课题。4月7日日本首相安倍晋三宣布基于《特别措施法》对东京等7个都府县发布"紧急事态宣言",4月16日日本政府决定将"紧急事态宣言"适用范围扩展至全国,持续至5月6日。5月4日宣布"紧急事态宣言"延长至5月31日,后在5月14日、21日分批解除宣言,5月25日日本全国范围内解除"紧急事态宣言"。

在"紧急事态宣言"状态下,个人消费因消费者外出活动减少而受到抑制,消费者心理预期恶化也使消费陷入停滞。2020年4月日本个

---

① 中国统计数据来源于国家统计局网站和中国人民银行网站,http://data.stats.gov.cn/index.htm,http://www.pbc.gov.cn [2020-06-20]。

人消费较上年水平减少约两成,①商业销售额同比下降16.0%,其中批发业同比下降17.2%,零售业同比下降13.9%。②

设备投资方面,受疫情影响,行业状况恶化,因经济前景不明,企业投资意愿下降。2020年4月,日本制造业开工率指数为79.9,同比下降21.5%,较3月下降13.3%,其中运输机械工业较3月下降36.4%。工矿业生产指数同比下降15%,库存同比增加2.7%,库存率同比增加29.2%。③根据日本经济产业省的统计,日本2020年前3个月的第三产业综合指数同比下降1.9、2.3和5.9,4月份更是下降了12.2。④服务

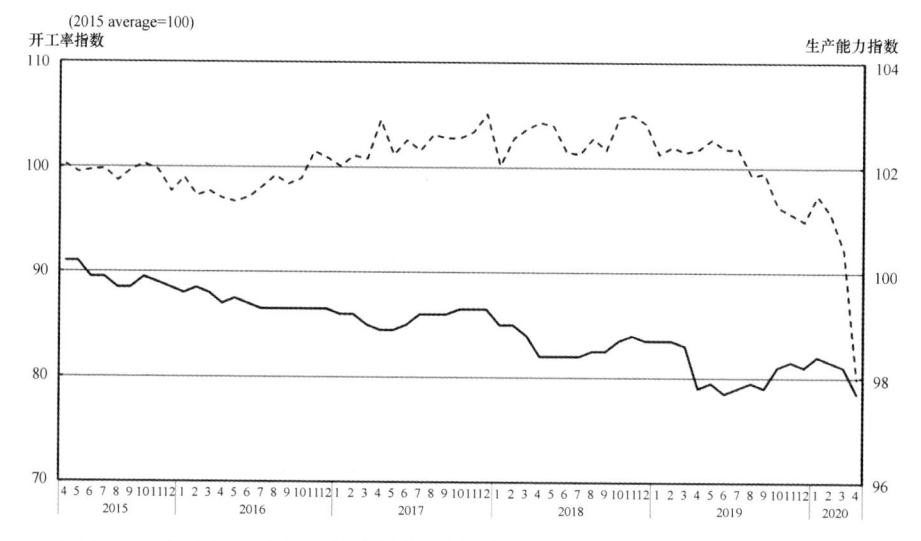

图2-3 日本制造业生产能力指数(右轴)、开工率指数(左轴)变动情况

资料来源:経済産業省「2020年4月の製造工業生産能力指数・稼働率指数の動向」、https://www.meti.go.jp/statistics/tyo/iip/result/pdf/press/b2015_202004nj.pdf[2020-06-21]。

---

① 黒田東彦「新型コロナウイルス感染症のわが国経済への影響と日本銀行の対応」、日本銀行、https://www.boj.or.jp/announcements/press/koen_2020/data/ko200626a.pdf[2020-06-20]。

② 経済産業省「商業動態統計月報」、2020年4月、https://www.meti.go.jp/statistics/tyo/syoudou/result/pdf/202004K.pdf[2020-06-20]。

③ 経済産業省「鉱工業指数(生産・出荷・在庫、生産能力・稼働率)、製造工業生産予測指数」、https://www.meti.go.jp/statistics/tyo/iip/result-1.html[2020-06-20]。

④ 経済産業省「第3次産業(サービス産業)活動指数」、https://www.meti.go.jp/statistics/tyo/sanzi/index.html[2020-06-20]。

业综合指数2020年3月和4月分别下降了11.4和21.5。2020年4月,第三产业中的生活娱乐相关行业、旅游关联产业受到重创,餐饮、住宿、跨境旅游、职业体育等相关行业的指数下降超过100。

民间调查机构对日本经济情况持悲观态度。3月27日摩根大通预测日本2020年第一、第二季度经济增长率为-4.0%和-7.0%,预测全年增长率为-3.1%;4月1日野村证券预测日本2020年第一、第二季度经济增长率为-9.3%和-12.4%,预测全年增长率为-4.8%。① 据日本银行2020年4月发布的《经济物价形势展望》,预测日本2020年实际GDP可能会减少3%—6%。②

三 中国抗击疫情冲击的货币金融措施

疫情发生后,中国金融主管部门迅速行动,密集出台系列文件,根据实体经济在疫情发展的不同阶段的需求,采取有针对性的、复合式的货币金融举措来降低疫情影响。在疫情暴发初期以防疫应急、金融服务保障措施为主;2020年3月政策重点转向促进复工复产,扶助中小微企业,着力解决中小微企业融资难问题;4—5月通过降准降息来降低企业融资成本,解决企业融资贵问题。2020年《政府工作报告》发布后,中国人民银行在6月又创设两个直达实体经济的货币政策工具。

中国金融管理部门在第一时间部署金融机构经营的保障措施,要求银行合理调度金融资源,保障提供日常金融服务,并对新冠肺炎疫情防控工作开启绿色通道。国家外汇管理局在2020年1月27日发布《关于建立外汇政策绿色通道支持新型冠状病毒感染的肺炎疫情防控工作的通知》,对疫情防控期间防控物资进口启动应急处置机制,简化进口购付汇业务流程与材料,对因支援疫情汇入的外汇捐赠资金及企业相关资本

---

① 竹森俊平・中西宏明・新浪剛史・柳川範之「緊急経済対策の取りまとめに当たって」、内閣府、https://www5.cao.go.jp/keizai-shimon/kaigi/minutes/2020/0407/shiryo_03.pdf [2020-06-20]。

② 日本銀行「経済・物価情勢の展望(4月、基本的見解)」、https://www.boj.or.jp/mopo/outlook/gor2004a.pdf [2020-06-20]。

项目收入结汇支付提供便利。

对受疫情影响的重点防疫地区和重点防疫企业提供信贷支持，目的是对重点产品扩大产能、增产增供。2020年2月7日，财政部等5部门发布《关于打赢疫情防控阻击战 强化疫情防控重点保障企业资金支持的紧急通知》（以下简称《通知》），强化对疫情防控重点保障企业的资金支持。《通知》明确规范疫情防控重点保障企业名单管理的范围、方式、要求，通过专项再贷款支持金融机构提供优惠利率、加大信贷支持力度。中央财政在优惠利率信贷支持的基础上进一步对企业进行50%贴息。

表2-10　　　新冠肺炎疫情发生后中国公布的货币金融措施

时 间	标 题	发布部门
1月27日	关于建立外汇政策绿色通道支持新型冠状病毒感染的肺炎疫情防控工作的通知	国家外汇管理局
1月31日	关于发放专项再贷款支持防控新型冠状病毒感染的肺炎疫情有关事项的通知	中国人民银行
2月1日	关于进一步强化金融支持防控新型冠状病毒感染肺炎疫情的通知	中国人民银行、财政部、银保监会、证监会、外汇局
2月3日	1.2万亿元公开市场逆回购操作	中国人民银行
2月7日	关于疫情防控期间金融机构发行债券有关事宜的通知	中国人民银行金融市场司
2月7日	关于打赢疫情防控阻击战 强化疫情防控重点保障企业资金支持的紧急通知	财政部、发展改革委、工业和信息化部、中国人民银行、审计署
2月26日	关于加大再贷款、再贴现支持力度促进有序复工复产的通知	中国人民银行
3月1日	关于对中小微企业贷款实施临时性延期还本付息的通知	银保监会、中国人民银行、发展改革委、工业和信息化部、财政部
3月16日	普惠金融定向降准	中国人民银行
3月26日	关于加强产业链协同复工复产金融服务的通知	银保监会
4月7日	关于发挥"银税互动"作用助力小微企业复工复产的通知	国家税务总局、银保监会
4月7日	下调超额准备金率	中国人民银行

续表

时间	标题	发布部门
4月15日	对中小银行定向降准（第一次）	中国人民银行
4月20日	LPR报价利率降低	中国人民银行
5月15日	对中小银行定向降准（第二次）	中国人民银行
5月18日	关于进一步规范信贷融资收费降低企业融资综合成本的通知	银保监会、工业和信息化部、发展改革委、财政部、中国人民银行、市场监管总局
5月26日	关于进一步强化中小微企业金融服务的指导意见	中国人民银行、银保监会、发展改革委、工业和信息化部、财政部、市场监管总局、证监会、外汇局
6月1日	关于进一步对中小微企业贷款实施阶段性延期还本付息的通知	中国人民银行、银保监会、财政部、发展改革委、工业和信息化部
6月1日	关于加大小微企业信用贷款支持力度的通知	中国人民银行、银保监会、财政部、发展改革委、工业和信息化部
6月22日	LPR报价利率降低	中国人民银行

资料来源：根据中国人民银行网站、中国政府网等搜集整理。

进入3月，疫情发展趋于稳定，金融支持重点由疫情防控转向复工复产。为纾解中小微企业困难，中国银保监会发布《关于对中小微企业贷款实施临时性延期还本付息通知》，对2020年1月25日以来贷款到期本金采取临时性延期还本安排，对期间贷款利息给予一定期限延期付息安排，还本日期、延期付息日期最长可延至2020年6月30日；对中小微企业新增融资需求开设绿色通道，实现应贷尽贷快贷；鼓励地方法人银行以优惠利率向民营、中小微企业发放贷款。

疫情对国内、区域、全球范围的产业链、价值链产生冲击，产业链断裂、收缩趋势明显。3月26日中国银保监会出台《关于加强产业链协同复工复产金融服务的通知》，对产业链核心企业加大金融支持力度、对产业链上下游企业优化金融服务、对全球产业链协同发展强化金融支持，鼓励银行业金融机构提升产业链金融服务科技水平。

4月17日中央政治局会议明确加大"六稳"工作力度,并首次提出"六保",即保居民就业、保基本民生、保市场主体、保粮食能源安全、保产业链供应链稳定、保基层运转,坚定实施扩大内需战略,维护经济发展和社会稳定大局。①"六稳""六保"明确了宏观经济政策的目标,而其中稳企业、保市场主体是最关键环节。因此货币金融政策进一步强调对实体经济特别是小微企业的支持力度。

"两会"之后中国发表2020年《政府工作报告》,提出稳健的货币政策要更加灵活适度,创新直达实体经济的货币政策工具要求。中国人民银行等8部委在5月26日公布《关于进一步强化中小微企业金融服务的指导意见》,6月1日中国人民银行等5部委联合发布《关于进一步对中小微企业贷款实施阶段性延期还本付息的通知》和《关于加大小微企业信用贷款支持力度的通知》。前一项通知是普惠小微企业贷款延期支持工具,后一项通知是普惠小微企业信用贷款支持计划,既是直达实体经济的货币政策工具,也是结构性货币政策工具体系的一部分。②

近年中国货币金融系统的重要任务是防范系统性金融风险。中国金融管理机构在出台金融支持政策时,对风险监控也提出具体要求。如在产业链金融服务的风险控制上,提出对核心企业融资需求、供应链交易背景进行审核,对信贷资金流向、应收账款回笼进行监督监控。

中国人民银行通过数量型货币政策工具扩大总量供给。2020年1月31日提供总计3000亿元低成本专项再贷款资金,支持抗疫保供。优惠贷款的加权平均利率为2.56%,财政贴息50%以后,企业实际融资成本大约是1.28%,符合国务院关于利率不高于1.60%的要求。2月26日增加再贷款再贴现专用额度5000亿元,同时,下调支农、支小再贷款利率至2.5%,为企业有序复工复产提供低成本、普惠性的资金支持。3月13日,中国银保监会提出政策性银行将增加3500亿元专项信

---

① 《扎实做好"六稳"工作,全面落实"六保"任务》,《21世纪经济报道》2020年5月21日。
② 中国人民银行:《货币政策热点问答之一:创新直达实体经济的货币政策工具》,中国人民银行网站,http://www.pbc.gov.cn/goutongjiaoliu/113456/113469/4032263/index.html[2020-06-20]。

贷额度，以优惠利率向民营、中小微企业发放，提出2020年各银行金融机构对个体工商户的贷款要在2019年的基础上力争再增加5000亿元以上。2月3日开展1.2万亿元公开市场逆回购操作投放资金，确保流动性充足供应，银行体系整体流动性比2019年同期多9000亿元。实体经济从金融体系获得的资金增多，2020年5月社会融资规模增量为3.19万亿元，比上年同期多1.48万亿元。[①] 中国货币供给量不仅同比持续增加，而且在增速上也超过2019年相应月份。

表2-11　　　　　　　　2020年1—5月中国货币供给量

	1月	2月	3月	4月	5月
M0（万亿元）	9.32	8.82	8.30	8.15	7.97
同比增长（%）	6.6	10.9	10.8	10.2	9.5
M1（万亿元）	54.55	55.27	57.51	57.02	58.11
同比增长（%）	0	4.8	5	5.5	6.8
M2（万亿元）	202.31	203.08	208.09	209.35	210.02
同比增长（%）	8.4	8.8	10.1	11.1	11.1
上年同期增速（%）	8.4	8.0	8.6	8.5	8.5

资料来源：中国人民银行金融统计数据报告。

中国人民银行采用多种途径降低企业融资成本。3月16日实施普惠金融定向降准，对达到考核标准的银行定向降准0.5—1个百分点。在此之外，对符合条件的股份制商业银行再额外定向降准1个百分点，支持发放普惠金融领域贷款。以上定向降准共释放长期资金5500亿元。4月15日、5月15日又分两次对中小银行进行定向降准。4月7日将超额准备金率由0.72%下调至0.35%，是央行12年来首次调整超额存款准备金率，且降幅超过50%。同时央行通过下调LPR报价利率引导市场降低利率。2月20日和4月20日两次下调LPR报价利率，1年期LPR报价利率由4.15%降至3.85%，5年期LPR报价利率由4.80%降

[①] 中国人民银行：《2020年5月社会融资规模增量统计数据报告》，中国人民银行网站，http：//www.pbc.gov.cn/goutongjiaoliu/113456/113469/4037645/index.html［2020-06-20］。

至4.65%。根据《政府工作报告》要求，强化对稳企业的金融支持，中小微企业贷款延期还本付息政策再延长至2021年3月底，大型商业银行普惠型小微企业贷款增速要高于40%。2020年前5个月中国融资规模持续增加，同比增速各月都在10%以上。

表2-12　　　2020年1—5月中国社会融资规模存量与增量

	1月	2月	3月	4月	5月
存量（万亿元）	256.34	257.17	262.27	265.22	268.39
同比增长（%）	10.7	10.7	11.5	12.0	12.5
增量（万亿元）	5.05	0.87	5.18	3.10	3.19

资料来源：中国人民银行：《社会融资规模存量统计表》，中国人民银行网站，http://www.pbc.gov.cn/diaochatongjisi/resource/cms/2020/06/20200615160551358339.htm［2020-06-20］；《社会融资规模增量统计表》，中国人民银行网站，http://www.pbc.gov.cn/diaochatongjisi/resource/cms/2020/06/20200615160710563310.htm［2020-06-20］。

四　日本抗击疫情冲击的货币金融措施

随着疫情在全球范围内持续扩散、世界经济走势不明，日本内外金融资本市场出现剧烈波动，为尽早做好预案、采取应对措施，日本银行将原预定在3月18、19日召开的金融政策会议提前至3月16日。为稳定金融市场、防止企业部门和家庭部门财务状况恶化，日本银行提出扩张性金融政策扩大资金供给。具体方式包括买入国债和下调美元货币互换协议价格。为充分发挥金融机构的金融中介职能，通过对民间企业债务进行担保来支持企业融资，导入最长1年期限的零利率资金供给操作。设置CP和公司债券各1万亿日元的追加购买额度，使得CP和公司债券余额上限分别达到约3.2万亿日元和4.2万亿日元。分别以每年12万亿日元和1800亿日元为上限积极买入ETF（上市信托基金）和J-RE-IT（日本房地产信托基金）。继续实行-0.1%的短期利率，为推动10年期国债利率维持在0%左右，可以购买长期国债。本次会议在确定加大宽松货币金融政策基调的同时，将政策着力点放在扩大本外币供给、支持企业周转、稳定金融市场三个方面。日本银行后续的政策措施大多是在此基础上政策力度的强化。

表2-13　　新冠肺炎疫情发生后日本公布的货币金融措施

时间	标题	发布部门
2月13日	关于新型冠状病毒感染症的紧急对策	新型冠状病毒感染症对策本部
3月12日	关于新型冠状病毒感染症的融资制度扩充	日本政策金融公库
3月16日	基于新型感染症扩大的影响强化金融缓和	日本银行
3月16日	应对新型冠状病毒感染症金融特别支持措施基本要领	日本银行
3月16日	关于引进新型冠状病毒感染症的企业金融支援特别方案	日本银行
3月16日	为扩大全球美元流动性供给的中央银行合作行动	日本银行
3月20日	为进一步扩大美元流动性供给的中央银行合作行动	日本银行
3月28日	新型冠状病毒感染症对策的基本应对方针	新型冠状病毒感染症对策本部
3月30日	关于受新型冠状病毒感染症影响的金融机关等报告的提交期限	金融厅
4月7日	新型冠状病毒感染症紧急经济对策	内阁府
4月27日	强化金融缓和	日本银行
4月27日	关于系统中央机构的会员金融机构利用新型冠状病毒感染者对策金融支援特别操作的特则	日本银行
4月27日	关于新型冠状病毒感染者应对金融特别措施扩充	日本银行
4月27日	修改《商业票据及公司债券等收购基本要领》	日本银行
5月21日	关于新型冠状病毒感染症的影响企业信息的公开	金融厅
5月22日	鉴于新型冠状病毒感染症的金融机关的对应事例	金融厅
5月22日	为支援中小企业的资金周转，引进"新的资金供给手段"	日本银行
5月22日	修改《应对新型冠状病毒感染症金融特别支持措施基本要领》	日本银行
5月22日	修改《关于系统中央机构的会员金融机构利用新型冠状病毒感染者对策金融支援特别操作的特则》	日本银行
5月22日	修改《商业票据及公司债券等收购基本要领》	日本银行
5月22日	关于应对新型冠状病毒感染症的副总理兼财务大臣日本银行总裁共同谈话	日本银行
6月16日	当前的金融政策运作	日本银行

续表

时　间	标　题	发布部门
6月23日	关于货币和金融调节的报告书	日本银行
6月24日	金融决策会议的主要意见	日本银行

资料来源：根据日本银行、日本内阁府、日本金融厅网站内容整理。

4月27日，日本银行进一步强化宽松的金融政策。大幅扩大CP和公司债的买入额度，最高余额上限由7.4万亿日元扩大至20万亿日元，同时扩大发行主体范围并延长剩余期限至5年。[①] 实施3项扩充新冠应对金融支持特别措施：（1）将担保对象范围扩展至住房贷款债权信托受益权和资产担保债券等广泛的民间债务，担保对象金额由8万亿日元增加至23万亿日元；（2）非日本银行客户的信金中央金库、全国信用协同组合联合会、劳动金库联合会及农林中央金库的会员金融机构可通过其中央机构成为担保对象；（3）向与本措施余额相当的活期存款支付0.1%的利息。在债券市场流动性低、政府增加发行紧急经济对策国债的情况下，为维持债券市场稳定，积极购入长短期国债。

4月27日修改《商业票据及公司债券等收购基本要领》，规定在2020年9月30日之前，日本银行买入企业债券和不动产投资法人债券剩余期限要求由1—3年扩展为1—5年。每个发行主体买入CP或公司债券的余额上限由1000亿日元调升至5000亿日元和3000亿日元，买入余额占总发行额比例上限由25%分别调升至50%和30%。5月22日进一步延长了政策执行期限。

因疫情发展形势严峻，5月22日日本银行召开临时金融政策决定会议，研究修改了《商业票据及公司债券等收购基本要领》《应对新型冠状病毒感染症金融特别支持措施基本要领》《关于系统中央机构的会员金融机构利用新型冠状病毒感染者对策金融支援特别操作的特则》等文件，进一步放宽金融优惠政策的对象范围。为支援中小企业的资金周

[①] 日本银行「金融緩和の強化について」，https://www.boj.or.jp/announcements/release_2020/k200427a.pdf［2020-06-20］。

转,引进"新的资金供给手段",将支持企业融资的三项措施统称为"新冠应对资金支援特别措施"(特别措施),并将政策期限由2020年9月30日延长至2021年3月31日,预计此项政策贷款总额将达到约75万亿日元,截至6月25日贷款额达到20.8万亿日元。①

此外,为应对全球流动性紧缩,扩大美元供给,日本银行与加拿大银行、英格兰银行、欧洲央行、美联储和瑞士国民银行采取联合行动,向市场提供美元流动性。将美元货币互换协议价格下调25个基点,并从3月16日开始在已有1周期限产品的基础上另外增加84天期限的美元标售。3月20日六大央行宣布将1周期限的美元资金供给频率从每周1次上升为每日1次,6月19日调降为每周3次。

日本央行超常规的宽松货币金融政策一定程度上起到了稳定金融环境的作用。从资金供给数量看,日本银行买入国债和提供美元流动性共支出40万亿日元。为继续稳定资本市场,确定了无上限购买国债的政策。从资金供给效果看,到6月下旬,日本银行为企业提供资金支持总额约110万亿日元。其中CP和公司债券买入约20万亿日元,相当于日本市场规模的1/4。新冠应对特别操作是一种通过央行与政府协作,由政府控制信用风险、由央行提供后融资方案来支持金融机构向中小企业贷款的方式,可理解为一种结构性的货币政策。②

除日本银行政策之外,日本金融厅从金融监管角度放宽金融机构提交各类报告书的期限。2月10日金融厅发布《关于有关新型冠状病毒感染症的有价证券报告书等的提交期限》文件,如果出现因受新冠肺炎疫情影响无法对中国子公司继续实施检查业务的情况,可申请延期提交《金融商品交易法》要求公开的文件。3月30日金融厅出台《关于受新型冠状病毒感染症影响的金融机关等报告的提交期限》文件,对受疫情影响无法按时提交的报告书,金融机构可向金融厅及所管机构提出延期

---

① 日本銀行「日本銀行政策委員会月報(第847号)」、https://www.boj.or.jp/announcements/pb_geppo/pbgp2005.pdf [2020-06-20]。

② 黒田東彦「新型コロナウイルス感染症のわが国経済への影響と日本銀行の対応」、日本銀行、https://www.boj.or.jp/announcements/press/koen_2020/data/ko200626a.pdf [2020-06-26]。

提交申请。此后金融厅陆续将企业提交决算与监察业务中的有价证券报告书提交时间延期至9月末。

日本政策金融公库在3月12日出台《关于新型冠状病毒感染症的融资制度扩充》文件，对受疫情影响的中小微企业提供支持。首先创设"新型冠状病毒感染症特别贷款"，对满足条件的中小微企业和居民提供必要的设备资金和运转资金，其中居民融资额度6000万日元，企业融资额度3亿日元，无须担保且提供优惠利率。此外，在"小规模事业者经营改善资金"框架内对因受疫情影响近1个月销售额低于2019年或者2018年同期5%的企业提供1000万日元限额的超低利率融资支持。①

从3月以来强化金融缓和，扩大市场流动性、为企业融资提供优惠，到6月下旬金融环境持续宽松，金融市场前期波动后基本保持稳定，中小企业融资条件有所降低，但在融资意愿方面仍然和未来疫情发展与对经济走向的预期相关。

五　中日货币金融政策特征与走向

在疫情导致宏观经济面临负面冲击时，中日两国都采取了扩张性的货币金融措施以稳定市场、扩大资金供给，并创新货币金融工具支持实体经济、中小企业渡过难关。目前看，两国的货币金融措施以短期目标为主，抗疫情、护民生、救企业是政策的现实需要。受疫情发展的不确定性影响，常规性经济目标尚未成为政策关注的重点，这也可能引发后续政策的接续性问题，以及稳经济与调结构的平衡与协调问题。

基于两国宏观经济形势和货币政策基础的不同，两国的货币金融政策在政策工具、政策结构、政策力度等方面存在较大的差异。

中国此次实施了多项创新性金融政策措施，并创造性地应用直达实体经济的货币政策工具。中国人民银行通过创新货币政策工具对金融机

---

① 日本政策金融公库「新型コロナウイルス感染症に関する融資制度の拡充について」，https：//www.jfc.go.jp/n/info/pdf/topics_200312aa.pdf［2020-06-26］。

构进行激励，但中央银行既不直接提供资金也不承担信用风险，因此具有市场化的特点。中国人民银行创新的两个结构性货币政策工具将货币政策操作与金融机构对普惠小微企业提供的金融支持直接联系，为精准调控提供了保证，具有直达性特点。同时，只要符合条件的银行或者企业就可享受中国人民银行提供的支持，体现出金融政策的普惠性。① 日本因长期采用超宽松货币政策，处于"负利率"状态，货币政策工具有限，因此以扩大货币供给、支持企业资金周转、稳定资本市场三个方面作为政策支柱，随着疫情发展在政策规模上有所扩张。

政策结构上，中国采取了多管齐下的组合式货币金融政策措施。财政政策与货币政策配合，利用"银税互动"框架加大税收信用贷款支持力度等。日本以日本银行三项货币工具为主，配合金融厅对企业金融及金融企业监管的适当放宽，政策性金融机构对中小企业提供贷款支持。目前日本常规货币政策空间被极度压缩，未来需开发更多的非常规操作来进行货币金融政策的扩张，而政策成本和长期影响往往具有不确定性。

此外，中日两国的国际金融合作地位与重点存在差异。中国的国际货币金融合作主要体现在积极参与IMF、二十国集团、东盟＋中日韩框架内的合作。日本的国际政策主要是在六大央行的合作框架下提供美元流动性。这反映两国在国际金融领域的目标定位与政策诉求的差别。

目前国际社会对新冠肺炎疫情的走势尚无法做出明确判断，如果冬季疫情出现"第二波"暴发，将对经济造成严重的下行压力，对企业生产经营更是雪上加霜。因此，货币金融当局一方面需要保持金融系统稳定与宽松的金融环境，另一方面更应该对可能出现的冲击做出政策预案。对现有政策措施的目标达成度进行评估，对政策的执行过程进行全方位监控，对政策障碍、政策风险进行预判，在第二轮冲击到来之前，疏通政策传导路径，避免出现新的金融风险的累积。在经济增长预期下

---

① 中国人民银行：《货币政策热点问答之一：创新直达实体经济的货币政策工具》，中国人民银行网站，http://www.pbc.gov.cn/goutongjiaoliu/113456/113469/4032263/index.html [2020-06-20]。

降的情况下，企业和家庭部门可能对投资和消费支出更加谨慎。仅依靠货币金融政策可能无法达到既定目标，需要货币金融政策与财政税收政策、产业政策、区域发展政策的协同配合，提升市场主体信心，促使市场主体建立良好的心理预期。

疫情强化日本跨国公司
对华 FDI 的调整[*]

新冠肺炎疫情是震惊世界的公共卫生危机，其必然对世界政治、经济、社会、生活产生广泛而深远的影响。从供给面考虑，基于公共卫生理论，为防止疫情扩大而采取的"封国""封城""断航""禁足"等对人员移动的限制，对生产造成的影响之一就是供应链的断裂。这一影响会降低人们对全球供应链的信任。所以，可以说，新型冠状病毒不仅感染了人类，而且压缩了人类生存空间，挑战了全球供应链，依据成本最低化原则的全球配置发生改变，退而寻求本土化、多地区的分散风险的次优配置，推动全球供应链的重构。对外直接投资（Foreign Direct Investment，FDI）被认为是构建跨区域生产网络的有效手段，是全球供应链形成的基础。所以，新冠肺炎疫情会对各国跨国公司今后的 FDI 战略布局决策与实施产生直接影响。

FDI 是一种在本国范围以外，组织与发展生产（包括服务）和销售等经营活动，寻求将自身的优势同国外的要素投入有机结合，实现优化资源配置的行为。FDI 可以将一区域内发达国家（地区）与发展中国家（地区）产业结构之间的关联由"贸易联系"上升为"生产联系"。[①]根据《中国商务年鉴 2018》的数据，截至 2017 年年底，日本对华 FDI 的累计投资额已达到 1082 亿美元，在中国引进外资总额中占到了 5.7%。日本一直是中国重要的外资来源国之一。为此，有必要探讨新

---

[*] 平力群，天津社会科学院日本研究所研究员。
[①] 戴晓芙、郭定平：《东亚发展模式与区域合作》，复旦大学出版社 2005 年版，第 210 页。

冠肺炎疫情对日本跨国公司对华FDI可能产生的影响。

一 日本跨国公司对华直接投资动因的转变

为讨论、预测新冠肺炎疫情对日本跨国公司对华直接投资的影响,就需要了解日本跨国公司为什么选择中国作为直接投资的东道国。

日本跨国公司对亚洲的FDI大致可以分为三个阶段:第一阶段为20世纪80年代中期以前,通过向东亚开展FDI,实现落后产业向东亚的转移。第二阶段为20世纪80年代中期以后,以1985年《广场协议》后日元大幅度升值为契机,以技术进步带动的"第二次分拆"(the second undunding)的普及为支撑,通过向东亚地区开展FDI,构建了以日本母公司为中心的产业内分工体系。所谓"第二次分拆",就是以生产环节、任务为单位的国际分工,使生产活动断片化,并在国际范围内开展,从而使产业与贸易发生了革命性转变,从两个国家之间的垂直分工,向多个国家间的水平分工转变,国内的生产工程被分割,并向多个国家转移、分散。也正是由于生产工程在各自独立的领域内被细分且相互承接,从而有利于生产扩散到全球范围,① 依据成本最低原则在全球范围内构建生产网络,形成全球价值链。其中最具有代表性的就是日本跨国公司在亚洲所构建的产业链。日本跨国公司利用先进国家与新兴国家、发展中国家的差距,依据不同国家与地区的投资条件、要素价格,开展企业内生产工程、任务的国际分工,在亚洲地区构建垂直与水平相互交织的立体生产网络。第三阶段是进入21世纪后,随着东亚地区经济发展,日本跨国公司开始实施新兴市场战略,FDI从单纯地追求低价格生产要素的出口基地型向既重视出口基地又重视市场的复合型转变。

中国是日本跨国公司在亚洲构筑的生产网络中的重要一环及亚洲市场的一部分,日本跨国公司对华FDI的调整,必然受其对亚洲FDI不同

---

① 木村福成「第2のアンバンドリングと市场の高质化」、2012年12月、https://ies.keio.ac.jp/old_project/old/gcoe-econbus/old_pdf/newsletter_1/NewsLetter_16.pdf［2020－10－10］。

阶段特征的影响。与此同时，还会受到汇率变动、技术进步、中日产业结构的调整、企业竞争优势变化及由于中日经济力量对比改变所引致的相对要素价格变化等影响，并可能被各种突发事件所打断或加强。通过对日本跨国公司对华FDI长期变化的回溯可以观察到，日本跨国公司对华FDI呈现周期性波动，并在波动中调整FDI结构。① 作为突发公共卫生事件的新冠肺炎疫情是继2011年3月11日的东日本大地震对供应链产生冲击后的再一次巨大冲击。前者推动了日本制造业的全球化，并出现了对华直接投资的一个小高潮。2012年，日本跨国公司对华FDI实际到位金额达到73.80亿美元，再创历史新高。② 此后，由于经济政治等原因，投资开始回落。追求低劳动成本，把中国作为生产基地的日本跨国公司开始缩小对华投资甚至撤离，而以开拓中国市场为目标的日本跨国公司开始增加对华投资，另外，也开始通过向其他亚洲国家分散投资、回归本土等调整减少对华的依赖。经过几年调整，2017年日本对华FDI金额开始增加，为32.7亿美元，较2016年增长5.1%。2018年日本对华FDI投资保持了上升的势态，比2017年增加了16.5%，达到38.1亿美元。③

日本跨国公司区位优势的变化，引致对华投资驱动力由成本驱动向市场驱动的转变，进而推动了日本跨国公司对华FDI的调整。进入21世纪的第二个十年，面向拥有巨大市场且作为世界制造中心的中国，日本跨国公司实施对华FDI的动因已明显呈现出成本驱动与市场驱动的混合型特征。日本跨国公司劳动密集型产业基本上已完成向亚洲其他国家的转移，而保留在中国的出口基地型投资是一些在其他国家缺少配套及人力资源不足的高技术产品的生产。正如亚历山大·格申克龙所指出的，"如果从已经切断了与土地联系的脐带，从可以适应现代工厂使用

---

① 平力群：《浅析日本跨国公司对华直接投资的周期性调整特征》，载张季风主编《日本经济与中日经贸关系研究报告（2018）》，社会科学文献出版社2018年版，第149页。

② 真家阳一：《中日贸易投资关系与中日企业合作》，载张季风主编《日本经济与中日经贸关系研究报告（2017）》，社会科学文献出版社2017年版，第94页。

③ 『ジェトロ世界貿易投資報告 2019年版—揺らぐ国際経済秩序とグローバルビジネスの今後—』，https://www.jetro.go.jp/ext_images/world/gtir/2019/01.pdf［2020-06-21］。

的稳定、可靠以及训练有素的劳动群体这种意义上来考察，那么后发国家的工业劳动并不是富裕了，而是严重的短缺。培养出真正名副其实的工业劳动力是一个最困难的任务，它将会拖延工业化的进程"。[1] 基于日本跨国公司拥有的产业核心技术与中国经济发展下产业集聚的形成，人才素质的普遍提升及具有潜力的规模巨大的市场，为日本跨国企业通过对华直接投资构建垂直的生产分工体系创造了条件与动力。根据2016年日本国际协力银行（JBIC）对制造企业海外动向的调查，把中国作为投资目的国的最主要原因是对市场规模扩大的预期，而最大的困难是人力成本的提升。[2] 再根据2019年由国际协力银行开展的对日本制造业海外经营的调查，对华直接投资的动因主要是市场规模、市场潜力与配套企业，影响直接投资的主要因素是人力成本的上升、与其他企业竞争的加剧及法律实施的不透明性。[3] 可见，日本跨国公司对华FDI的驱动力已从成本驱动型向市场驱动型转变。

以日本对中国出口的贸易结构为例，2016年中间品在日本对中国出口产品中所占的比例超过了60%。这是由日本向中国出口中间品，在中国加工，然后向日本、美国等消费市场出口或在中国市场销售形成的垂直型生产分工体系决定的。[4] 由于在中国制造高技术产品的成本较低，所以在向中国出口的产品中，电气机械与一般机械的比例超过50%。电气机械中智能手机及与智能手机相关的零部件占有份额较高，一般机械中占有较高份额的包括计算机及计算机周边零部件（见表2-14）。[5] 再依据日本国际协力银行的调查，针对开放创新对日本企业与

---

[1] 亚历山大·格申克龙：《经济落后的历史透视》，张凤林译，商务印书馆2009年版，第12页。

[2] 国際協力銀行『わが国製造業企業の海外事業展開に関する調査報告』、2016年12月12日、https://www.jbic.go.jp/wp-content/uploads/press_ja/2016/12/53380/sashikae_jan1.pdf［2017-05-17］。

[3] 国際協力銀行『わが国製造業企業の海外事業展開に関する調査報告2019年度海外直接投資アンケート調査結果（第31回）』、2019年11月27日、https://www.jbic.go.jp/ja/information/press/press-2019/pdf/1127-012855_4.pdf［2020-06-21］。

[4] 経済産業省『令和元年版通商白書』、2019年7月、https://www.meti.go.jp/report/tsuhaku2019/pdf/2019_zentai.pdf［2020-06-21］。

[5] 同上。

海外大学、风险企业包括海外企业扩大合作预想的结果，作为"合作的场"，对上海的关注超过了硅谷。也可以看出，日本企业对中国的期待发生了质的转变。[①]

表 2-14　　日本对中国出口的主要产品（2018 年）

类　别	与 2017 年之比（％）	2018 年金额（10 亿日元）
钢　铁	1.8	561.6
一般机械	17.3	3885.2
半导体等制造装置	46.8	1079.7
工作机械	11.4	263.7
电气机械	0.7	3399.6
运输机械	10.2	1538.0
汽车	14.0	637.7
汽车及其零部件	7.1	868.9
总　额	6.8	15897.7

资料来源：财务省「貿易統計」から作成。转引自経済産業省『令和元年版通商白書』、2019 年 7 月、https：//www.meti.go.jp/report/tsuhaku2019/pdf/2019_zentai.pdf［2020-06-21］。

二　日本跨国公司对华 FDI 的新动向及新冠肺炎疫情的影响

要讨论改变就需要给出相对改变的参照系。所以，要讨论、预测新冠肺炎疫情将对日本跨国公司对华直接投资产生什么影响与改变，就需要了解在疫情发生前日本跨国公司对华直接投资的调整动态，并以此为基础，讨论新冠肺炎疫情发生所增加的影响因素及这些因素对调整动态的影响。

[①] 国際協力銀行「わが国製造業企業の海外事業展開に関する調査報告 2019 年度海外直接投資アンケート調査結果（第 31 回）」、2019 年 11 月 27 日、https：//www.jbic.go.jp/ja/information/press/press-2019/1127-012855.html［2020-06-21］。

2018年，在中美贸易摩擦的压力下，日本企业出现了回归本土的迹象，并进一步实施向其他亚洲国家转移部分产能的"中国+1"FDI战略（见表2-15）。新冠肺炎疫情不仅加深了对供应链断裂风险的再认识，而且对全球经济产生了巨大冲击，造成世界经济下行，跨国公司财力下降。因此，疫情将强化自2018年开始的日本跨国公司对华FDI的调整，即在扩大与维持对华FDI的同时，继续加大对亚洲其他国家的FDI，并将在中国的部分产能向其他亚洲国家转移，加强对日本国内的投资以完善在日本本土的生产体系。即在第四次产业革命、中国经济发展及贸易保护主义抬头的背景下，新冠肺炎疫情冲击将改变日本跨国公司以成本最低为原则的投资布局，选择分散风险的次优布局原则，并引致日本对外直接投资出现本地化、近岸化、区域化的趋势，进而推动日本跨国公司对华FDI在后疫情时期，出现增加、维持与撤出的多元化调整动向。

表2-15　日本企业产业链布局调整（以件数为标准，包括计划转移）

顺序	过去所在地	转向地	件数（n）	比重（%）
1	中　国	越　南	39	24.5
2	中　国	泰　国	23	14.5
3	中　国	日　本	11	6.9
4	日　本	中　国	8	5.0
5	中　国	菲律宾	6	3.8
5	中　国	印度尼西亚	6	3.8
5	日　本	泰　国	6	3.8
	调整的全部件数		159	100

资料来源：日本貿易振興機構（ジェトロ）海外調査部国際経済課『2019年度日本企業の海外事業展開に関するアンケート調査』、2020年2月27日、https://www.jetro.go.jp/ext_images/_Reports/01/1057c5cfeec3a1ee/20190037_outline.pdf［2020-06-21］。

1. 对维持与扩大的影响

依据日本贸易振兴机构对高度关注国际经营的日本企业（总部）的问卷调查，对日本投资今后预期扩大的国家（地区）的分析，向中国投资在停滞多年后出现了恢复的征兆。在回答今后三年左右有关扩大海外经营方针的回答中，2018年选择中国作为事业扩大国家的受访企业占到了55.4%（见图2-4）。

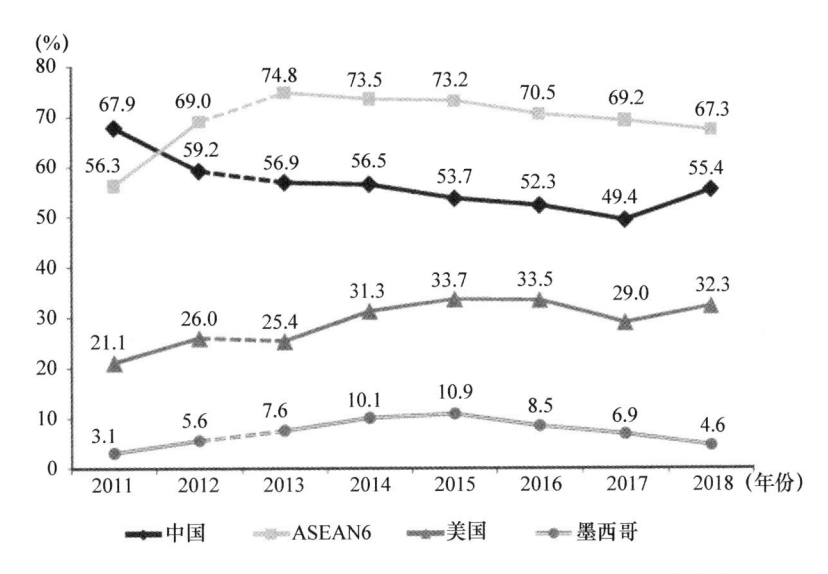

图2-4 今后三年计划扩大事业的日本企业（总部）的比率

注：图中数据为今后（3年）的海外拓展方针，《计划新海外拓展与今后进一步扩大海外拓展》（2011—2012）、《计划进一步扩大海外拓展》（2013年以后）的调查对象进行回答的日本企业总部中，计划扩大事业所选择的国家地区企业的比率。

资料来源：日本贸易振兴机构依据《日本企业海外事业展开问卷调查》做成，转引自『ジェトロ世界贸易投资报告 2019年版—摇らぐ国际经济秩序とグローバルビジネスの今后—』，https：//www.jetro.go.jp/ext_images/world/gtir/2019/dai2.pdf［2020-06-21］。

跨国企业在选择生产基地时最重视的是该国（地区）对其产品需求的市场规模与未来的成长性。从表2-16可以看出，驱动日本跨国公司对华FDI的最大动力是中国大规模的市场及其市场的成长性。所以，只要中国经济持续稳定发展，市场不断扩大，日本跨国公司就会维持、扩大对华FDI。而从现实来看，虽然中国疫情基本得到控制，生产、生活正在恢复，但是，全球经济供需收缩，世界性经济发展的减速、停滞，会使计划增加对华FDI的日本跨国公司观望市场走势，从而可能放缓增投计划的实施。

表2-16　　　　　2013—2019年中国魅力与优势变化　　　　单位：%

顺序	魅力与优势	2013年 (n=1841)	2017年 (n=1879)	2019年 (n=2040)	2013—2019年的变化
1	市场规模与成长性	85.8	89.8	91.1	5.3
2	供应商的集聚	27.3	27.4	28.5	1.2
3	容易在当地采购	19.1	21.8	20.9	1.8
4	人工费与劳动力	16.9	13.6	13.3	-3.6
5	基础设施	13.6	12.8	11.3	-2.3
6	沟通交流	7.5	10.1	10.4	2.9
7	人才素质	5.4	9.0	10.3	4.9
8	技术能力	—	6.1	5.9	—
9	生活环境	4.5	4.2	4.5	0.0
10	土地与事务所	2.9	3.2	4.4	1.5

资料来源：日本貿易振興機構（ジェトロ）海外調査部国際経済課「2019年度日本企業の海外事業展開に関するアンケート調査」、2020年2月27日、https：//www.jetro.go.jp/ext_images/_Reports/01/1057c5cfeec3a1ee/20190037_outline.pdf［2020-06-21］。

2. 对回归本土的影响

近年虽然出现了有少数日本企业加强国内投资、回归日本本土的动向，但在老龄化人口结构下，基于对国内市场缩小的预期，以及日本国内频发的自然灾害，为实现企业的持续发展，日本跨国公司还将持续扩大企业国际化经营，并将海外投资作为日本跨国企业的战略选择。

日本跨国公司回归本土基于多种原因，其中主要包括"安倍经济学"在一定程度上缓解了2011年东日本大地震后凸显的日本企业"六重苦"，即日元升值、高法人税及高额的社会保险、区域自由贸易合作的落后、僵化的雇佣制度及电力供应问题等，[①] 以及消费者对"made in

---

① 菊地秀朗「製造業の『国内回帰』に過度な期待は禁物—国内市場の底上げこそ肝要—」、2018年2月16日、https：//www.jri.co.jp/MediaLibrary/file/report/researchfocus/pdf/10327.pdf［2020-06-19］。

Japan"的日本制造品牌的重视，第四次产业革命推动下跨国电子商务的普及、工厂自动化支持的国内生产成本的降低与对"母工厂"投资的重视，海外生产风险性提升，包括人工成本、运输成本等海外生产成本的增加等。新冠肺炎疫情的发生，进一步强化了跨国公司决策者对海外经营风险的认识，再加上日本政府的支持，在一定程度上推动日本跨国公司回归本土。另外，经济下行也会在一定程度上减弱日本跨国公司的海外扩张实力，缩小事业规模，从而减少甚至撤回在华投资。

在日本国内保留高附加值的工程，是维持在东亚构筑合理的国际分工网络的重要条件。对于日本制造业，为了获得国际竞争力，并不是简单地在日本国内"维持生产系统"，而是要深化日本高附加值的生产工程，实现与国际分工的连接。① 因此，许多日本跨国公司将国内生产基地作为"母工厂"，并重视对"母工厂"的投入。所谓"母工厂"就是开展研究开发合作、开发新产品、开发新的生产方式，并将其量产化，进而向国内外其他工厂转移、复制，发挥"母体"功能等的工厂。特别是近年日本企业为构建能够应用第四次产业革命带来的 AI、IOT 等新技术的生产体制，实现数字化，适应向"关联产业"（connected industries）的转型，更是加大了对"母工厂"的投资。而工厂的数字化、自动化，增加了无人组装线，减少了人工成本的压力，为日本企业构建具有抗衡价格竞争的量产体制提供了可能，在一定程度上支持了企业的回归。

例如，资生堂 2019 年发布了在福冈县建设新工厂的计划。除了 Unicharm 在福冈县建立新工厂外，Lion 公司也在香川县推进新工厂的建设。另外，松下、佳能及 TDK 等公司从中国撤回了部分生产基地。② 2020 年计划向日本本土回归的日资企业有 11 家。③

---

① 宫本又郎・阿部武司・宇田川胜・沢井実・橘川武郎『日本経営史［新版］』、有斐閣、2017 年、390 頁。
② 加谷珪一「日本メーカーが生産拠点を国内回帰させる本当の理由」、2020 年 2 月 10 日、https://news.biglobe.ne.jp/economy/0210/jbp_200210_1342369245.html［2020-06-21］。
③ 日本貿易振興機構（ジェトロ）海外調査部国際経済課「2019 年度日本企業の海外事業展開に関するアンケート調査」、2020 年 2 月 27 日、https://www.jetro.go.jp/ext_images/_Reports/01/1057c5cfeec3a1ee/20190037_outline.pdf［2020-06-21］。

日本政府在借本次疫情出台的巨额经济刺激计划中就包括推动日本企业将海外生产据点撤回日本国内的预算。在日本内阁 2020 年 4 月 7 日通过的《新冠紧急经济对策》中提出了供应链改革计划，指出要经过几年的努力，通过支持产业回归多元化，构建强固的供应链。具体政策包括：对于严重依赖一个国家供应的商品、零部件及材料，工厂转移所需费用，政府为中小企业分担 2/3，为大企业分担 1/2。尤其要加大对生产口罩、酒精等消毒用品、防护服、人工呼吸机、人工肺等关系到国民健康的重要物资企业回迁的支援，对这类企业工厂转移经费的支持，中小企业提升至 3/4，大企业为 2/3。并规定，由经济产业省负责"产业链对策的国内投资促进事业补贴""海外供应链多元化等支持事业""实现供应链强固、坚韧的技术开发"与"实证及东亚经济合作研究（供应链强固坚韧与风险管理等）"。[①]

3. 对向其他亚洲国家转移的影响

在亚洲同时存在资本、技术具有优势的国家与生产要素价格低廉的新兴国家，这为开展区域内生产分工提供了条件。日本、韩国生产作为中间品的关键零部件，并将这些零部件出口到中国与东盟进行组装。随着新兴国家经济的发展，制成品在当地进行销售的比例提高。部分产品返销回日本、韩国，部分产品销往欧美国家。向欧美国家出口的被称为三角贸易。换言之，亚洲生产网络的构筑支撑了三角贸易结构的形成。所谓三角贸易结构就是日本、NIEs 生产半成品，然后把半成品出口到中国与 ASEAN 进行加工与组装，最后把成品销往欧美市场。三角贸易结构决定了亚洲区域对欧美等外部最终产品市场依赖性较强，具体而言就是对中国经济发展与市场、欧美国家的经济发展与市场及贸易保护的预期，直接影响日本跨国公司对华 FDI 的决策。

日本跨国公司在中国生产的产品一半以上在中国国内销售，剩余部分主要是销往亚洲其他国家或返销日本，销往美国的份额很小（见

[①] 「新型コロナウイルス感染症緊急経済対策—国民の命と生活を守り抜き、経済再生—」，2020 年 4 月 7 日，https://www5.cao.go.jp/keizai1/keizaitaisaku/2020/20200407_taisaku.pdf ［2020 - 06 - 21］。

表2-17），所以虽然不能说中美贸易摩擦不会通过供应链对在华的日资企业产生什么影响，但应该说影响不大。不过，间接影响是不容忽视的，日本跨国公司主要担心中美贸易摩擦会减少中国企业对美的出口，从而导致中国经济发展减缓，消费低迷，市场缩小。因此，在日本贸易振兴机构对企业进行关于是否受到贸易保护主义负面影响的调查时，回答有负面影响的比例从2018年的15.2%增加到2019年的20.1%。① 另外，日本跨国公司担心在中国生产、加工的产品向美国出口时会受到贸易限制措施的影响，从而增强了向其他亚洲国家转移。2020年计划向其他亚洲国家转移的日资企业有99家，其中39家向越南转移，23家向泰国转移，计划向菲律宾、印度尼西亚与泰国转移的各有6家。② 如日本理光公司在2019年5月美国发表第四次对华追加关税措施后，为了避免中美贸易摩擦的风险，表示要将向美国出口的复合机生产从中国深圳转移到泰国。但从中国向其他亚洲国家转移生产能力，并不意味着放弃中国市场。正如一位从业于电子产业的关西人士所言，"将本来在中

表2-17　　　　在中国的日资企业的销售去向（2016年）　　　　单位：%

		比　例
当地销售		55.1
出　口		44.9
国家或地区	日　本	16.7
	北　美	1.1
	亚　洲	24.4
	欧　洲	1.8
	其　他	0.9

注：北美包括美国与加拿大。
资料来源：「海外事業活動基本調査」、转引自経済産業省『令和元年版通商白書』、2019年7月、https://www.meti.go.jp/report/tsuhaku2019/pdf/2019_zentai.pdf［2020－06－21］。

---

① 日本貿易振興機構（ジェトロ）海外調査部国際経済課「2019年度日本企業の海外事業展開に関するアンケート調査」、2020年2月27日、https://www.jetro.go.jp/ext_images/_Reports/01/1057c5cfeec3a1ee/20190037_outline.pdf［2020－06－21］。

② 同上。

国电气机械公司生产的向美国出口产品转移到越南生产。但中国市场的重要性并没有发生改变。仅仅是部分转移，而不是全面撤资"。①

新冠肺炎疫情发生后，在日本内阁通过的《新冠紧急经济对策》提出的供应链改革计划中也包括对生产基地多元化的支持。具体支持由经济产业省委托日本贸易振兴机构实施。2020年5月26日开展第一次支持增加设备的募集。"海外供应链多元化等支援事业"的目的是，伴随着新冠肺炎疫情的扩大，反映出了日本供应链的脆弱性，希望通过实现亚洲区域生产的多元化提升供应链的强固与坚韧，强化日本与ASEAN经济产业合作关系。具体措施包括对符合要求的企业提供新设、增设设备的补贴，补贴申请金额为1亿—50亿日元，对中小企业集团提供3/4的支持，对中小企业提供2/3的支持，对大企业提供1/2的支持，补贴金额为购买设备费用的20%—100%。② 随着中国劳动力成本提升，环境规制日趋严格，加之中美贸易摩擦加剧，部分日本企业在新冠肺炎疫情开始前就已经考虑向ASEAN开展分散投资。所以，这些企业会利用日本政府出台相应支持政策，为分散风险，增加向其他亚洲国家的直接投资。

三 结语

通过对日本跨国公司对华FDI长期变化的回溯可以观察到，日本跨国公司对华FDI呈现周期性波动，这一调整进程又往往被各种突发事件打断、减弱或加强。2017年日本跨国公司基本上完成了基于中国经济发展引起的劳动要素价格变化的调整，从单纯地追求低价格生产要素的出口基地型向重视市场型的转变。新冠肺炎疫情引致的日本跨国公司从依据成本最低化进行全球布局向寻求本土化、多地区的分散风险的次优

---

① 『ジェトロ世界貿易投資報告　2019年版—揺らぐ国際経済秩序とグローバルビジネスの今後—』、https：//www.jetro.go.jp/ext_images/world/gtir/2019/dai2.pdf［2020-06-21］。
② 日本貿易振興機構「『海外サプライチェーン多元化等支援事業』実施事務局の受託について」、2020年5月11日、https：//www.jetro.go.jp/services/supplychain/info.html［2020-06-21］。

布局原则的转变，将强化自 2018 年开始的日本跨国公司对华 FDI 的新一轮调整，即在扩大与维持对华 FDI 的同时，加大对亚洲其他国家的 FDI，并将在中国的部分产能向其他亚洲国家转移，加强在日本国内的投资以完善在日本本土的生产体系。在第四次产业革命、中国经济发展、贸易保护主义抬头及新冠肺炎疫情等因素综合影响下，日本跨国公司对外直接投资呈现出本地化、近岸化、区域化的多元化趋势，其对华 FDI 在后疫情时期，将出现增加、维持与撤出等复合动向。

第三章

疫情对日本政治外交的
影响及其未来走向

疫情对日本政局的影响[*]

2020年1月6日,日本厚生劳动省开始报道中国湖北省武汉市发生的不明原因肺炎情况。1月16日,厚生劳动省公布了日本国内确诊的首例新型冠状病毒感染病例的详细情况。1月21日,日本政府召开与新型冠状病毒有关的传染病对策相关阁僚会议,阁僚会议通过了四项应对感染的对策措施。1月28日,日本政府根据《感染症法》和《检疫法》以政令形式将新型冠状病毒作为"指定感染症"和"指定检疫感染症"并于2月1日实施。1月30日,日本政府根据《新型流感等对策特别措施法》成立"新型冠状病毒感染症对策本部",本部长为安倍首相。2月13日,对策本部根据执政党等的建议出台当前应紧急采取的对策措施,实施包括103亿日元储备金在内的预算总额为153亿日元的紧急对策措施。2月14日,对策本部决定成立并召开由12位专家组成的"新型冠状病毒感染症对策专家会议",座长由国立感染症研究所所长担任。3月10日,对策本部决定采取"财政对策总额4308亿日元和金融对策总额为1.6万亿日元"的第二轮紧急应对措施。4月7日,对策本部长安倍宣布部分地区采取紧急措施,继而扩展到全国。同一天,日本政府又制定了动员财政、金融、税制等所有政策手段的大规模的追加紧急经济措施,该追加经济对策分为两个阶段并以五项措施为支柱。5月25日,日本政府宣布提前解除紧急状态措施。

日本国民对安倍政府应对新冠肺炎疫情的措施的评价基本臧否两分。日本广播协会2020年6月进行的舆论调查统计数据显示,对政府

---

[*] 张伯玉,中国社会科学院日本研究所研究员。

应对疫情措施给予肯定评价（51%）的超过了不予评价的（47%），比5月的统计数据高7个百分点。①

一 新冠肺炎疫情在日本的蔓延与日本政府的应对措施

根据日本国立感染症研究所的整理，关于中国湖北武汉发生的不明原因肺炎，2019年12月12—29日确诊的病例为59例（其中重症7例），没有死亡病例。感染途径未知，尚未发现人传人的明确证据。此外，尚未确认医务人员感染病例。发生地点的流行病学特征是与海鲜市场（华南海鲜城）有关的病例很多。该海鲜市场还设有出售野生动物的区域，目前关闭。②厚生劳动省当时采取的应对措施主要有：厚生劳动省检疫所介绍了世界卫生组织的建议，包括预防流感以及严重呼吸道感染的公共卫生对策仍然适用。旅行中或旅行后出现呼吸道疾病的症状要联系医疗机构。③海关继续沿用现行的检疫制度，即通过热像仪等确认是否有发烧等症状。要求都道府县、设置保健所的市以及特别区等卫生主管部门，通知其所辖医疗机构了解国立感染症研究所针对原因不明的肺炎患者的检测制度并推动其积极检测。要求从武汉市回国的人员，如果出现咳嗽和发烧等症状，需佩戴口罩前往医疗机构就诊并申报在武汉逗留的历史。④1月10日，日本国立感染症研究所在其官网介绍有关冠状病毒的基础知识，包括人感染的冠状病毒、动物感染的冠状病毒以及病毒学特征等信息。⑤

---

① 『「新型コロナ対策　安倍内閣の評価は?」（くらし☆解説）』、https://www.nhk.or.jp/kaisetsu-blog/700/431512.html［2020-07-05］。
② 「中華人民共和国湖北省武漢市における原因不明肺炎の発生について」、https://www.mhlw.go.jp/stf/newpage_08767.html［2020-06-10］。
③ 「原因不明の肺炎―中国―」、https://www.forth.go.jp/topics/20200106.html［2020-06-10］。
④ 「中華人民共和国湖北省武漢市における原因不明肺炎の発生について」、https://www.mhlw.go.jp/stf/newpage_08767.html［2020-06-10］。
⑤ 「コロナウイルスとは」、https://www.niid.go.jp/niid/ja/kansennohanashi/9303-coronavirus.html［2020-06-10］。

2020 年 1 月 21 日，日本政府召开与新型冠状病毒有关的传染病对策相关阁僚会议。2020 年 1 月 16 日，厚生劳动省发表了日本国内确诊的首例新型冠状病毒感染病例接诊、入院、治疗、核酸检测以及治愈的详细情况。① 1 月 20 日厚生劳动省确认，与首例确诊感染者密切接触的有 41 人，其中 37 人健康状况没有问题，有 3 人已经出国，另外 1 人正在联系。至 1 月 20 日密切接触者中尚未发现感染者或身体状况不佳者。② 为防止感染进一步传播，1 月 21 日日本政府召开与新型冠状病毒有关的感染症对策相关阁僚会议，安倍首相要求厚生劳动大臣和其他相关大臣根据会议决定的应对方针，进一步彻底实施各项防疫措施。③ 阁僚会议决定的应对措施主要有四项：一是深入加强对高风险感染地区归国人员以及入境人员进行的检疫措施，包括以通过热像仪等确认健康状况为主的在检疫所进行的入境检疫措施。二是加强对被医疗机构怀疑为感染者的检测。在将检体送交感染症研究所进行检测的同时，医疗机构要深入掌握与感染者有密切接触的人员。三是加强国际合作，就发生国的发病率、传染性或致病性等，尽最大努力收集世界卫生组织和其他国家的应对状况等信息。四是继续向公众提供迅速且准确的信息，努力确保公众的安心与安全。此外，在提供信息时，要充分注意感染者个人信息的处理。④

日本政府成立"新型冠状病毒感染症对策本部"。随着日本国内确诊感染病例的增加以及对武汉归国人员进行检疫隔离处理等疫情防控的需要，为全面有力地推进各项应对措施，2020 年 1 月 30 日日本政府根据《新型流感等对策特别措施法》成立设置在内阁官房的"新型冠状

---

① 「新型コロナウイルスに関連した肺炎の患者の発生について（1 例目）」、https://www.mhlw.go.jp/stf/newpage_08906.html［2020 - 06 - 10］。
② 「中華人民共和国湖北省武漢市における新型コロナウイルス関連肺炎について（第 5 報）」、https://www.mhlw.go.jp/stf/newpage_08998.html［2020 - 06 - 10］。
③ 「新型コロナウイルスに関連した感染症対策に関する関係閣僚会議議事概要」、https://www.kantei.go.jp/jp/singi/novel_coronavirus/siryou/gaiyou_r020121.pdf［2020 - 06 - 10］。
④ 「新型コロナウイルスに関連した感染症への対応について」、https://www.kantei.go.jp/jp/singi/novel_coronavirus/siryou/taiou.pdf［2020 - 06 - 10］。

病毒感染症对策本部"。① 首相为本部长，内阁官房长官、厚生劳动大臣、主管新型流感等对策特别措施法相关事务的国务大臣为副本部长，本部成员是除本部长和副本部长以外的所有的国务大臣。一般事务性工作在厚生劳动省等相关行政机关的配合下由内阁官房处理。② 对策本部还设置干事会，干事会成员由本部长任命的相关行政机关官员担任。干事会设议长1名，副议长4名。内阁危机管理兼任议长，4名副议长分别由内阁官房副长官辅和内阁官房内阁审议官兼厚生劳动省医务技监担任。干事会成员包括10名内阁官房内阁审议官和内阁府大臣官房总括审议官和20多名省厅官员。③

日本政府决定以政令形式将新型冠状病毒作为"指定感染症"和"指定检疫感染症"并于2020年2月1日实施。1月28日，日本政府根据《感染症法》和《检疫法》以政令形式将新型冠状病毒作为"指定感染症"和"指定检疫感染症"，并于公布之日起10天后即2月7日实施。1月30日世界卫生组织将新型冠状病毒肺炎疫情确定为"国际关注的突发公共卫生事件"后，1月31日召开的内阁会议决定修改政令，将新型冠状病毒作为"指定感染症"自公布之日起4天后即2月1日实施。还决定自2月1日起对入境申请日前14天内有中国湖北省逗留史的外国人等，除特殊情况外，将根据出入境管理及难民认定法采取拒绝入境的措施。进而于2月13日决定采取更全面、更灵活的出入境管理措施，对来自出现大量感染者地区的外国人，以及来自有感染风险的游船的外国人，将研究采取及时拒绝入境的措施。

第一轮紧急应对措施。2020年2月13日，"新型冠状病毒感染症对策本部"根据执政党等的建议整理出台了当前应紧急采取的对策措施。其基本方针是，"在财政方面，除执行年度预算外，包括103亿日

---

① 「新型コロナウイルス感染症対策本部」、https：//www.kantei.go.jp/jp/singi/novel_coronavirus/th_siryou/sidai_r020130.pdf［2020-06-10］。
② 「新型コロナウイルス感染症対策本部の設置について」、https：//www.kantei.go.jp/jp/singi/novel_coronavirus/th_siryou/konkyo.pdf［2020-06-10］。
③ 「新型コロナウイルス感染症対策本部幹事会の構成員の官職の指定について」、https：//www.kantei.go.jp/jp/singi/novel_coronavirus/kanjikai/konkyo.pdf［2020-06-10］。

元储备金在内实施预算总额为 153 亿日元的紧急对策措施。在准确评估形势变化的同时，对病毒感染对策、海关出入境管理对策以及观光业对策等各项应急措施根据紧急程度利用储备金来实施"。① 具体的紧急应对措施主要包括，一是对武汉归国人员等的支持（30 亿日元），包括归国人员的安置，通过防卫省等实施的生活、健康管理支持。二是国内感染对策的加强（65 亿日元），包括加强对病原体等的快速检测体制，加强传染病指定医疗机构等的治疗体制和功能，促进检测试剂盒、抗病毒药物、疫苗等的研究与开发，确保口罩、药品等快速平稳供应体制。三是出入境管理对策的强化（34 亿日元），包括加强全国检疫站等检测机制和功能，通过健康随访中心体制的建立来加强检疫功能，进一步加强出入境管制等。四是对受疫情影响行业等的紧急支援对策（6 亿日元），包括及时而准确地向国民和外国游客提供信息和风评措施，针对观光业等的中小企业和小微企业等的措施，以及就业对策等。五是加强国际合作（18 亿日元），包括有关传染病对策的国际支持等。②

第二轮紧急应对措施。为采取一切可能的措施防止病毒在日本的蔓延并应对因疫情而产生的各种问题，2020 年 3 月 10 日，"新型冠状病毒感染症对策本部"决定采取"财政对策总额 4308 亿日元和金融对策总额为 1.6 万亿日元"的第二轮紧急应对措施，并表示"今后将继续密切关注地区经济和全球经济的发展趋势以及病毒感染情况，并毫不犹豫地采取必要的对策措施"。③ 第二轮紧急应对的财政措施（4308 亿日元）主要包括：一是防止感染扩散的对策和医疗提供体制的完善（总计 486 亿日元），包括向地方自治体派遣聚集性感染对策专家和帮助养

---

① 「新型コロナウイルス感染症に関する緊急対応策（概要）（令和 2 年 2 月 13 日　新型コロナウイルス感染症対策本部）」、https：//www. kantei. go. jp/jp/singi/novel_ coronavirus/th_ siryou/kinkyutaiou_ gaiyou_ corona. pdf［2020 – 06 – 10］。

② 「新型コロナウイルス感染症に関する緊急対応策（本文）（令和 2 年 2 月 13 日　新型コロナウイルス感染症対策本部）」、https：//www. kantei. go. jp/jp/singi/novel_ coronavirus/th_ siryou/kinkyutaiou_ corona. pdf［2020 – 06 – 10］。

③ 「新型コロナウイルス感染症に関する緊急対応策—第 2 弾—（概要）（令和 2 年 3 月 10 日　新型コロナウイルス感染症対策本部）」、https：//www. kantei. go. jp/jp/singi/novel_ coronavirus/th_ siryou/kinkyutaiou2_ gaiyou_ corona. pdf［2020 – 06 – 10］。

老院、幼儿园等机构购买消毒液等预防感染扩散的措施（107亿日元）；从供需两方面全面加强的口罩对策（186亿日元）；将PCR检测费用纳入医疗保险等PCR检测体制的强化（10亿日元）；确保在紧急情况下能够提供5000张以上的床位和提供人工呼吸器等设备的医疗提供体制的完善（133亿日元）和利用日本医疗研究开发机构（AMED）等加快治疗药物的开发（28亿日元）；主动提供通俗易懂的信息包括典型的临床信息和及时向外国人和外国游客提供多语种信息等加强信息的传递。二是因学校暂时停课而产生的问题的应对措施（总计2463亿日元），包括采取建立1556亿日元新补助金制度等措施支持学生父母请假；设立面向个人的紧急小额资金贷款等特殊制度（207亿日元）；放学后儿童俱乐部、家庭支持中心等托管体制的加强等（470亿日元）；对学校停止午餐供应等相关联的食品供应商、奶农等的支持措施（212亿日元）；远程办公等的推进（12亿日元）。三是应对企业活动的减少和支持就业等的措施（总计1192亿日元），包括扩大就业调整补贴的特殊措施，将适用对象范围扩大到所有企业主以及增加特殊地区企业的补贴率（374亿日元）；资金周转对策（782亿日元）；对旅游业以及生活困难者加强全面支持（36亿日元）。四是立即对情况的变化做出反应的紧急措施等（168亿日元），包括2020年3月10日内阁会议决定新型冠状病毒传染病适用《新型流感等对策特别措施法》；迅速灵活的出入境管控措施；与行政程序等有关的临时措施，包括延长报税截止日期、更新驾照的临时措施等，对公共工程延长工期等的灵活应对和财务结转的弹性应对；国际合作的加强，通过世界卫生组织等国际机构对感染国家的紧急支援（155亿日元）；对地方政府举措的财政支持。总计约1.6万亿日元的紧急金融措施，主要包括建立"新型冠状病毒感染症特别贷款制度"（规模为5430亿日元），降低利率并为中小企业和小微企业等提供实质上无息无抵押融资贷款支持；通过信用担保协会提供安全网络以及与危机有关的担保（6060亿日元）；通过日本政策投资银行（DBJ）等向大企业和中坚企业等提供危机应对业务以支持其资金周转和国内供应链的重组（2040亿日元）；要求民间金融机构积极实施新贷款并修改现有债务条件；通过国际协力银行（JBIC）"增长投资基金"

对国内供应链的重组提供支持（2500亿日元）等。[1]

2020年4月7日新型冠状病毒感染症对策本部部长根据《新型流感等对策特别措施法》第32条第1款的规定宣布部分地区进入发生新型冠状病毒感染的紧急状态。至4月6日，日本44个都道府县共确认3817例感染病例和80例死亡病例。尚未确定感染途径的感染者占40.6%（3月16日到4月1日）。[2]"由于肺炎的发生频率大大高于患上季节性流感，可能严重损害国民的生命和健康。而且不能确定感染途径的病例人数上升并将快速增加、医疗服务体制紧张，可以综合判断病毒在全国范围内的迅速传播可能给国民生活和国民经济带来重大影响。鉴于此，新型冠状病毒感染症对策本部部长于2020年4月7日宣布进入紧急状态。"[3] 自2020年4月7日到5月6日实施为期29天的紧急状态措施，应该采取紧急事态措施的地区为埼玉县、千叶县、东京都、神奈川县、大阪府、兵库县和福冈县7个都府县。4月16日，紧急状态范围扩展到全国所有的都道府县。其中，北海道、东京都等13个都道府县被指定为特别需要采取防止感染扩大措施的"特定警戒都道府县"。5月4日，日本政府决定将实施紧急状态的期限延长至5月31日。5月14日，应采取紧急状态措施的地区限定为北海道、东京都等8个都道府县。5月21日，实施紧急状态措施的区域变更为北海道、埼玉县、千叶县、神奈川县和东京都5个都道县。5月25日，日本政府宣布解除紧急状态措施。[4]

新追加的紧急经济政策。新型冠状病毒感染"给国内外经济带来巨大影响，世界经济正面临着可谓第二次世界大战后最大的危机。日本经

---

[1] 措施概要参见「新型コロナウイルス感染症に関する緊急対応策—第2弾—（概要）（令和2年3月10日 新型コロナウイルス感染症対策本部）」、https://www.kantei.go.jp/jp/singi/novel_coronavirus/th_siryou/kinkyutaiou2_gaiyou_corona.pdf［2020-06-10］；资金规模参见「新型コロナウイルス感染症に関する緊急対応策第2弾の規模」、https://www.kantei.go.jp/jp/singi/novel_coronavirus/th_siryou/kinkyutaiou2_kibo_corona.pdf［2020-06-10］。

[2]「新型コロナウイルス感染症対策の基本的対処方針 令和2年3月28日（令和2年4月7日改正）」、https://www.kantei.go.jp/jp/singi/novel_coronavirus/th_siryou/kihon_h(4.7).pdf［2020-06-10］。

[3] 同上。

[4]「新型コロナウイルス感染症緊急事態宣言の実施状況に関する報告（令和2年6月4日）」、https://www.kantei.go.jp/jp/singi/novel_coronavirus/th_siryou/houkoku_r020604.pdf［2020-06-10］。

济也处于可谓国难的严峻状况"。基于这样一种对经济状况的认识，2020年4月7日，日本政府又制定了通过动员财政、金融、税制等所有政策手段在内的大规模紧急经济对策，即"新型冠状病毒感染紧急经济措施——保护国民生命和生活、振兴经济"。① 该经济对策主要分为两个阶段并以五项对策措施为支柱。第一个阶段是"紧急支持阶段"，直到病毒的传播蔓延被阻断为止，在为事态的尽早平息采取坚决措施的同时，也要为以后的强劲复苏奠定基础，是始终保护就业、生产、生活的阶段。第二阶段是"V"形恢复阶段，疫情结束后开展逆转攻势以刺激需求和推动社会变革，旨在实现早期的"V"形恢复，刺激旅游、交通、餐饮、娱乐等大幅度下降的消费和数字化、远程化等领先未来的投资，是从刺激消费和刺激投资两方面采取逆转攻势措施的阶段。②

紧急经济对策以五项对策措施为支柱。第一，防止感染蔓延的措施和完善医疗服务体系及治疗药物的开发。继续竭尽全力防止感染的蔓延和尽早克服疫情，以确保国民安心并尽快恢复经济活动。因此，大力加强集体感染对策措施以切断感染链等防止感染扩散的对策措施和为感染者急剧增加做准备的为重症患者提供医疗服务的医疗提供体制的迅速完善，以及通过加快研究开发快速推进治疗药物和疫苗的开发。第二，进一步加强对维持就业和延续企业活动的支持。在感染蔓延结束之前，将始终保护就业、商业活动和生活以渡过疫情危机，为此后经济的强劲复苏奠定基础。因此，将进一步加强"紧急应对措施"下所采取的各项措施，使民间金融机构也能够接受无利息的制度融资贷款，并为受影响特别严重的中小企业和小微企业等提供新的给付金，对收入有相当减少的企业采取各种手段提供强有力的支持以维持企业的资金周转和就业，例如对企业实施可无须缴纳逾期税款等延期纳税的特殊措施。将采取大胆的支持措施，如向包括自由职业者在内的因休业等收入减少、生活困难的家庭提供新的给付金等。第三，作为下一个阶段的官民并举的经济

---

① 「【閣議決定】新型コロナウイルス感染症緊急経済対策—国民の命と生活を守り抜き、経済再生へ—（令和2年4月7日閣議決定）」、https://www.kantei.go.jp/jp/singi/novel_coronavirus/th_siryou/200407kinkyukeizaitaisaku.pdf［2020-06-10］。

② 同上。

活动的复苏。疫情克服之后，为经济的"V"形恢复展开逆转攻势，让经济一气呵成地回到稳定增长的轨道。因此，以受到重大影响的旅游业、运输业、餐饮业和娱乐业为目标，通过在短期内集中开展官民并举大胆地刺激消费并恢复地区的活力。届时，将根据东京奥运会和残奥会的推迟带来的需求推迟支持经济。第四，构建面向未来的强韧的经济结构。将把这次疫情的传播危机转化为机遇，构建能够抵御未来疫情风险的强韧的经济结构和社会结构，并实现中长期的可持续增长。因此，在将生产基地回归日本和通过多元化来大力支持构筑牢固的供应链的同时，还将充分利用远程办公、远程教育、远程医疗诊断和用药指导等ICT等加速推进远程化和数字化工作。届时，通过公共投资的尽早执行来支持经济。第五，为未来做准备。创设针对新型冠状病毒传染病的预备费，根据感染情况和经济动向，为准备采取必要措施做好充分的准备。①

二 新冠肺炎疫情对日本政局的影响

（一）新冠肺炎疫情暴发前，2020 年日本政治的关注焦点是安倍是否以及何时以何政策课题为名目解散众议院举行大选

2019 年 12 月，此前一直坚称"脑海中没有解散概念"的安倍表示"问信于民的时刻如果到来将毫不犹豫地解散众议院"。在 2019 年 12 月 9 日举行的记者会上，安倍在回答记者提问时表示："关于举行选举的大义是什么，我认为应该就与国民生活直接相关的重大政策问题问信于民。今后，我要努力不辜负国民的委托，如果问信于民的时刻到来，将毫不犹豫地解散众议院举行大选"。② 此次回答记者提问与此前明显不同。在 2019 年 9 月出席联合国大会时举行的记者会上，安倍仍然坚持

---

① 「【閣議決定】新型コロナウイルス感染症緊急経済対策—国民の命と生活を守り抜き、経済再生へ—（令和 2 年 4 月 7 日閣議決定）」、https://www.kantei.go.jp/jp/singi/novel_coronavirus/th_siryou/200407kinkyukeizaitaisaku.pdf［2020 - 06 - 10］。

② 「令和元年 12 月 9 日安倍内閣総理大臣記者会見」、https://www.kantei.go.jp/jp/98_abe/statement/2019/1209kaiken.html［2020 - 06 - 10］。

以前的说法："我脑海中的任何角落都没有（解散这个概念），当然正中间也没有。首先我想集中精力处理内政和外交课题并取得成果以履行我对国民的责任。"①

安倍有关解散众议院态度的变化引起媒体的关注，2020年日本政治展望的时评文章普遍聚焦于安倍是否以及何时解散众议院这个主题。2020年1月1日《每日新闻》野口武则指出，"2020年政治日程的最大焦点是安倍首相是否解散众议院举行大选，以及如果举行大选应该选择哪个时机"。关于解散时间，"执政党认为最有可能的是东京奥运会、残奥会闭幕之后"。② 1月6日时事通讯社解说委员藤野清光指出："执政党内被视为本命的解散时期是9月东京奥运会和残奥会闭幕以后。"③ 1月7日日本广播协会解说委员伊藤雅之指出："2020年日本政治的最大焦点是安倍首相是否解散众议院举行大选。"与藤野一样，伊藤也认为："如果年内有解散和大选，最有可能的是9月残奥会闭幕以后。"④ 1月10日富士电视台政治部专门负责采访自民党的记者门胁功树也认为："在选举方面，2020年需要安倍首相做出决断的是是否解散众议院举行大选。"关于解散时间，门胁指出："永田町悄悄流传的是，东京奥运会闭幕后首相应该断然解散众议院的'今年秋天解散说'。"⑤ 概而言之，主流媒体的时评文章一致认为解散众议院将在残奥会闭幕之后，期待借助奥运会胜利召开、国民情绪振奋的"节日氛围"忘掉对安倍政府的不满。

修宪、全民型社会保障制度改革等内政问题可能成为安倍解散众议院的"大义名分"。在判断是否解散众议院的问题上，重要的是为何解

---

① 「令和元年9月25日第74回国連総会出席等についての内外記者会見」，https://www.kantei.go.jp/jp/98_abe/statement/2019/0925kaiken.html［2020-06-09］。
② 野口武則「政界展望2020 解散カード神経戦」，『毎日新聞』2020年1月1日。
③ 藤野清光「衆院解散含み、首相の決断焦点 2020年の政治展望」，https://www.nippon.com/ja/in-depth/d00533/#［2020-06-10］。
④ 「伊藤雅之解説委員 ことしの政局 解散・総選挙は?」，『時論公論』，https://www.nhk.or.jp/kaisetsu-blog/100/418380.html?id=politics［2020-06-09］。
⑤ 門脇功樹『今年秋の「憲法解散」が安倍首相にメリットある2つの理由「東京五輪後の『日本』を問う」2020年選挙の展望』，https://www.fnn.jp/articles/-/24707［2020-06-10］。

散众议院，即"解散的大义名分"何在。藤野清光认为，"安倍任期内尚未解决的政治课题主要有三项：修改宪法、日俄领土问题和朝鲜绑架日本人问题。因历史认识的对立等原因，与俄罗斯缔结和平条约的谈判处于停滞状态。安倍提出的旨在解决绑架问题的日朝首脑会谈，也无迹象表明朝鲜方面会做出回应。与外交问题不同，修改宪法是日本国内问题。但是，由于第一在野党立宪民主党反对安倍政府推进修宪，国民投票法修正案仍未通过国会审议。联合执政的公明党仍然对修宪持慎重态度。安倍任期内在国会通过修宪动议并提交全民公投，从政治日程来看变得越来越困难。尽管如此，安倍仍然继续高举修宪旗帜并坚称'一定通过自己的努力实现这一目标'。这是因为担心一旦表明放弃修宪，可能会导致保守派支持层的背离并使政府失去向心力。因此，修宪讨论即使在 2020 年通常国会也没有进展，安倍首相在秋天解散众议院举行大选以打开局面的设想，在执政党内被认为是最有可能的"。[①] 简言之，在藤野看来，安倍任期内想做而尚未完成的政治课题还有三项，两项外交课题均涉及交涉对象国，不能由安倍政府单方面决定，因此很难成为解散众议院的口实。修宪问题是日本国内问题，尽管该问题在安倍任期内难有进展，却可以成为安倍用以解散众议院问信于民的"大义名分"。与藤野一样，伊藤雅之也认为，包括北方领土问题在内的日俄缔结和平条约和包括绑架问题在内的日朝关系等外交问题，以及是否推进宪法讨论等问题应该成为安倍政府问信于民的课题。此外，伊藤认为全民型社会保障制度改革问题也是可以解散众议院的政策课题并将其排在其他问题的前面。"安倍首相将实现'全民型社会保障制度'视为'政府的最大挑战'。政府的全民型社会保障研讨会议将在 2020 年夏天完成最终报告。改革能否深入包括减轻社保负担与降低社保支付福利，以消除国民对社会保障制度的不安并在将来大大改变国民生活的程度，是决定其是否成为解散众议院主题的关键。"[②]

[①] 藤野清光「衆院解散含み、首相の決断焦点 2020 年の政治展望」、https：//www.nippon.com/ja/in-depth/d00533/#［2020 - 06 - 10］。

[②] 「伊藤雅之解説委員『ことしの政局 解散・総選挙は？』」、『時論公論』、https：//www.nhk.or.jp/kaisetsu-blog/100/418380.html？id = politics［2020 - 06 - 10］。

实际上，各大媒体的分析比较暧昧，刻意回避了关键之处。关于解散时间，自民党内基本形成共识的观点是在仍保留着奥运"节日气氛"的秋天解散。但是，在举办完奥运会之后，安倍首相为保存其政治影响力可能在任期中间提前卸任的揣测也很有市场。媒体在报道分析中刻意回避了安倍首相提前卸任的可能性。

（二）疫情的暴发对日本政治日程以及安倍解散战略的影响

2020年年初已经确定的政治日程有：1月20日至6月17日是通常国会会期，4月19日秋筱宫立皇嗣礼，春天中国国家主席习近平访日，7月5日东京都知事选举，7月24日至8月9日东京奥运会，8月25日至9月6日东京残奥会。受新冠肺炎疫情的影响，除通常国会与东京都知事选举外的政治日程全部延期。其中，受新冠肺炎疫情影响延期一年举行的东京奥运会、残奥会对日本政局的影响最大。

由于新冠肺炎疫情的传播，东京奥运会和残奥会决定推迟一年召开。2020年3月23日，安倍首相在众议院预算委员会上指出："我想东京奥运会以全面的方式举行可以作为世界克服疫情的证明。中止（奥运会）是不可能的。"同时，还表示"国际奥委会的判断将符合我的方针。在很难以全面的方式举办奥运会的情况下，别无选择只能推迟举行"。[①] 3月24日安倍首相与国际奥委会主席巴赫举行电话会谈，决定将原定7月24日开幕的东京奥运会推迟一年。对安倍首相来说，不仅避免了奥运会被取消的最糟糕状况，而且奥运会的召开仍可成为自己的政治遗产。与巴赫举行会谈后，安倍对记者表示："作为东道国，我建议考虑推迟大约一年举行，巴赫主席回答说百分之百同意。"[②] 在世界卫生组织（WHO）于3月11日宣布疫情世界性大流行后，安倍政府认为奥运会推迟举行将不可避免。因此，提出了2020年秋天、2021年春天、2021年夏天和2022年四个替代方案。鉴于无法预测2020年秋疫

[①] 「安倍政権『1年後』念頭か 五輪延期へ調整着手—首相『なるべく早く判断』—」、https：//www.jiji.com/jc/article? k = 2020032300982&g = pol［2020 - 06 - 29］。

[②] 「五輪延期幅、安倍首相が主導 政権レガシーへ執念」、https：//www.jiji.com/jc/article? k = 2020032401299&g = pol［2020 - 06 - 29］。

情的结束，以及担心两年后举行将不得不重新选拔参赛选手，2021年春天或夏天举行被认为是现实的选择。更重要的是，"推迟一年"举行奥运会的背后是安倍政府的政治考虑。安倍首相作为自民党总裁任期届满是在2021年9月，奥运会推迟一年举行也是在自民党总裁任期届满的范围内。因此，安倍仍然可以将奥运会作为卸任首相的"铺满鲜花之路"。事实上，安倍身边的人也表示："若是一年后举行奥运会，会是安倍政府主持下进行的。若是两年后举行，将会是别的政府主持下进行的。"① 此外，与安倍关系密切的美国总统特朗普提到推迟一年举行奥运会，加拿大等其他国家也要求推迟一年。在这种国际环境下，国际奥委会更容易接受日本政府推迟一年举行的建议。

东京奥运会和残奥会推迟一年举行，将给安倍首相的解散战略和2021年9月举行的自民党总裁选举带来何种影响成为政界关注的焦点。残奥会闭幕是在2021年9月5日，安倍首相的自民党总裁任期届满是在2021年9月底，众议员任期届满是在2021年10月21日。由于奥运会的推迟举行，一系列重要的政治日程安排变得密集而紧张。作为现任首相莅临奥运会并力争使其成为自己的政治遗产，安倍需要重新考虑解散战略。3月28日，安倍首相在新闻发布会回答解散众议院举行大选的提问时表示："我现在想集中精力与这个感染症做斗争，那些事情根本不在我的脑海中。"

有分析认为下届众议院选举可能在安倍首相的领导下实施。"由于东京奥运会和残奥会的推迟，普遍认为下届众议院选举将在安倍晋三首相的主持下举行。这是因为未来的政治日程将出现长达一年半的'空白'。安倍首相将在确认新冠病毒感染扩散结束趋势的同时，慎重寻找'获胜机会'。其判断可能影响'后安倍'候选人的去就。"② 日本的感染情况仍然很严峻，疫情难以早日结束，对经济的影响也越来越严重。如果安倍首相不解散众议院，自民党总裁选举和众议院选举将在比较短

---

① 「五輪延期幅、安倍首相が主導　政権レガシーへ執念」，https://www.jiji.com/jc/article? k = 2020032401299&g = pol ［2020 - 06 - 29］。
② 『「安倍氏で解散」見方広がる　五輪延期、後継に影響」，https://www.jiji.com/jc/article? k = 2020032800339&g = pol ［2020 - 06 - 29］。

的时间内连续举行。关于解散时间，媒体分析预计在2020年年底或2021年年初。自民党一位干部指出，"解散的选择只能在今年年底或明年奥运会之前，要是在奥运会之后将有被迫解散之感"，并表示在疫情结束的前提下，"今年年底解散的可能性很高"。① 自民党内也有人预计将于明年年初解散，如"至少在今年入秋之前断然解散是不可能的，即使疫情提早结束，也只有暮秋到明年年初的选择"，这种观点被认为是主流。②

此外，也有分析认为"实际上很难在奥运会之前行使解散权"。在这种情况下，安倍首相本人将面临两种选择：被迫在奥运会闭幕后立即解散众议院，或者推迟解散先举行自民党总裁选举由新总裁（首相）实施众议员任期届满选举。③

在安倍首相领导下举行众议院选举，选举结果会对"后安倍"候选人产生影响。下届自民党总裁选举预计将在安倍首相的"意中人"岸田文雄和与其相距甚远的自民党前干事长石破茂之间展开。自民党资深政治家指出："如果安倍首相卸任时内阁支持率高，则对岸田有利。如果安倍内阁处于逆势，则对石破有利。"④ 此外，长期担任官房长官的菅义伟也是继任总裁的有力人选。如果安倍首相领导自民党在下届众议院选举中获得压倒性胜利，自民党内可能会有越来越多的声音要求安倍首相继续"四选连任"。但是，多数观点认为"除非在解散前修改总裁公开选举规则，否则很难"。⑤

另外，如果安倍首相放弃亲手解散众议院，从日程上来看，在9月下旬之前自民党选举产生新总裁，新总裁接受国会任命并组织成立新内

---

① 「『安倍氏で解散』見方広がる　五輪延期、後継に影響」、https：//www.jiji.com/jc/article? k = 2020032800339&g = pol［2020 - 06 - 29］。
② 「【点描・永田町】五輪延期で変わる解散日程」、https：//www.jiji.com/jc/article? k = 2020042300641&g = pol［2020 - 06 - 29］。
③ 同上。
④ 「『安倍氏で解散』見方広がる　五輪延期、後継に影響」、https：//www.jiji.com/jc/article? k = 2020032800339&g = pol［2020 - 06 - 29］。
⑤ 「【点描・永田町】五輪延期で変わる解散日程」、https：//www.jiji.com/jc/article? k = 2020042300641&g = pol［2020 - 06 - 29］。

阁，众议员任期届满选举的可能性大。当然，自民党总裁选举也将是一场由党员、党友参加的正式选举。这种情况对石破茂竞选总裁更有利，因为"如果总裁选举之后马上举行众议院选举，以'反安倍'为招牌在国民中大受欢迎的前干事长石破茂当选的可能性增强"[1]。显然，这是安倍首相不愿意看到的。

总之，下届众议院选举有很多不确定性。安倍首相为继续掌握政治主导权和保持卸任后对自民党的影响力，必将进行周密的政治计算与安排以实现其既定目标。

---

[1] 「点描·永田町」五輪延期で変わる解散日程」、https://www.jiji.com/jc/article? k = 2020042300641&g = pol［2020 - 06 - 29］。

疫情冲击下日本对外战略走向[*]

进入2020年，新冠肺炎疫情突然暴发并迅速扩散，演变为一场前所未有的全球性公共卫生安全危机。此次疫情不仅波及范围广，损害程度深，治理难度大，且深刻冲击各国经济、政治及社会各领域，引发剧烈震动与连锁反应，并进一步成为影响当前国家间关系乃至国际格局、秩序与观念变动的重大因素。疫情加快了当前国际变局的演进速度，使得"百年未有之大变局"的变革色彩更趋鲜明，内容更趋复杂。

作为全球发达经济体、东亚大国与中国邻国，日本国内疫情形势虽不及欧美严峻，但仍面临较大常态化疫情防控压力。国内疫情难以根治，加上欧美主要经贸伙伴疫情严重化，使得内生动力复苏缓慢、严重依赖外需拉动的日本经济遭受严重打击，并连带引起政治及社会波动。疫情给日本内外环境及政策造成了显而易见的重大冲击。疫情冲击下，日本谋求调整对外战略，一方面从短期出发，竭力减轻疫情对国家发展造成的损失或风险，另一方面亦从中长期出发，着眼于"后疫情"时代国际格局与秩序重大变化，提前加以布局应对。

一 疫情对日本对外战略的影响

（一）疫情加深了日本对外部国际环境的需求与依赖

严峻疫情给日本国内医疗体系造成较大压力，特别是医用外科口罩、防护服、防护面罩等物资一度严重短缺，使得日本迅速意识到加强

---

[*] 卢昊，中国社会科学院日本研究所副研究员。

医疗物资供应链安全的特殊重要性。为防控疫情，日本正积极推进疫苗、治疗药的开发与临床试验，但单独开发时间与资金成本高，日本政府及医疗机构因此迫切希望与各国深化医疗技术合作，确保防疫技术紧跟国际先进水平。

除防疫医疗需求外，由于经济复苏受阻，日本的外部经济依赖度升高。疫情已导致日本战后持续最久的"低景气"（6年9个月）终结。日本国内生产总值（GDP）已连续三个季度负增长，其中第二季度实际GDP环比下降7.8%，年化率同比下降27.8%，预计2020年全年GDP将下降约5.5%。① 制造业与服务业活动受到严重影响，加上国外疫情导致外贸订单锐减，使得日本经济承受的下行压力显著增大。在国内经济循环受到冲击的情况下，日本很大程度上只能寄希望于外需形势的改善，特别是部分主要经贸伙伴（如中国）在控制疫情后，重新恢复强化与日本的经贸往来。

（二）疫情打乱了日本对外战略的布局与节奏

按照日本政府预想，2020年本是日本外交"积极进取"的时机，特别是将利用主办东京奥运会进一步提高国际影响力。② 但疫情突发导致各种外交活动不得不停止，包括领导人与高层外访。尽管不少活动改为线上视频会议，但面对面交流中断，特别是实务部门对话受到阻碍，仍严重影响了日本外交计划的展开。截至7月底，安倍首相已经超过200天没有外访，"俯瞰地球仪外交"陷入停滞状态。8月初，外务大臣茂木敏充才获得今年首次出访机会。

由于疫情的全球扩散，和很多深受疫情影响的国家一样，日本外交部门及驻外使领馆人员的正常工作受到明显影响。日本政府人士称，疫情导致国家政策重心的转移，使得原本用于外交的资源受到挤占，议程受到冲击，政策节奏因此出现混乱。另外日方认为，日本国内疫情一度

---

① 「大和総研、20年度 GDP 予想5.5%減 コロナ収束遅れれば10%減も」、『日本経済新聞』2020年5月22日。
② 日本国際問題研究所「戦略年次報告（2019年）」、http://www2.jiia.or.jp/pdf/strategic_annual_report/JIIA_strategic_annual_report2019_jp.pdf［2020 – 10 – 10］。

趋向失控，特别是东京奥运会因疫情延期，影响了国际社会对日本的观感。① 有外界舆论质疑日本政府刻意隐瞒疫情，以试图挽回面子并确保奥运会如期举办。这也使得日本的国际形象进一步受到损害。

（三）疫情导致的国际社会撕裂，使得日本所依托的合作秩序受到冲击

疫情刺激下，国家中心主义、狭隘民族主义、种族排外主义、反全球化等思潮在国际社会迅速高涨。各国为优先确保自身安全与利益，而更倾向于采取单边行动，封闭国境，加强对人员往来及生产供应链的管控，国家间相互防范的壁垒明显升高，摩擦矛盾迅速增加。② 加上美国特朗普政府从自身私利出发，持续推动以贸易保护主义与强权单边主义冲击现有国际秩序，使得国际社会的撕裂进一步加剧，自由贸易体制、国际协调机制以及全球治理进程尤其受到严重影响。③

疫情下国际社会的"异样变化"与混乱形势，让日本对外战略所依托的外部秩序环境呈现更大不确定性，增强了日本的危机感。其中，疫情下中美矛盾加深与战略竞争加剧，使得中美日"大三边"的内部张力与对抗性风险上升，让"处于中美夹缝中"的日本面临更大压力。同时，日本基于自身经济利益与政治威望诉求，此前一直积极以"自由贸易旗手"身份维护与推动国际经贸机制改革，支持各国展开协调合作。而疫情下国家间矛盾的激化，贸易保护主义和单边主义上升，显然会对日本的以上行动产生抵消作用，阻碍日本降低外部环境不确定性的努力。

（四）疫情引发的中长期合作需求，为日本在国际合作体系中发挥作用创造一定条件

尽管疫情刺激了各国的自利性行动及彼此间矛盾，但从中长期看，

---

① ジョシュア・ウォーカー（Joshua Walker）「コロナ後の日本政治 日本の果たす役割」、『日本経済新聞』2020 年 5 月 28 日。

② 日本国際問題研究所「反グローバリズム再考 国際経済秩序を揺るがす危機要因の研究」、https://www2.jiia.or.jp/pdf/research/R01_World_Economy/ ［2020-10-10］。

③ 「社説 市場安定へ国際協調の立て直を」、『日本経済新聞』2020 年 3 月 13 日。

由于疫情的全球性与扩散性，其治理必然建立在有效国际合作的基础上，单独一国均无法应对这一全球公共卫生危机。在此情况下，围绕疫情的国际合作已经逐步开展并初步形成气候。同时，疫情实际上也给国家外交打破常规、取得突破创造了特定机遇。在疫情"非常时期"下，一国及时通过外交手段释放的、对别国带有"雪中送炭"色彩的善意或实际支持，可能较常态下取得更好效果。

在参与国际合作方面，日本态度积极，并一直将此作为拓展国际战略空间、提升国际影响力的关键途径。目前，日本政府正力图进一步提升外交政策中的价值观色彩，特别是以国际公共产品提供者姿态，通过援助外交与支持多边合作，强化与各国特别是新兴发展中国家的关系，并提高自己的道义地位与国际形象。在此背景下，日本势必利用当前"机会窗口"，积极参与防疫抗疫国际合作，通过在国际合作体系中发挥作用，增强对外战略影响力。

（五）疫情促使日本社会的国际观发生一定变化，进而影响日本对外战略的观念基础

疫情背景下，日本社会总体保持稳定，但社会不安逐渐加重，舆论出现一定波动。极端民族主义、排外主义抬头，日本社会对外国人群体宽容度总体下降，对放宽外国人在日居留限制的质疑声升高。围绕防控政策，日本舆论亦有较大争议。一些意见批评日本政府措施强制性弱，要求其承担更多权责；另一些意见从维护自由民主角度出发，反对因疫情管控加强政府权力。这种认知上的分歧也反映在他们对其他国家政治、社会模式的认识和争论上。

总的来看，疫情引发日本社会舆情的一个重要变化是：由于欧美疫情防控措施的"全面溃败"与东亚各国的相对有效形成鲜明对比，日本社会开始关注并反思这一现象，并深入到社会治理乃至国民文化层面探究原因。尽管意识形态偏见仍然存在，但一些原本完全倾向西方模式的日本人、特别是精英层的国际观发生了一定变化，更趋向以理性平衡方式看待东西方关系，理解其文化差异。这种变化短期内可能难以产生效果，但有望成为日本对外战略观念基础出现积极转型的一个中长期伏笔。

二 日本对外战略举措：多方平衡
政策以对冲风险

从大趋势看，日本国内疫情最终应能得到控制，但日本国内疫情扩散已深，加上全球疫情持续深化，防控措施势必付出较高成本，其经济社会也将承受较持久冲击。在此背景下，日本除调整内政部署外，在对外战略上也采取一些新的举措，其基本思路是多方参与及平衡，对冲疫情给日本带来的经济政治风险，除利用对外战略工具支持国内抗疫，渡过经济社会困难期外，还将努力管控国际格局秩序剧变带来的不确定性，确保日本的战略自主及利益最大化。

（一）谋求"更具多元化的大国战略"

其核心为在国际变局下稳妥处理与中美两大国关系，日本政府决策层及战略专家们认为，疫情期间及"后疫情时代"，中美战略竞争大概率将进一步加剧。日本应适应新局面，在避免卷入中美冲突的前提下调整对策，确保自己在中美之间的"有利站位"与行动空间。为此，日本对"日美同盟"与"日中协调"这一策略组合进行调整，以"加权平衡"方式同时加强对美、中两国外交，保持相对平衡并强化自主角色。不过，日本对美依赖与追随仍优先于对华协调与合作。目前，日本正密切关注美国国内政治及大选形势，并将美国大选后重整对美政治沟通渠道、强化日美战略合作基础作为首要的外交议程。[①]

除试图应对因疫情加速的中美权力转移外，日本政府进一步倾向联络与发动中美之外"第三方力量"，在日美同盟及"日中协调"之外寻找"第三条道路"，乃至提出"联合其他民主国家，替代美国领导作用"，将"印太战略"打造为"新的多极化构想基础"。疫情期间，日方克服困难，与意、德、法、英、荷等欧洲国家及欧盟领导人，以及

---

① 中西寛「コロナ後の日本政治 深まる米中対立」、『日本経済新聞』2020年5月19日。

印、澳等印太地区国家密切联络，进行了首脑或部长级电话会谈，强化了政治乃至战略协调。在与欧洲及印太大国协调过程中，日本明显表现出希望加强外交联合、确保国际格局秩序稳定的意图。在此公开意图下，日本期望通过外交战略对象多元化，拓展外交全球格局，并提高日本作为"国际主要战略力量"的角色地位。

（二）国际舆论战中保持"相对中立"

过去一段时期，以美国为首的部分西方国家将疫情政治工具化，并对中国实施污名化攻击。而日本在这场国际舆论战中表现"相对中立"。比如，针对美国抨击世卫组织"偏向中国"并中止资助，安倍4月中旬表示，日本不会停止资助世卫组织，将坚定支持其抗疫领导作用，但同时也暗示世卫组织在政治中立性上"存在问题"。面对疫情下国际舆论的分裂，日本试图回避成为矛盾焦点，不公开反对任何一方，而将表态重点放在支持国际合作、扶持疫情严重国家方面，从而力争占据道义高点。

日本政府考虑到对华合作需求，在官方外交层面上"阻断"了国内对中国批评，日本国内也有理智声音，主张将关于疫情争论"局限在科学与人道主义范围"。不过，根据日方舆情机构调查，由于大众舆论的偏向性引导，仍有相当比例的日本民众认为中国应为疫情负责。[①] 且日本政府内部有意见认为，在疫情问题上伺机对华批评"是影响乃至牵制中国的一项重要手段"。

（三）以疫情合作为抓手，积极改善国际形象

一些消息显示，日本高度关注且担忧疫情期间自身国际形象受损。日本外务省内部评估认为，日本国内疫情让国际对日评价下滑，"有意见认为，日本为保住东京奥运会而隐藏疫情严重性"。为此，日本政府在最新的第二次补充财政预算中拨款24亿日元，力争加强"战略性

---

① 「藪中氏『中国含め国際協力』河野氏『自衛隊活用を』」、『日本経済新聞』2020年4月15日。

外宣",日本外务省要求驻外使领馆加强宣传,在海外媒体上刊登广告,利用新媒体加强传播,向国际社会大力宣介日本国内安全性与疫情对策有效性。

同时,日本试图通过积极向疫情严重国家提供"国际卫生公共产品",树立道义地位,扭转负面形象。日本声称向世卫组织等机构提供约150亿日元临时资金援助,向日欧出资建立的疫苗研发国际机构"流行病防范创新联盟"(CEPI)增资,决定拨款100万美元向约50个国家免费提供"法匹拉韦"特效药。2020年4月东盟与中日韩"10+3"领导人特别视频会上,安倍提议由日方出资建立"东盟传染病对策中心",得到东盟积极评价。[①] 目前,日本以支持第三世界医疗脆弱国家为名,重点向东盟中的不发达国家,以及非洲国家无偿输送医疗物资,提供资金援助或紧急贷款。

(四)暗中持续布局,联合美欧争夺规则主导权

基于当前各国围绕国际秩序建构的博弈仍将持续加剧这一背景,日本在七国集团、二十国集团、东盟"10+3"等机制的视频会议场合,积极呼吁国际合作,彰显日本支持自由贸易、多边协调主义立场,继续保持对国际秩序规则重组进程的参与力度。[②] 同时,继续通过"水下谋划"与暗中布局,以WTO改革为重点,联合美、欧积极主导国际经贸秩序的建构进程。2020年1月,美欧日第7次贸易部长会议发表WTO改革新共识。在此基础上,日本正与美、欧积极展开协调,在产业补贴等非市场导向政策、强制履行通告及透明度(notification and transparency)义务、发展中国家优惠待遇等方面进一步促使规划方案具体化。[③] 在日本推动下,美欧日三方协调俨然成为全球经济秩序重组的核心

[①] 高橋徹「『医療安保』アジア分散で 日本への期待なお高く」、『日本経済新聞』2020年5月14日。

[②] 「G7、中国の買収対策協議 コロナ後にらみ規制強化論」、『日本経済新聞』2020年5月1日。

[③] 「日米欧、産業補助金の禁止拡大を WTO改革案で一致」、『日本経済新聞』2020年1月15日。

平台。

除 WTO 改革外，国际基建投资与数字经济的国际规则也是日本高关注领域。目前，日本正与美、澳、印多方强化基建合作，特别是日美澳三方正在推进"蓝点网络"（BDN）计划，试图将其打造为国际基建项目评估的权威组织，从而确立起所谓"高标准、透明化、可持续、可信任"的国际基建规则标准。数字经济方面，日本以落实 2019 年 G20 大阪峰会提出的"大阪轨道"为名，将 2020 年作为推广"基于信任的自由数据流通"（DFFT）关键年，并在 WTO 改革方案内努力纳入有利于日本的数字经济新规。日本与美国在双方去年签署的双边数字贸易协定基础上，试图将其推广为国际规则蓝本，并与欧盟就信息跨国流通、情报安全等开展规则磋商。① 日本央行正与英国、加拿大、瑞士等国央行及欧洲央行共同研究发行央行数字货币，谋求在未来该领域共同掌握制定国际规则主导权。②

三　日本涉外经济政策：经济诉求混合政治意图

在推进以上战略举措的同时，日本为缓和疫情带来的经济困难，并在国际经济格局新一轮调整中占据有利位置，亦积极推动一些涉外经济政策，其重点目标包括继续拓展海外贸易网络，确保生产供应链和关键物资供应安全，强化高新技术自主优势等。这些涉外经济政策主要受现实经济利益驱动，但其中亦包含相当程度的政治意图乃至战略考虑。

（一）推动产业供应链调整，促进制造业回流

疫情背景下，产业供应链安全在日本国家战略中的优先级迅速上升。日本已计划在 2020 年内出台新的国家安全保障战略，重点突出经

---

① 「経済安保、デジタル通貨・土地取引にも拡大　米には連携打診」、『日本経済新聞』2020 年 3 月 18 日。

② 「デジタル通貨の 6 中銀連合」、『日本経済新聞』2020 年 2 月 25 日。

济安全及疫情下产业供应链安全保障问题,并决定在国家安全保障局内新设经济班,由其主导制定首部专门的经济安全保障战略。[①] 在此思路下,2020年3月上旬,安倍在首相官邸"未来投资会议"上明确提出,在一些"对单一外国依存度较高且附加值较高"的产业,应推动日企将海外生产线撤回日本国内,或尽量使得生产基地多元化。2020年4月上旬,日本政府在紧急经济对策中拨出2435亿日元,支持日企在中国等建设的海外生产基地迁回日本国内,或者转移到东南亚国家。此后安倍又表示,在医疗物资与设备方面"过度依赖中国是个问题",暗示将促进自主产能扩张及相关日企回迁。

在西方国家中,日本对华产业依存度最高,在电子、汽车零部件以及材料方面依存度超过70%。日本鼓励本国中高端制造业回流并非完全针对中国,但中国无疑受影响最大。日本经产省官员解释说,该项政策旨在优化产业供应链,分散经济风险。但日本政经界也有不少意见认为,该举措有助于在经济上逐步"脱中国化",从而使得日本尽可能免受中日关系恶化以及来自中国的报复或施压影响。

(二)积极拓展"以日本为中心"的对外贸易网络

在疫情导致经济动能全面萎缩的情况下,日本更加寄希望于拓展对外经贸渠道,使其发挥经济上"相乘效应"。2020年4月中旬,安倍对外表示,尽管受到疫情影响,日本仍将推动各类经贸谈判,力争成为"全球自贸协定的主导力量"。日本将"全面与进步跨太平洋伙伴关系协定"(CPTPP)的扩容与"区域全面经济伙伴关系协定"(RCEP)的推进作为两大优先目标,中日韩FTA和其他双边EPA次之。另外,日本还计划在日欧EPA基础上,全面强化与欧洲主要经济体的经贸往来,并积极推进与即将脱欧的英国签署EPA。总的目标是2021年使日本与经贸协定伙伴贸易额占总贸易额比重达到70%。

在CPTPP体系基本确定情况下,日本认为强化"区域贸易网络中

---

① 「国家安保局に経済班発足 新型コロナ対応も急務」、『日本経済新聞』2020年4月1日。

日本中心位置"的关键已转向 RCEP,且更关注谈判结果。日本一方面坚持劝说印度重返谈判,试图阻止"15 国方案"即缺少印度的 RCEP;另一方面也暗示即使印度不回归,也将与各方争取在今年年底完成谈判。从目前情况看,日本对今年年内谈成 RCEP 的意愿正在增强。① 同时,日本正与英国和泰国就加入 CPTPP 展开实质性协调,同时拉拢中国台湾加入 CPTPP,以实现这一贸易体制的扩容。② 另外,日本对中日韩 FTA 谈判态度亦趋向积极。但由于日韩关系持续恶化,双方在贸易问题上矛盾突出,使得中日韩三方围绕东北亚自贸机制的谈判前景再次趋向不明朗。

(三) 在高科技领域强化自主性,并与国家安全紧密关联

近年来,美欧日对安全问题的重视日益提升,且将其与经济、科技与国家安全问题结合考虑。疫情引发的非传统安全关注强化了这一趋势。继美欧后,日本计划在 2020 年加速立法与配套政策,一方面在涉及高科技、关键基础设施和敏感数据的产业领域强化对外国投资的审查;另一方面,对投资生产涉及安全的高科技设备的本国企业提供税费减免、手续简化等优惠政策,以增强本国产业自主竞争力,并排斥潜在竞争对手。

在此方针下,日本计划在新的国家安全保障战略及经济安全保障战略中重点加入涉外科技安全内容,强化安全管制措施,阻止可军用的通信、人工智能、量子技术等尖端科技外流,防范外资收购及所谓"间谍活动"。③ 2020 年年初,日本宣布为采购 5G 设备的日企减免 15% 法人税,但仅限日本国产或欧美产设备。同时,日本启动 6G 网络研发战略,制定战略方案,首年投入 2200 亿日元,力争在 2025 年左右掌握关键技术,并确保日企生产设备的全球市场份额至少达到 30%。另外,日本

---

① 「インドに交渉復帰を働き掛け　RCEP閣僚会合で15カ国」、共同通信社、https://www.47news.jp/economics/news/5185297.html [2020 – 10 – 10]。
② 「日英、今月末大筋合意へ　貿易協定、来年発効目指す」、共同通信社、https://www.47news.jp/economics/news/5110388.html [2020 – 10 – 10]。
③ 「経済安全保障とは　技術流出防止や輸出管理」、『日本経済新聞』2020 年 6 月 24 日。

还出台了量子技术创新战略，并动员国内科研力量，计划在全国设立8个量子技术研发基地，在相关领域加强与美国的合作。

2020年5月上旬，日本新《外资法》生效，大幅提升了外资收购日本高端制造业及军事企业门槛，日本财务省将1584家上市企业列入"指定企业名单"，要求这些公司在外资取得其股份1%（原外资法规定为10%）及以上时，必须进行申报，其中又将丰田、东芝、三菱重工、软银等518家企业列为"重点审查对象"。此后，日本政府又在新出台的"统合创新战略"中提出新规，要求大学研究部门在申请国家项目资助时，必须公开受外国资助情况。① 日本政府还在谋划制定本国民间人士处理尖端技术相关资格，防止机密外泄的"安全资格审查制度"，以及防止疫情下国内科技企业因陷入困境而被外资轻易收购的"产业防火墙"政策。

四　日本对外战略下的中日关系：总体稳定下的波动

疫情暴发前，中日关系已进入正常轨道。疫情带动的全球形势变化，以及日本采取的上述对外战略、政策举措，使得中日关系的宏观前提和具体环境也随之发生变化。总体看，疫情下的中日关系仍在既定轨道延长线上稳定发展，但产生了一定程度的波动。中日关系合作与竞争并存的两面性仍将基本持续。

（一）政治协调受到疫情阻碍，但建设性政治共识得到维持

由于疫情影响，习近平主席原定于2020年春对日本进行国事访问的计划延期。加上疫情导致中日间部分政治协商、对话机制延期，使得此前中日领导人达成的发展契合新时代要求的中日关系的原则共识在进一步巩固与具体落实上遭遇障碍。这一定程度上扰乱了中日关系发展的

---

① 「政府補助、海外資金開示要件に　統合イノベーション戦略」、『日本経済新聞』2020年7月16日。

既定进程，使得日本国内保守势力、对华强硬派在阻止日本政府持续改善对华关系方面获得了"机会"。①

在中日政治协调受阻的情况下，由于疫情影响，国际舆论上以"中国责任论"为代表的厌华、反华舆论兴起，并在日本国内形成影响力。日本政界对中国内政外交的指责批评声亦有所抬头。不过总体上，日本政府官方与政界主流仍将稳定中日关系、支持两国领导人通过互访加强互信作为公开立场，表现出坚持中日政治共识的态度。安倍政府亦基本上将改善中日关系作为其主要外交成果加以推动。

（二）安全、领土争端与海洋权益领域摩擦有所抬头，但基本可控

即使在疫情背景下，中日在安全领域，特别是领土与海洋权益上的争议与摩擦仍未停止。自民党部分议员正谋求推动政府在钓鱼岛一线采取更强硬政策，同时，日本以保障南海等印太海域航行自由、强化日美安全同盟为名，加强了在印度洋与西太平洋与美国海空力量的联动，频繁与美国及印太各国开展防务交流。② 日本在南海继续保持介入与搅局，并协助美国在军事安全上的对华施压行动，使得中日两国矛盾进一步加剧。

中日在领土争端的摩擦加剧，反映出双方在安全上长期以来的结构性矛盾与互信缺失。不过，日本在是否运用军事手段干预以上敏感方面仍相对谨慎，不大可能采取冒险性手段破坏中日关系。同时，中日有关部门正积极摸索建立两国建设性安全关系，寻求推进海空联络机制特别是热线建设，力争在危机管控上保持密切沟通，避免"擦枪走火"。

（三）经济纽带保持强韧性，日本对华经济依赖反而持续增强

目前，日本政府以加强经济安全为名，推动产业供应链调整，并在高科技领域采取一些对华防范性、竞争性措施。但总体上对中日经济关

---

① 「習氏の年内来日困難に 日程調整を当面見合わせ、香港情勢にらむ」、『日本経済新聞』2020 年 6 月 6 日。

② 「中国の台頭、最大の課題 斎木昭隆元外務次官」、『日本経済新聞』2020 年 1 月 15 日。

系影响有限。疫情下，日本对外贸易整体低迷，只有对华贸易率先转为盈余。至少目前，中国市场成为日本外需唯一可靠的来源。① 日本政府关于促使日企将生产线搬回本国的提议并未得到绝大多数在华日企的响应。这些企业在中国国内已建立长期稳定供应链，加上疫情下现金流紧张，不会考虑搬迁。即使有条件使供应链多元化的日企亦倾向采取"中国＋1"方式即在中国以外新设工厂，而非"中国－1"即从中国撤离。②

由于疫情，中日经济均面临一定下行压力，加速经济复苏成为双方"刚需"。在中国经济率先复苏的带动下，日本对华经济依赖性反而进一步提升，支持中日经济合作的动力继续增强。同时，疫情极大地刺激了中日两国在医疗康养、互联网电子商务、大数据相关产业等领域的相互需求，成为新时期中日关系新的增长点。

（四）中日相互认知与国民感情的复杂性增强

根据日本外务省2019年年底调查，日本国民对华好感度约为22%，仍处于较低水平。疫情给中日间相互认知与国民感情带来了正反两方面的影响。一方面，疫情初期，中日两国官方及民间从人道主义与国际道义精神出发，展开了一系列友好互动，并产生了一定的舆情引导效果，为中日适时重启各层级人员交流特别是民间往来创造了一定有利前提。在疫情这一共同敌人面前，中日基于现实利益的"命运共同体"认知有所增强，此次抗疫中，东亚国家所展现出的、与西方迥异的"文化共性"及其成效得到充分体现，亦成为中日民意改善的机遇。

但另一方面，由于日本国内疫情严重化，在各种反华舆论引导下，针对中国的误解性、指责性意见在日本民间逐渐上升，很大程度上抵消了此前两国友好互动产生的正面效果，使得中日相互认知与国民感情中的负面性得到放大，或将继续导致两国彼此好感度的继续下降。中日间

---

① 「7月の輸出、19.2%減 2桁マイナス5カ月連続」、共同通信社，https://www.47news.jp/economics/news/5154491.html［2020-10-10］。
② 《最新调查结果：9成在华日企不会离开中国》，腾讯新闻，https://new.qq.com/omn/20190915/20190915V0CG4900.html［2020-10-10］。

的"认知鸿沟"仍是困扰两国关系的重大问题。

（五）中日国际秩序观共识加强，但规制竞争将持续升温

一方面，疫情背景下贸易保护主义、极端民族主义与单边主义抬头，对中日均造成威胁。中日在积极倡导自由贸易与多边主义方面的共识因此增强。同时，疫情在全球特别是西方的蔓延，促使中日两国在世界观、秩序观上形成一些相近看法，包括美国及其模式的不可靠性、全球治理的严峻挑战、区域合作及一体化的意义等。这也将更有利于两国未来在国际事务上协调合作。

另一方面，考虑到国际秩序规则竞争加剧是必然趋势，日本仍将美欧而非中国视为秩序建构伙伴，与西方加强"连线"，重点在国际经贸、技术领域针对中国开展规则博弈；中日目前的秩序规则协调，集中在区域合作的具体治理层面，且仍面临诸多技术性问题。总体上，中日在国际秩序规则上共识与合作将逐步增加，但竞争在较长时期内仍将显著存在。

五 疫情下日本对外战略前景

疫情之前，特别是2008年国际金融危机之后，日本实际上日益明确地认识到一场前所未有的国际大变局即将到来。[①] 以安倍为代表的日本执政精英认为，日本硬实力的相对衰退将导致其国际地位不可避免下降，并因此充满危机感；同时，他们又坚守着摆脱"战后体制"，实现"正常国家"，让日本在政治与安全领域"真正强大并受到尊重"的理想。这也是安倍时期日本外交将增强战略自主和战略活跃作为核心目标的根本驱动力。

当前，疫情导致国际变局进程加速，而针对日本的风险与挑战因素仍然存在且更为凸显，促使日本以更长远的眼光，全面调动硬、软实力和战略行动力加以应对。在此情况下，日本将继续沿着此前强化自身战

---

① 「社説 世界は分断の危機に瀕している」、『日本経済新聞』2020年1月10日。

略自主的基本方针，综合运用各种对外战略工具，在确保自身在全球变革大潮中及疫情冲击下"站稳脚跟"的前提下，积极主张自身主体性与独立性，努力实现国家利益及尊严方面的诉求。

疫情常态化背景下，日本对外战略将服务于防控疫情与经济复苏"两个大局"。外交是内政的延续。在国内疫情长期化背景下，日本最根本的国家利益在于尽快控制乃至消除疫情，确保经济社会互动重回正轨。[①] 为实现这一艰难目标，日本政府将继续动员各方面内外政策，特别是通过强化在经济、安全与国际交往方面的自主能力，优先保障防疫抗疫资源，并为经济复苏创造有利条件。这也决定了日本对外战略中涉及经济及综合安全方面政策，将被持续置于优先地位。

在应对日益剧烈的国际变局方面，日本将重点应对大国博弈及周边安全问题。很显然，中美关系仍是日本关注焦点。中美战略竞争一旦加剧，则日本在中美间保持有利站位、对冲潜在风险的难度将增大。但日本仍将设法在中美日三边动态流转中确保灵活性。尽管日本对美西方主导的权力、规则与价值体系仍将保持深度依赖，但其对华协调的基本方针短期不会改变。同时，日本将投入更大力度，加强与国际上"中等力量"的联络与合作，充分运用现实主义权力平衡手段，使自己在大国博弈中始终保有行动空间与博弈筹码。另外，日本国内对外部特别是周边安全环境恶化的危机感正在提升，除妥善应对大国关系外，舆论要求政府重点处置可能威胁日本安全的重点问题，特别是朝核与半岛问题。[②]

在抵御疫情短期风险的前提下，日本将积极把握疫情下国际权力、秩序重组中蕴含的机会。疫情冲击下，加上美国放弃自身应有国际责任及义务，原有的国际权力格局和秩序体系将持续动荡。尽管作为现行国际秩序受益者的日本将面临风险，但因此引发的"洗牌效应"，以及在特定地缘区域或新的问题领域产生的"权力空白"或"秩序空白"，客

---

① 「官房長官、宣言解除1カ月 感染拡大防止と社会経済活動を両立」、『日本経済新聞』2020年6月25日。
② 日本国際問題研究所「『不確実性の時代』の朝鮮半島と日本の外交・安全保障」、https://www2.jiia.or.jp/pdf/research/R01_Korean_Peninsula/［2020-10-10］。

观上亦成为期望保持并提升自身国际地位的日本的机会。[1] 接下来，日本将积极利用全球防疫抗疫产生的合作需求，发挥自身在相关技术及管理经验上的优势，并依托美西方"伙伴国家"的战略合作，进一步提升自身在国际合作体系中的引领性、协调性角色，从而支持其拓展国际战略空间、提高影响力的努力。

在疫情背景下，维持中日关系战略稳定的必要性提升。疫情给中日关系带来的影响包含正反两面，但无论安倍本人还是其后继者，大概率均将坚持对华协调路线。中日领导人共同打造的政治共识与合作框架仍将对两国关系产生约束。这既源于中日之间深厚且不断更新的相互依存关系与合作收益前景，同时也是日本外交生存的基本要求所致，即必须以相对平衡方式处理大国关系。但需要看到，美国基于对华战略竞争目标，未来或将加强对日本的压力，迫使其联手制华，而无论被动依赖并接受美方安排，还是主动利用同盟谋求利益，日本都必然在一定程度上配合美国战略。[2] 同时，为了维护政权稳定，日本执政集团仍将不时迎合保守势力，谋求对华"部分脱钩"，在敏感问题上采取强硬姿态，甚至试探中国利益底线。这也意味着中日关系仍蕴含一定程度的波动乃至恶化风险。

中日关系中的"竞合并举"是两国面对的长期基本现实，如何使两国在新的现实中保持可持续的良性互动，仍然是一个重要而复杂的问题。中日两国均是对本地区和平与繁荣负有重要责任的大国，中日关系当前的总体发展趋势得来不易，维持两国关系战略稳定的意义重大且现实必要性增强。这要求中日双方共同努力，特别是日本政府应继续保持对外战略的理性与平衡性，以及对华政策上的积极性与建设性。

---

[1]「新型肺炎にG20はどう立ち向かうのか」、『日本経済新聞』2020年2月24日。
[2] 中山俊宏「日米同盟以外に選択肢ない（日米安保60年　有識者に聞く）」、『日本経済新聞』2020年1月22日。

中日救灾外交中的功能性
合作与情感认知[*]

灾害是当今世界面临的主要非传统安全威胁。自然灾害的频发及由此引发的政治后果使救灾外交势在必行，也备受关注。由于中国和日本各自在灾害面前的特殊国情，救灾外交已经成为中日关系的一个重要侧面。本部分首先将回顾20世纪70年代至今中国从自力更生、谢绝援助到走向开放与中日互助的态度转变；其次将中日在救灾外交中的具体互动分为国民的情感认同与政府的功能性合作两大方面，梳理汶川大地震、东日本大地震等主要灾害发生后中日两国政府与民众的行动，分析其实效与限度并存的特质；最后，从东亚社会文化所孕育的"人情社会"的视角出发，检视救灾外交在中日关系中的作用。究其根本，救灾领域的功能性合作解决不了领土、资源等涉及国家核心利益的矛盾，也很难从结构上改变历史、宗教、意识形态等更深层次心理问题造成的差异。整体而言，救灾外交具有功能性合作难以避免的作用局限，也难以从根本上逆转日本对华认知，尽管如此，其所蕴含的"命运连带感"仍为中日关系的维系和改善创造了积极条件。

一 自力更生，谢绝外援：20世纪70年代中国对日救灾援助的态度

中日两国同处环太平洋地震带上，地震带来的巨大破坏始终是笼罩

---

[*] 陈锦萱，复旦大学国际关系与公共事务学院硕士研究生；贺平，复旦大学日本研究中心教授。

在两国民众心中的阴影，应对大小震灾也由此成为两国政府时刻面临的重大课题。此外，两国也经常受到台风、暴雨、暴雪、泥石流以及其他次生灾害的侵袭，拥有不少惨痛的历史教训和记忆。

中日邦交正常化之后，日本对华灾害救援的关注至少可以追溯到1976年的唐山大地震。受国际格局、意识形态、国内政治等诸多因素的影响，当时的中国对接受外来援助仍心存顾虑，认为这可能损害中国的国家形象，引起国际社会对社会主义国家优越性的质疑，最终谢绝了日本的援助提议。① 这事实上与中华人民共和国成立后相当长时期中国在国际经济事务中"自力更生为主，争取外援为辅"或"争取外援，但不依赖"的主导性原则是相符的。随着中国对外来援助态度的转变和中日相互接触的增加，1980年，以中国国家基本建设委员会与日本国土交通省为官方合作伙伴，以东京大学生产技术研究所的九人团队为中心，两国开展了"中日地震工程解释——包括唐山地震在内的近期中国地震破坏的联合研究"项目。此后一年，四名中方人员赴日本东京大学交流访问。② 经过3年的联合研究，中日地震研究者建立了紧密的私人沟通网络，为中日开展后续的地震救灾防灾合作提供了初步经验。

作为当时团队的一员，东京电机大学教授片山恒雄回忆说："从那时起，我们就围绕地震工程与亚洲各发展中国家开展了各类国际交流活动，但这一切的起点正是我们与唐山地震受灾调查的中国研究人员的合作。另外，2008年10月，第十四届世界地震工程大会在北京举行，我作为国际地震工程协会的主席与中国人民进行了各种互动。自1981年以来，我与中国人民一直是朋友，我认为这是非常值得的。"③ 从这一个人经验中可以看出，中日救灾合作产生的效用不仅体现在双边政府层

---

① 《唐山大地震后30年：中国接受救灾外援的历程》，人民网，2006年7月7日，http://society.people.com.cn/GB/1063/4612918.html ［2020-06-23］。
② 東京電機大学教授片山恒雄「唐山地震の調査—私の国際交流（その3）—」，日本地震工学会，https://www.jaee.gr.jp/stack/column/column31/column31_3.html ［2020-06-23］。
③ 同上。

面，而且是多维的、多层次的。中日两国都在地震救灾防灾的事务性合作中获得了收益，这不仅促成了专业人员和机制的功能性对接，也潜移默化地增进了中日两国的情感联系。

1979年后，中国正式与联合国开发计划署、世界粮食计划署等国际机构签订合作协议，开始大量利用多边国际援助，并接受来自日本、德国等发达国家的双边援助，一度成为世界上最大的受援国。这一整体态度的转变也反映在了救灾援助中。20世纪80年代之后，尽管自力更生仍是中国灾害救助时的主要原则，但对于外来援助和国际合作开始抱有日益开放的心态。1987年5月，大兴安岭发生特大森林火灾。灾害发生后，中国红十字会首次向国际社会提出受援请求。外经贸部、民政部和外交部于1987年5月13日向国务院提交《关于调整国际救灾援助方针问题的请示》，建议调整接受国际救灾外援的方针，国务院于6月批准了该请示。根据这一方针，中国政府接受了包括日本在内的多国援助。在1988年11月发生的云南地震等后续灾害中，中日的救灾合作逐渐成为一种常态。①

二 开放与互助：21世纪的中日救灾外交

过去近30年间，全世界的自然灾害、遇难者人数和经济损失都呈现明显的上升趋势。仅在2005—2015年，全球的各种灾害就造成70多万人丧生、140多万人受伤，约2300万人无家可归，有总计超过15亿人受到灾害的各种侵害，经济损失总额超过1.3万亿美元。②而据统计，亚洲又占到全世界遇难者人数和经济损失的近一半。③在这一严峻的背景下，进入21世纪以来，中日救灾外交的领域不断拓宽，形式和内涵也发生了微妙的变化，合作应对的灾害类型从单一型

---

① 《大兴安岭火灾：中国首次主动要求国际援助》，《世界知识》2008年11月18日。
② 《仙台宣言》，联合国网，2015年6月3日，https://www.un.org/zh/documents/treaty/files/A-RES-69-283.shtml［2020-06-23］。
③ 内閣府「日本の災害対策」、http://www.bousai.go.jp/1info/pdf/saigaipamphlet_je.pdf［2020-06-23］。

向复合型发展，不仅延续了重视地震灾害的传统，还在泥石流、雪灾、滑坡、传染病等其他灾害发生时相互提供信息、技术、资金、物资等支援。中日两国在进行救灾支援中的合作意愿与合作实践不断向前迈进。

最具代表性的或许是 2008 年的 "5.12" 四川汶川大地震。汶川大地震发生后，日本政府进行了一系列救灾支援活动。作为地震后第一支抵达灾区现场的外国救援队，也是中华人民共和国历史上迎来的第一支国际救援队，日本政府于 5 月 16 日派出的国际紧急援助救援队全力参与了汶川当地的救援工作。[1] 通过媒体报道，日本救援队的敬业精神和对生命的尊重无疑给中国人民留下了深刻的印象。日本红十字会则从 5 月 21 日起开展了长达 5 年的灾后重建支援活动，在保证饮水与住房安全、帮助受灾孤儿生活、重建教育设施等多个方面帮助四川受灾区域的重建。[2] 日本国际协力机构引述的一份 2008 年 5 月末的调查显示，汶川大地震发生以后，70% 以上的中国民众对日本的好感度有所上升。[3] 另据日本非营利性组织 "言论 NPO" 和《中国日报》社在两国分别实施的联合舆论调查，中国民众的对日印象在 2009 年和 2010 年有所改善。

汶川大地震并非是一个孤例。在此之前，2003 年中国暴发严重急性呼吸道症候群（SARS）期间，日本政府提供了总额达 17.6 亿日元的紧急无偿资金援助和物资器材，并向中国派遣了国际紧急救援队。在疫情重点地区北京，作为这一急性传染病防治的定点医院和专科医院，中日友好医院也为疫情的控制做出了积极的贡献。事实上，在近年来的每

---

[1] 外務省「中国四川省における大地震に対する国際緊急援助隊救助チームの派遣について」，https://www.mofa.go.jp/mofaj/press/release/h20/5/1180005_907.html［2020-06-23］。

[2] 日本赤十字社「中国（2008 年—2013 年中国大地震復興支援事業）」，http://www.jrc.or.jp/activity/international/results/080105_001012.html［2020-06-23］；日本赤十字社「中国大地震復興支援事業報告書」，http://www.jrc.or.jp/activity/international/results/pdf/130925_report_china_sichuan_eq_2008.pdf［2020-06-23］。

[3] 竹内和夫「『命の恩人に日本語で直接お礼を』四川地震と日中関係」，国際協力機構，https://www.jica.go.jp/china/office/others/story/10/index.html［2020-06-23］。

一次大规模灾情中，几乎都可以见到日本对华援助和中日救灾合作的场景。例如，日本红十字会于2010年参与中国暴雨救灾，2014年参与云南昭通鲁甸县地震救灾等。①

这些救灾合作也体现出鲜明的日本特色，充分发挥了日本的比较优势。例如，在抗击泥石流、雪灾等灾害方面，日本机构依据国际法及相关多边机制，为中国政府提供了宝贵的资料和专业意见。2010年8月，日本宇宙航空研究开发机构（JAXA）通过陆地观测技术卫星"大地"拍摄了中国甘肃省甘南藏族自治州舟曲县发生大规模泥石流之后的一组照片，并将"所获取的图像在《国际灾难宪章》的框架下提供给中国国家气象局，在'亚洲哨兵'的框架下提供给中国国家地震局"，用于评估灾害规模。② 同年，该机构发布了对青海玉树地震受灾区的观测记录，利用遥感技术为中国方面提供信息。③

三　国民情感认同：天灾拉近两国心理距离

患难见真情，猝不及防的天灾成为中日两国人民产生直接互动和情感认同的契机。2011年3月11日，东日本大地震及其次生灾害发生后，中国与国际社会一道，在第一时间为日本提供了物质和资金援助。中国国家领导人利用各种场合，对这场史无前例的巨大灾害的受难者表示慰问。三一重工无偿提供的重型机械为福岛核电站的注水和冷却作业

---

① 日本赤十字社「中国（2010年～2011年豪雨災害支援事業）」、http://www.jrc.or.jp/activity/international/results/100808_001038.html［2020－06－23］；日本赤十字社「中国豪雨災害支援事業（2010年）被災者救援・復興支援事業の取り組み」、http://www.jrc.or.jp/activity/international/results/pdf/130925_report_china_floods_2010.pdf［2020－06－23］；日本赤十字社「中国（2014年雲南地震）」、http://www.jrc.or.jp/activity/international/results/141209_002858.html［2020－06－23］。
② JAXA EORC「陸域観測技術衛星『だいち』（ALOS）による中国甘粛省土砂災害の緊急観測結果」、宇宙航空研究開発機構、https://www.eorc.jaxa.jp/ALOS/img_up/jdis_opt_gansumudslide_100810.htm［2020－06－23］。
③ JAXA EORC「陸域観測技術衛星『だいち』（ALOS）による中国青海省地震にともなう観測結果」、宇宙航空研究開発機構、https://www.eorc.jaxa.jp/ALOS/img_up/jdis_opt_china_eq2010_01.htm［2020－06－23］。

贡献了技术和设备支持，而中国国际救援队作为最先到达、最晚撤离的境外救援队，也取得了日本国民和相关地方政府的高度评价。这一真心诚意的救灾援助既是对2008年四川汶川大地震后日本对华援助的感恩和回报，也延续到了2020年抗击新冠肺炎疫情的国际合作中。新华社在报道中引用了孟子所言的邻人相处之道"出入相友，守望相助，疾病相扶持"，强调"邻人罹灾，感同身受；救灾恤邻，义不容辞"，① 生动地诠释了这一救灾合作背后相濡以沫的患难真情。无论是在钓鱼岛撞船事件发生后不久的2011年，还是在中日关系走出低谷、重回正轨的当下，这种彼此的救灾援助对于两国关系的改善和民众情绪的接近无疑成为一种积极的推动因素。

在熊本大地震等多次后续的灾害救助中，这种相互之间的"报恩"心理被反复提及，形成了一种不断维系和强化的正向作用。2008年7月，日本54位漫画家集体拍卖签名画作用于赈灾，不仅提供了校园的重建资金，还为在汶川大地震中失去父母的六位孤儿提供了助学金，赠送了写有"四川加油"字样的画作，受援学生也表达了未来要亲自到日本道谢的愿望。② 2016年4月14日，熊本大地震发生的第二天，人民中国网发布了一幅慰问受灾群众的插图，内容为一只背着物资的熊猫给受伤的熊本市吉祥物熊本熊赠送竹笋。③ 这些富有人情味的文化外交活动都极大地拉近了中日两国民众之间的心理距离，从微观角度促进了双边关系的改善。④

再以日本19号台风为例。2019年10月，中国派出"太原"号导弹驱逐舰访问日本，首次参加日本海上自卫队举办的国际舰队阅舰式，但由于19号台风"海贝思"影响，日本受灾严重，日本政府紧急宣布

---

① 新华社：《"3·11"九周年：守望相助的生动呈现》，2020年6月20日。
② 峯村健司「漫画家54人、四川被災孤児に寄付　自筆色紙売り上げ金」、『朝日新聞』、http://www.asahi.com/special/08004/TKY200807180391.html［2020-06-23］。
③ 「10年前の『あの瞬間』に今も声を詰まらせる　国際緊急援助隊員が語る四川大地震」、『人民中国』、http://www.peoplechina.com.cn/zrjl/201805/t20180511_800129262.html［2020-06-23］。
④ 川島真「震災を契機とした日中関係の悪化を防げ」、https://www.nippon.com/ja/opinion311/topic0060/［2020-06-23］。

取消阅舰式。"太原"号在原定阅舰时间驶入日本港口后打出了中日双语的救灾祈愿横幅——"慰问台风受灾民众，祝愿灾区早日重建"。①这一照片在日本社交媒体上广泛流传，日本民众大多对此举表示欣赏和感谢，称赞中国有大国风范。这一事件不仅在民间引起热议，还得到日本政治精英的关注。在2019年"言论NPO"主办的"第15届东京—北京论坛"上，前防卫大臣、众议院议员中谷元也提到"在时隔8年首次开展的日本自卫队与中国海军的亲善训练中，中方舰艇打出了慰问日本19号台风受灾的横幅，日方对此印象深刻"。② 中国海军慰问日本台风受灾群众的行动虽不是直接的救灾援助，却展现出中国人民对日本灾情的关切，是中日友好的体现，显示了中日两国人民面对灾情心意相通的一面，也间接回应了部分日本民众对中国军事实力增长的疑虑，为中日军事合作奠定了更为正面的舆论基础。

值得关注的是，灾害是集中反映一国政府治理能力和国民特性的一面镜子。中日双方也在救灾抗疫的过程中不断调整自身的认知和判断，深化关于对方的观察和理解。东日本大地震发生后，中国国民对日本国民避险时高度组织有序、隐忍自肃、冷静协作的举动留下了深刻印象。③ 而在这次抗击新冠肺炎疫情中，中国火神山、雷神山医院建设的神速，无人机照明和无人机送餐的科幻感，都使日本国民叹为观止。④中国封城的高效决策和防疫行动的大规模集中推进，也充分展示了中国政府强有力的治理能力。弗朗西斯·福山（Francis Fukuyama）指出：

---

① 「日本のネットユーザーが中国海軍に感謝」、「中国版ツイッター・微博のランキングで2位に浮上」、Rakuten Infoseek News、https：//news.infoseek.co.jp/article/recordchina_RC_752498/［2020-06-23］。

② 「北東アジアの平和に向け、日中の『建設的な安全保障関係』の具体策を議論—安全保障分科会報告—」、『言論NPO』2020年6月14日、http：//www.genron-npo.net/world/archives/7392.html［2020-06-23］。

③ 古谷浩一「『日本人には道徳の血』中国紙、市民の冷静さを称賛」、『朝日新聞』、http：//www.asahi.com/special/10005/TKY201103130126.html［2020-06-23］。

④ 福田直之「武漢の新型肺炎病院、10日で完成　東京ドームの約半分」、『朝日新聞』、https：//www.asahi.com/articles/ASN227TTJN22UHBI01G.html［2020-06-23］；滝沢頼子「ドローンに無人配送車…新型コロナ拡大を防ぐ中国の『無人化技術』、活用の実態とは」、Yahoo Japan News、https：//news.yahoo.co.jp/byline/takizawayoriko/20200313-00167455/［2020-06-23］。

"应对此次疫情的能力与政体类型无关,无论是民主国家还是威权国家,其应对都呈现出良莠不齐的状态,国家能力、社会信任、领导能力才是决定政府应对疫情成功与否的三个关键要素。"[1] 不少日本社会精英和普通民众也对这一判断感同身受。

在自媒体时代,新冠肺炎疫情对两国相互认知与国民感情的改善作用表现得更加明显,留下了很多脍炙人口的佳话。以日本前首相鸠山由纪夫为例,他于春节期间录制视频鼓励中国抗击疫情,直言"中日两国是命运共同体……我要将'山川异域,风月同天'这句汉诗送给中国朋友,我们作为友邦会与大家共同面对,并肩作战"。[2] 他本人还向上海市政府、南京大屠杀幸存者群体捐赠防疫物资。[3] 此后,武汉大学校友则向鸠山由纪夫领导的"日中一带一路友爱义捐委员会"捐赠百余万元抗疫物资作为回报。[4] 正如中央大学法学部教授李廷江所言,"21世纪的标志之一就是日中关系相互依存的加深。人们在自然灾害以及日中历史中学到了对生命的敬畏和尊重"。[5] 此外,不少中日友好城市在对方最急需防疫物资时施以援手,在疫情转换时又得到对方的回赠,以防疫合作的实践很好地诠释了礼尚往来、互通有无。

如果说前几次灾害中,中日的相互援助基本是单向的,这次则呈现了双向、动态、交互的特点,"命运的连带感"色彩更为强烈,其中蕴含的相互感激、彼此扶持的意涵也值得细究。在几个疫情较为严重的大国中,中日之间这种互动的片段和场景最多。这也反映了一个微妙的悖论或反差,使不少人意识到,中日关系在特殊时期,在特定条件下,经过双方的共同努力,具有相当的提高空间和改善可能。

---

[1] Francis Fukuyama, "The Pandemic and Political Order: It Takes a State", *Foreign Affairs*, Vol. 99, No. 4, 2020.

[2] 中国电影频道:《日本前首相鸠山由纪夫:"山川异域,风月同天"这句诗送给中国朋友》,YouTube,https://www.youtube.com/watch?v=fzqBfgZU2V4 [2020-06-23]。

[3] 朱晓颖:《日本前首相鸠山由纪夫向南京大屠杀幸存者捐赠口罩》,中国新闻网,http://www.chinanews.com/gn/2020/02-17/9095074.shtml [2020-06-23]。

[4]《感谢武大校友捐赠!日本前首相鸠山由纪夫发来感谢信》,澎湃新闻,https://www.thepaper.cn/newsDetail_forward_7376586 [2020-06-23]。

[5] 李廷江「災害から日中の原点を考える」、ChuoOnline、https://yab.yomiuri.co.jp/adv/chuo/opinion/20110704.html [2020-06-23]。

回顾中国在20世纪70年代中期谢绝日本救灾援助的举动到2020年抗击新冠肺炎疫情的国际合作，可以看到中国政府对救灾外交的态度经历了从封闭自助到开放互助的积极转变。从对外国援助敬谢不敏，到提倡救灾的"命运共同体"，中国的大国外交越来越表现出积极、开放、自信的心态。这也对中日关系中的功能性合作与情感认同起到了重要的作用。

四 救灾领域的功能性合作：成效与限度共存

日本在防灾救灾领域积累了大量的经验，在机制建设、法律法规、官民互动、国际合作等诸多方面形成了一套颇为健全的体制，涉及综合防灾、应急救灾、灾后重建和复兴等各个阶段和侧面。中国在这方面也已经取得了长足的发展，基于本国国情不断完善防灾救灾体制。两国在相关领域的彼此学习和借鉴由来已久，随着救灾合作实践的最新发展，有望取得更大的合作时效。

救灾合作是一种典型的功能性合作。这一功能性合作客观上有助于改善本国的国际形象、增强区域凝聚力和亲和力，乃至谋求在特定功能领域的影响力。诸多多边、区域和双边机制为中日两国开展救灾领域的功能性合作提供了渠道和平台。例如在多边层次，2015年3月，在仙台市召开了"第三次联合国世界减少灾害风险大会"。在《建立更安全世界的横滨战略：预防、防备和减轻自然灾害的指导方针及其行动计划》和《2005—2015年兵库行动框架：加强国家和社区的抗灾能力》的基础上，会议又通过了《仙台宣言》和《2015—2030年仙台减少灾害风险框架》。

在亚洲的区域层次，东盟地区论坛、东亚峰会及"东盟10+3"框架都使中日之间的防灾救灾外交在常态化沟通方面有例可循。其中，东盟地区论坛作为亚洲地区规模最大、影响最广的官方多边政治和安全对话与合作渠道，为中日提供了防灾减灾对话的诸边平台，而中日防灾减灾研讨会等诸多双边机制则为两国将防灾合作落实到地方政府提供了机会。1998年7月，在神户市成立了"亚洲防灾中心"，中国也是其成员。2013年,中日韩三国合作秘书处首次在首尔举办了"三国灾害管理桌面演练",模拟大规模震灾下灾害管理与合作的方案,以期"为建设一个全面有效的东北亚地区救灾合作机制奠定坚实基础",此后两年分别在东京、北京举行了会议。① 此外,自2015年来,中国参与救灾外交的主动性明显增强,不断开展关于防灾减灾合作的主场外交活动。② 2019年11月,中日防灾减灾研讨会在四川举行,借庆祝四川省与广岛县缔结友好城市关系35周年之机,协商研讨高校应急管理专业设置、暴雨对策等经验,③ 迈出了中日救灾外交议题领域拓展、议事级别地方化的重要一步。

毋庸讳言的是,新冠肺炎疫情及之前的其他自然灾害案例一再证明,在面临政治体制、意识形态等其他因素时,功能性合作有其发挥作用的边界。在人命关天、忙于救死扶伤时,这个侧面可能不太突出,但在潜流中始终存在,而且随着灾情的变化、扩散和演进,会不断表现出来。在突如其来的灾害面前,"老天"、病毒、细菌等"第三方对象"成为各国应对挑战的共同对手。尽管分属不同的国家、阶层、社群,但每一个个人都似乎身处同一个阵营,"同命运、共呼吸",这恐怕就是"共同体"的最基本含义。一俟灾难缓解、疫情消退,灾害就不再仅仅具有"天灾"的侧面,"人的因素"和阵营的分野就会卷土重来、重新显现,且往往与其他诸多因素相牵连。

这提示我们既要重视功能性合作对认知的积极作用,也要清醒地认识到功能性合作的限度。功能性合作能够解决一些实际问题,但或许难以彻底改变中日彼此的认知和评价,特别是对于日本的对华认知而言,更是如此。中国民众的对日认知似乎随着中日几次救灾合作而出现了比

---

① 《中日韩首次进行灾害管理桌面演练》,人民网,2013年3月14日,http://world.people.com.cn/n/2013/0314/c1002-20795604.html [2020-06-23]。
② 中华人民共和国国务院新闻办公室:《中国的亚太安全合作政策》,中华人民共和国中央人民政府网,2017年1月11日,http://www.gov.cn.qingcdn.com/zhengce/2017-01/11/content_5158864.htm [2020-06-23]。
③ 《共享经验 促进交流合作 2019年中日防灾减灾研讨会在蓉举行》,人民网,2019年11月13日,http://sc.people.com.cn/n2/2019/1113/c379470-33533203.html [2020-06-23]。

较明显的变化。与之相对应,日本民众的对华认知与救灾合作的相关性并不突出。在相当程度上,日本的对华认知是一体两面的问题,正面评价与负面判断是一个硬币的两面,可以说,灾情、疫情及其国际合作并没有改变近几年来日本总体的对华认知,只是使其在特殊事件上投射、聚焦乃至放大而已。如东京大学教授川岛真在一篇观察东日本大地震后中日两国民意波动的时评中所指出的,"灾难有时会引发国际关系的转变,但不一定是向着好的方向……有人认为中日关系最大的问题是相互信赖,这一观点已经流传很久,正是在这种时候,我们才更应该努力把这场震灾变为增进信任的契机,或者至少考虑到不要让地震成为两国关系恶化的导火索"。[1]

自然灾害和疫情期间的国际援助尽管也需要各国政府的首肯或默许,但往往更加关注个体,穿透了民族的界限,弱化了国家的矛盾。这事实上是"人的安全"理念的积极体现。"人的安全"无论是价值初衷还是实施对象都汇聚到个体而非传统的民族国家的身上,需要超越传统的"国家中心主义"。[2] 因此,这种人道主义的介入往往超越了传统的对主权观念的严格限制,凸显出国际和区域合作的必要性和紧迫性。通过特定的项目、议程设置和行动网络,传统的国家层次的"阶层治理原则"部分地让位于"功能治理原则",进而形成更为复合的治理原则与模式。[3]

在面临灾情和疫情的正面冲击时,包括中日在内,大部分国家的政治议程都相对关注本国国内,比较内视和谨慎,这也客观上有助于中日关系的平稳发展。例如在此次新冠肺炎疫情期间,中日关系并非没有羁绊,但整体而言,双方都对隐性的矛盾和潜在的纠纷,做了低调处理和妥善应对,且彼此之间不无默契。尽管如此,功能性合作并不能包治百

---

[1] 川島真「震災を契機とした日中関係の悪化を防げ」、https://www.nippon.com/ja/opinion311/topic0060/［2020 - 06 - 23］。

[2] 武者小路公秀編著『人間の安全保障―国家中心主義をこえて―』、ミネルヴァ書房、2009年。

[3] 栗栖薫子「人間安全保障『規範』の形成とグローバル・ガヴァナンス―規範複合化の視点から―」、『国際政治』第143号、2005年11月、87頁。

病，也不是彻底解决地区结构性问题的"灵丹妙药"。正如不少学者所断言的，如果没有突破性的政治进展和战略决断，功能性合作的实际和远期功效值得怀疑，单纯凭借功能性合作无望解决历史问题、主权纷争等困扰东亚各国的痼疾。① 通过功能性合作建立起来的信任感和亲近感，仍有可能由于个别突发性敏感事件而遭受顿挫，对其进行修补乃至重构往往需要花费更长的时间和更多的精力。②

五 结语：东亚"人情社会"视角下的中日救灾外交

在构建中日之间的救灾防灾共同体方面，中日的救灾合作与救灾外交既有联系，又有区别。救灾外交常常建立在富有实效的功能性救灾合作的基础之上，以其成果作为外交资源；而相较于功能性合作，救灾外交在目的导向上更重视情感认同，旨在达成中日友好、民心相通的效果。

前述《仙台宣言》提出，"每个国家都负有通过国际、区域、次区域、跨界和双边合作预防和减少灾害风险的首要责任"。中日两国重大事故、事件不断，灾害、灾难发生具有周期性、多发性、反复性的特点。虽然灾害本身是巨大的悲剧，也是两国人民不愿看到的，但此类事件作为一种"紧急事态"和"特殊情况"，能够绕开中日双边关系存在的一些历时已久的重大矛盾，成为中日相互支援交往、增进国民友谊的抓手。

对于不忍回首的灾害，受害者的记忆是长远的甚至是永久的，但更多幸存者或同时代的人的记忆有可能稍纵即逝，随着时间的流逝渐渐被湮没或忘却。同时，由于灾害往往是局部的、短暂的，很难形成一种民族记忆或整体的国家记忆。对防灾、救灾和灾后重建中的国际援助的记忆亦是如此。尽管单次抗灾合作带来的积极作用或许难以持久，但鉴于

---

① 贺平：《区域公共产品与日本的东亚功能性合作：冷战后的实践与启示》，上海人民出版社 2019 年版。
② 贺平：《区域性公共产品与东亚的功能性合作——日本的实践及其启示》，《世界经济与政治》2012 年第 1 期。

中日灾害频发，有望形成某种断点相连、记忆重叠的效应。如能审慎、有效地加以利用，救灾外交与和合作可以成为改善中日关系的有利因素或政治资源。

受儒家文化的影响，东亚社会都比较注重"关系"，从这个意义上说，"国际关系就是人际关系"这一判断在东亚就显得尤为突出。无论是关系还是人情，都需要维系和经营，救灾等领域的功能性合作就能够很好地承担这方面的作用。中国讲究"滴水之恩，涌泉相报"，日本强调"报恩于万一"。事实上，无论是东亚的儒家社会，还是世界其他文化中，这种"报恩"与"感激"之情可谓人同此心、心同此理。这种发自肺腑的"报恩"往往不是一次性的，一旦在心里深处扎根，就能形成较为持久的正向反馈机制。

同时，东亚社会文化所孕育的"人情社会"视角使得天灾与人祸往往难以割离，"国计"与"民生"也紧密地交织在一起。对于抢险救灾等关系到民众生命安全的紧急事项，政府的处置是否得当，既关系到国内的政权稳定性、民众认可度，也与国际信誉息息相关。一国政府想要改善形象，需要在根本体制、应对模式、治理细节中得到本国乃至他国民众的认同和好感。

在频发的灾害面前，要使中日的救灾外交超越短期功能，发挥长期效应，在中日之间甚或东亚三国内建立某种"救灾共同体"，为此需要塑造和扩大"命运连带感"，使其深入人心，成为各国的共识。近来，不少国外媒体和民众也在新冠肺炎疫情期间积极呼吁"命运共同体"这一理念。例如，原京都大学教授大泽真幸认为："目前世界各国民众面临共同的危机，没有人能够逃避这种状况……我感受到全人类是一个命运共同体。21 世纪最大的课题就是形成超越国界的连带关系的机遇。"[1] 韩国总统文在寅也提出，要在新冠肺炎疫情下与朝方合作形成"南北命运共同体""南北和平共同体"。[2] "命运共同体"的构建既需

---

[1] 太田啓之「苦境の今こそ、人類の好機　大澤真幸さんが見つめる岐路」、『朝日新聞』、https://www.asahi.com/articles/ASN475W0VN3TUPQJ013.html［2020 - 06 - 23］。

[2] 「韓国　きょうのニュース（4月27日）」、聯合ニュース、https://news.yahoo.co.jp/articles/87ba333f12cf0d03b4aaa086d5ffdd68da475c7e［2020 - 06 - 23］。

要政策宣示和官方引导，更需要每一个个体的切身体验和主观认同。如何在灾害面前深化民众对所在社区、国家乃至跨国界的普遍关切，将是未来中国外交和中日关系的重要课题。

疫情背景下日本对华认知的
维度和限度[*]

2020年以来，突如其来的新冠肺炎疫情改变了人们的生活方式，也重新塑造了国家间关系甚至国际秩序。自疫情暴发以来，中日两国守望相助，从政府到民间都对彼此释放了善意，这种善意体现在疫情期间日本对华认知和行动领域的显著变化，并为持续改善中日关系提供了动力。日本对华的这种认知是否为中日关系今后发展的常态，还是疫情特殊背景下的非常态？本部分侧重于疫情背景下日本对华认知的三个维度，同时从中日两国舆论的互动中展望日本对华认知的限度和未来走向。

一 疫情背景下日本对华认知的三个维度

"维度"（dimension）是人们思考、认知某种事物的思维角度。因为时间、地点和对象的不同，对特定事物的认知往往会呈现出差异性，而认知的差异性会影响到接下来的行为选择。在新冠肺炎疫情从产生到暴发的过程中，日本舆论的对华认知也发生了变化，这为本部分基于维度的视角来考察其认知变化提供可能。根据笔者的观察，从最初以武汉市为中心的疫情大暴发到后来日本遭遇第一波、第二波疫情，从人道主义、价值主义和工具主义三个维度来理解其对华认知更加贴切。需要指出的是，上述三个认知维度呈现出明显的时间差，即日本在疫情问题上的对华认知经历了从人道主义到价值主义再到工具主义的演变过程。

---

[*] 王广涛，复旦大学日本研究中心副研究员。

笔者对人道主义、价值主义和工具主义三个维度的界定直接受益于马克斯·韦伯（Max Weber）对"理性"行为的界定和分类。他在《经济与社会》一书中指出，社会行为可以由下列情况来决定：（1）目的合乎理性的，即通过对外界事物的情况和其他人的举止的期待，并利用这种期待作为"条件"或者作为"手段"，以期实现自己合乎理性所争取和考虑的作为成果的目的；（2）价值合乎理性的，即通过有意识地对一个特定的举止的——伦理的、美学的、宗教的或作任何其他阐释的——无条件的固有价值的纯粹信仰，不管是否取得成就；（3）情绪的，尤其是感情的，即由现时的情绪或感情状况；（4）传统的，约定俗成的习惯。[①] 后来的学者常常将上述韦伯所总结的前两项社会行为以"工具理性"和"价值理性"定义之，却忽略了现时的情绪或感情以及传统的作用。笔者在考察日本国内对新冠肺炎疫情的反应时，认为除了价值理性和工具理性之外，还应当顾及另外两个侧面。因为，突如其来的新冠肺炎疫情甚至都不会让日本民众有充分地时间从"工具"或"价值"的维度思考，在疫情发生初期反而会更多呈现出现时性的情绪或感情，当然也包括所谓传统的作用（例如，中日两国一衣带水，是搬不走的邻居等思维框架）。

需要说明的是，本部分所谓日本的对华认知是基于普遍意义上的认知，既包括来自个人、团体、自治体也包括日本的政党甚至日本政府。由于当前中日两国尚缺少新冠肺炎疫情背景下的舆论调查，所以本部分对认知的界定并非基于准确的数据，而是基于媒体报道基础上的质性判断。

第一，人道主义。人道主义是一种尊重人、关心人的朴素的世界观。在疫情初期阶段，由于先期经验不足和疫情的集中暴发，以武汉市为中心的重点城市经历了严重的医疗物资短缺。日本媒体在报道了武汉市的情况后，日本国内的普遍反应是提供力所能及的支援，特别是针对正在日本观光的中国游客等采取了免费发放口罩等防疫物资等措施。日本国内的这种援助是在目睹了疫情初期医疗物资短缺之后的应激反应，

[①] 马克斯·韦伯：《经济与社会》（上卷），林荣远译，商务印书馆1997年版，第56页。

并不会因为发生在中国而有所顾虑，所以整体上呈现出来的是人道主义的侧面。人道主义的理念不因对方是敌是友而有区别，这是人道主义的本质所在。中日关系民间的舆论基础并不好，但仍然不影响日本民众在第一时间向中国伸出援手。这一时期比较有代表性的案例发生在大阪市的商业街——道顿堀，道顿堀商店会制作的"挺住!! 武汉——がんばれ、武漢"中日双语的宣传板经过日本舆论报道后产生了积极的反响。值得注意的是，最先对道顿堀这一支援武汉宣传板进行报道的是《产经新闻》。① 该报纸素以反华立场著名，但是在武汉疫情的初期对这一事件的报道也反映出了作为"本能"的人道主义理念。

第二，价值主义。相较于初期阶段的人道主义行动，随着事态的进一步发展，日本的中央政府到地方自治体越来越多从理性的视角开始思考新冠肺炎疫情给中国以及日本可能带来的冲击。价值理性看重行为本身的价值，不会计较利益得失。工具理性则通过对外界事物的情况和其他人的举止的期待，并利用这种期待作为条件或作为手段，以期实现自己合乎理性所争取和考虑的作为成果的目的。在笔者看来，随着疫情的迅速发展和蔓延，日本在应对中国疫情的时候，逐渐向着价值理性的方向发展。1月28日，二阶俊博在接受《凤凰卫视》采访中表示，对日本来说，看到中国遭遇疫情，如同是日本的亲戚、邻居遇到了困难，日本国民都愿意援助中国，希望疫情早日平息。② 这体现的正是一种价值主义的取向。此外，日本各地方自治体在疫情期间对中国各地（主要是结对的友好省县和友好城市为主）倾囊捐助口罩、防护服等防疫物资，捐赠附言中的"山川异域、风月同天"等标语所折射出的也是基于价值理性判断基础上对中国的无私援助。如同接下来所经历的那样，日本的地方自治体并没有考虑到疫情会迅速在日本暴发，所以部分自治体动用了库存的紧急防疫物质，当然这也反映出日本的援助是基于价值理性

---

① 「『がんばれ武漢』新型肺炎、大阪・道頓堀に応援バナー」、『産経新聞』2020年2月8日，https://www.sankei.com/smp/life/news/200208/lif2002080025-s1.html［2020-06-25］。

② 《日本自民党干事长二阶俊博：举国之力援助中国，义不容辞》，凤凰网，2020年1月30日，http://news.ifeng.com/c/7teYApOkIhU［2020-06-26］。

这一侧面。

第三，工具主义。随着中国国内疫情逐渐稳定，日本国内感染者的数量逐渐增加，这时日本政府在政治判断上更加趋向于工具理性。2020年3月6日，日本方面宣布了习近平总书记访日延期的消息，与此同时日本政府宣布限制持中国护照的游客入境。① 在日本政府看来，这是基于保护其本国人民免受潜在疫情感染而采取的合理措施，体现了日本政府工具理性的一面。当日本国内的形势告急的时候，除了事实上的封锁国门之外，日本政府在涉及中国的问题上开始变得更加谨慎。当中美两国围绕新冠病毒起源问题产生争端的时候，日本一开始以旁观者的姿态淡化自身的立场。最后在受到来自国内以及美国压力的背景下，安倍在2020年5月25日接受记者采访时指出，"疫情从中国扩散到国际社会，这是事实"。日本作为美国的同盟国，其面临着选边站队的选择。然而，日本有意改善中日关系，也认为中国在抗击疫情的问题上表现不错，所以在回答的时候谨慎地使用了"扩散"，而非"起源"，这是安倍政权在中美战略竞争态势下所能够做出的最大限度妥协。②

表3-1 新冠肺炎疫情背景下日本对华认知的三个维度

	人道主义	价值主义	工具主义
代表性口号/事件	"挺住!! 武汉" "がんばれ、武漢"	山河异域、风月同天	限制中国游客入境以及宣布推迟领导人访问
时期	1月中下旬	2月	3月至今
行为体	日本民众、商户等	地方自治体、友好团体	日本政府

资料来源：笔者自制。

纵观日本在本次疫情中的表现（虽然疫情到现在并未结束），由于

---

① 冈田充「習訪日延期と入国制限、腰の定まらない対中政策。安倍政権下では難しい日中改善」、2020年3月16日、Business Insider、https：//www.businessinsider.jp/post-209303 [2020-06-22]。

② 王广涛：《安倍发言为日美同盟背书却落得两面不讨好》，中国网—观点中国，2020年6月1日，http://opinion.china.com.cn/opinion_78_222678.html?from=timeline&isappinstalled=0 [2020-06-26]。

疫情初始阶段，其国内并没有受到疫情传播的影响，所以在对疫情的处理上主要以向武汉等地提供紧急援助为主，这一时期人道主义和价值主义体现得较为明显。当中国的疫情渐趋稳定，日本国内受欧美感染者传播的影响开始变得严峻起来之后，在对华认知的问题上则越来越向着工具主义的方向变化。这三种取向时期上有先后，认知行为体侧重点各有不同，但整体上代表了日本在疫情期间对华认知的维度。这三种认知维度会影响接下来中日两国互动的模式以及日本对华舆论改善的限度，因此也有必要厘清三种认知维度背后的逻辑。

二 中日两国舆论的积极互动

新冠肺炎疫情发生之后，中日两国先后开启应对新冠肺炎疫情积极互动模式。这种互动以"双边互助"为主，但也掺杂着其他负面因素，而且这种互动受到疫情在中日两国消长以及国际抗疫形势的影响。整体看来两国的互动较为积极，并呈现出如下三个方面的特征。

第一，由于中日两国经济相互依存程度较深、人员交流互动频繁，在中国疫情大规模暴发期间，日本对中国提供了及时全面的援助，中国也对日本的援助进行了积极的报道。据不完全统计，截至2020年2月18日，日本中央和地方政府累计捐赠口罩285.6万余个、防护服38.56万余套、手套15.65万余副、护目镜8.27万余个。[1] 值得注意的是，这些援助都是在中国国内疫情最严重的时期，日方通过个人邮寄以及包机等形式紧急捐助给中国的。例如，日本大分县大分市在疫情初期阶段就筹集3万只口罩寄送给其友好城市，同时也是疫情的中心——湖北省武汉市。伊藤洋华堂则迅速调集100万只口罩捐赠给其在华经营活动的重镇——四川省成都市。[2] 日本在第一时间为中国抗疫所进行的捐助，获

---

[1] 《切实守护公民健康安全，努力推动中日携手抗疫——驻日本大使孔铉佑接受我驻日媒体联合书面采访》，中国驻日本大使馆网，http://www.china-embassy.or.jp/chn/sgxxs/t1748498.htm ［2020-06-22］。

[2] 「中国に100万枚以上のマスク寄付。日本企業や市、新型コロナウィルス感染拡大で」，https://www.buzzfeed.com/jp/sumirekotomita/coronavirus-mask ［2020-06-21］。

得了广大中国民众的高度评价。特别是个别日本友人、友好团体的行为被中国的媒体报道之后，在舆论界形成了一股"感谢日本"的潮流。据《日本经济新闻》报道，日本执政党自民党干事长二阶俊博在2月10日干部会议后的记者会上表示，针对新冠肺炎疫情，自民党将向中国提供支援资金。他宣布将从自民党内国会议员的津贴中每人扣除5000日元（约合人民币318元），作为支援金转交给中国。该消息经过新浪微博在国内流转之后，仅10日当天就有2600万次的点击量，留言区中则以正向积极评价为主。① 这些正面感谢和评价日本的舆论自1月下旬一直持续到3月初，也为下一个阶段中国方面向日本提供防护物资奠定了积极的舆论基础。

第二，当中国疫情基本得到控制并有序恢复防疫物资生产之后，日本国内疫情则有扩大化的态势，中国开始向日本提供物资援助。日本在疫情初期对中国给予了无私的援助，但始料未及的是在进入3月之后日本国内的抗疫形势日益严峻，于是中国开始了对日本的积极援助。日本政府以及国内各自治体并没有意料疫情会在日本国内如此迅速传播，导致其口罩等防疫物资极度匮乏。中国在进入3月之后初步控制住了疫情的传播，出于"投桃报李"的情结对日本进行积极回馈。从数量来看，中国对日本的回馈量远超日本当初对中国的援助量。

例如，日本爱知县丰川市在2月上旬曾动用市政府库存向无锡市新吴区赠送了4500只口罩以及防护服等物资，随着疫情在日本蔓延，该市出现口罩不足的情况，丰川市长被迫向无锡市求援，恳请在口罩有富余的情况下提供支援。无锡市迅速调集了5万只口罩反向馈赠，最终促成了一段两国疫情期间守望相助的佳话。据不完全统计，截至6月5日，中国政府、有关地方、友好团体、企业及中国驻日本大使馆共向日本捐赠口罩1564715只，防护服346350套，防护手套27.5万副，消毒液38575瓶，手术服1万套，靴套5万个，一次性医用帽9万个，防护

---

① 陳言「中国ネットで急速に高まる日本のイメージ　新型肺炎対策への支援や寄付に『感謝』」、J-CASTニュース、2020年2月14日、https：//www.j-cast.com/2020/02/14379628.html？p=all［2020-06-23］。

面罩 22410 个，护目镜 3.02 万个，检测仪器 10 台，检测试剂 1.25 万份。其中，中国政府分两批次向日本捐赠口罩 70 万只，防护服 1.5 万套，防护面罩 1 万个，护目镜 1 万个，手术服 5000 套。[1] 受到疫情初期日本方面基于人道主义和价值主义理念对中国提供支援的影响，中国舆论正向积极反馈日本是第二阶段中央、地方政府、企业以及社会团体等向日本提供援助的认知前提。如果没有初期日本对华积极援助，则不可能塑造出中国对日舆论的良好空间，当然也不可能产生接下来两国政府、民众以及舆论的正向积极互动。

第三，中日两国的友好互动主要集中在地方政府（自治体）以及民间友好组织之间，但是中央政府之间的舆论引导十分重要。根据中国日本友好协会网站的统计资料显示，当前中日两国共缔结友好城市、友好省县 256 对。[2] 疫情暴发后不久，日本各地方自治体便针对其友好省县、友好城市提供了口罩、防护服等紧急医疗物资支援，其中有相当部分规模较小的自治体甚至动用了紧急防疫物资。据不完全统计，截至 2020 年 3 月 2 日，已经有 100 多个日本地方自治体向中国提供了口罩、防护服、消毒水等医疗物资援助，这些地方自治体主要以缔结友好省县、友好城市的地方政府为援助对象，部分自治体则把援助送给了疫情的中心武汉市以及中国驻日本大使馆、领事馆等。[3] 中国国内的疫情在 3 月进入可控稳定期之后，则是中国地方政府开始向日本提供大规模援助的时期。中国地方政府主要以对口援助为主，针对此前日本地方自治体向我方提供的援助，中国的援助则大幅超过日方的支援，这种援助源自"滴水之恩，涌泉相报"的传统美德。从数量上来看，中国地方政府向日本提供的捐赠已经占中国对日捐赠总数的半数以上。

由于地方政府·自治体之间的援助具有一定的民间性，所以从性质

---

[1]《中国向日本捐赠抗疫物资情况》，中国驻日本大使馆网，2020 年 6 月 5 日，http://www.china-embassy.or.jp/chn/zt/zgxrbjzkywzqk/[2020 - 06 - 25]。

[2] 中国日本友好协会网，http://www.zryx.org.cn/city/index.html[2020 - 06 - 25]。

[3] 到目前为止中日两国都没有公开地方政府·自治体层面的援助数据，本部分的统计仍然缺乏诸如埼玉县、山形县等地的数据。参见 https://taikan-enta.info/mask-china-kihu/[2020 - 06 - 25]。

上更接地气，更容易让两国的民众认为彼此的援助是出于两国民众互帮互助、友好交流这一基本原则。从中日关系的长远之计来看，地方政府·自治体层面的正向积极互动更有利于夯实民间友好的基础。可以预见的是，当中日两国进入后疫情时代，借助此前抗击疫情建立起来的交流基础，中日两国的地方政府、自治体之间会有一段长周期的互访等友好互动，因此也会带动双边关系新一轮发展。当然，地方政府·自治体之间的友好交流离不开中日关系改善的大前提，更离不开中央政府的舆论引导。从疫情一开始，人民日报、环球网、新华社、中央电视台等平面、网络媒体就积极报道两国上述互帮互助的举动。日本的各地方自治体也在第一时间发布了来自中国地方政府的援助，且《朝日新闻》《每日新闻》等主流媒体予以正面报道。"中央搭台、地方唱戏"是疫情期间中日两国守望相助的代表性模式。

整体而言，新冠肺炎疫情暴发以来日本政府和民间对华释放善意，并将其付诸外交行动是有目共睹的事实。其中既有近年中日关系稳步改善的大背景，也有东亚邻国间发扬人道主义精神，本着守望相助、共克时艰的积极态度。日本积极援助中国的背后，虽然也有希望不影响东京奥运会举办等政治考量，但在疫情大难降临的关头，作为人性的一面压倒了民族文化中的个人，换位思考的同理心、同情心占据两国舆论主流。[1] 中日两国在疫情面前展现出守望相助、命运与共的互助姿态，已经成为世界合作抗疫、共同应对公共卫生安全危机的典型范例。[2] 这种积极互动可以有效改善当前中日关系民间基础薄弱的问题，但也面临着持续性的难题，即当中日两国疫情彻底消解之后，这种正向的互动是否还能够持续？

三 日本舆论对华认知改善的限度

疫情期间中日两国守望相助一定程度上控制了疫情的扩散和传播，

---

[1] 高洪：《日本的新冠肺炎疫情应对及其对中日关系的影响》，《日本学刊》2020年第2期。
[2] 吕耀东：《从中日抗疫互助看非传统安全合作的可行性》，《东北亚学刊》2020年第3期。

整体上让中日关系的舆论环境有所改善。但随着疫情在全球范围内的扩散以及东京奥运会因此而延期等事件的发生，日本舆论在对华认知的层面开始呈现出更多的复杂性。如果仅就中日两国而言，显然两国关系的民意基础有所改善，但随着新冠肺炎疫情超过两国关系的范畴，不确定性则让中日关系蒙上了新的阴影。日本舆论对华认知的改善是有限的，并且受到两国国内政治以及国际局势的影响甚至会出现反复。

第一，中日关系改善的积极情感薄弱，结构性问题仍然没有得到解决。本次中日关系的正向积极互动是在新冠肺炎疫情暴发这一特殊背景下发生的，具有一定的偶然性。如果没有疫情的影响，中日两国民众之间原本就薄弱的积极情感基础很难有提升的空间。中日两国政府间自2017年开始就通过首脑互访等方式谋求改善双边关系，但是两国民众之间特别是日本对华舆论仍然相对消极。[1] 特别是在疫情期间，两国在钓鱼岛等争议海域仍然出现了不和谐事件，这表明中日两国不会因为疫情期间的积极互动而在领土争端等问题的立场上有所松动。需要指出的是，两国政府的正向引导仍然非常重要。例如，2020年3月30日在中国浙江省舟山以东的东海海域发生了日本海上自卫队舰艇碰撞中国渔船的事件，并导致1名中国渔民受伤。[2] 中日两国政府在该起事件的处理中都采取了相对克制的态度，两国舆论也没有在责任追究等问题上做太多报道，这使得一次潜在的外交危机得以平稳收场。2020年6月22日，日本冲绳县石垣市议会通过有关议案，把钓鱼岛的所谓"行政区划"进行更名，这导致中国政府对日本采取了针锋相对的措施。[3]

第二，日本媒体受定式思维的影响，对涉及中日两国积极认知的报

---

[1] 日本"言论NPO"和中国外文出版局联合发布的《中日共同舆论调查》（2019年）显示，日本民众对华持有积极印象的只有15%，较上一年的增幅仅为2%，参见http://www.genron-npo.net/pdf/15th.pdf［2020-06-25］。

[2] 《2020年3月31日外交部发言人华春莹主持例行记者会》，外交部网，https://www.fmprc.gov.cn/web/fyrbt_673021/jzhsl_673025/t1764266.shtml［2020-06-25］。

[3] 《2020年6月22日外交部发言人赵立坚主持例行记者会》，外交部网，https://www.fmprc.gov.cn/web/fyrbt_673021/jzhsl_673025/t1791135.shtml［2020-06-25］。6月25日，日本内阁官房长官抗议中国将东海海底地形以"钓鱼岛"命名。参见「海底名称設定で中国に抗議　菅官房長官」、時事通信社、2020年6月25日、https://www.jiji.com/sp/p?id=2020 0625122622-0035041568［2020-06-25］。

道整体较少。笔者曾对疫情期间日本综合门户网站——雅虎日本（Yahoo Japan）涉华报道的风格和类型进行跟踪调查。研究发现，有关中国的负面新闻（如疫情等）往往会比较频繁地出现在显要位置（话题新闻），而有关中国的正面新闻则需要下拉菜单才可以读到，且很快被其他新闻更新。① 新闻媒体一般都倾向于报道负面新闻，从而引起更多读者的关注，关于这一点不置可否。但是，针对相同类型的负面新闻，却因为对象国的不同而在报道上差异化处理，则不可避免地会影响到日本民众对中国的认知。此外，仅就新冠肺炎疫情而言，日本媒体报道的另一个特色是，大型综合性媒体往往更聚焦于有关中国的负面新闻，而地方媒体、小型媒体则相对积极地报道正面新闻。例如，中国地方政府向日本地方自治体援助的口罩等医疗物资，大多通过地方报纸、电视台等媒体介绍给日本（当地）民众，对于涉及援助数量和额度较少的案例，综合性媒体往往不会报道。② 如此一来，即使地方上的媒体积极正面报道也难以弥补综合性媒体批判性报道给舆论带来的消极影响，这是导致日本国内舆论对华认知改善较为有限的重要原因。

第三，仍然有部分舆论认为"病毒来源于中国"，这种主张虽然不占主流，但是具有强大的杀伤力。日本舆论热衷于有关中国的负面消息，但是有关于病毒来源属于"大是大非"的关键问题，日本媒体并没有盲从美国等西方国家。但是，不盲从并不意味着不报道，日本媒体的报道主要通过援引 CNN、VOA（日文版）来表达其对病毒来源的质疑。进入 4 月以后，日本媒体开始越来越多地主动批判中国，其中尤以《读卖新闻》中国总局长竹内诚一郎的批判引人注目。③ 竹内将批判的

---

① 王广涛：《"雅虎日本"客观中立？一个基于手机截图的小实验》，观察者网，2020 年 6 月 4 日，https://www.guancha.cn/wangguangtao/2020_06_04_552870_1.shtml［2020 - 06 - 26］。

② 笔者以"マスク、寄付"（口罩、捐赠）为关键词，通过检索引擎"Bing"检索到的新闻人多出自日本地方的新闻媒体，例如《京都新闻》报道了陕西省咸阳市对京都府宇治市的"口罩还礼"，《神奈川新闻》报道了江苏省无锡市对静冈县相模原市捐赠口罩等防疫物资的新闻，《西日本新闻》报道了福建省厦门市对长崎县佐世保市援助口罩等防疫物资的新闻，等等。

③ 竹内誠一郎「『謝れない党』の自縄自縛」、『読売新聞』2020 年 4 月 12 日。

焦点放在对中国共产党以及国家领导人的层面，对此中国的媒体也进行了坚决的回击。① 以日本知名艺人志村健因感染新冠肺炎而去世（3月29日）为契机，日本舆论在涉华问题上的仇恨言论开始增加，日本舆论对华认知不确定性增加。学术界和政策界对中国的批判已经不再限于"抗疫"本身，而是担心中国成功的"抗疫"是否可能向国际社会推进其"抗疫模式"，并开始警惕中国模式向其他国家输出的问题。②

四　结语

本部分从人道、价值和工具三个维度考察了疫情期间日本对华认知的变化以及变化背后的逻辑。日本舆论在疫情初期主要基于人道和价值的维度积极对中国进行援助，随着疫情向日本扩散，其行为逻辑逐渐向着工具理性的方向发展。整体而言，日本在疫情期间释放的善意促进了中日两国舆论的正向互动，为改善中日关系奠定了基础。但是，随着中美战略竞争态势愈演愈烈，日本不可避免地会受到来自美国选边站队的压力。同时，日本国内在受到疫情持续冲击之后，其舆论开始指责中国在疫情初期的应对不力。日本舆论改善对华认知的空间整体较为有限。这导致中日两国对彼此的认知开始呈现出较大的反差，即中国国内对日舆论整体向着积极方向发展，而日本国内的对华舆论则呈现出多样性和复杂性。对此，中国需要全面客观地认识日本国内对华舆论的差异性，才可以正确处理后疫情时代的中日关系，并服务于国家对外政策的全局。

---

① 竹内的文章发表于4月12日的《读卖新闻》，同日《环球时报》发表"社评"，对竹内的批评予以回击。参见《读卖新闻出息点，莫看着美国脸色说中国》，《环球时报》2020年4月12日。
② 例如，濱本良一「蔓延する中国の新型肺炎コロナウイルス禍は『人災』」、『東亜』2020年3月号、36—48頁；飯島渉「中国・『抑制』から『感染症外交』へ—歴史の視座から読み解く—」、『外交』2020年5・6月号、38—43頁。

第四章

疫情对中日及区域合作的
影响及其未来走向

疫情对中日经贸关系的影响与合作契机[*]

2020年新冠肺炎疫情突如其来。随着疫情在世界范围蔓延以及各地防控措施不断升级，全球进入前所未有的封闭与隔离状态，产业供应链遭遇重创，世界经济陷入衰退之势。在此形势下，中国和日本各自国内经济、中日经贸关系也受到严重冲击，两国面临新的挑战与合作契机，有必要加强疫情防控合作，进一步深化双边经贸关系，推动构建常态化的区域性合作机制，共同维护和促进东亚地区的持续发展。

一 中日经贸关系发展现状

贸易和投资，是中日经贸关系的重要组成内容，也是受新冠肺炎疫情影响较大的领域。2012年"钓鱼岛事件"发生后，中日关系显著恶化，双方经贸关系亦连续多年处于低迷状况。2017年春季以来，随着中日关系重回正常轨道，两国经贸合作日益回暖。

（一）中日贸易

据日本方面统计，2019年，中日贸易额为3038.9亿美元，在日本对外贸易总额中占21.3%，其中对华出口额为1347.1亿美元，在其总出口额中占19.1%，对华进口额为1691.8亿美元，在其总进口额中占23.5%，中国是日本最大的贸易伙伴及重要的进口和出口对象国（见表

---

[*] 徐梅，中国社会科学院日本研究所研究员。

4-1)。据中国方面统计,中日贸易额在2018年中国对外贸易总额中占7.1%,对日出口额在中国总出口额中占5.9%,对日进口额在中国总进口额中占8.5%,与2010年相比均有所降低。日本居于中国前五大贸易伙伴及进口和出口对象国之列。[①] 可见,相对日本对华贸易依存度而言,中国对日贸易的依存度较低并有下降之势。随着中国不断开放国内市场、安倍政府大力促进农产品等出口、日本企业越来越注重现地销售以及收缩在华家电、日用品等生产,2015年以来中国对日货物贸易逆差呈现增加态势(日方统计是日本对华逆差趋减)。

表4-1　　　　　近五年日本对华货物贸易发展状况　　　　单位:亿美元

年　份	日本对华货物贸易额	日本对华货物出口额	日本对华货物进口额	日本对华货物贸易收支额
2015	2699.4 (21.2)	1092.7 (17.5)	1606.7 (24.8)	-514
2016	2703.1 (21.6)	1138.7 (17.7)	1564.4 (25.8)	-425.7
2017	2969.1 (21.7)	1326.5 (19.0)	1642.6 (24.5)	-316.0
2018	3174.4 (21.4)	1439.2 (19.5)	1735.2 (23.2)	-296.0
2019	3038.9 (21.3)	1347.1 (19.1)	1691.8 (23.5)	-344.7

注:括号内为日本对华货物贸易额在日本对外货物进出口贸易总额中所占比重。

资料来源:日本贸易振兴机构「日本の月次貿易動向」、https://www.jetro.go.jp/world/japan/stats/trade [2020-04-17]。

从货物贸易的商品结构来看,日本对华出口是以机械、运输等设备及化学、原材料等制品为主,其中机械设备类产品所占比重超过一半。日本对华进口是以机械设备及原材料制品、纺织品等为主。[②] 机械设备

[①] 中华人民共和国商务部国际贸易经济合作研究院:《中国对外贸易形势报告(2019年秋季)》,中国商务部综合司网,http://zhs.mofcom.gov.cn/article/cbw/201911/20191102915957.shtml [2020-04-14]。
[②] 日本贸易振兴机构「主要国・地域別長期貿易統計」、https://www.jetro.go.jp/world/japan/stats/trade [2020-04-15]。

类、原材料制品是中日贸易往来的主要产品，两国间的产业内贸易达到一定程度。

在服务贸易领域，中国大陆赴日游客持续增长。2019年，访日外国游客达共达3188万人次，其中中国大陆游客占30.1%，在日消费额为1.8万亿日元，在外国游客在日消费总额中占37.5%，居于首位。[①] 日本政府多次放宽对中国大陆游客的签证限制，原计划借助2020年东京奥运会之机，进一步吸引包括中国在内的外国游客，并设立达到4000万人次的目标。中国人赴日旅游及在日消费，不仅促进了日本旅游业的发展，也带动了交通运输、住宿餐饮、休闲娱乐、零售百货以及体检医疗等行业的发展，对提振日本经济发挥了积极作用。

（二）中日投资

贸易与投资之间存在互动关系。20世纪70年代末，中国实行改革开放政策后，中日贸易迅速扩大，推动了日本企业对华直接投资的发展，日本对华投资成为中国吸引外资的一个重要来源，也带动了日本对华机械设备、原材料和零部件等出口以及"逆进口"。2018年，日本对华直接投资实际投入额为38.1亿美元，同比增长16.5%，在外国对华直接投资实际投入总额中占2.8%。2019年，日本对华投资继续保持良好势头，前10个月的实际投入额超过2017年全年金额，所占比重亦有所回升（见表4-2）。

表4-2　　　　　　　日本对华直接投资发展状况

年　份	日本对华直接投资实际投入额（亿美元）	在外国对华直接投资实际投入额中所占比重（%）
2012	73.8	6.6
2013	70.6	6.0
2014	43.3	3.6

---

① 内阁官房日本经济再生总合事务局「基础资料」（未来投资会议第36回配布资料1）、2020年3月5日，https：//www.kantei.go.jp/jp/singi/keizaisaisei/miraitoshikaigi/dai36/siryou1.pdf［2020-04-17］。

续表

年　份	日本对华直接投资实际投入额（亿美元）	在外国对华直接投资实际投入额中所占比重（%）
2015	32.1	2.5
2016	31.1	2.5
2017	32.7	2.5
2018	38.1	2.8
2019年1—10月	33.3	3.0

资料来源：中国投资指南网，http：//www.fdi.gov.cn［2020-04-14］。

从投资累计额来看，日本在2015年成为首个对华直接投资实际投入累计额超过千亿美元的国家。从海外企业法人数来看，无论制造业还是服务业，目前日本在华数量最多，中国是日本企业十分重要的生产基地和销售市场。

21世纪，随着中国企业实力增强，开始对日进行投资并呈扩大态势，投资结构逐渐多元和优化。目前中兴、华为、苏宁、美的、阿里巴巴等中国知名企业已陆续进入日本市场，中日两国在投资领域的合作从日本企业单向对华投资逐渐转向双向流动。由于中国对日投资起步较晚，规模显著低于日本对华投资，这也意味着未来存在较大发展潜力。此外，中日两国在金融财政、能源环保、养老社保、科技文化等领域也进行了一些交流与合作。

二　新冠肺炎疫情对中日经贸关系的影响

此次突发的公共卫生事件，引发2020年世界经济陷入衰退的现象，也打乱了经济社会秩序及原有计划，其影响十分广泛。由于中日两国一衣带水，经贸往来密切，疫情给中日经贸关系带来显著影响，主要体现在以下方面。

（一）产业供应链断裂

在中日货物贸易中，很大一部分是中间产品。2017年，日本对华中间产品出口额在其中间产品出口总额中占 24.7%，自华中间产品进口额在日本中间产品进口总额中占 21.1%。其中，中日之间的汽车、电子等零部件贸易相互依存较大。2019 年，在日本汽车零部件的进口中，约有 37% 来自中国，日系汽车在华销量仅次于美国和日本本土，占其全球汽车销量的 18%；在日本电子零部件的出口中，约有 35% 面向中国，进口中约有 19% 来自中国。①

当中国暴发第一波疫情时，中日两国的汽车、电子等产业供应链均受到影响，一些企业因原材料、零部件供应中断而减产或停产。随着疫情在全球扩散，这一问题趋向复杂化。2020 年第二季度，中国虽然基本控制了疫情，但日美欧等地相继进入疫情高峰。受外部环境制约，中国依赖进口的部分原材料、核心零部件、生产设备等环节受阻，影响复产及经济复苏的进度，实体经济的全面恢复还需要一定的条件和时间。率先控制住疫情的中国，所面临的更大问题是缺少订单和需求。可见，中日两国疫情所处波段不同、产业供应链遭到破坏，也在一定程度上影响到生产和消费的发展，同时也意味着中日双方需要加强合作，共同修复和打造产业链的韧性。

（二）中日贸易显著下滑

2020 年第一季度，新冠肺炎疫情在中国集中暴发，日本对华贸易所受到的影响程度显著大于其总体对外贸易。由于疫情高峰时中国国内基本上停工停产，一些产业的供应链断裂；数亿人闭门不出，消费急剧萎缩；交通物流受阻，航运船运大幅减少，贸易量骤降。1—2 月，日本对华货物出口额同比下降了 3.2%，比总体出口的降幅高出 1.4 个百分点；对华货物进口额下降了 22.5%，比总体进口的降幅高出 14.2 个百分点。② 随着疫情在中国逐步得到控制、在日本有所扩散，日本对华

---

① 内閣官房日本経済再生総合事務局「（未来投資会議第 36 回配布資料 1）基礎資料」、2020 年 3 月 5 日、https：//www.kantei.go.jp/jp/singi/keizaisaisei/miraitoshikaigi/dai36/siryou1.pdf［2020 - 04 - 17］。

② 日本貿易振興機構「日本の月次貿易動向」、https：//www.jetro.go.jp/world/japan/stats/trade［2020 - 04 - 15］。

出口的降幅明显低于总体出口，反映了中国市场仍是日本摆脱经济衰退的一个不可忽视的重要因素。

疫情也给中日服务贸易造成重创。以旅游业为例，中国是日本外国游客的重要来源地。随着国际航班大量停运，国家和地区之间入境限制增多，大陆赴日游客人数急剧下降，波及吃住行相关的行业、购物等消费。疫情也导致中日间商务往来、中国对日劳务输出等受阻，仅农业领域就有约1200人的中国技能实习生无法入境，日本国内出现了春耕时节劳动力不足、中小企业用工荒等现象。① 根据世界贸易组织（WTO）于4月8日发布的报告，2020年世界贸易因受新冠肺炎疫情影响而将下降13%—32%。② IMF的预测值幅度较宽，表明存在较多不确定性，由此也可预估全年中日贸易形势不乐观。

（三）日本制造业生产局部"去中国化"倾向持续

在中国经济减速、老龄化快速发展、劳动力和环境等成本上升以及中美贸易摩擦的背景下，日本制造业出现局部"去中国化"现象。据《日本经济新闻》在2019年9月的一项调查结果，特朗普政府对华商品大范围加征关税，致使日本企业约有1/4的产品直接或间接受到影响，有的企业开始转移直接受到加征关税影响而收益下降的生产，以降低成本和规避风险。日企对华投资预期也受到中美贸易摩擦的影响。日本国际协力银行在2019年针对日本制造业企业海外投资进行的调查显示，作为未来三年中期投资对象，在2018年调查中尚居首位的中国已让位于印度，生产成本较低的越南、泰国、印度尼西亚、菲律宾、缅甸等东南亚国家则成为日企从中国转移生产和增加投资的目标对象。③

新冠肺炎疫情及其引发的产业供应链问题，使日本制造业会否"去

---

① 「農業分野の外国人実習生　約1700人来日見通し立たず　新型コロナ」、https://www3.nhk.or.jp/news/html/20200407/k10012372321000.html［2020-04-16］。
② WTO, "Trade Forecast Press Conference", April 8, 2020, https://www.wto.org/english/news_e/spra_e/spra303_e.htm［2020-04-16］.
③ 日本国際協力銀行業務企画調査部「2019年度わが国製造業企業の海外事業展開に関する調査報告」、2019年11月、22頁。

中国化"问题再次受到热议。在安倍政府为应对疫情而公布的大规模经济刺激方案中，涉及协助日本企业将生产迁移回国或推进海外供应链多元化。目前来看，日本政府此举的目的主要在于增强自身的产业供给能力和主动性。由于疫情对产业链供应链的影响十分广泛，引发了一些国家和地区对产业布局的重新认识和思考，预计疫后全球将会出现一次产业供应链调整和"短链化"倾向。作为"世界工厂"的中国不可避免会受到影响，但对此不必过虑，因为制造业生产的迁移需要条件和时间，具体到民间企业的落实，主要取决于企业基于自身利益的综合考量。随着中国经济结构转型升级、进一步改革开放政策落地，日本企业对华期待正在发生变化，自身也需要进行相应的结构调整，以顺应中国经济的发展转型。

（四）东亚区域合作的必要性和可能性增大

随着特朗普推行"美国优先"和贸易保护政策，越来越多的国家和地区意识到美国无法成为可以依靠的对象，客观上增强了推进区域合作的动力。2019 年，发展相对缓慢的东亚区域经济一体化出现积极动向，谈判持续多年的"区域全面经济伙伴关系协定"（RCEP）在 11 月取得明显进展，15 个成员国结束了所有文本谈判以及实质完成有关市场准入问题的谈判。同年 12 月，中日韩三国领导人表示，将推动早日签署 RCEP，加快推进中日韩"自由贸易协定"（FTA）谈判，维护自由贸易和多边主义，构建开放型经济。

在新冠肺炎疫情大范围蔓延的严峻形势下，东亚区域合作的必要性进一步上升。由于此次疫情传染性强，扩散迅速，而且存在无症状感染者，任何一国或地区很难凭一己之力阻断和防控疫情。同时，疫情导致产业供应链断裂，世界贸易和世界经济大幅下滑，各国和地区只有加强合作，才能有效应对，尽快摆脱经济衰退。中国与日本同为东亚大国，肩负着促进本地区发展之重任，在危机面前更加需要携手合作，共同抗击来势凶猛的疫情，维护本地区产业供应链的接续性，尽快促进区域经济恢复正常化。

三 新冠肺炎疫情背景下中日合作新契机

此次新冠肺炎疫情的暴发，是对世界各国和地区应对公共卫生突发事件的一次大考，充分反映了邻国之间以及区域合作的重要性。

(一) 中日加强经贸合作的需求上升

在全球政治经济秩序深度调整、地缘风险增多、美国贸易保护趋势增强、国际金融环境日趋复杂的形势下，新冠肺炎疫情致使全球产业供应链断裂，企业生产和利润下降，失业人口激增，股价、油价大跌，居民财富缩水，众多人闭门不出，消费骤减，各国经济活动显著放缓甚至停滞。据国际货币基金组织（IMF）发布的最新报告显示，2020年世界经济增长预期为-4.9%，日本和中国的经济增长预期分别为-5.8%、1.0%，均比4月进一步下调。[①] 可见，疫情也给中日两国各自经济造成重大冲击，无论中国还是日本，都需要加强中日合作，共克时艰。

特别是日本经济在2019年第四季度已现负增长，如今步入了技术性衰退。据2020年3月上旬日本针对国内近5000家企业进行的一项调查，2月销售额同比减少的企业数量占比为68%，其中住宿、餐饮、交通运输行业的降幅较大，中小企业所受冲击更为显著，主要反映在订单、销售、客流减少等方面。[②] 受疫情影响，东京奥运会延期举办也给日本带来一定经济损失，原本欲借奥运之机提振国内经济的安倍政府，不得不面对严峻复杂的经济形势。

作为日本最大的贸易伙伴和主要投资对象，中国是一个无法忽视的战略级市场。首先，中国市场规模庞大，消费结构不断升级，对日本高质量产品的需求潜力大。中国改革开放后经过数十年的快速发展，GDP

[①] IMF, "World Economic Outlook", June 2020, https://www.imf.org/en/Publications/WEO/Issues/2020/06/24/WEOUpdateJune2020 [2020-07-08].

[②] 内阁官房日本经济再生综合事务局「基礎資料」（未来投资会议第37回配布资料1）、2020年4月3日，https://www.kantei.go.jp/jp/singi/keizaisaisei/miraitoshikaigi/dai37/siryou1.pdf [2020-04-17].

规模已稳居世界第二，中产阶层人群日益扩大，未来的消费潜力巨大，加之基础设施相对完备，产业门类齐全，仍是外资企业比较看重的生产和销售市场。

其次，中国加快对外开放步伐，为中日合作释放新的空间。2018年以来，中国采取了一些措施，降低市场准入门槛，加大开放力度，如在汽车领域分阶段开放国内市场，进一步放宽外资股比限制，五年后取消所有限制；实施和缩减负面清单，在2018年版外资准入负面清单的基础上，2019年版清单进一步压缩了条款数量；深化金融业开放，提前取消证券、寿险等外资股比限制，股票市场被纳入多个全球指数，外资企业可以进一步参与中国金融市场。

最后，中国进一步改善自身经济结构，加快市场化进程。在中美贸易摩擦和谈判中，美国对华的主要诉求之一是实施"结构性改革"，减少非关税壁垒，进一步开放服务业、农业市场，增加购买美国商品和服务，减少对美货物贸易顺差，并提高人民币汇率市场化水平，强化知识产权保护，完善相关执行机制等。这些诉求虽然反映了美国对华博弈的策略和偏见，但也在客观上推动中国进一步改进制度建设中的不足，完善营商环境。例如，在第一阶段中美经贸协议中，涉及商业秘密保护、与药品相关的知识产权、专利有效期延长、地理标识、打击电子商务平台盗版和假冒产品、打击商标恶意注册以及加强知识产权司法执行等内容，这些也符合未来中国经济持续发展的要求。

总之，中国加快改革开放，不断完善商业环境，有利于吸引包括日本企业在内的跨国企业进入中国，促进国际经贸合作在广度和深度上的拓展，中日两国也将面临更多的合作机遇。

（二）疫情背景下中日合作新契机

疫情给各国和地区经济社会造成巨大冲击，同时也带来新的课题和发展机遇。面对新的形势，中国与日本有必要在以下方面推动和加强合作。

1. 应对突发的新冠肺炎疫情等公共卫生事件

中国发生疫情后，日本社会各界向中方捐赠了口罩、护目镜、防护服等用品，安倍首相还号召国会议员从工资中扣除5000日元用以捐助中国，日本企业也积极支持中国抗疫，如日立（中国）公司捐款、捐赠CT设备。除了物质上的支援外，日本"岂曰无衣 与子同裳"等捐赠语温暖了无数的中国人，成为中日两国共同抗击疫情、守望相助的真实写照。随着中国疫情缓解、日本防控升级，中国也开始向日方支援核酸检测试剂盒、口罩、防护服等用品。两国间的良性互动，使国民感受到中日之间沟通与合作的重要性。

面对残酷的疫情及其带来的不确定性，中日之间、各地区及国际社会迫切需要加强在卫生医疗领域的合作，如建立防疫负责人对话机制，保持有关信息的透明和沟通；积极开展工作层面的合作，如提供抗疫物资、分享社区防范、防止外输等经验；开展远程医疗合作，共建互联网信息平台，及时共享远程防疫数据信息；相互交流有关临床诊疗方案，联合研发新冠病毒疫苗和特效药等。

2. 维护产业链供应链安全与促进新业态合作

当前，众多国家和地区在防控新冠肺炎疫情的同时，也在尽力恢复产业供应链的正常化，扩大生产和消费，以防止经济持续下滑及其可能带来的社会问题。在高度国际化的背景下，产业链的完整性需要多国和地区的协作，而处于链条重要位置的中国与日本有必要率先合作，接续供应"断链"环节，促进本地区的生产、经济社会有序运转。在东亚，韩国、部分东南亚国家也是产业链的重要参与者，如韩国从中国、日本进口大量中间产品，疫情中韩国汽车企业因无法从日本、中国进口部分零部件而停产或减产。新加坡、马来西亚是东亚及全球半导体产业供应链的重要一环，主要生产和出口封测、存储器等产品，如果这一环节出现问题，也会联动相关产品的市场供求关系。

可见，产业链供应链问题牵涉各国利益。此次疫情带给我们一个重要启示：着眼于长远，构建区域性的产业链、供应链安全评估、风险预警、信息交流与协作机制，着力打造安全、稳定、开放有序的产业生态环境，以规避和降低风险。另外，值得关注的是，每一次重大危机都会成为人类变革的加速器，激发企业的创新活力，加快产业结构升级和商业模式转变，催生出新的业态。新冠肺炎疫情正在改变人们的生产和生活方式，全球越来越多的机构和企业开始居家线上办公，以减少人员接触和交叉感染。产业、经济发展的线上化、数字化、智能化等趋势增强，其中酝酿着新的发展机遇，中日两国不妨探索新业态合作。

3. 维护金融、大宗商品市场的稳定和粮食安全

疫情重创了金融市场的信心，全球股市一度震荡下跌，美国股市一个月内多次触发"熔断"机制。如果疫情引发的经济衰退、金融市场波动持续下去，容易演变为金融危机。为此，中日两国需要加强宏观政策沟通与协调，扩大货币互换规模，在为实体经济创造良好融资环境等方面加强沟通与交流，共同防范金融风险，降低市场波动性。同时，中国与日本是美国国债最大的两个外国买家，并交替成为美国国债的最大外国持有者。中国还是日本国债的主要外国投资者，在维护地区及全球国债市场稳定方面，中日存在合作空间。

在全球能源需求和能源进口中，中日两国均位居前列。随着疫情之下经济活动放缓，各国和地区对油气等需求减少，能源价格、大宗商品交易出现波动，中日有必要在维护能源价格、保障能源安全方面加强交流与合作。农产品价格也是衡量和影响很多国家和地区经济安全的一项重要指标。在农业病虫灾害增多、疫情导致物流不畅、农业耕作人手不足的情况下，2020年3月下旬以来，越南、俄罗斯等国宣布限制粮食出口，国际市场粮价出现波动，粮食安全问题再次受到关注。日本是粮食自给率较低的国家，中国是人口大国，对粮食的需求较大，双方可以考虑在有关粮食信息、良种培育、技术经验、农产品贸易、国际粮食市场风险评估和预警等方面加强交流与协作，构建有利于保障粮食安全的合作机制。

4. 促进中日地方间的合作及企业顺畅运营

在至今的抗疫过程中，出现一些有关中日两国地方之间友好合作的事例。例如，江苏省无锡市与爱知县丰川市是中日友好城市，2020年2月初当中国处于疫情困境之时，丰川市向无锡市新吴区捐赠了4500只口罩、防护服等用品，及时帮助当地缓解防疫物资紧缺的状况。3月下旬，中国国内疫情基本得到控制，而日本显现暴发之势，在得知丰川市口罩库存不足的消息后，无锡市紧急筹集5万只口罩支援对方。再例

如，辽宁省大连市政府向日本和歌山县捐赠医用口罩、防护服、手套、消毒液等用品，用以发放到县内医疗机构、养老院和学校。

通过此类合作，中日民间切实体会到雪中送炭、守望相助的深刻内涵，有利于促进中日关系的良性发展。由于各个地方具有不同的特色和优势，中日两国地方之间的合作存在较大空间，也具有更大的务实性和灵活性。受新冠肺炎疫情的影响，大量企业的生产和利润下降，尤其中小企业因规模小、抵御风险能力弱而破产数量增多，失业人员激增。在近期中日两国各自为应对疫情而出台的刺激经济方案中，均涉及有关支援中小企业的内容。在增强企业资金链的接续性、中小企业融资的可获得性、减少失业人员等方面，两国地方政府之间也可加强交流与合作。此外，2020 年东京奥运会已被推后一年，为此日本蒙受了一定损失，也将承受疫情不确定所带来的压力。作为东京的友好城市北京，有必要给予力所能及的支持与协助。

5. 推动区域合作及经济一体化进程

在疫情扩散的情况下，2020 年 2 月到 4 月初，东亚地区先后召开了东盟与中日韩（"10 + 3"）卫生发展高官视频会议、中日韩新冠肺炎问题外长视频会议、"10 + 3" 新冠肺炎问题卫生部长视频会议，就应对疫情进行了沟通和交流。4 月 14 日，通过视频方式召开了东盟与中日韩（"10 + 3"）抗击新冠肺炎疫情领导人特别会议，并达成共识。今后东亚各国和地区将加强合作，共同防控和应对新冠肺炎疫情，密切区域金融合作，增强区域产业链供应链及经济的稳定性和韧性。着眼于未来，东亚各国和地区有必要借此契机推进区域各类制度性合作，如构建公共卫生交流与合作机制，由此带动区域旅游、医疗康养等民生合作；推动区域经济一体化进程，创建自由贸易区，提高贸易投资便利化，促进地区的经贸发展。

作为世界第二大经济体，中国对世界经济的贡献超过 1/3，并率先控制住国内疫情，无论在疫情防控还是在疫后经济复苏方面，应发挥更加积极的作用。首先，中国需稳住国内经济，深挖内需，刺激消费，使中国经济成为疫情下世界经济的"稳定器"。其次，中国有必要进一步完善国内营商环境。对于在疫情中暴露出的问题，需要总结和改进不足，如一些在华日资企业反映，各地为应对疫情而出台的措施难以预料，而且经常不一致甚至相互冲突，阻碍了境内人员和商品的流动以及生产的恢复进度。提高政府治理能力和水平、优化商业环境，仍是今后中国面对的一个重要课题。

目前，新冠肺炎疫情仍在持续，其对各国和地区经济社会的实际影响还取决于疫情持续的时间、发展程度等。目前，各国政府已出台的宏观经济政策效果尚难全面评估，但可以断定的是，在充满挑战和风险的新形势之下，中日两国需要着眼于构建人类命运共同体，积极开展疫情防控合作，将危机转化为发展契机，进一步加强和深化双边合作，共同促进本地区经济的疫后复苏及持续稳定发展。

疫情对中日与东盟关系的影响[*]

以东盟、中日韩（10+3）为核心的地缘邻近区域，在面对突发疫情的反应速度、应对策略、防疫效果等方面，总体表现可圈可点，综合表现比西方（欧美）发达国家及其他地区的主要发展中经济体令人感到乐观。2020年4月14日，越南以东盟轮值主席国身份、通过视频方式主持召开了东盟与中日韩抗击新冠肺炎疫情领导人特别会议，各国就在东盟与中日韩的合作框架内继续维持和加强应对新冠肺炎疫情的合作达成了共识。

随着时间的推移，疫情的发展和抗疫斗争进入常态化，国际与地区秩序重构、大国关系调整的趋势越发明显。目前，疫情已经成为各国经济社会发展、国际和地区格局变化以及世界经济增长的不确定性因素。包括中日和东盟在内的东亚地区，如何保持抗疫成果，恢复经济，改善民生，推动和参与全球价值链重构，已经成为各国共同面临的课题。

一 东南亚新冠肺炎疫情的特点及东盟的应对

包括东盟与中日两国在内的东亚地区曾经历过金融危机、非典（SARS）等重大危机考验，有合作应对突发重大事件的成功经验。面对突如其来的新冠肺炎疫情的又一次严峻挑战，本地区各国没有出现甩锅、指责、埋怨，总体展现了相互鼓励加油、相互支持援助的积极姿态。

[*] 白如纯，中国社会科学院日本研究所研究员。

随着疫情的发生、发展到抗疫常态化，东南亚地区围绕新冠病毒的抗疫过程显示如下特点。

一是总体防控效果明显。截至 2020 年 7 月 7 日 21 时，东盟十国新冠肺炎确诊病例在海外（即中国以外国家）确诊病例总数中所占的比重仅为 1.44%，死亡率也低于海外平均死亡率。就中国以外国家（即海外）的疫情统计来看，确诊病例增长幅度、治愈率、死亡率、确诊病例数占人口比例等方面，东南亚国家总体处于好的态势。按各国疫情严重指数来看，前 10 位国家中没有东盟国家。截至 7 月 7 日，当日东盟十国中有 4 个国家新增确诊病例数为零。

2020 年 1 月 13 日，泰国报告东南亚地区首例新冠肺炎感染者之后，为体现东盟团结以及作为地区核心的价值，通过举办首脑、部长级会议，开展政策协调（见表 4-3）。以实现信息共享、共同行动，最大限度降低疫情对经济社会的影响。向国际社会发出明确的信息，强调在世界卫生组织（WHO）、世界贸易组织（WTO）等机构规范下的多边合作。

表 4-3　2020 年 2 月以后东盟举办的抗疫相关会议（统计至 6 月末）

类　　别	会议名称和举办时间
首脑会议	《关于共同应对新冠肺炎疫情的东盟主席声明》（2 月 15 日） 东盟特别首脑会议（4 月 14 日） 东盟与中日韩特别首脑会议（4 月 14 日） 东盟首脑会议（6 月 26 日）
经济部部长会议	关于东盟经济强韧化的部长声明（3 月 10 日） 关于经济强韧化的东盟日本部长倡议（4 月 22 日） 东盟中国经济部长宣言（5 月 29 日） 关于应对新冠病毒的东盟 +3 经济部长共同宣言（6 月 4 日）
外交部部长会议	东盟中国外长特别会议（2 月 20 日） 东盟欧盟部长会议（3 月 20 日） 东盟外长特别会议（4 月 9 日） 东盟美国外长特别会议（4 月 23 日）

资料来源：根据东盟秘书处网站资料整理。

二是展示东盟主体性的积极姿态。目前，共同应对疫情成为东盟各国合作的核心任务。2020 年年初，因受新冠肺炎疫情的影响，东盟的多项活动被推迟。2月初,世界卫生组织宣布,新冠肺炎疫情的暴发已经构成一次全球性"大流行"(Pandemic)时,越南以2020年东盟轮值主席国的身份发表《关于共同应对新冠肺炎疫情的东盟主席声明》。2020年4月14日,在轮值主席国越南主持下,东盟十个成员国为应对疫情,以视频方式举行特别峰会,东盟秘书长林玉辉及各成员国领导人与会,各成员国一致同意加强合作抗击疫情。会后发表宣言,表示各成员国协调一致、多方参与,及时有效应对疫情;表示将与世界卫生组织及各相关机构以及国际社会密切合作,强化集体应对疫情的能力。

东盟决心通过信息交流、经验分享和联合研发等方式,进一步加强公共卫生合作,以遏制疫情并保护民众;就药品及必需医疗物资设备的充足供应加强合作;在东盟集体抗击疫情的斗争中,优先考虑民众福祉并向受疫情影响者提供援助,搭建社会安全网,提升大众传媒效率与透明度、及时更新相关消息、澄清错误信息等,防止疫情导致社会混乱不稳。东盟成员国通过政策协调,采取集体行动,有利于减轻疫情对经济和社会生活的影响。保持和巩固东盟市场的对外开放,强化区域供应链灵活性及可持续性,也将有利于提升区域经济信心及稳定性。应对新冠肺炎疫情东盟特别峰会的宣言强调,东盟成员国承诺在抗击疫情时团结一致,与国际社会密切合作,以遏制疫情蔓延,保护民众的生命与生计,维护社会经济稳定,保持东盟共同体可持续发展和包容性增长。[①]

2020年6月26日,第36届东盟例行峰会再次以视频方式举行。东盟领导人在听取东盟上半年在政治安全、经济和社会文化等三个支柱领域上的合作报告之外,着重讨论继续应对新冠肺炎疫情,使东盟在大流行病后以最快的速度恢复增长。

东盟已成立COVID-19疫情防控工作的协调机制,并责成各国外交部部长负责开展实施;同时也成立关于应对医疗紧急情况工作小组(副部长级)。4月14日,东盟各国领导在特别峰会上通过了上述工作小组提交的具体措施。从而,东盟促进了东盟内部的团结统一,以有效应对疫情。具体措施包括:建设东盟医疗设备和必需品的储备机制;制

---

① 新华社河内4月14日电。

定东盟应对疫情的统一程序；举行东盟军事医学中心关于防控疫情的线上演习活动；东盟各国强调加强团结互助，提高东盟韧性和应对疫情的效果，保障东盟渡过这一困难阶段。建立新冠肺炎疫情防控基金、医疗物资储备库、制定东盟疫情应对标准流程和复苏计划等，为东盟应对疫情常态化提供了重要保障。

二 抗疫背景下东盟与中日间的互动

面对突发的新冠肺炎疫情，东亚地区东盟十国与中日韩各国积极行动，不仅各国自救效果显著，同时也展示出一方有难八方支援的共同体意识。

（一）中国与东盟间的互动

中国与东盟国家山水相连，人文相通。在新冠肺炎疫情不断升级的艰难时刻，"共克时艰，携手抗疫"，成为中国与东南亚国家的共同目标。作为疫情的暴发地，尽管自身抗疫面临巨大困难，但中国政府和人民以大无畏的气概，付出巨大牺牲，为周边国家以及国际社会争取了宝贵的时间，并提供了包括病毒基因序列等对抗疫工作具有决定性意义的公共资源。

2020年2月20日，东盟协调委员会（ACC）特别会议与东盟—中国关于新冠肺炎问题特别外长会在万象举行。中国国务委员兼外交部部长王毅在会上通报了中国疫情防控工作中取得的积极成果，并对东盟各国及国际社会给予的物质和精神支持表示感谢。东盟各国外长表示支持中国政府积极应对疫情，一致同意加强相互配合，利用东盟与中国各种合作机制，分享相关信息和防控经验。

在中国抗疫初期的艰难时刻，东南亚多国以各种方式对中国表达友好情谊。柬埔寨首相洪森2月初携多位政府要员访问中国，成为首位在疫情期间访问中国的外国领导人。4月1日，柬埔寨国王诺罗敦·西哈莫尼、太后诺罗敦·莫尼列·西哈努克乘专机抵达北京。"在这个特殊时刻，柬埔寨人民同我们站在一起"，习近平主席对洪森首相表达感谢。[①] 同样在 2 月，老挝各界向中国抗击疫情捐赠 40 万美元现金和 10 万美元医疗防疫物资。老挝共产党总书记本扬和总理向中国领导人发出慰问电，2 月 4 日，老中友好协会向中方捐赠了医疗物资。泰国包括国王、总理和议长在内的高层向中国发出慰问电，总理巴育录制视频，振臂高呼"中泰团结，一起加油"。缅甸总统温敏于 2 月 3 日就中国新冠肺炎疫情向习近平主席致慰问电，表示相信在习近平主席领导下，中国人民团结合作，定能克服困难，成功控制疫情发展。缅甸政府还决定向中国捐助大米。泰国、马来西亚及印尼也都是最早向中国提供疫情防控物资的 21 个国家之一。

新加坡和菲律宾是灾情较重的国家。2 月 7 日，新加坡提升"疾病暴发应对系统"等级，从黄色调高到第二级的橙色警戒。但新加坡与北京、上海、广州、重庆 4 座城市保持着正常的航班往来。2 月 8 日中国驻新大使洪小勇参加新加坡政府援助中国抗击新冠肺炎疫情医用物资交接仪式。菲律宾总统杜特尔特 2 月 3 日发表讲话，赞赏中国为抗击新冠肺炎疫情所做努力，并表示要向中国抗击疫情提供力所能及的帮助。杜特尔特还呼吁菲律宾国民停止煽动与疫情相关的反华仇外情绪。菲律宾外长洛钦在推特上表示，中国积极抗击疫情所展现出的决心和能力表明其能战胜任何困难。

东南亚尽管早期没有出现中国面临的严峻局面，但因各国情况不同、发展阶段各异，防控事态不容乐观。中国政府在国内疫情初步稳定后，对印尼、菲律宾、老挝、柬埔寨等疫情相对严重、医疗资源相对短缺的东南亚国家及时提供了力所能及的援助，体现出一个大国的责任和担当。由中资机构、民间组织等提供的防疫物资陆续运抵医疗资源相对缺乏的柬埔寨、老挝、菲律宾等国，专业医疗队也陆续抵达上述地区。

2020 年 3 月 23 日，广西向柬埔寨派出医疗专家和第一批防疫医疗物资，包括医用口罩、防护服、护目镜等。包装箱上附有"守望相助、中柬同心"的贴纸和两国国旗。3 月 18 日，中国政府将新冠肺炎检测

[①] 习近平：《特殊时刻 柬埔寨人民同我们站在一起》，中新网，http：//www.chinanews.com/gn/2020/02 - 06/9080645.shtml［2020 - 07 - 10］。

试剂盒运抵万象，10 天后由感染、重症、护理、检验、中医等领域专家组成的中国医疗组抵达老挝，并携带医疗救治、防护物资及药品。4 月 5 日，12 人组成的专家组抵达菲律宾首都马尼拉，共同在疫情防控、公共卫生政策、医疗救治等方面同菲方一线医护人员交流、合作。[1]

（二）日本与东盟间的互动

东盟和日本是地区供应链中的重要一环，疫情发生后，日本与东南亚各国也展开各领域、各层面的沟通与协调。日本外务省代表 4 月 16 日强调，东盟与中日韩三国一致同意在东盟与中日韩的合作框架内加强应对新冠肺炎疫情的合作具有重要的意义。为了能够控制新冠肺炎疫情，加强东盟和亚洲地区内部的合作极为重要。各国应该迅速、透明和自由地互换经验和信息。

东盟十国经济部长和日本经济产业大臣举行会议，发表"东盟—日本经济部长关于促进经济复苏应对新冠肺炎疫情倡议的联合声明"。东盟与日本一致同意落实相关政策，实现三大目标：一是维持东盟与日本之间的密切经济合作关系；二是减轻新冠肺炎疫情对经济的影响；三是增强经济复苏能力。

关于经济合作，承诺努力保持市场开放以及防止经济活动停滞，打造和巩固地区与全球范围内可持续与丰富的供应链，确保生活必需品流动渠道的畅通；寻找数字技术等创新解决方案来维护包括中小微企业在内的企业业务不间断地连续运营。[2]

日本方面希望在应对疫情中发挥地区合作领导作用。在东盟与中日韩抗击新冠肺炎疫情领导人视频会议上，日本首相安倍晋三提出了援助东盟的三项举措：一是加强传染病的应对能力，二是建立传染病应对中心，三是提供更多的经济援助。

日本也不忘借抗疫合作拉近与个别国家的关系。日本高度评价越南

---

[1] 《医疗援助队伍相继抵达，联防联控举措跨越国界》，中国商务新闻网，http://epaper.comnews.cn/xpaper/news/303/3701/18654 - 1.shtml ［2020 - 07 - 10］。

[2] 《东盟与日本早日采取措施助力双方企业应对疫情影响》，https：//cn.qdnd.vn/cid - 6158/7193/nid - 569797.html ［2020 - 07 - 10］。

的领导力，认为越南（作为轮值主席国）对形势做出了准确的预测部署，并通过首场东盟与中日韩视频会议的举办来加强地区应对疫情的团结协作。

（三）中日东盟三边互动

越南总理阮春福以2020年东盟轮值主席国身份，于2020年4月14日通过视频方式主持召开了东盟与中日韩抗击新冠肺炎疫情领导人特别会议。东盟十国领导以及韩国、中国和日本领导人出席了会议。会议通过了《东盟与中日韩抗击新冠肺炎疫情领导人特别会议联合声明》。各方认识到"10+3"为基础的地区合作为东亚和平、安全与繁荣发挥的重要作用。尤其在抗击疫情的背景下，公共卫生领域的合作及现有机制对应对公共卫生挑战具有重要意义。

自疫情暴发之初，东盟与中日韩的"10+3"机制以及中日韩卫生合作平台即采取积极措施共同应对。举办了"10+3"卫生合作高级别特别视频会议、中日韩外长关于新冠肺炎问题特别视频会议以及"10+3"新冠肺炎问题卫生部长特别视频会议。

中日韩一致表示欢迎东盟于2020年2月14日发表的《关于共同应对新冠肺炎疫情的东盟主席声明》和2020年4月14日发表的《东盟关于新冠肺炎疫情特别峰会宣言》，认为两个文件展现了东盟秉持"齐心协力、主动应对"精神、共同抗击疫情的最高承诺，支持东盟通过多领域、各方动员和全社会参与的方式应对疫情带来的多重挑战。

三 疫情常态化背景下中日东盟关系的趋势

中日作为地区大国在与东盟关系方面，既存在竞争，也有合作的积极一面。在抗击疫情成为常态化的现实面前，考虑到东南亚地区面临的复杂局面，即各国经济社会发展水平差距大，疫情轻重不一，潜在风险一直存在，以及大国争夺的日益明朗化，中日东盟关系在未来充满不确定因素。

(一) 东盟主体意识增强但具有局限性

由于包括中日两国在内，东亚地区各方均明确支持东盟主导地位，东盟内部的合作方式——"东盟方式"逐渐扩展到东亚一体化发展进程之中。① 在协商一致和非正式性原则下，地区合作保持了较低的制度化程度，尚未建立西方式的由严密的法律体系保证的制度。虽然东盟一体化在快速推进，东盟与中日韩之间的合作关系正在不断加强，但是东盟在组织决策机制方面的局限，以及东盟成员国之间在经济和社会发展水平方面存在的巨大差异，制约着东盟主导者角色的发挥。在未来，包括抗击疫情在内的合作方面的隐患现实存在。

第一，决策机制方面的局限性。东盟各国对主权问题高度敏感，影响了东盟组织机构和决策机制的建设。东盟的决策机构包括东盟首脑会议和东盟部长会议两个机构，这两个机构并不具备任何超国家机构的功能。东盟首脑会议和东盟部长会议这两个机构的设立和运行，对维持东盟内部团结起到了积极的作用。但这种非制度性的协调无法约束各成员国对东盟经济合作计划、政策的执行，无法有力推动经济一体化的进程。

第二，东盟成员国之间存在巨大差异。经济与社会发展很不平衡，后来加盟的越、老、柬、缅四国经济相对落后，阻碍了相互间经济合作的进一步深化。一体化进程的加快，会在东盟内部更快地导致增长极的出现，进一步拉大成员国之间的差距，对疫情常态化背景下的区域合作带来不确定性。

第三，狭隘的国家主义、民族利益至上成为地区凝聚力的潜在威胁。保持其外交政策的独立性，避免成为大国的附庸，这种保守政策导致的直接后果，是使真正意义上的区域一体化及合作之路充满坎坷。

(二) 美国因素对三边关系的影响

美国在东南亚地区有着重大的经济与战略利益，它是影响中国、东

---

① 所谓"东盟方式"，指的是东盟处理成员国之间关系的一系列基本原则和规范，其中最主要的两个原则是非正式性和协商一致。

盟、日本三角关系互动最重要的外部因素。美国对这一体系互动的影响主要是通过两个层面来实现的。第一个层面，由于体系互动处于东亚区域一体化趋势这样的大背景下，区域一体化进程直接影响着体系的互动，基于此，美国依仗其大国影响力，通过左右东亚区域一体化进程，来制约体系的良性互动。第二个层面，美国通过对体系内某一行为体或某组双边关系施加影响，阻碍体系的良性互动。

在抗击疫情的过程中，美国所表现的各种甩锅、离间中国与其他国家的关系等言行已经产生诸多负面效果。主要由美国发起的"逆全球化"已经成为一个世界性的趋势，它的主要动力来自中美关系的恶化，从科技到意识形态，现在中美在科学技术上的人员交流几乎处于停顿状态。疫情对中美关系的恶化起到了推波助澜的作用，并将继续对中国处理与日本与东盟关系的发展带来消极影响。新加坡学者郑永年认为，"疫情并不会完全终止全球化，而是会回到20世纪80年代以前的状态即传统的投资与贸易的形式，是一种有限的全球化"。[①]

（三）"东亚共同体" 建设任重道远

在本次抗击疫情中，"东亚共同体"的提法又被人再度提起。的确，地区乃至国家认知增强是疫情带给包括东亚地区在内的国际社会的一个提示。中日韩及东盟各国是东亚共同体的主要成员，其中东盟构成国均是中小国，而且成员国内部的目的也不尽相同，东盟国家最担心的是由于东盟外的大国的介入，使得东盟国家内部四分五裂，这将导致东盟失去团队力量，将会变得无足轻重。东盟国家最担心的就是东盟被埋没或是被边缘化。自认为是东盟核心国家的印度尼西亚坚持在共同体的建设中，使东盟作为一个整体发挥领导作用。

同时，受东盟外大国的影响，今后意见相左的可能性极大。在这种情况下，即便是东盟领导东亚共同体建设，也意味着多个领导或者多国共同领导。过去相当长的一段时间，中日矛盾激化，在一定程度上就将

---

① 郑永年：《这次疫情冲击，有3个"史无前例"》，凤凰网，http://finance.ifeng.com/c/7vVcPEPP86a［2020－07－10］。

领导的机会推给了东盟。在"东亚共同体"的建设中，东盟、日本都想成为领导，而在对中国的存在都具有戒备心理的现状下，"东亚共同体"的建设不可能一帆风顺。

但是，东亚区域合作也需要有大国发挥主导作用。东亚合作进程要加快，需要有一种由大国主导建立的更高层次的制度安排，将东亚区内分散的、开放的贸易安排统合到一个东亚框架之中，使东亚地区经济贸易关系的发展由市场导向转向"制度导向"，减少合作中的不确定性。[1] 东亚一体化的驱动力有三个：大国驱动力、中小国家驱动力和合作机制驱动力。其中，以东盟为代表的中小国家由于自身能力有限，加之出于利己的国家主义的考虑对东亚一体化的推动作用表现出乏力。东亚国家一向在合作中偏好非正式的弱制度化安排，制度作用有待加强。而现今东亚存在着经济大国——日本和正在崛起中的地区大国——中国两强，"通过区域一体化有可能防止相互间的过度竞争，从而共同维护地区秩序"。[2] 两国关系缓和的新形势对地区一体化进程是十分有益的，这也是新地区主义对东亚区域合作发展的客观要求。

在抗击疫情的斗争进入常态化的背景下，中日与东盟如能精诚团结，科学布局地区内的产业分工，形成优势互补的良性循环，将对几组双边关系的改善和发展提供新的契机。

---

[1] 赵洪:《日本与东亚经济合作》，《当代亚太》2004年第3期。
[2] 《"东亚共同体"制度建构与区域认同会议笔谈》，《世界经济与政治》2008年第10期特辑。

疫情背景下深化中日韩合作的机遇及其今后走向[*]

2019年年底发生的新冠肺炎疫情，以很快的速度在世界范围蔓延。中国、日本和韩国作为东北亚的近邻并有着密切的地缘关系，疫情的传播也存在着较强的关联性，并随着疫情的扩大给社会经济带来了重大的冲击。中日韩三国以各自的公共卫生及危机管理体制为基础，采取了积极的防疫对策和经济应对政策。面对重大疫情带来的冲击，中日韩三国在抗击疫情中相互援助，开拓了新的社会合作领域，为深化三国今后的合作提供了契机。在面对疫情可能造成的严重经济衰退的情况下，中日韩三国还在努力深化经济合作、探讨应对外来冲击的经济合作新模式。本报告包括以下三部分：首先，对新冠肺炎疫情在三国的蔓延情况和三国的防疫对策及各国间的合作进行简单的梳理和比较；其次，分析中日韩三国经济受到的冲击和采取的积极对策；最后，分析在新冠肺炎疫情冲击下以及后疫情时期中日韩社会经济领域合作的未来走向。

一 中日韩三国的疫情防疫对策及相互合作

新冠肺炎疫情最初在中国武汉市大规模暴发，其时恰逢中国即将迎来传统节日春节，全国大规模人口流动可能导致疫情的大范围传播，因此中国政府果断做出决定，对武汉实施"封城"并立即在全国各地实施高等级应急响应机制下的防疫对策，调集全国医疗卫生力量和当地的

---

[*] 崔岩，辽宁大学日本研究所教授。

社会资源，全力对武汉等疫情重灾区进行防疫和医疗支援。在强有力的系统性防疫政策之下，中国的防疫取得了非常好的效果，不仅阻止了疫情的大范围深度传播，而且武汉及湖北省的疫情得以很好地控制，疾患得到良好救治。

韩国在2020年2月下旬出现了疫情的大暴发，在大邱市的宗教活动中发生了大规模的集团感染。为此，韩国国会为应对疫情迅速推出了三部法律，即《传染病预防法》《检疫法》《医疗法》等修正法，政府依据法律正式发布新冠肺炎疫情为最高级别的"严重"预警，迅速动员了以"中央灾难安全对策本部"为指挥中心的全国防疫体系，并制定了一系列的具体对策。"中央灾难安全对策本部"与各地方的"灾难安全对策分部"协调合作，大力进行卫生防疫和病疫救治。主要对策包括：对重点地区实施封锁，大规模地进行病毒筛查和病源追踪，对确诊感染者和疑似感染者进行隔离。设立"国民安心医院"及"选择诊疗所"，负责新冠病毒检测和诊治，努力杜绝院内感染，对不遵守规则的海外回国者处以罚款，借鉴中国经验建立"方舱医院"，等等。在系统性和强力抗击疫情的对策下，韩国取得了良好的成绩。其日新增病例在2月29日达到了最高的900多人，其后逐步减少，到4月末新增病例已经降为零。尽管到5月中旬，包括企业、学校甚至是商业设施等受到疫情影响比较大的领域大都恢复正常状态，但韩国仍然保持防疫期间的行为模式，如要求保持社会距离、禁止开展大型活动等。

2020年1月28日，日本政府宣布发现首例新冠病毒感染者，正式承认新冠肺炎疫情在日本出现。为此，日本政府在当日发布了"将新冠病毒感染症列为指定感染症的政令"以及"部分修订检疫法实施令的政令"，基于传染病等重大疫情的基本法律《感染症法》，将新冠病毒感染列为指定感染症，可以依法采取防疫对策。厚生劳动省也发布了相应部门规章的修订文，决定于2020年2月1日实施。2月，日本疫情最主要的表现是"钻石公主"号游轮的疫情传播，但日本严格限制游轮乘客登陆，从而避免了疫情在日本的扩散。3月，日本的防疫一方面继续注重"钻石公主"号问题的处理，另一方面担心东京奥运会无法按期举行，而对防疫和病患检测有所拖延。直到3月30日决定东京奥运会推迟到2021年举办之后，鉴于疫情出现了急速扩大的趋势，不得已安倍首相才在4月7日发布紧急事态宣言，宣布进入紧急事态（先是包括东京、大阪等7个地方，后扩展至全国）。鉴于欧盟疫情的大暴发，日本将防堵海外传入的"水际政策"从原来的以中国、韩国为主扩大到欧美等73个国家，要求包括日本人在内的海外入境者隔离14天。

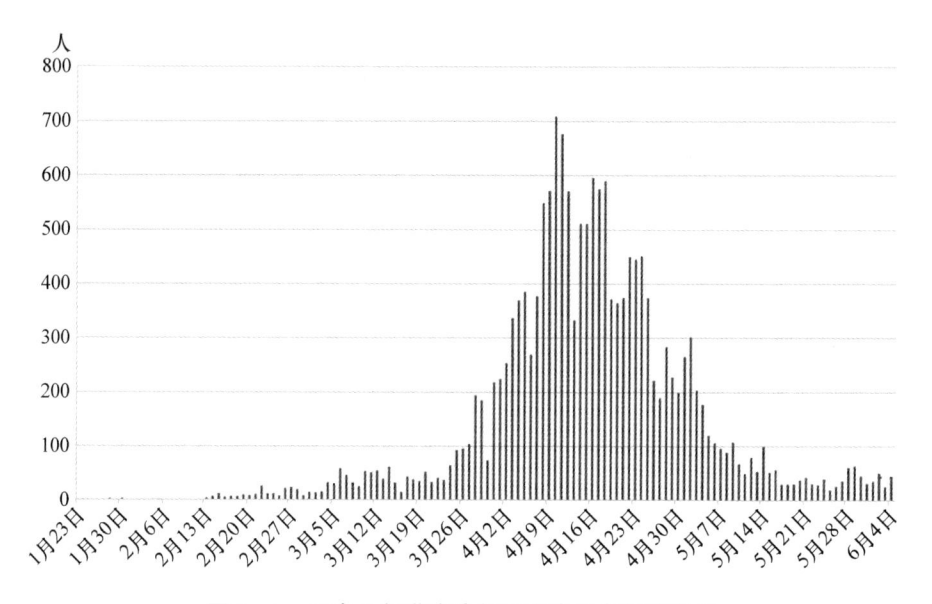

图4-1 日本日新增确诊新冠感染患者数的变化

资料来源：厚生労働省「新型コロナウイルス感染症について」，https://www.mhlw.go.jp/stf/seisakunitsuite/bunya/0000164708_00001.html#kokunaihassei2020/6/6［2020-06-19］。

相比中国及韩国而言，日本的防疫策略更具柔性。根据《新型流感等对策特别措施法》宣布的"紧急事态宣言"规定，紧急事态的范围和实施期限由首相即中央政府决定，同时赋予列入紧急事态范围的各地方首长以特定的权力，主要包括：要求居民自我约束外出行为；要求或直接命令学校休学和关闭福利设施；要求或命令限制举办音乐会、体育比赛等大型群体活动；强制使用及征用医疗设施的建筑物和土地；要求出售医疗用品、口罩、食品等，以及发布征收和保管该类物资的指令；要求或命令运输行业从业者运输紧急物资。在紧急事态宣言确定的基本原则之下，各地方首长根据本地实际情况制定实施细则。如进入紧急事态的各地方，都要求大学等群体聚集的机构、场所从 4 月 8 日起关闭，但是医院、超市、饭店等生活必需设施以及公共交通必须正常运营。从上述紧急事态宣言的大致内容看，正如日本自己标榜的那样，它确实不同于其他国家的"封城"，在很大程度上依然延续了原有的要求民众自身的自律行为，同时大力加强医疗设施的建设和医疗资源的调集和集中重点使用。

日本的防疫对策，从总体上看还是比较有效果的，但同时也因为在防疫过程中出现较为严重的失误，为此付出了沉重的代价。在 4 月之前，日本的感染者数大幅增长，与韩国整体的平缓变化形成了鲜明的对比。直到 5 月中旬，日本的疫情才得到了明显的抑制。

比较中日韩三国防疫对策及其成效，由于三国疫情发展时期不同、进程不同，难以做出细致的客观评价，但还是可以做出一些大体上的比较。首先，从对策的强制程度上看，中国居首，韩国其次，日本最后。中国最先大规模大范围暴发新冠肺炎疫情，特别是在春节临近、国内人口大移动的时期，不得已采取了强制的封城措施，全国各地也实施了严格的限制外出和聚集、停止商业经营、学校休学（后改为网络教学）等措施，同时大力动员社会力量参与防疫，从卫生防疫学角度封堵传染源。就强制性而言，韩国也采取了一定的强制措施，特别是禁止大型集会防止集体感染等。从防疫的全过程看，日本的防疫对策的强制性相对弱，都是要求居民自我约束外出、聚集，企业尽量在家办公和减少商业设施营业时间等。其次，中国还调集全国医疗卫生力量，对重灾区给予大力支援，不仅防止了医疗体系崩溃的危险，还极大地提高了救助效果。与此相对，日本为防止医疗体系崩溃而延缓病毒检测，延误了最佳的应对时机；从对策效果上看，由于中国情况复杂、人口众多且流动性极大，采取一些必不可少的强制措施，取得了非常好的效果，这也显示了中国体制的优势。日韩在其政治法律制度框架下，采取了相对柔性的对策，但是由于其良好的卫生医疗体系和国民较强的自觉性及良好的卫生习惯，也取得了远好于欧美的防疫成效。

前所未有的新冠肺炎疫情的大暴发，给中日韩三国社会经济带来了重大的冲击，但同时也提供了三国从民间到官方的相互支援与在公共卫生等社会领域加强合作的重要契机。在中国疫情大暴发之初，日本的企业及社会组织等民间力量就对中国抗疫给予了大力支援，其后，中国对日韩两国的防疫也给予了大量的物资支援。在至今的抗疫过程中，中国非常重视同各国和世界卫生组织等国际机构展开国际合作，最早将对病疫的研究成果和蔓延信息向世界传递，日韩两国及东亚地区是中国开展国际合作的重点对象。3月中日韩三国召开了新冠肺炎疫情问题特别外长视频会议，就抗击病疫开展相互合作达成一致意见。4月召开与东盟的领导人特别会议和卫生部长特别会议，将合作范围扩展至东亚地区。5月18日，中日韩三国再次召开应对新冠肺炎疫情卫生部长特别视频会议，会议通过了联合声明，中国提出的三点倡议——支持世卫组织发挥领导作用、开展联防联控国际合作和联合帮助卫生体系脆弱的国家提高应对能力，得到了日韩的积极响应。

二 新冠肺炎疫情对中日韩三国经济的影响和政策应对

新冠肺炎疫情的影响遍及社会各个领域，引发了严重的社会问题，而关系到国计民生的经济领域受到重大冲击，是最为核心的部门。中日韩三国疫情严重程度不同和防治措施存在较大差异，加之三国经济成熟度不同、对外来冲击的耐受力不同等，表现为疫情产生的经济冲击也有很大的不同。

中国武汉地区最先暴发疫情后扩散至全国，政府与民间大力合作采取极为强力且有效的抗疫措施，在不长的时间内实现了疫情的平稳和消却，2020年3月后半期政府开始推动复工复产即经济复苏政策，4月全国大部分地区和产业部门基本实现了生产的正常化。尽管如此，疫情对中国经济的冲击仍然是非常巨大的。因为中国作为世界供应链的主要环节之一，对外部市场的需求有较高的依赖度，欧美疫情暴发且经济陷于停顿，严重影响了中国的外部需求。同时中国自身的需求也出现较大程度的下滑，导致了国内生产、就业面临非常严峻的困难局面。在这种情况下，中国政府提出了"六保""六稳"政策，并将实施超规模的扩张财政政策和适度宽松的货币政策。

自安倍首相2012年年底第二次执政之后，日本经济经历了较长的景气扩张期。在宏观经济环境较为不错的条件下，安倍内阁在2019年实施了提高消费税率的政策，受此紧缩政策的影响，日本经济出现了提前消费的现象，所以在2019年第四季度提高消费税后消费需求大幅度减少，以致出现了经济负增长。新冠肺炎疫情最初没有在日本发生较大规模的蔓延，因此经济受到的影响较小，但随着3—4月疫情的蔓延，日本不得不实施更有力的防疫措施，使得经济受到越来越严重的影响。2020年第一季度日本经济延续了2019年第四季度的负增长，GDP较2019年同期下滑了3.4%。第二季度日本经济可能会出现更大幅度的下滑，IMF预测2020年全年日本经济增长率为－5.2%。针对国内外经济面临的严峻局面，安倍内阁实施稳定消费和刺激经济的政策。发放给日本国民每人10万日元的生活补贴，为面临经营困难的中小企业发放救济金。2020年4月，安倍内阁出台了规模达108.2万亿日元的大型经济刺激计划。尽管日本疫情防控做得比较好，全国紧急状态仅实施了一个多月就得以解除，但是由于担心疫情的"第二波"反弹，生产、生活尚未完全恢复到疫情前的状态，短期内经济影响还在延续。

如果仅从增长率看，韩国经济受到新冠肺炎疫情的影响比日本经济要小，2020年第一季度韩国经济还保持了正增长，但是在3月韩国已经出现了股价大幅下跌、韩元大幅度贬值的情况，随着疫情在欧美的大暴发使得全球经济陷入困境，韩国经济对外依赖度过高的结构问题愈加暴露出来，韩国承受的经济压力也越来越大。2018年韩国的贸易依存度和出口依存度分别达到了66.25%和35.15%，主要贸易伙伴国分别是中国和美国，与第一大贸易伙伴国中国的贸易比例大幅度超过美国。2019年受中美贸易摩擦和中国经济增长下滑的影响，韩国的出口出现了较大幅度的减少。新冠肺炎疫情的冲击将进一步增大对韩国贸易的影响。此外，韩国还面临着爆发货币危机的可能。韩元大幅度贬值，会导致外国资本撤离韩国，从而导致韩元进一步贬值进而发生通货危机。为此韩国在 3 月就与美联储签订了大额度的货币互换协议，用以支持韩国货币的稳定。韩国政府还制定了大型的财政扩张政策以稳定经济，但是与日本同样，韩国政府也面临着极重的财政负担。

中日韩作为具有紧密经济关系的经济合作伙伴国，三国间形成了以价值链为基础的分工结构和相应的贸易、投资关系，在经济上具有一荣俱荣、一损俱损的共同体关系。因此，三国应该加强合作，相互支持各自国内的经济复苏，同时就三国的供应链调整进行协调与合作。

三　后疫情时期东北亚国际态势与深化中日韩合作

（一）新冠肺炎疫情冲击下的东亚价值链分工走向

第一，以中日韩三国为主导的东亚地区疫情恢复较快，全球供应链存在东移趋势。

由于东亚国家充分汲取 2003 年 SARS 疫情的经验和教训，因此在此次新冠肺炎疫情中能够迅速地采取并执行有效的抗疫措施，进而在欧美等西方国家仍在奋力抗击新冠肺炎疫情之际，率先摆脱此次疫情的阴霾。也正得益于此，东亚地区的国家能够领先于世界其他国家循序渐进地推进各部门积极复工复产。与此同时，美欧等国家的跨国公司囿于封国封城的抗疫措施、国际金融市场的巨大波动、原油价格的下跌、全球物流体系的崩溃等多方面因素，总值贸易出口将受到严重负面影响，增加值贸易遭受的负面冲击也将由于价值链的"牛鞭效应"而进一步放大。因此，西方国家的跨国公司势必改变其参与世界经济的方式，通过直接或间接投资将资本注入恢复消费增长的东亚地区。东亚地区可能承接后疫情阶段世界经济结构性调整的正面效应，以中国为代表的东亚发展中国家将成为价值链布局调整的承接方。

第二，疫情过后将加速东亚地区贸易自由化进程，东亚价值链分工进一步细化。

在此次新冠肺炎疫情期间，中日韩三国抱团取暖、共抗疫情的举措成为 RCEP 和中日韩 FTA 加速推进的新契机，RCEP 计划于 2020 年年底如期签署，中日韩 FTA 也有望尽早达成共识。FTA 的贸易壁垒削减能够帮助企业降低成本，增强外贸企业抵御风险能力，并且 FTA 的贸易创造效应能够有效拉动三国之间的外贸需求，进而从供需两端缓解新冠肺炎疫情对东亚区域供应链带来的冲击。更为重要的是，FTA 的签署有助于解决中间品贸易关税重复征收问题，有利于促进东亚价值链分工进一步细化。随着东亚价值链分工的不断加深，以日韩两国为价值链上游承担研发、设计、营销、售后环节，以中国等发展中国家为价值链中下游承接日韩发包的加工制造环节的价值链合作模式正不断深入，但在此分工模式下由于中间品的多次跨越国境而导致关税重复征收，严重放大了东亚区域价值链合作的贸易成本。在 RCEP 和中日韩 FTA 达成后，将有效地抑制这一负面影响，彻底消除关税的重复征收问题，进而在后疫情时代激励东亚价值链分工体系的进一步细化。

第三，此次疫情暴露了发达国家的供应链安全问题，将会加速制造业环节的重构。

在此次新冠肺炎疫情全球蔓延的初期阶段，防疫物资的匮乏和短缺使得日本和韩国意识到其自身存在的供应链安全问题。在现行的东亚价值分工体系下，日韩两国的制造业生产环节几乎全部以"任务贸易"或"加工贸易"的模式外包给中国等发展中国家，并且由于经济体量、产业集聚以及地理因素等多方面原因，东亚地区的制造业环节大多集中于中国。这也就意味着，在重大的国际突发事件冲击下，日韩两国由于本土不具备加工制造环节而进入供给中断的尴尬窘境，并且在中国供给端遭受负面冲击后，也同样会导致日韩两国的供应链安全问题。为了避免这一问题的再次发生，日韩两国势必会加速其制造业回流以及制造业生产环节转移的进程，加速向中国以外的亚洲地区延伸布局。因此，此次疫情冲击过后，将会导致东亚价值链体系下的制造业环节重构进程加速，部分东南亚国家将挤占中国"加工贸易"或"任务贸易"的市场份额。为尽量避免东亚价值链重构对中国的负面影响，中国应尽快布局以国内需求为基础的国内价值链体系，并蓄力向东亚及全球价值链两端攀升。

(二) 深化中日韩国际合作的政策建议

1. 根据新冠肺炎疫情的影响，采取有效措施加强经济领域的合作，维护短期的经济稳定和实现长期的结构合理化

第一，加强中日韩三国联合抗疫，积极推进三国协同复工复产，维护以中日韩三国为"枢纽"的东亚区域供应链稳定运行。

在以美国为代表的西方国家仍无法有效抑制新冠肺炎疫情蔓延之际，中日韩作为东亚乃至世界三大重要经济体，东亚区域供应链的稳定运行将成为抑制世界经济陷入"断崖式"下跌的"中流砥柱"。与欧美国家相比，中国业已显著抑制了新冠肺炎疫情在境内的传播和蔓延，日韩两国的抗疫措施也同样颇具成效，因此亟须中日韩三国协同复工复产，遏制疫情冲击下的东亚区域供应链出现持续收缩甚至断裂的风险。一方面，中国应持续加大对日本和韩国的抗疫物资援助力度，必要时组织医疗队进行援助；同时中日韩三国应共享交流抗疫经验，实现抗疫信息的互通有无；深化三国流行病科研合作，不断优化对新冠病毒的防疫、排查、诊断及治疗措施，加速推进疫苗研制进程。另一方面，中日韩三国的复产复工进程应实现协同联动，激励和引导参与供应链体系的产业以及生产防疫物资的产业率先复工复产，供应链上下游产业的复工复产活动应实现紧密趋同，避免因某一生产环节的滞后脱节导致本就在疫情期间承受生产及经营等多重风险的供应链条呈现萎缩或断裂。

第二，稳定日韩在华直接投资，坚定外企信心，加强国际化营商环境建设，确保日韩企业在华稳定经营。

此次新冠肺炎疫情的暴发和蔓延使得全球供应链体系的脆弱性逐渐显露，供应链上游国家意识到其制造业生产环节几乎全部进行外包，其国内供应链安全缺乏保障。日韩两国在东亚区域供应链上位于"微笑曲线"的两端，承担着研发、设计、营销和售后等高附加值环节，中国作为"世界工厂"在东亚区域内主要承接日韩两国所发包的加工制造环节。日韩两国为保障其国内供应链安全，鼓励其在华企业特别是生产防疫物资的企业撤离中国，返回其本土开展生产经营活动，日本经济产业省更是计划拿出2200亿日元用于资助日本企业将生产线转移回日本本

土。一方面，日韩企业如果出现大规模撤资势必对我国供应链稳定运行造成巨大负面冲击，我国应积极采取相关措施稳定日韩在华企业，例如及时了解和满足日韩在华企业生产经营状况及企业主要诉求、加大对日韩在华企业的政策优惠力度、协助日韩在华企业做好防疫防控和复工复产工作、全面建设国际化营商环境等。另一方面，由于供应链安全风险的暴露，全球供应链下游环节势必会向其他发展中国家所分散，我国应积极打造自主可控的国内供应链体系，减少对上游环节核心零部件进口的过度依赖，蓄力向"微笑曲线"两端攀升，避免日韩制造业企业撤离对中国供应链安全造成的负面冲击。

第三，拓展和强化中日韩三国数字经济合作，充分发挥数字经济对全球供应链体系的"润滑剂"作用，打造更为健全的高质量全球供应链体系。

在新冠肺炎疫情对实体经济造成严峻冲击的同时，数字经济由于其零接触、宅经济、高效率等特征成为缓解经济下行的重要壁垒和依托。对于服务业而言，数字经济的发展有助于线上和线下的融合态势显著加速；对于制造业而言，有助于工业企业推进数字化转型进程，在此次疫情的冲击下，更是激励更多的企业引进机器人、自动化等新技术开展生产经营活动。在全球供应链的视角下，数字经济的融入能够有效促进上下游企业的数据及资源的整合共享，加速各生产环节的创新进程，提高企业在跨境服务中的价值。因此，中日韩三国应积极拓展和强化数字经济合作，落实《中日韩合作未来十年展望》中有关数字经济合作的内容，引领全球数字经济规则的构建。与此同时，鼓励中日韩创新型企业及科研机构之间的交流和沟通，依托中国"新基建"计划和日韩企业在高新技术领域的比较优势，完善东亚区域大数据、5G、云计算、人工智能、工业互联等相关产业布局，促进东亚区域供应链整体的延伸和健全。

2. 以此次新冠肺炎疫情为契机，推进中日韩全面危机管理合作，开拓与深化三国社会领域的合作

现代公共危机管理研究是在 20 世纪 50 年代以后以美国为中心发展起来的，最初是以国际危机作为主要研究对象，是国际关系及国际问题

研究的一个主要内容。60年代以后以美国为代表的西方学者将危机问题研究纳入到多学科的综合研究范畴。90年代以后特别是21世纪后，国际社会矛盾出现了分散化和深刻化的特点。在这一背景下，国际学界有关危机管理的研究进入了一个新的发展阶段，危机管理研究的内容已经高度系统化：人类社会危机现象的成因、国家风险、社会冲突与危机发生的关系；操作层面上社会危机的预警、防范的可行性；政府危机管理决策的选择与危机控制的途径和方法；后危机的管理与处置；社会危机管理体制、机制的建立等成为危机学的主要内容。[①]

2003年发生的SRAS疫情极大地推动了中国公共危机管理体制的建设和相关理论及实践研究的发展。时隔17年再度在中国暴发并向国际蔓延的新冠肺炎疫情，是在新的国内外环境条件下发生的，其严重程度远超过当年的SARS疫情，各国的公共危机管理体制受到了严峻的挑战，这次疫情，必将推动各国危机管理体制的改革和创新。重大传染病疫情只是当代多种重大社会危机的一种，关于公共危机管理的研究必须全面研究多种危机形式的应对之策。全面的公共危机管理的研究，不仅有助于加强公共危机管理体制的建设和提高危机的防范、处置效能，而且由于公共危机管理是现代社会治理体系的重要构成，弄清楚危机管理体制的历史演变和现代发展规律，对于促进治理现代化具有重要的意义。在全球化快速发展的条件下，国际密切的人文与经济技术交流，极大地缩小了国家间的地理距离，使得公共危机管理成为一个国际性、区域性的问题，对于地缘关系密切的国家而言国际合作尤为重要。中日韩三国是开展比较研究和国际合作的最好样本。从现代化发展历程而言，三个国家呈现了梯度式的发展，从历史进程上更易于总结不同社会条件下相关制度的发展规律；三国现实制度的差异又为比较研究制度绩效提供了条件；三国作为东北亚的邻国，已经在经济和人文领域形成了密切的交流关系，一定程度上存在着利益攸关的共同体关系，随着三国国家关系的进一步发展，深化社会领域的合作将成为必然。

[①] 肖鹏英：《当代公共危机管理研究的现状及发展趋势》，《贵州社会科学》2006年第7期。

本次新冠肺炎疫情暴露了各国及国际公共卫生体系存在的不足。东北亚地区频发的大型自然灾害、重大传染病疫情等重大突发事件，屡屡透过该地区紧密的地缘关系对整个区域产生严重的影响，亟须通过国家之间的合作构建有效的国际防范体制。在今天中日韩三国关系得到积极发展、区域合作取得显著进展情况下，在频繁受到重大突发事件冲击这一利益攸关的局面下，凸显了三国在该领域展开合作的必要性，而三国之间的政治关系好转和积极发展为实现三方合作提供了可能。应急管理领域的合作是推动三国关系深入发展的重要举措。就合作的模式而言，要形成制度化的长期稳定的合作机制，即三国达成合作协议和组织建构，进而形成合作框架和具体合作内容。中国与日韩在公共卫生领域的合作由来已久，社会组织在其中发挥重要的作用。以新冠肺炎疫情的影响为契机，三国应该就建立包括重大传染病疫情防治、大型自然灾害救援与灾害重建及其他重大突发事件危机管理等在内的综合性的国际合作危机管理体系进行磋商，并以此为核心，深入探讨三国开展其他社会领域合作的内容和机制。在构建综合性重大突发事件危机管理合作机制方面，应以各国中央政府为主，充分发挥三国合作机制的作用，同时在具体的合作内容和合作方式方面，要大力开展公共外交，发挥民间力量在国际合作中的作用。合作应遵循从单一向综合、由简单到复杂的过程，如三国同时合作存在难度，也可考虑与韩国先行合作。

疫情背景下的东亚区域经济合作及日本政府政策取向[*]

伴随 WTO 多边贸易机制陷入停顿，区域性经贸协定进展迅速，世界范围内 CPTPP、日欧 EPA、USMCA 已经生效，疫情之前东亚区域经济合作也步入快车道，RCEP 谈判进入收官阶段，中日韩三国还承诺在 RCEP 之后加速中日韩 FTA 谈判。新冠肺炎疫情的暴发催生了东亚国家或地区在疫情防治和公共卫生等领域的合作，却给既定的东亚区域经济合作进程蒙上了阴影，疫情后日本经济政策的转向将极大增加年内签署 RCEP 的不确定性。

一 疫情前后东亚区域经济合作状况

（一）疫情之前的东亚区域经济合作

与欧洲和北美区域经济合作相比，东亚区域的经济合作进程一直比较缓慢，进入新世纪以来，东亚区域之间经济合作开始加速。[①] 表 4-3 显示了 21 世纪以来东亚区域内双边区域贸易协定（Regional Trade Agreement，RTA）。从表 4-3 可以看出，除澳大利亚和新西兰的协议是在 20 世纪 80 年代签署以外，其他国家之间的协议都是在 21 世纪签署的，而且更多的都是在 21 世纪第一个 10 年之后。在所有国家或地区中，东盟是区域内最为活跃的经济主体，与域内的 6 个国家均签署了

---

[*] 裴桂芬，河北大学日本研究中心教授。
[①] 这里的东亚不是地理上的概念，其成员包括东盟 10 国和中国、日本、韩国、印度、澳大利亚、新西兰，这是东亚峰会的 "10+6" 体制。

FTA 或 EPA①，此外，澳大利亚、韩国分别签署了 4 个，中国签署了 4 个，日本、新西兰和印度分别签署了 3 个。

表 4-3　　　　　东亚主要国家之间双边 RTA 分布情况

	东盟	日本	中国	韩国	澳大利亚	新西兰	印度
东盟		2011 年	2011 年	2007 年	2010 年	2010 年	2010 年
日本	2011 年				2015 年		2011 年
中国	2011 年			2015 年	2015 年		
韩国	2007 年		2015 年		2014 年	2015 年	2010 年
澳大利亚	2010 年	2015 年	2015 年	2014 年		1983 年	
新西兰	2010 年		2008 年	2015 年	1983 年		
印度	2010 年	2011 年		2010 年			

注：包括 FTA（Free Trade Agreement）、EPA（Economic Partnership Agreement）、CEPA（Comprehensive Economic Partnership Agreement）、CEP（Comprehensive Economic Partnership）和 CER（Closer Economic Relations）等不同形式，统称为 RTA（Regional Trade Agreement），这是 WTO 统计中使用的称谓。

资料来源：根据 WTO、JETRO 的数据整理，http：//rtais.wto.org/UI/PublicMaintainRTA-Home.aspx［2020-06-21］。

伴随亚太及东亚地区经济和产业一体化进程，在双边协议的基础上出现了一些深度一体化的跨区域或区域内经济贸易协定，已经生效或正在谈判中的 RTA 共有 3 个，参与的国家如图 4-2 所示。第一个是已经在 2018 年年底生效的"全面与进步跨太平洋伙伴关系协定"（Comprehensive Progressive Trans-Pacific Partnership，CPTPP），这是在 2005 年由新西兰、新加坡、智利和文莱四国发起的"跨太平洋战略经济伙伴关系协定"的基础上发展而来的。2008 年美国加入后更名为"跨太平洋伙伴关系协定"（Trans-Pacific Partnership Agreement，TPP），此后秘鲁、

---

① 在日本，一般将区域间的经贸协议称为 EPA。根据日本外务省的定义，FTA 是针对特定国家或地区以削减或撤销货物和服务贸易壁垒为目的而签署的贸易协定，而 EPA 是在传统货物与服务的 FTA 基础上增加了投资、知识产权、竞争、营商环境、政府采购、两国或多国间合作等议题基础上形成的广泛的经济合作协定。

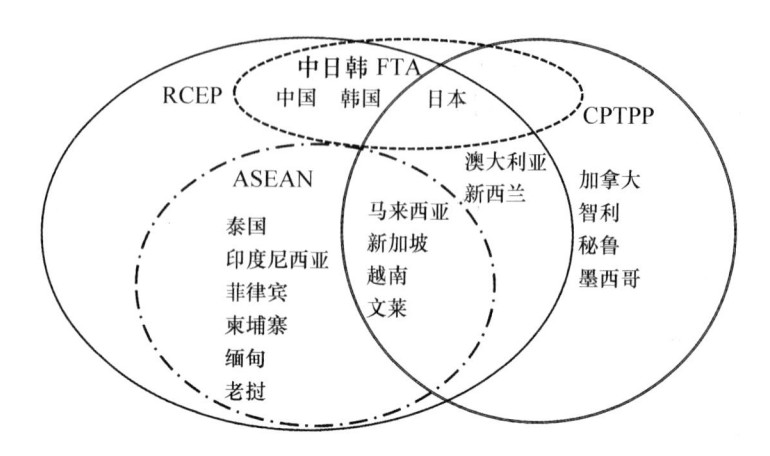

214 第四章 疫情对中日及区域合作的影响及其未来走向

图4-2 亚太及东亚区域错综复杂的区域经贸合作格局

越南、澳大利亚、马来西亚、日本、墨西哥、加拿大、韩国相继加入谈判，2016年2月，除韩国以外的12个成员国签署了TPP，2017年1月美国总统特朗普入驻白宫后宣布美国退出TPP。此后，在日本的协调和带领下，11个成员国继续谈判，在冻结部分条款的基础上，2018年3月在智利圣地亚哥正式签署了CPTPP（又称TPP11），2018年12月30日生效。第二个是"区域全面经济伙伴关系协定"（Regional Comprehensive Economic Partnership，RCEP），这是2012年由东盟10国发起，邀请中国、日本、韩国、印度、澳大利亚、新西兰参加的"10+6"体制。自2012年10月启动谈判以来，经历了28轮技术谈判、16次部长级谈判和3次领导人会议，2019年11月4日的第三次领导人会议上印度总理莫迪宣布退出RCEP谈判。根据领导人会议发布的联合声明，拟在2020年5月之前完成全部20章的协议文本审核，年内15个成员国签署协议。文本的主要内容包括货物贸易、原产地规则、通关程序及贸易便利化、卫生植物检疫、规格的适应性评价手续、贸易救济、服务贸易、自然人移动、投资、知识产权、电子商务、竞争、中小企业、经济技术合作、政府采购、制度事项、纷争解决等内容。第三个是2002年在中日韩三国领导人峰会上提出的中日韩FTA设想，截至2019年12月，三方已经进行了16轮谈判，三方同意在签署RCEP之后，进一步就提升贸易投资自由化便利化水平、打造"RCEP+"的FTA深入交换意见。"RCEP+"是第 15 轮谈判中提出的概念，即在货物贸易领域、服务贸易和投资领域以及规则领域进一步探讨三国合作愿景。

从图 4-2 可以看出，东亚区域合作存在交叉或重叠现象。参与 CPTPP 的包括东盟 4 个国家，东盟 10 国又是 RCEP 的核心国家，日本同时参与三个巨型 FTA，并在 CPTPP 中发挥了主导性作用。

正如上文所说的那样，到 2019 年年底，RCEP 已经进入收官阶段，在完成协议文本审核后将在 2020 年内签署协议，中日韩三方也承诺将在 RCEP 之后加速推进中日韩 FTA，如果没有新冠肺炎疫情，2020 年必将是东亚区域经济合作的可期之年。

（二）疫情冲击下东亚区域经济合作走势

新冠肺炎疫情何时能够结束？对世界经济、东亚经济和东亚经济合作会产生多大影响？现在要回答这些问题还有很大难度，一方面是看不到疫情结束的迹象，另一方面，难以估计疫情对全球经济以及供应链到底能够产生多大影响。下面重点分析疫情之后影响东亚区域合作的正反两方面因素。

首先，疫情发生后，东亚国家加快了在区域公共安全、防控疫情扩散蔓延和促进经济恢复方面的合作，利用这些机会连续重申年内签署 RCEP 协议，这成为东亚区域合作的积极动向。

中国在 2020 年 1 月下旬暴发新冠肺炎疫情后，本着依法、公开、透明和负责任的态度，第一时间向国际社会通报了疫情信息，毫无保留地与各方分享防控和救治方式。2 月 3 日召开了"10+3"卫生发展高官特别视频会议，2 月 20 日召开了中国与东盟特别外长会议，3 月 20 日召开了中日韩特别外长视频会议，4 月 7 日召开了"10+3"卫生部长视频会议等；4 月 14 日召开了东盟与中日韩抗击新冠肺炎疫情领导人特别会议，《特别会议联合声明》明确本地区将全力加强防控合作、提升公共卫生水平、努力恢复经济发展、推进区域经济一体化，重申贯彻 RCEP 第三次领导人的会议精神，2020 年内签署 RCEP 协议；为落实领导人会议精神，4 月 20—24 日召开了第 29 次 RCEP 首席谈判代表会议，会后发表的共同声明强调为恢复受到严重疫情影响的贸易和投资活动，需要提供一个稳定的、可预见的经济环境，成功签署协议是极为重要的一环。5月15—20日，召开了第30次RCEP首席谈判代表会议，探讨了市场开放以及其他技术性议题。6月4日召开了东盟与中日韩（10+3）抗击新冠肺炎疫情经贸部长特别会议，会议通过的《东盟与中日韩（10+3）经贸部长关于缓解新冠肺炎疫情对经济影响的联合声明》中，针对加强抗疫和经贸合作、拉紧贸易投资合作纽带、稳步提升地区产业链和供应链、持续推进区域经济一体化等议题做出了具体部署，关于区域经济一体化合作特别提出，明确按照领导人特别会议的指示精神，密切协调配合，争取年内达成RCEP。6月24日，以视频方式召开了第3次领导人之后的首次也是第10次RCEP部长级会议，东盟10国和中国、日本、韩国、澳大利亚、新西兰的经济贸易部长参加了会议，会议发表的联合声明表示疫情给贸易、投资和全球供应链带来了前所未有的挑战，更需要各国加强合作和协调，以促进强劲的、有韧性的经济复苏，再次重申于2020年内签署RCEP。7月9日以视频会议形式召开了第31次代表会议，共同声明再次确认6月部长级会议上确定的年内签署协议事项，今后谈判重点在于法律审核以及其他剩余的问题。

其次，疫情之后一些主要国家还单独表达了推动区域合作的意愿。5月18日，中国商务部副部长兼国际贸易谈判副代表王受文在新闻发布会上说，中方做好年内文本审核和协定签署工作，争取在年内领导人再次开会时，能够签署RCEP；5月24日两会期间的记者会上，外交部部长王毅提到，"我们还应该加快中日韩自贸谈判，力争年内能够签署RCEP，深化经济融合"；5月28日，李克强总理在回答日本记者提问时明确中国对加入CPTPP持积极开放态度；商务部部长钟山在6月召开的"10+3"经贸部长会议上强调要与各方共同努力，认真落实"10+3"领导人特别会议关于年内达成RCEP协议的共识，加快推进中日韩FTA，加强各方在世贸组织（WTO）框架下的合作。[①] 根据越南通讯社

[①] 《国务院总理李克强回答中外记者提问》，新华网，http://www.xinhuanet.com/politics/2020lh/2020-05/28/c_1210637126.htm [2020-06-21]。

消息，担任2020年东盟轮值主席国的越南也发布声明，计划在7月底之前完成RCEP法律文本的修订工作，期待年内签署协议，4月18日泰国商务部贸易谈判司司长奥菈孟（Auramon）表示，工作组已经完成了6章法律文本的修订，还有14章没有完成；① 6月4日东盟与澳大利亚合作委员会召开会议，提出采取措施支持以规则为基础的多边贸易体系，维持供应链正常运行并完成RCEP的签署工作；② 据韩国首尔联合新闻7月8日消息，韩国产业通商资源部指出，"疫情暴发招致了近期的贸易保护主义盛行和全球价值链的重构，更凸显了RCEP的重要性，韩国要积极推动年内签署协议"。③ 根据彭博社的消息，澳大利亚财政部长弗莱登伯格在6月23日表示，因新冠肺炎疫情恶化的澳中关系不会影响RCEP的进展。④ 在众多国家纷纷单独表态支持年内签署RCEP过程中，日本政府在7月之前一直没有单独发出任何声音，直到2020年7月6—8日在WTO每3年一次审议日本贸易政策会议上，日本政府代表曾根健孝在英文版报告中明确表示，"日本将以与WTO原则一致的方式，推动年内签署RCEP并促进其他经济伙伴关系协定和与投资相关的协定谈判"。⑤ 而在日本外务省网站发布的曾根健孝发言要点中的表述是，"在贯彻落实TPP11、日欧EPA和日美货物贸易协定的同时，积极推动日英经济伙伴关系协定和RCEP谈判"⑥，并没有明确在年内签署协议。

而在疫情之后东亚区域经济合作向着预定方向进展过程中，智库和

① "RCEP in Attempt to be Signed by the End of 2020 in Vietnam", *Vietnam Times*, https: //vietnamtimes. org. vn/rcep-in-attempt-to-be-signed-by-the-end-of-2020-in-vietnam-19563. html ［2020 - 07 - 15］.
② "ASEAN, Australia to Strengthen Cooperation Amid COVID - 19 Pandemic", https: //asean. org/asean-australia-strengthen-cooperation-amid-covid-19-pandemic/ ［2020 - 07 - 15］.
③ 「RCEP交涉会合 9日にテレビ会議で＝年内署名目指し」、聯合ニュース、2020年7月8日、https: //jp. yna. co. kr/view/AJP20200708001000882 ［2020 - 07 - 15］。
④ https: //www. bloomberg. co. jp/news/articles/2020 - 06 - 23/QCDMZKT0AFBW01 ［2020 - 07 - 15］.
⑤ Trade Policy Review, Japan Day 1 (July 6th) Statement, https: //www. mofa. go. jp/mofaj/files/100072537. pdf ［2020 - 06 - 21］.
⑥ 『世界貿易機関（WTO）対日貿易政策検討会合の開催』、https: //www. mofa. go. jp/mofaj/press/release/press1_000442. html ［2020 - 07 - 15］。

学术界也出现了一些不同声音。穆迪公司在2020年5月全球贸易监测中指出，疫情从需求萎缩、供应链中断、医疗和食品供应限制三个方面对RCEP年内签署协议带来了挑战，各国经济发展的重心转向国内，可能会分散RCEP的谈判精力。[1] 穆迪公司还指出疫情暴露了日本引以为豪的准时制供应链管理方式的弊端，可能促使日本企业重构新的生产和采购链条，加快全球供应链向区域、近邻或国内的转移，汽车和电子产业已经出现了这种趋势，之后还会扩展到一国至关重要的食品和药品等产业，日本和印度政府已经明确做出了这种表态。疫情引发的贸易保护主义模式也将导致RCEP难以成行。[2]

日本神奈川大学法学部教授大庭三枝在《外交学者》撰文指出，过去30年亚太地区一直享受经济全球化的利益，在人员、商品、资本和信息的跨境流动带来的经济发展和社会进步中，EPA或FTA等的制度安排发挥了重要作用，基本的思路是经贸合作中形成的共同规则有助于活跃跨境经济和生产活动，并带来区域的繁荣和稳定。而新冠肺炎疫情极大地破坏了国际秩序，且不论疫情期间人员、货物中断或国境的暂时关闭等突发事件的影响，从跨境犯罪、非法移民和环境保护等角度考虑也应该深刻反思过度一体化的弊端，疫情成为调整东亚区域合作进程的重要契机。[3]

2020年4月19日《日本时报》（*the Japan Times*）发表了日本共同社记者立川智之的文章《疫情将迫使日本放弃2020年内签署RCEP的承诺》，指出尽管安倍政府希望在自贸区建设上留下一大笔遗产，但疫情之后安倍政府已经将政策重心转向受疫情影响严重的国内经济，而不是继续推动国内尤其是农业等承担更大风险的区域经济合作。文章还援引日本瑞穗综合研究所主席研究员菅原淳一的观点，"疫情暴发使许多

---

[1] Dashveenjit Kaur, "Covid – 19 Brings Fresh Challenges to RCEP Trade Negotiations", 2020, https://themalaysianreserve.com/2020/05/22/covid-19-brings-fresh-challenges-to-rcep-trade-negotiations/［2020 – 07 – 15］.

[2] Elijah Felice Rosales, "Virus-fueled Protectionist Mode Derails RCEP", 2020, https://bilaterals.org/? virus-fueled-protectionist-mode&lang = en［2020 – 07 – 15］.

[3] Mie Oba, "COVID – 19 and a New Direction for Asian Integration", 2020, https://thediplomat.com/2020/04/covid-19-and-a-new-direction-for-asian-integration/［2020 – 07 – 15］.

RCEP国家意识到过度依赖中国进出口的弊端，由于不能及时从中国进口所需的重要产品和物资，严重影响了这些国家的经济活动，许多国家都希望本国能够保障生产生活所需的重要零部件及其产品供应，这一趋势将削弱开放市场的积极性"。[①]

日本作为东亚区域合作中的重要参与方，日本政府的态度或政府政策对东亚经济合作起到至关重要的作用。疫情后日本对于RCEP表态的慎重显示日本再次对RCEP出现了犹豫或摇摆，其实在2019年11月印度退出RCEP谈判之时，RCEP的日方代表、经济产业副大臣牧原秀树曾说"没有考虑在印度不参加情况下签署RCEP"。很显然，疫情暴发后安倍政府对于之前热衷推动的东亚经济合作变得更加谨慎或慎重，下面从疫情对经济的影响出发研究日本政府疫情前后的政策取向。

二 疫情前后日本政府区域经济合作的政策取向

（一）疫情前日本积极推动区域经济合作

日本是多边自由贸易体制的受益者和践行者，区域经济一体化的起步相对较晚，进入21世纪以来一改过去在全球经济治理体系中"被动接受者"或"跟随者"形象，走到了全球经济治理前台。2002年的第一个经济伙伴协定（Economic Partnership Agreement，EPA）是与新加坡签署的，截至2019年年底，日本与21个国家和地区签署了18个EPA。

安倍晋三首相自2012年12月执政以来，更是积极推动区域经济合作。日本政府在《日本再生战略2013》中首次提出建立战略性贸易伙伴关系的设想，并明确要将2012年19%的FTA覆盖率提高到2018年的70%，推行"日本式全球经济治理观"。日本式全球经济治理观包括两个含义：一是转变日本的角色，由过去国际规则的追随者转变为区域经济合作的引领者，二是积极建立高标准和高质量的新经济治理

---

① Tomoyuki Tachikawa, "Pandemic may Force Japan to Give up RCEP Agreement in 2020", 2020, https://japantoday.com/category/politics/pandemic-may-force-japan-to-give-up-rcep-agreement-in-2020 ［2020 - 07 - 15］.

规则，以维护并发展自由、开放的国际经济体系。在这一观念指导下，近年来日本区域经济一体化取得了重大成效，在已经生效的18个EPA中，安倍执政后签署的包括日本分别与澳大利亚和蒙古签署的EPA，之后的最大成就之一就是CPTPP的签署和生效，形成了一个包括6.9%的全球人口、13.2%的全球GDP和14.6%的全球贸易的巨型经济伙伴协定，成就之二是2018年7月日本与欧盟签署了高水平高标准的EPA，这是一个占全球人口8.8%、全球GDP的28.8%和全球贸易37.7%的经济伙伴协定（以上数字均为2017年数据）。这两个区域经贸协定的签署使日本的FTA覆盖率从2017年的23.4%提高到2018年的36.7%，2018年美国FTA覆盖率为30.1%，中国为30.6%，韩国为67.8%，欧盟为76.3%。[1]

近年来日本在区域经济合作取得重大进展之后，国内曾有担忧日本是否还会积极推进包括中国在内的RCEP谈判和中日韩FTA谈判。2019年《日本蓝皮书》刊载了《从CPTPP和日欧EPA看日本东亚区域合作政策取向》一文。文章从日本确立的FTA覆盖率目标、现有巨型FTA的经济体量和规模、日本贸易与投资流向以及日本引领国际经贸规则政策取向等方面进行深入分析后得出结论，日本仍会积极推动RCEP谈判，这成为安倍晋三内阁的既定战略。[2] 安倍晋三在2019年1月4日新年记者招待会上也提出，尽管国际社会的贸易保护主义忧虑激增，日本仍将高举自由贸易大旗，继续引领以规则为基础的国际经贸规则改革。[3]

能够彰显日本政府经济政策主基调的是每年度发布的经济政策方针。[4] 2018年6月内阁府出台的《经济财政运营和改革基本方针

---

[1] 根据"各国政府资料、各国贸易统计、DOTS（2019年6月29日版）"（IMF）的资料整理而成。

[2] 裴桂芬、王欣颖：《从CPTPP和日欧EPA看日本东亚区域合作政策取向》，载杨伯江主编《日本蓝皮书（2019）》，社会科学文献出版社2019年版。

[3] 首相官邸「安倍内阁総理大臣年头记者会见」，https://www.kantei.go.jp/jp/98_abe/statement/2019/0104kaiken.html［2020-07-15］。

[4] 2001年小泉纯一郎执政时期发布《经济财政运营及结构改革基本方针》，日本将年度经济政策基本方针称为"骨太方针"（honebuto policy），2007年全称改为《经济财政改革的基本方针》，2010年再次改为《经济财政运营和改革基本方针》，一般是每年6月发布。

2018》，例行的重要课题之一是"推进经济协作"，指出日本作为新秩序重构国际贸易规则的旗手，要积极推动基于自由公正原则的21世纪新秩序，具体是在CPTPP生效之后，出台鼓励新成员加入的具体措施，吸引更多国家加入和美国回归TPP，并在市场准入和规则领域保持均衡，引领和推动高质量的RCEP早期达成协议。2019年6月出台的《经济财政运营和改革基本方针2019》的副标题是《令和新时代：建立适应"社会5.0"的制度框架》①，提出以实施增长战略为主的强化经济增长、实现人力资源革命和工作方式改革、促进地方经济发展、加强与国际经济社会的合作以及所推进的重要课题。其中"加强与国际经济社会合作"成为实现"社会5.0"的重要一环，指出要努力实现G20的可持续增长承诺、积极推进区域经济一体化和国际规则的标准化，具体还是作为自由贸易旗手，努力使CPTPP和日欧EPA成为自由公平的21世纪国际经贸规则的范本，特别提出"引领年内实现高质量、综合的、市场准入和国际规则相互均衡的RCEP谈判"，这些都表明了日本政府推进RCEP的信心和决心。

（二）疫情对日本经济的影响

新冠肺炎疫情对日本经济的影响是非常严重且不断加强的。根据日本内阁府发布的《月度经济报告》，自3月经济开始受到新冠肺炎疫情的影响，景气判断从"严峻状况"到"极其严峻状况"，再到"景气快速恶化的极其严峻状态"，6月的景气判断依旧是"极其严峻状态，但停止下跌"。从统计指标看，2020年第一季度日本实际GDP下降0.6%，环比下降2.2%，同比下降1.7%，其中民间消费支出下降0.8%，民间住宅支出下降4.2%，货物和服务出口下降6.0%，进口下降4.9%，从贡献度来看，国内需求贡献度为0.4%，净出口的贡献度为0.2%。②

---

① "社会5.0"是在狩猎社会（Society 1.0）、农耕社会（Society 2.0）、工业社会（Society 3.0）、信息社会（Society 4.0）基础上的超智能社会。

② 「我が国経済」，https://www5.cao.go.jp/keizai3/getsurei/2020/06shihyou/shihyou1-1.pdf［2020-07-15］。

世界银行2020年6月的《全球经济展望》显示，2020年整个世界经济将下降5.2%，比2009年雷曼兄弟破产后的经济下降还低0.1个百分点。从主要国家来看，欧元圈将下降9.1%，美国与日本下降6.1%，中国将有1%的正增长。①

日本三菱综合研究所根据三种不同的情景假定预测了新冠肺炎疫情对世界经济和日本经济的影响。第一种情景是假定在5月末之前有效防止疫情复发，开展正常的生产经营活动，第二种情景是重启经济活动与疫情复发交叉进行，2020年年底步入正常的生产经营活动，第三种情景是2020年内不能完全控制疫情，延续到2021年。表4-4显示了主要国家GDP增长预期。

表4-4　疫情前后主要国家经济增长预期　　　单位：%

	疫情前经济增长预期	疫情后经济增长预期					
		情景1		情景2		情景3	
	2020年	2020年	2021年	2020年	2021年	2020年	2021年
世界	2.7	-3.0	5.7	-4.9	5.8	-4.9	3.7
美国	1.9	-4.7	4.7	-6.1	4.8	-6.1	3.1
欧洲（5国）	1.2	-6.0	6.0	-8.9	7.4	-8.9	4.0
中国	5.9	0.6	9.0	-3.2	8.6	-3.2	6.5
日本 历年	-0.4	-4.9	3.4	-6.5	1.9	-6.5	-0.2
日本 财年	0.1	-4.5	4.3	-7.1	4.4	-7.4	2.2
ASEAN	4.9	-1.2	9.0	-3.9	8.7	-3.9	6.4
其他国家	2.7	-2.1	4.7	-2.9	4.8	-2.9	3.0

注：欧洲5国包括德国、法国、英国、意大利、西班牙。
资料来源：株式会社三菱综合研究所『新型コロナウイルス感染症の世界・日本経済への影響』（2020—2021年度の内外経済見通し），https：//www.mri.co.jp/knowledge/insight/eco-outlook/2020/20200519.html［2020-07-15］。

---

① 経済産業省『新型コロナウイルスの影響を踏まえた　経済産業政策の在り方について』，2020年6月17日，https：//www.meti.go.jp/shingikai/sankoshin/sokai/pdf/026_02_00.pdf［2020-07-15］。

根据表 4-4，从主要国家比较看，疫情之前日本 2020 年预期经济增长率已经非常低，历年预期增长率为 -0.4%，财年预期增长率仅为 0.1%。这是由于伴随以制造业为中心的世界经济减速，外需对日本经济贡献度由正转负，支撑日本经济增长的只有国内需求，而内需受到了 2019 年 10 月消费税由 8% 提升到 10% 的严重影响，提前消费带来了严重的预期需求不足。这一增长率不仅低于世界平均增长率（2.7%），更是远低于中国（5.9%）和东盟（4.9%）。

从疫情之后的经济增长预期看，目前所假定的情景 1 已经过去，只剩下情景 2 或 3 的选项。在情景 2 的假定下，2020 年日本经济增长率预期为负增长 6.5%，从横向比较看日本经济负增长比世界经济整体增长率还低 2.5 个百分点，略低于美国（-6.1%），低于中国及东盟 3 个百分点，仅仅高于欧洲 5 国（-8.9%）经济增长率；在情景 3 的假定下，2020 年日本经济增长率预期与情景 2 相同，也为 -6.5%，从横向比较看格局基本与情景 2 相同，只是疫情的肥尾效应更大，致使日本成为 2021 年唯一预期出现负增长的国家。

（三）疫情后日本经济政策的转向

疫情的严重影响促使日本政府出现了明显的政策转向。2020 年 4 月 7 日，日本内阁府出台了《新冠病毒感染紧急经济对策——保护国民生命生活，实现经济重启》，在充分认识新冠病毒对国内外经济重大影响的基础上，提出了紧急支援和"V"形经济重启阶段的经济政策。政策主要包括防止感染扩大措施和完善医疗体制以及开发治疗新药、运用财政金融措施维持就业和企业复工复产；经济恢复方面的措施主要包括在观光、运输业、饮食业、娱乐业等恢复经济活动和构筑韧性的经济结构，包括供应链改革、支持海外日本企业扩大业务、在维持农林水产品和食品出口的同时保障国内的产品供应、加快远程化的数据传输等。关于供应链改革，紧急经济对策指出新冠病毒感染暴露了包括口罩在内的重要卫生用品供应链的脆弱性，计划通过长期产业回流或分散产业布局建立稳固的供应链，称为"供应链改革计划"。具体来说，就是政府对于进口依存度过高的产品或零部件产业的回流项目提供补贴，对中小企业的补贴率为 2/3，对大企业的补贴率为 1/2，对于口罩、酒精消毒液、防护服、呼吸机等国民健康至关重要的产业回流进一步增加补贴标准，分别提高到 3/4 和 2/3，同时支持建立海外依存度高的医药产品等的国内生产基地，并对高度依赖一国产品或零部件的产业，对于日本企业向东盟等国转移生产基地提供与回流国内同等规模的补贴。在日本经济产业省发布的总额高达 108 万亿日元（约占日本 GDP 的 20%）抗击疫情计划中，2435 亿日元的供应链改革计划占比非常小，但政策含义非常重要。一是在 2008 年全球金融危机之后，美国、英国等许多发达国家均出台了鼓励产业回流政策，日本却没有出台明显的鼓励产业回流政策；二是政府所指的产品或零部件严重依赖的国家都是中国。根据日本经济产业省的统计，在零部件及加工产品的进口中，2019 年日本对中国的进口依存度达到 21.1%，居发达国家之首，其他国家分别为：美国 16.3%、加拿大 9.2%、意大利和德国 7.0%、英国 5.9%、法国 5.1%。[①] 从这个角度来说，日本紧急经济对策中的供应链改革主要就是改变过度依赖中国市场的现象。

2020 年 5 月 29 日，由安倍晋三担任议长的政府经济财政咨询会议[②]开始讨论本年度经济政策基本方针，7 月 8 日发布了经济政策基本方针讨论稿，基本框架是建立防止新冠病毒传播和实现经济复苏的"新常态模式"。讨论稿的第一章是新冠肺炎疫情扩大下日本的经济财政状况，分析了日本面临的危机和疫情时代的国际政治、经济和社会形势，指出世界经济的大幅下降、维持自由贸易的难度和国际层面协调机制的解体和国际碎片化的进展。第二章分析了应对疫情扩大和阶段性开展经济活动问题，主要包括强化医疗供应体制、维持就业和国民生活水平、通过融资支持维持产业活动运营和刺激消费等。在最为重要的第三章"实现新常态"方式中，特别强调了对数字经济的集中投资和应用，大

---

① 『每日新闻』2020 年 3 月 5 日。
② 会议是在桥本龙太郎执政的 1997 年决定设置的，其目的是"根据内阁总理大臣的咨询，调查审议整体经济运行、财政运营、预算编制基本方针以及其他重要的经济财政政策事项"，之后中断一段时间，2001 年小泉纯一郎执政期间再次启动，日本的年度经济政策方针就是在该咨询会议上讨论通过的。

力推进下一代行政服务的基础设施建设,在"新社会秩序下展现日本经济活力"的栏目中,提出了"建立以自由公正规则为基础的国际经济体制""通过国际协调与合作建立新的国际合作秩序""以可持续发展公约为核心为地球环境问题做出贡献""通过供应链的多样化构筑韧性的经济结构"。在自由公正规则为基础的国际经济体制中提出:"不能采取保护主义,进一步促进经济贸易合作,继续使 CPTPP、日欧 EPA 等协议成为自由公正的 21 世纪国际标准化规则,推动更多国家加入 CPTPP,共同对抗贸易保护主义。另外促进谈判中的 RCEP 年内签署和早期生效。"①

疫情暴发后日本政府经济政策从国际转向国内是显著的,增添了对年内能够成功签署 RCEP 的担忧,但实际上,疫情虽然对一国经济、外交等方面产生了很大影响,但很多的政策选项还都是在疫情之前的延长线上。

日本在中美两个大国经济摩擦日益严重的背景下,最佳的选择就是与中美两个大国保持等距离经济外交,也就是分别与中国和美国签署经贸协议,既能规避中美贸易摩擦背景下处于同一产业链上的日本企业遭受连带影响,又能获得中美贸易摩擦所带来的贸易转移收益。美国特朗普执政后开启了重新谈判已有贸易协议的历程,第一个已经生效的协议就是 2018 年美国、加拿大、墨西哥签署的《美墨加协议》(USMCA)。USMCA 存在一个专门针对非市场经济国家的所谓"毒丸条款",即第 32 条款规定,"一方若与非市场经济国家签订自由贸易协议,其他缔约方可以在六个月内终止本协议,并以双边协议代替本协议"。"非市场经济国家"是美国在 WTO 框架外制造的国内法概念。很显然这是美国将中美双边贸易战多边化的表现,试图利用区域协定围堵和限制中国的发展。USMCA 签署后,美国以此为范本,与日本和欧洲开展经济贸易谈判。在 2018 年 12 月 21 日美国贸易代表办公室(USTR)发布的对日贸易谈判的具体目标和议题中,包括货物、服务、投资、知识产权、透

---

① 『経済財政運営と改革の基本方針 2020(仮称)(原案)』,https://www5.cao.go.jp/keizai-shimon/kaigi/minutes/2020/0708/shiryo_02.pdf[2020-07-15]。

明度、国有企业、劳动、竞争政策、争端解决等众多的议题，① 基本是按照 USMCA 模式而提出的，就是希望与日本制定一个全面经济贸易合作协议，即《日美新通商协议》（Free, Fair, Reciprocal, FFR），其中就包括"毒丸条款"。在这次贸易谈判中，虽然谈判过程始终受到美国寻而未决的汽车及汽车零部件征税的威胁，日本仍然坚持分阶段开展贸易谈判，先行谈判货物贸易，重点是在 TPP 框架下对美国开放农产品市场及部分工业品市场，在两国发表的共同声明中，日方的表述是"在进行必要的国内程序调整后，日本和美国将就《日美货物贸易协定》（TAG）开始谈判，并尽早在其他重要领域（包括服务）展开谈判"。② 日本的这种选择为继续推动包括中国在内的 RCEP 谈判预留了空间。

从恢复受疫情严重影响的日本经济角度来说，RCEP 的签署对日本来说也是非常有必要的。疫情对日本经济增长以及增长预期的影响之所以如此严重，是由于需求的下降，尤其是货物与服务进出口的下降。根据日本财务省的贸易统计，2019 年日本与参与 RCEP 谈判国（"10 + 5"）的贸易额占全部贸易额的比重为 47.3%，扣除印度以外为 46.2%，相比较而言，与美国的贸易占比为 15.4%，与欧盟的贸易占比为 12.0%，其他国家占比为 25.3%。③ 可见，RCEP 的签署必将有助于日本经济的稳定恢复。

很显然，新冠肺炎疫情的突然暴发打乱了各个国家的经济社会秩序，各国在短期内出现政策重点的转向也是很自然的现象，这对东亚区域经济合作的顺利推进将是一个负面影响。但是需要明确的是，迄今为止的东亚经济合作都是在危机中形成和发展起来的，1997 年东亚金融

---

① United States-Japan Trade Agreement (USJTA) Negotiations, https://ustr.gov/sites/default/files/2018.12.21_Summary_of_U.S.-Japan_Negotiating_Objectives.pdf [2020 - 07 - 15].

② 日美共同声明的日英文分别如下：「日米両国は、所要の国内調整を経た後に、日米物品貿易協定（TAG）について、また、他の重要な分野（サービスを含む）で早期に結果を生じ得るものについても、交渉を開始する」；"The United States and Japan will enter into negotiations, following the completion of necessary domestic procedures, for a United States-Japan Trade Agreement on goods, as well as on other key areas including services, that can produce early achievements".

③ 財務省「貿易統計」（2020 年 3 月公表）。

危机之后形成了"10+3"的东盟与中日韩三国的合作机制，2000年签署的《清迈协议》（ChiangMai Initiative）建立了区域性货币互换机制，2008年全球金融危机之后，推动了TPP和RCEP以及中日韩FTA的谈判。美国彼得森国际经济研究所（PIIE）高级研究员、前世界银行贸易与竞争力全球实践局局长安娜贝尔·冈萨雷斯（Anabel Gonzalez）也对各国贸易部长提出了建议：为应对新冠肺炎疫情传播，贸易政策可以作为一种强大且低成本的工具。[1] 相信随着新冠疫苗的研发和推广，人类终将控制或与病毒和谐共存，疫情虽然带来了巨大的生命和财产损失，促使国际社会深刻反思20世纪90年代以来的过度全球化和对地球环境的影响，而这也将成为全球金融危机后业已出现的全球价值链向区域价值链或近邻价值链进一步转移的契机，东亚地区价值链或供应链的恢复和调整还将成为东亚区域一体化的重要推动力。

---

[1] Anabel González, "A Memo to Trade Ministers on How Trade Policy can Help Fight COVID-19", 2020, https://www.piie.com/blogs/trade-and-investment-policy-watch/memo-trade-ministers-how-trade-policy-can-help-fight-covid［2020－07－15］.

第五章

疫情对中日关系的影响及其未来走向

日本的疫情应对及其对中日关系的影响[*]

骤然出现的新冠肺炎疫情使公共卫生突发事件成为全球关注的焦点，也使日本的应对、处理方式，尤其是援助中国抗疫的外交努力进入了中国学界的研究视野。

一 日本疫情防控有利有弊、众说纷纭

日本针对突发公共卫生事件的应急体系有五个特点：依照法律行事，职责分工明确；管理层次明晰，比较有实效；政府视情况，可动员自卫队参与应急处理；注重组织保障；管理体系日常化。但是，针对本次新冠肺炎疫情防控，日本各界及国际舆论褒贬不一。肯定的意见认为日本政府、卫生系统乃至全社会对疫情有足够重视和准备，疫情发生后能坚持依照法律、法规审慎行事，总体上比较理智和冷静，处理上也基本得法；而在批评者看来，尽管依法依规行事有其好的一面，但过度拘泥、墨守成规也导致疫情应对失据，带来了日益严重的弊端。

截至目前，日本政府应对疫情近三个月的做法大致可以划分为"防止疫情扩散进入日本国内""防止国内疫情扩大"和"防止疫情严重失控"三个阶段。其中第一阶段，是根据2009年世界范围新型流感（H1N1）大暴发时日本政府防止流感进入国内的成功经验，再次采用了

---

[*] 高洪，中国社会科学院日本研究所研究员。原载《日本学刊》2020年第2期。

所谓"水际对策"①，试图通过对港口、机场加强检疫，以边境防控方式拒疫情于国门之外。然而，本次疫情传播的复杂性使问题的严重程度大大超出以往，2017—2019年日本不断强化的"水际对策防控体系"未能根绝疫病侵入。加之"钻石公主"号疫情暴发这种前所未见的困境，最终使日本的早期防控出现破绽。到2020年1月中旬，日本国内出现首例确诊患者。2月后，在陆续召开的政府专家组会议上，厚生劳动大臣加藤胜信不得不承认"疫情事实上已经开始在日本流行"，"感染正处于早期，之后还会进一步发展"。由此看来，边境口岸防控政策已经失败。而专家结论则是日本已经处在"防止国内疫情扩大"的第二阶段，需要面对"疫情严重失控"的困局。②

当然，在这一过程中，日本政府也是积极作为的。新冠肺炎疫情在武汉暴发后，日本就对在日本确诊的首例中国人患者、家属及接诊的医护人员进行医学隔离观察。日本政府于2020年1月21日召开阁僚会议，决定贯彻边境口岸防控对策，切实把握患者情况，彻底收集信息，并向国民迅速公开准确信息。同时，日本国立感染症研究所感染症流行病学中心发布了《对新型冠状病毒感染患者实施流行病疫学调查的概要（暂定版）》。1月28日，日本政府宣布将新冠肺炎列为"指定感染症"，而后根据日本的《感染症法》分别制定出"患者检查应对流程"和"接触人群检查流程"。及至2月初，针对新冠肺炎疫情不断扩大，日本政府制定了内容包括"通过促进简易检测试剂盒和疫苗的开发等来确立预防、诊断及治疗方法，为中小企业提供紧急贷款，确保5000亿日元的专项资金"等的紧急应对措施。日本政府开始深入考虑不同层次的医疗体制运作保障问题，各地方政府随之行动起来，媒体的跟踪报道也随之而来。与此同时，安倍政府迅速以内阁官房为中心开展跨省厅的工作，强调完善国内检测与咨询应对是目前的"紧要课题"，并公布了新冠肺炎的"诊疗指针"，暗示今后将考虑进一步

---

① 原是水利防汛用语，大体是指在水患源头用"堵"的方式防灾。
② 日本国立開発法人科学技術振興機構（JST）『客観日本』2020年2月号、http://www.keguanjp.com/index.html［2020－03－01］。

改善相关体制，以"举政府全力，不断推进改善危机管理体制，进一步提升应对能力"。①

上述措施主要是依照既定法律对国内疫情防控做出的安排，而在缺少应对经验、涉及多国权益的特定问题上，日本政府的应对就显得消极被动。最明显的例子就体现在"钻石公主"号邮轮感染的应对方面。由于处理存在失当之处，客观上推动了日本朝野对政府做法的反思，日益严重的疫情也促使政府不得不加大应对力度。2020年2月下旬是日本政府疫情防控的分水岭与政策转折点。2月24日，日本厚生劳动大臣加藤胜信召集以日本国立感染症研究所所长胁田隆字等为首的14人开展专家会议，就应对新型冠状病毒感染的对策进行咨询。专家们指出，目前的首要目标是尽量拖延感染峰值的到来，并在峰值到来之前增强医疗机构的应对能力。迄今为止的做法妥当与否尚待时间验证，目前还很难做出结论性的臧否，不过比较一致的看法是基于国情依法依规相机处理有利有弊。一方面，日本官民在疫情防控上有足够高的警觉意识；另一方面，中央政府与地方自治体都是依照现有法律及相关规则来制定应对方针、实施疫情防控工作的。然而，法律的滞后性与紧绷的灾难危机意识也确实存在明显的负面效应。从表面上看，似乎能得出日本中央政府作为不足、大众看淡生死冷静应对的结论，但事实上这是当今日本社会管理与政治运作的必然结果。日本政府只能基于本国的实际情况，尤其是医疗体系处理突发未知恶性传染疾病的应对能力，采取"节节抵抗"的办法——从对外部传染源的早期"严防"，逐渐转向对不确定多发内部传染源的"死守"。3月初，日本北海道地方政府推动中央政府开始采取"学校停课""呼吁减少聚会"，甚至"局部限行、限产"的办法。紧接着，又采取了限制来自中国、韩国人员入境的政策，以杜绝交叉感染。安倍首相在3月2日举行的参议院预算委员会上表示，在考虑尽早修订相关法律，以便能够宣布进入紧急事态。据消息人士称，修改后的法律虽然赋予首相宣布国家进入紧急事态的权力，但也是有边

---

① 日本国立開発法人科学技術振興機構（JST）『客観日本』2020年2月号、http://www.keguanjp.com/index.html［2020-03-01］。

界的。首相要想行使这项权力有四步程序：第一，成立相关事态专家咨询委员会，首相就具体问题进行咨询；第二，由专家咨询委员会得出结论，设定可执行紧急事态的区域以及时间段；第三，由首相宣布进入紧急事态；第四，地方自治体执行。可以说，日本中央政府有权管理地方政府，但不意味着可以"为所欲为"。

二 中日守望相助，抗疫外交可圈可点

实事求是地讲，本次新冠肺炎疫情暴发以来日本政府和民间体现出对华善意，并将其付诸外交行动是有目共睹的事实。其中既有近年中日关系稳步改善的背景，也有东亚邻国间发扬人道主义精神，本着守望相助、共克时艰的积极态度，面临"战疫"必须共同面对的"人类命运共同体"的思想成分。

一方面，日本向中国提供了多种形式、数量较大的支持和援助，得到了中国政府和人民的肯定评价与真诚感谢。疫情初期，自民党干事长二阶俊博到中国驻日本国大使馆拜访孔铉佑大使，表示："日方愿举全国之力，不遗余力地向中方提供一切帮助，与中方共同抗击疫情。我相信，只要日中两国团结合作，就没有办不成的事。"① 2月10日晚，安倍主持召开日本执政党自民党干部会，要求每个自民党国会议员从3月份工资扣5000日元，援助中国抗击疫情。此外，包括在日华人华侨在内的日本社会各界源源不断地向中国捐赠口罩、护目镜、防护服等物资，"山川异域，风月同天""岂曰无衣，与子同裳"的微言大义问候，药妆店里"中国加油""武汉加油"的标语，东京晴空塔专门点亮了红色和蓝色为中国武汉抗击疫情的祈愿，尤其是为中国抗击疫情在街头鞠躬募捐的日本小姑娘，更是令中国民众感动不已。2月28日，中国国务委员杨洁篪访问日本，向安倍首相表达了中方谢意，并在"中日第八次高级别政治对话"中，明确了"共渡难关，中日携手全力抗击新冠

---

① 《日本执政两党干事长：举全国之力与中方共同抗击疫情》，中国驻日本国大使馆网，http：//www.china-embassy.or.jp/chn/sgxxs/t1741989.htm［2020-02-15］。

肺炎"的一致意见。

另一方面，随着日本疫情日益严重，中国也开始向日本回赠支援，从检测试剂到救灾防护物资，开始源源不断地送达日本。笔者认为，疫情灾难客观上起到了为健康的中日关系赋能的正面效果，主要体现为以下四个方面。

第一，加深了对"人类命运共同体"的认识理解。疫情没有国界，如果中国的疫情完全失控乃至医疗卫生体系彻底崩溃，人类社会的所有成员国都将面临严重威胁。客观现实告诉中日两国乃至世界，在全球范围的经济、政治动荡与生态环境灾难面前，人类必须形成一个唇齿相依、休戚与共的"命运共同体"。在这个"大局观"下，国与国之间的结构性矛盾、历史文化观念差异及现实利益矛盾冲突，都需要通过积极的对话沟通，在公平、正义原则基础上逐步理顺结构、化解矛盾。

第二，体现出东方文明中"和合共生思想"的重要价值。中日两国作为毗邻而居的大国，对共同创造的优秀文化间的差异也需要互相理解、包容，进而展现一个多彩的多元的东方文化世界。双方应相互尊重、相互学习，共同构筑一个既有古代儒家理想中的积极成分，更具人类共存共生、和合世界崭新理念的"天下大同"。相形之下，美国等西方国家片面强调"民主、平等、自由"，在灾难降临之际立即暴露出了本国利益至上、置人类社会道义于不顾的种族主义的伪善。

第三，验证了中日两国"守望相助""共克时艰"的正确抉择。从大历史的视角观察，不同文明总是在相互浸润的过程中成长。不过，这一点在短时期的横断面是不容易观察清楚的。例如，20世纪80年代初，中国科学技术协会派出工业考察团到日本学习"全面质量管理"经验时，一位日本企业家颇为自负地讲"日本与中国不存在经济交流，而是资金、技术、管理经验的直流"[1]。这种说法完全忽视了历史上中华文明哺育日本社会进步的历史过程，显得狭隘且短视。而这次中日共同抗疫，在较短时间里实现了日本支援中国、中国支援日本的往来交

---

[1] 在中国科协与日中企业家交流协会于1983年举行的交流座谈会上，一位印刷行业的日本企业家根据当时中国以学习引进日本先进技术为主的实际状况做出了该判断。

流,成为"休戚与共"的典型案例,也在一定程度上促使日本社会消解对中国的误解与偏见。

第四,有效地促进了中日两国民意改善。"国之交在于民相亲",但在相当长的一段时间里中日两国民意却不尽如人意。而且,民间的对立、厌恶情绪并未因接触交往的增加而得到实质性改善。究其原因,除意识形态与现实利益分疏外,大众囿于自身文化价值判断看不惯对方,甚至放大对方缺点等,也是文化冲突动摇外交基础的底层逻辑潜因。疫情大难降临,作为人性的一面压倒了民族文化中的个性,换位思考的同理心、同情心占据两国舆论主流。很多有厌恶对方情绪的人突然意识到对方国家与民众的善意,观察到对方的"人情味",进而感受到对方民族、国家的"可亲可爱",在一定程度上有助于消解过去的误解与偏见,有助于提升中日两国关系的发展水平。

三 疫情给中日关系留下新的思考空间

疫情终将过去,春天必定到来。首先,正确认识疫情产生的原因、寻找正确的抗击疫情方法是紧迫课题。日本作为自然灾害频发的国家,历来重视国家治理中的危机应对问题,21世纪后,日本危机管理部门和医疗卫生部门根据大数据统计结果逐步得出结论,并通过日本广播协会(NHK)电视专题片向公众展开防疫专题的警示教育,其中认为当今世界以病毒为主因的恶性传染病已经超过地质类自然灾害和传统战争,成为整个国际社会中致死率最高的首要威胁。而且,伴随着全球气候变暖、人口快速增长及人口流动量激增、非传统恐怖主义威胁等因素得不到有效遏制等问题愈发严重,地球上冻土带解冻后,已经被大自然封存3万年的多种人类不具有免疫力的病毒大量复活,经过蚊虫、飞禽再借助中间宿主感染人类,并在人传人过程中生成更多种类、更具危险性的新型病毒。病毒几乎无处不在且难以被察觉,不断衍生出数量巨大的变种,使问题正变得愈发严重,很可能在一个较近的时期内暴发全球范围的疫情危机。"一个人类从未经历过的'超级感染威胁时代'即将到来。"基于此,各国应当守望相助,共同找到解决问题的方法。日本学校给学生家长写信，建议教育孩子们不要带着恶意去谈论中国武汉，日本政府官员公开表示"坏的是病毒，而绝非是人"等，都是值得高度肯定的做法。

其次，经历了共同抗"疫"的中日关系也将面对很多新的情况与问题。例如，从直接和积极意义上看，公共卫生事业与医疗研发领域合作迫在眉睫，尤其是在"病毒溯源研究"方面，共享本次疫情中获得的病毒样本，通过传播时间、地点、地域、路线的信息分类数据，利用病毒基因序列变异和变化规律寻找源头和传播链条势在必行。而在诸多相关领域中，日本开始担心过度依赖中国经济的"负面效应"，政府建议企业"不要把鸡蛋放在一个篮子里"，避免产业链条因中国"断供"殃及自身。

总之，疫情过后的中日两国关系又将在前所未有的国际关系格局与经济形势下做出新调整，两国关系还是要不断向前发展。借用张蕴岭在《世界知识》2020 年第 3 期上所发表文章《新时代的中国与日本相处之道》的简明结论，中日两国未来之道，"一是和平与友好，二是面向未来的战略协同与合作"。

疫情背景下的日本动态与中日关系[*]

2019年年底以来，新冠肺炎疫情来势汹汹，牵动全中国人民及海内外华侨华人的心。日本作为中国的紧邻国家和世界第三大经济体，各级政府与社会各界在本次疫情面前都采取了哪些措施？作为自然灾害频发、公共危机应对经验较为丰富的国家，日本的应急管理体制和实践在本次疫情中体现出哪些经验和教训？疫情背景下，除了公共卫生方面的应对，日本还有哪些内外动态可能对中日关系产生影响？研究本次疫情中的日本动态，有助于寻找中国可资借鉴的应急管理经验，有助于防范可能影响中日关系良好发展的因素。

对应以上问题，本部分主要从政治学和外交学的角度切入，具体涉及内容包括以下三个相互关联的方面：（1）日本哪些政府部门和政治机构参与了对新冠肺炎疫情的应对处理？决策/实施的主体、过程、效果、反响如何？（2）日本各政党、经济界、地方自治体、社会组织、各大媒体、学界、一般民众有哪些引人注目的言论与行动？（3）除了对疫情本身的应对，在新冠肺炎疫情背景下，日本内政外交等其他领域还有哪些值得中国关注的动向？

一 疫情中的日本应急体制与应急主体

日本通常的公共卫生应急体系，国家层面包括厚生劳动省、派驻地

---

[*] 邱静，中国人民大学国际关系学院副教授、中国人民大学国家发展与战略研究院研究员；王星宇，中国人民大学国际关系学院副教授、中国人民大学国家发展与战略研究院研究员。本研究为中国人民大学国家发展与战略研究院"新型肺炎相关应急研究课题"项目的研究成果。

区分局、检疫所、国立大学医学系和附属医院、国立医院、国立疗养所、国立研究所等,地方层面包括各都道府县卫生健康局、卫生研究所、保健所、检疫所、县立医院、市町村保健中心等。

(一) 日本政府对策总部

本次疫情中,作为疫情防控最高指挥机构,2020 年 1 月 30 日日本政府根据阁议决定成立了内阁"新型冠状病毒传染病对策总部",由内阁总理大臣安倍晋三任总部长,内阁官房长官菅义伟和厚生劳动大臣加藤胜信任副总部长,内阁全体国务大臣为总部成员,总部长在认为必要时还可以要求相关人士出席。1 月 30 日,总部设置干事会,干事为各相关行政机关官员,如内阁官房内阁审议官、各相关厅局的长官或次长等。

2020 年 1 月 31 日至 3 月 28 日,日本政府对策总部召开总部会议 24 次,主要参加者除首相、内阁官房长官、厚生劳动大臣外,还包括财务、法务、外务、农林水产、经济产业、国土交通、环境、防卫、复兴、奥运、文部科学等国务大臣,以及国家公安委员会委员长、国家安全保障局长、内阁法制局长官、内阁府副大臣、相关省副大臣、内阁官房副长官、首相辅佐官、内阁危机管理负责人等。每次会议时间多在 15—20 分钟,会上由厚劳省等相关机构提供疫情进展资料,讨论对策,每个阶段的重要方针也都由该总部会议发布。

2020 年 2 月 14 日,日本政府对策总部设置专家会议,由国立传染病研究所所长胁田隆字任议长,地区医疗机能推进机构理事长尾身茂任副议长,成员包括日本医师会常任理事、国立传染病研究所传染病疫学中心主任、东京大学医学研究所传染病国际研究中心主任、川崎市健康安全研究所所长、防卫医科大学内科学传染病学教授、东北大学医学微生物学教授、东京大学医学公共政策学教授、东邦大学微生物学教授、东京慈惠会医科大学传染病防治学教授、霞关综合法律事务所律师等。2 月 16 日至 3 月 26 日,对策总部专家会议共召开 9 次会议,每次会议时间约 1—2 小时。会上由各位专家讨论疫情进展,向政府对策总部和国民提供疫情分析、预防信息和方针建议。①

（二）各相关省厅及下属机构

厚生劳动省作为主管卫生医疗的省厅，是直接负责本次疫情应对的行政部门。日常工作包括疫情信息发布、预防信息发布、应对政策发布、协调相关各省厅、协调医疗研究机构、向各都道府县及其下辖的卫生保健机构布置工作、向下辖的检疫所等布置工作等。

厚生劳动省之外的各省厅，如外务省、经济产业省、国土交通省、环境省、文部科学省、农林水产省、防卫省等通过各自的新冠病毒应对机构（部分省厅如农林水产省还成立了"新冠病毒相关农林水产省对策总部"），分别负责涉及本省厅的疫情应对相关工作。如防卫省在游轮等实施自卫队"灾害派遣"，外务省发布入境管控对策和海外风险提醒，经产省针对疫情对经济的冲击出台对企业等的财政金融支持对策，文科省联络学校停课等相关事宜，等等。②

（三）各地方政府及相关机构

2020年1月下旬起，各地方政府相继成立各都道府县的"新冠病毒传染病对策总部"，其中大阪府、千叶县、兵库县、岐阜县、宫城县、广岛县、长野县、滋贺县、奈良县等地方政府的相关机构设置还早于日本中央政府。由日本全国47个都道府县知事组成的"全国知事会"，也于1月30日成立了"紧急对策会议"，并于2月将其升格为"对策总部"。

在各地方政府对策总部指导下，各地方由本地方总务局、保健福利局、健康安全局、高龄者支援局、生活文化局、都市规划局、住宅政策总部、医院经营总部等组成应对小组等，具体开展的工作因各地情况而有所不同，包括设立各地负责分诊和检测的"归国者/接触者咨询中

---

① 参见新型冠状病毒传染病对策相关文件和会议记录。首相官邸「新型コロナウイルス感染症対策本部」，https://www.kantei.go.jp/jp/singi/novel_coronavirus/taisaku_honbu.html[2020-03-31]。

② 详情可分别参见日本各省厅主页。例如：農林水産省「新型コロナウイルス感染症について」，https://www.maff.go.jp/j/saigai/n_coronavirus/index.html[2020-03-31]。

心""归国者/接触者门诊",发布多语种疫情信息和预防知识,为包机回国人员等需医学观察者提供留观住所,向医疗机构、公共交通、福利设施等提供口罩等防护物资,根据疫情变化研究具体对策,联络海外物资支援事宜,等等。①

(四) 综合性相关机构

除上述日本政府、地方政府主导的应急系统外,日本各政党、经济界、社会组织、一般国民等也都是应急体制中的行为体,在特定问题上能够以各自的方式影响疫情防控进展、影响日本政府对策。

在日益严峻的疫情形势下,日本仿照东日本大地震时的经验,在立宪民主党等在野党的提议下,成立了执政党、在野党联合讨论新冠肺炎疫情对策的"新型冠状病毒对策朝野联络协议会",于2020年3月19日、25日两次召开会议,就扩大实施检测、确保医疗支援、补助经济困难群体、经济财政对策等进行了执政党和在野党的联合商讨。② 3月26日,安倍首相宣布基于修改后的《新型流感等对策特别措施法》成立"新型冠状病毒传染病对策总部",由内阁总理大臣安倍晋三任总部长,内阁官房长官菅义伟、厚生劳动大臣加藤胜信、《新型流感等对策特别措施法》相关事务担当大臣西村康稔(经济再生担当大臣)任副总部长,内阁全体国务大臣为总部成员,总部长在认为必要时还可以要求相关人士出席。与此前的主要区别之一是,根据《新型流感等对策特别措施法》,总部长可以要求各都道府县设置各地方的对策总部,作为执行总部任务的机构。③

---

① 详情可参见日本各地方政府主页及"全国知事会"主页。
② 参见立宪民主党「(政府与野党協議会)あらゆる政策を総動員し、急を要するところから迅速かつ集中的に深掘りをするよう要請」、2020年3月19日、https：//cdp-japan.jp/news/20200319_2743 [2020-03-31]。立宪民主党「(政府与野党協議会)雇用調整助成金の手続き、PCRドライブスルー検査の検討、事業の損失補填ついて重点要請」、2020年3月25日、https：//cdp-japan.jp/news/20200325_2768 [2020-03-31]。
③ 首相官邸「新型インフルエンザ等対策特別措置法第15条第1項の規定に基づく新型コロナウイルス感染症対策本部の設置について」、2020年3月26日、https：//www.kantei.go.jp/jp/singi/novel_coronavirus/taisaku_honbu.html [2020-03-31]。

二 疫情中的日本政府主要对策

依托上述体制，日本政府的疫情应对工作启动较早，后续以"重症优先、轻症居家"为方针，先后出台了几轮应对措施，但也存在一些问题和隐患。从2020年1月6日日本向国内通报海外疫情发生信息至2020年3月底，日本政府的疫情对策按主要任务侧重可大致分为三个阶段。

（一）第一阶段：防止境外输入为主阶段（2020年1月6日至2月3日）

日本较早开始了对疫情的反应，第一阶段主要是以应对境外输入为方向，以中国湖北省为重点防范区域，实施了撤侨和入境限制等措施，向中国援助了口罩等防护物资。

1月6日，外务省向日本国内发出关于武汉出现新型冠状病毒感染的信息。厚生劳动省随之也发布了相关信息。1月7日，厚生劳动省向检疫所发布相关信息，要求从武汉回日本者在出现发热咳嗽等症状时主动向检疫官申报。[①] 1月15日，日本境内发现第一例新冠肺炎确诊病例，为居住在神奈川县、有过湖北停留史的30多岁中国男性。1月17日，厚生劳动省向各都道府县卫生主管部门发布信息，并附上了国立传染病研究所防止院内感染措施的修改版。1月24日，厚劳省向出入境管理机构和检疫所发出通知，要求逗留中国的旅客戴好口罩防止传染，回日本时出现咳嗽发热等症状的旅客及时向检疫官申报，发烧37.5℃以上等有相关症状人员及时就诊并告知医生旅行史等。[②] 1月29日，日

[①] 厚生労働省「中華人民共和国湖北省武漢市における非定型肺炎の集団発生に係る注意喚起について（検疫所）」、2020年1月24日、https://www.mhlw.go.jp/stf/seisakunitsuite/bunya/0000121431_00091.html［2020-03-31］。

[②] 厚生労働省「新型コロナウイルスに関連した肺炎患者の発生に係る注意喚起について」、2020年1月17日、https://www.mhlw.go.jp/stf/seisakunitsuite/bunya/0000121431_00088.html［2020-03-31］；厚生労働省「新型コロナウイルス感染症の周知等の徹底について（協力依頼）（出入国在留管理庁）」、2020年1月、https://www.mhlw.go.jp/stf/seisakunitsuite/bunya/0000121431_00091.html［2020-03-31］。

本最先被允许从武汉撤侨，第一批撤侨包机从武汉抵日。1月30日、31日，日本再次派出第二批、第三批武汉撤侨包机。包机乘客接受了医学观察和检测。1月30日，日本内阁成立"新型冠状病毒传染病对策总部"。1月31日，日本政府适用《出入国管理及难民认定法》第5条第1项第14号，决定自日本时间2月1日0时起限制14日内有湖北省停留史的外国人入境，限制持湖北省发行护照的外国人入境。至2月3日拒绝入境累计11人。

2月1日，日本政府提前施行政令，认定新型冠状病毒传染病为《感染症法》上的"指定感染症"和《检疫法》上的"检疫感染症"。据此，对确诊患者可以强制住院、限制上班等，对在入境检疫中发现的疑似感染者可以要求进行检查和诊断。[①] 同日，日本厚生劳动省要求各都道府县在2月上旬设立各地方的"归国者/接触者门诊"和"归国者/接触者咨询中心"，作为相关患者的诊疗和分诊机构。[②] 从这些机构的名称可以看出，日本在这一阶段主要是将疫情作为境外防控对象来认识的。

（二）第二阶段：应对"钻石公主"号为主阶段（2020年2月3日至2月21日）

从"钻石公主"号游轮停靠日本之日起，日本的疫情应对进入第二阶段，开始兼有应对游轮乘客、应对境外输入、应对国内传染的三重任务。"钻石公主"号游轮的船籍国、经营国并非日本，但乘客中日本人较多，日本决定接纳其停靠，该游轮对日本而言实际上兼有"境外、境上、境内"三重特征。但是，日本政府在该期间的应对似乎没有充分考虑到这三重特征，应对措施也比较松懈，不仅导致了游轮上感染迅速扩大，也为其后日本国内传染扩大留下了隐患。

1月20日，"钻石公主"号游轮从日本横滨港出发。1月25日，一

[①]《详讯：日本"指定感染症"政令施行》，共同社，2020年2月1日，https://china.kyodonews.net/news/2020/02/9f0b35898f03.html［2020-03-31］。

[②] 厚生労働省「新型コロナウイルス感染症に対応した医療体制について」、2020年2月3日、https://www.mhlw.go.jp/stf/seisakunitsuite/bunya/0000121431_00088.html［2020-03-31］。

位香港男性下船并于2月1日确诊。2月1日,游轮停靠日本冲绳,船上乘客都接受了健康检查,但有很多人上岸游玩。2月3日,游轮提前返回,停靠横滨港。2月5日,日本政府决定全船乘客船上隔离。乘客在各自的房间进行为期两周的医学观察,并开始接受检测。

除"钻石公主"号外,本阶段应对境外输入的措施也在继续。2月6日,日本拒绝"威士特丹"号游轮入境。2月6日、16日,日本派出第四批、第五批政府包机从武汉撤侨。自第四批包机起,中国籍配偶也乘坐了包机。2月12日,日本扩大入境限制范围,拒绝有浙江省停留史及持浙江省发行护照者入境。

2月初,日本已经开始出现"无武汉停留史的日本人感染、人传人感染、无症状病原体携带者"。其后日本各地更陆续出现感染源不明的确诊病例、出现医护人员和院内患者感染,2月13日还出现了日本国内首例确诊患者死亡病例。

2月13日,日本政府对策总部出台《关于新型冠状病毒传染病的紧急对策》,决定推出153亿日元用于应对疫情。紧急对策涉及以下五个方面:(1)支援包机、游轮回国乘客,包括提供检测、援助物资、防止歧视等;(2)强化国内传染对策,包括加紧应用快速检测仪器,充实病床等医疗条件,加速试剂盒、药品、疫苗研发,支持口罩增产、保障药品供应等;(3)强化入境对策,包括进一步强化入境检疫、入境限制等;(4)对受影响行业进行支援,包括日本政府观光局通过社交媒体向来日游客提供信息,厚生劳动省设置电话咨询中心,日本政策金融公库等确保5000亿日元规模的应急贷款和担保额度,为中小企业提供金融、雇佣方面的政策支持等;(5)强化国际合作,包括将国立感染症研究所分离出的病毒无偿提供给各国用于研发,向中国等有需要国家提供援助等。[①]

2月15日,加上包机、游轮乘客在内,日本国内感染者已涉及11

---

① 首相官邸「新型コロナウイルス感染症に関する緊急対応策(本文)(令和2年2月13日 新型コロナウイルス感染症対策本部)」、https://www.kantei.go.jp/jp/singi/novel_coronavirus/taisaku_honbu.html[2020-03-31]。

个都道府县，总计达338人。在各地相继出现感染源不明确诊病例的情况下，日本政府开始认为"情况与此前不同"，有必要防止国内传染蔓延。2月16日，日本政府对策本部召开第一次专家会议。2月17日，日本开始通过电视广告广播关于新冠肺炎疫情的注意信息。2月21日，厚生劳动省向经团联、商工会议所等四经济团体发出呼吁，要求经济界积极采取措施推行请病假、远程/错峰办公等。

在此期间，"钻石公主"号的感染人数不断增加，虽然日本政府始终强调游轮应对措施得当，但相关措施一直被各方广泛质疑存在问题。多国批评其应对不力导致船内传染扩大，并要求撤侨。2月18日，曾登上游轮的日本传染病学专家、神户大学教授岩田健太郎在社交媒体上传视频，表达对游轮防控管理混乱的强烈担忧，引起了广泛的国际反响，使日本国内外各界对游轮问题的关注达到高潮。虽然岩田教授随后删除视频并称"已没有继续讨论的理由"，但后续不断曝出的厚劳副大臣船上照片、防卫大臣意见、游轮船员证词等证据[1]，都证明游轮防控措施存在很大漏洞。

2月19日，游轮乘客两周隔离期满，检测呈阴性的乘客陆续开始下船。在游轮内交叉感染风险极高[2]的情况下，日本政府并未要求下船乘客再行集中医学观察，也未向各都道府县提供回家的游轮乘客信息，甚至还出现了23名乘客由于厚劳省工作疏忽而漏检、曾登船的相关官员和医护人员等并未都接受检测等情况。下船乘客仍有使用公共交通工具、外出就餐等活动。2月21日，游轮乘客969人分批下船完毕。

（三）第三阶段：防控国内蔓延为主阶段（2020年2月21日至3月31日）

自"钻石公主"号乘客下船完毕之日起，日本进入以防控国内疫情

---

[1] 参见防卫省记者会上防卫大臣的相关发言，以及《独家：船员证实称游轮隔离期间"并无行动限制"》，共同社，2020年3月9日，https://china.kyodonews.net/news/2020/03/16679a121f47.html［2020-03-31］。

[2] 截至2月19日，约3700名乘客及船员中已有621人感染，曾登船工作的厚生劳动省、内阁官房职员也出现感染。

蔓延为主的阶段。该阶段除日本国内不明感染源的传染继续扩大外，还出现了聚集性感染和感染数字的迅速上升。日本政府加强了对国内感染蔓延的防控，但基本方针是"重症优先、轻症居家"，截至3月底仍未着力筛查隔离轻症，也尚未开始进行大量检测。

在游轮应对方面，在此前的做法招致广泛批评的情况下，日本政府措施稍见调整。2月22日，"钻石公主"号上89名与感染者同一房间的密切接触者下船，在埼玉县和光市税务大学进行了医学观察。在乘客下船完毕后分批下船的船员也进行了医学观察。包括日本乘客在内的下船乘客中相继又出现了确诊患者。截至3月1日游轮全部乘客船员下船完毕时，共计705人确诊，6人死亡。

在防控输入方面，日本在应对国内传染蔓延的同时也在不断强化入境限制。2月26日，日本扩大拒绝入境的范围，除中国湖北省、浙江省之外，将韩国大邱市、庆尚北道也列入拒绝入境地区。3月5日，日本将伊朗部分地区列入禁止入境对象。3月9日，日本开始实施要求中、韩入境者隔离14天的规定。3月10日，日本将意大利、圣马力诺列入禁止入境对象。3月18日，日本将包括欧洲各国、埃及、伊朗等总计38个国家列为入境限制对象。3月23日，日本要求来自美国的入境者也要隔离14天。3月24日，日本宣布拟延长针对中韩的入境限制，对欧洲各国的入境限制也将延长至4月底。3月30日，日本基本决定限制中韩欧美几乎所有地区的外国人入境。

在本阶段占主要地位的国内防控方面，2月25日，日本政府对策总部发布《新型冠状病毒传染病对策的基本方针》。该方针认为当前已出现小规模患者群，但还没有出现大规模传染扩大，认为"尽可能抑制患者增加的速度，对于今后抑制国内流行具有重要意味"，"为防备今后国内患者数大幅增加，要准备以重症者对策为中心的医疗体制等必要体制"。但是，尽管该方针以"尽可能抑制患者增加速度和流行规模""尽最大努力使重症率控制在最小限度"为目标，却并未采取尽早检测、筛查、隔离轻症的措施。作为主要措施，该方针呼吁及时请病假、错峰出勤、取消大型活动，提出加强医疗机构、福利设施、公共交通等的防感染措施，要求在感染人数增加时一般医疗机构也开始接诊，但并未随着传染的扩大而扩大检测和医学观察的范围,反而称"在某地患者持续增加时,今后将调整为在住院肺炎患者治疗需要时检测",并将缩小医学观察规模、要求轻症居家静养。该方针同时继续提出强化入境对策,保障口罩、消毒液等的供给,与世界卫生组织和各国密切合作,防止从中国回国的儿童受到歧视,注意患者的人权隐私,防范混乱时期各种犯罪行为等。①

2月27日,在部分地方政府先行采取学校停课措施的背景下,安倍首相突然宣布要求全国小学、初中、高中和特别支援学校等从3月2日起开始停课一周。3月2日全国基本停课。但由于日本政府突然宣布停课时并未及时跟进相应配套措施(如双职工家庭、工资收入停止如何应对等),造成了家庭、学校、职场各现场的混乱。另外,被停课在家的学生们反而有不少外出游玩等行为,停课措施收效存疑。

3月6日起,日本厚生劳动省将检测纳入医疗保险,且检测无须再经保健所批准。3月10日,日本政府对策总部发布《第2次新型冠状病毒传染病紧急对策》。内容包括将启用财政措施约4000亿日元、金融措施总额1.6万亿日元,向地方派遣传染病对策专家,政府统一采购2000万个布制口罩和1500万个医用口罩优先分配医疗机构等,为停课儿童家长提供补贴和支援,扩大就业调整补贴,支持企业融资和国内供应链重组,疫情过后支持旅游业,等等。②

3月13日,日本国会通过《新型流感等对策特别措施法》修正案,使内阁宣布"紧急事态宣言"成为可能。一旦发布"紧急事态宣言",可以要求国民避免外出、采取停课等措施、限制使用活动设施、管理运送紧急物资或食品、为保障医疗设施而直接征用土地等。

---

① 首相官邸「新型コロナウイルス感染症対策の基本方針(令和2年2月25日 新型コロナウイルス感染症対策本部決定)」、https://www.kantei.go.jp/jp/singi/novel_coronavirus/taisaku_honbu.html [2020-03-31]。

② 首相官邸「新型コロナウイルス感染症に関する緊急対応策—第2弾—(本文)(令和2年3月10日 新型コロナウイルス感染症対策本部)」、https://www.kantei.go.jp/jp/singi/novel_coronavirus/taisaku_honbu.html [2020-03-31]。

248 第五章 疫情对中日关系的影响及其未来走向

3月18日，日本政府对策总部发布《应对生活不安的紧急措施》，内容包括向受疫情影响难以维持生计的家庭提供贷款（最多20万日元），允许酌情推迟缴纳水电煤气电话等费用，允许酌情推迟缴纳国税、地税和社会保险金，等等。①

安倍内阁设想通过"奥运景气"② 化解因此前消费税增税至10%所导致的经济萎缩，进而通过长期政策刺激经济增长，彰显其执政能力、稳定政权。同时，奥运还被安倍内阁定义为"重建奥运"，希望通过奥运的成功举办营造"福岛核事故灾后重建复兴已经实现"的印象。奥运圣火传递第一站也是首先从受灾严重的福岛县、栃木县、群马县开始。为此，即使在疫情背景下，日本政府仍一直争取各方对如期举办奥运的支持，并努力推进按计划举行奥运相关活动。例如，辩称此前奥委会人士关于延期可能性的言论并非官方说法，为世界卫生组织提供150亿日元捐款以提高影响力，积极在国际会议、多边会谈、媒体等各种场合提及国际奥委会和各个国家期待奥运如期举办的表态；在疫情已显出端倪、不适合举办大型活动的情况下仍进行了圣火传递彩排，积极筹划奥运期间接待各国政要的准备工作，在疫情国内蔓延、取消大型活动的情况下，虽取消演出活动等，但仍缩小规模举办了圣火抵达日本的仪式、圣火巡回参观等。但鉴于疫情日益严重，3月24日，日本宣布2020年东京奥运会将延期。

3月26日，安倍首相宣布基于修改后的《新型流感等对策特别措施法》成立"新型冠状病毒传染病对策总部"，并称本次疫情为"国难"。在3月28日的记者会上，安倍首相表示，"有必要做好长期战斗的心理准备"。就现阶段是否发布"紧急事态宣言"，他表示，现在是"处于边缘的状态正在持续"。③

---

① 首相官邸「生活不安に対応するための緊急措置（令和2年3月18日 新型コロナウイルス感染症対策本部）」，https://www.kantei.go.jp/jp/singi/novel_coronavirus/taisaku_honbu.html［2020-03-31］。
② 投资130亿美元，举办费用5亿美元，综合效果250亿美元。
③ 《详讯：安倍就紧急事态宣言称处于边缘状态》，共同社，2020年3月28日，https://china.kyodonews.net/news/2020/03/9aafed79e16c.html［2020-03-31］。

三 疫情中的日本其他应急体制行为体对策

值得注意的是，在本次疫情中，日本各政党、地方政府、经济界、社会组织、一般国民作为应急体制行为体，在疫情应对过程中针对日本政府前期对策存在的问题分别提出对策，其中不少早于、严于、细于、实于日本政府对策总部和厚生劳动省的方针对策，有些反过来推动了日本政府对策的变化。

（一）日本在野党

1. 批评政府缺乏危机意识

日本在野党 2020 年 1 月底已各自成立新冠对策总部，并不断向政府建言。面对日本国内疫情扩大，最大在野党立宪民主党、国民民主党、重建社会保障国民会议、社会民主党、无所属论坛等共同成立"新冠联合对策总部"。2 月 21 日，"联合对策总部"向政府递交共同请愿书，就检测、游轮、预算、经济、信息五方面提出了建议。

2 月 25 日，日本政府出台新方针，但许多紧迫问题尚未切实解决。2 月 26 日，立宪民主党党首枝野幸男在众议院会后表示："对本次新型冠状病毒传染病，厚生劳动大臣、首相、官房长官都非常缺乏危机意识。""现在许多国民对传染扩大抱有很大不安。……不仅仅是不安，许多国民还抱有政府应对大大滞后、信息公开不充分的疑虑。"[1]

3 月 10 日，日本政府敲定第二轮对策，但仍有不少问题留待解决。同日，立宪民主党干事长福山哲郎在记者会上表示："安倍政权的应对自当初起就缓不济急、轻描淡写。非常遗憾，完全看不到贴近患者和经济状况严峻者的姿态。"[2]

---

[1] 立憲民主党「『残念なことだが、総理の危機感の欠如は浮き彫りにできた』質疑後に枝野代表」、2020 年 2 月 26 日、https://cdp-japan.jp/news/20200226_2649［2020-03-31］。

[2] 立憲民主党「『安倍政権の対応は発生当初から『遅い』『小さい』。感染者や経済的に厳しい方々に対する寄り添う姿勢がまったく見られない』福山幹事長」、2020 年 3 月 10 日、https://cdp-japan.jp/news/20200310_2708［2020-03-31］。

3月19日、25日，日本政府与在野党召开了"新冠病毒对策朝野联络协议会"。立宪民主党再次批评政府对策缺乏计划性和紧迫感，就应对疫情、经济、生活危机提交了请求书。[1]

2. "倒逼"日本政府对策变化

日本政府前期应对存在信息、资金、体制、医疗支持不足等隐患。在野党通过国会质询、提交法案/预算案、开展调查等行动，推动了日本政府对策的变化。

第一，在经费预算方面，日本撤侨包机由收费改为不收费，新冠对策费由最初的153亿日元扩大至2700亿日元以上，由突然宣布全国停课时毫无配套支持到向家长提供补贴，相关援助措施日益重视小企业和经济困难人士等，都离不开在野党国会质询的推动。[2]

第二，在检测体制方面，由于日本政府现行检测方针有一定门槛，存在传染扩大的风险，在野党一直不断呼吁尽早检测。3月3日，众议院联合会派"立国社"联手日本共产党，向国会提交了《关于促进新型冠状病毒传染病检测顺利迅速实施的法律案》，要求尽早检测并公布检测情况等。

第三，在信息公开方面，在野党的"联合对策总部"要求政府公开与疫情防控密切相关的信息，但政府无法回答或拒绝公布。在野党认为政府应对滞后，表示将进一步追问、调查。3月5日，在野党自行调查公布了各都道府县的检测件数，"倒逼"日本政府其后公开了相关数据。[3]

第四，在应对体制方面，随疫情蔓延，立宪民主党等在野党向执政党提议仿效东日本大地震时的做法，成立朝野联合应对总部，最终设置了联合朝野各党的新冠肺炎疫情应对总部。

---

[1] 立憲民主党「（政府与野党協議会）雇用調整助成金の手続き、PCRドライブスルー検査の検討、事業の損失補填ついて重点要請」、2020年3月25日，https：//cdp-japan.jp/news/20200325_2768 ［2020-03-31］。

[2] 参见日本众议院相关会议录及质询。

[3] 「新型ウイルス　野党　都道府県別の検査件数を　独自調査で公表」、2020年3月5日、https：//www3.nhk.or.jp/news/html/20200305/k10012316071000.html ［2020-03-31］。

概言之，疫情中日本各在野党进一步合作，推动了日本政府对策的变化。日本舆论就在野党此前花时间追究"赏樱会"事件、弹劾法务大臣等颇有批评，认为在野党应提出疫情应对有效措施而不是一味批评。但这本身也体现了舆论对日本政府现有应对存在不安、对在野党有一定期待。

（二）日本各地方政府和各省厅

一方面，日本各地方政府和各省厅本身都是日本政府应急管理体制的主要组成部分，疫情期间在安倍内阁和厚生劳动省的主导协调下行动；另一方面，鉴于日本央地关系特点、行政体制特点，在安倍内阁和厚生劳动省前期应对存在问题隐患的情况下，这些行为体也发挥主动性自发采取行动，并在某些方面推动了日本政府的政策变化。

1. 各地方政府的对策及影响

日本政府前期在检测体制、信息公开等方面缺乏统一的指导方针，导致日本各地方政府无所适从。有些地方政府在此情况下还出现了引发公众哗然的对策解释。各地方政府关于检测条件和信息公开的处理方式也不尽相同。但总体来看，日本地方政府体现主动性，在本次日本疫情应对中发挥了重要先锋作用。

例如，北海道知事铃木直道的尽早检测、学校停课、紧急事态宣言等都是先于甚至逆于日本政府对策而由地方政府首先自发开展的，这些措施着眼于尽快防止疫情扩大，得到当地居民的好评，甚至一度走红中国网络。安倍内阁2月底的全国紧急停课措施、紧急事态宣言立法，都被认为是始于包括上述对策在内的地方推动。不过，北海道在尽早检测方针下确诊数字最多，日本政府派驻专家组进入。据在野党和日本媒体反映，专家组有要求北海道严格按照日本政府检测方针实施检测的倾向。[①] 此后从确诊病例来看，北海道检测速度放慢、确诊数字减少[②]，

---

① 可参见「厚労省が政権に忖度か 感染者急増の北海道で『検査妨害』」、2020年2月28日、https://www.nikkan-gendai.com/articles/view/news/269709 [2020-03-31]。

② 可参见厚生劳动省主页每日公布的相关确诊病例情况。

这种现象有可能是日本政府施加影响的结果。而目前确诊数字的下降究竟是否如日本政府所说意味着防控措施起到作用，还有待观察。除引起广泛关注的北海道外，日本其他地方政府也在尽早检测、信息发布等方面分别有不同的表现。

此外，作为日本地方自治六团体，"全国知事会""全国市长会""全国市町村会"及三个相应级别的地方议会议长组织，也在日本政府对策前期存在隐患的情况下积极行动。"全国知事会"于 2 月 5 日、21 日两次向政府递交紧急请愿书，并于 2 月 25 日政府方针出台后再次发布紧急声明，要求日本政府尽快解决地方政府面临的紧迫问题。在 2 月底安倍内阁突然宣布全国停课后，"全国知事会"联合"全国市长会""全国市町村会"发表见解，要求日本政府跟进相应的支持措施、避免造成混乱。这些行动都相应推动了日本政府对策的调整，日本政府其后出台的对策有不少也都可以看到地方政府建言献策的推动。包括安倍首相目前的一些重要举措，如称疫情为"国难"、成立基于修改后的《新型流感等对策特别措施法》成立政府对策总部等，都是"全国知事会"等相关组织首先提出的建议。①

2. 各省厅的对策及影响

各省厅方面，虽然在疫情中统一由日本政府和厚生劳动省主导，但日本政府与厚生劳动省前期应对措施存在隐患，受到各界很多批评，甚至在不同省厅间也可以看到疫情应对措施的"温差"。

例如，作为游轮应对阶段的重要行为体，防卫省表示："自卫队自行采取了比厚劳省防护标准更严格的规则。""自卫队在'钻石公主'号船内，……防护区划本身使人有所疑虑，这种疑虑是否正确需由专家判断，但鉴于疑虑本身是存在的，为了自卫队员的安全考虑，……在之前只戴口罩、手套的区域也另外加上了防护帽和防护服。"②

在此背景下，虽然有厚生劳动省职员在游轮工作后确诊，但据防卫

---

① 参见"全国知事会"主页（http://www.nga.gr.jp/）2020 年 1 月 30 日至 3 月 30 日的疫情相关内容。
② 防衛省「防衛大臣記者会見」（令和 2 年 2 月 21 日）、https://www.mod.go.jp/j/press/kisha/2020/0221a.html［2020 - 03 - 31］。

省 3 月 10 日发布:"自卫队员无一人感染。从事'灾害派遣'的队员也无一人呈阳性。各地部队中有数名出现发烧等症状接受检测,但目前都呈阴性。"① 防卫大臣河野太郎还就信息发布、灾害体制等表示:"钻石公主号的应对由厚生劳动省主导,自卫队应请求实行支援、实行关于自卫队活动的信息发布。关于信息发布有各种意见,我们也向厚生劳动省提出过这里如果能改善是不是更好……"关于灾害派遣的方式,"……应基于经验进行反思,包括体制在内"。②

此外,日本政府未严格隔离筛查轻症,也未及时跟进全国停课时对家长、学校、职场等的配套支持措施,防卫省自行落实的相关措施也细于政府对策。例如,关于隔离,"不舒服、发烧者迅速隔离,必要时留观并实施检查"。关于停课,对于高等工科学校这样的寄宿制学校,"与其停课不如避免不必要外出,……继续授课、训练"。关于请假,实行特别请假、"紧急登厅支援"等制度。无法留在家中的儿童可带到驻屯地由有保育员资格的自卫队员照顾。③

(三) 日本各界与一般国民

日本各界和一般国民在本次疫情中普遍表达了对日本政府前期应对的不安。在这种不安之下,日本在疫情应对过程中同样出现了某些药品乃至物品"有效"的谣言,出现了以疫情或厚生劳动省为名义的网络攻击和诈骗,出现了囤积倒卖口罩、消毒液等现象。对于检测的较高门槛等,日本民众也在网上将自己称为"检测难民",并提出了很多批评。与此同时,各界与国民在疫情中也以各种方式行动,表达自己的态度。

---

① 防衛省「防衛大臣記者会見」(令和 2 年 3 月 10 日)、https://www.mod.go.jp/j/press/kisha/2020/0310a.html [2020-03-31]。自卫队首例确诊是 3 月 13 日(出差法国的海上自卫队自卫官),3 月 30 日陆上自卫队也出现了首例确诊。

② 防衛省「防衛大臣記者会見」(令和 2 年 2 月 21 日)、https://www.mod.go.jp/j/press/kisha/2020/0221a.html [2020-03-31]。

③ 防衛省「防衛大臣記者会見」(令和 2 年 2 月 25 日)、https://www.mod.go.jp/j/press/kisha/2020/0225a.html [2020-03-31];防衛省「防衛大臣記者会見」(令和 2 年 2 月 28 日)、https://www.mod.go.jp/j/press/kisha/2020/0228a.html [2020-03-31]。

1. 医学专家、法学专家等业界人士

例如，医学专家方面，除岩田健太郎教授引起轰动的视频外，日本对策总部专家会议也在 2 月 25 日日本政府对策总部方针发表之前就向公众发声，紧急提醒大家重视疫情防控。日本媒体表示："专家会议的作用是向政府对策总部建言献策。但在国内情况恶化的形势下，为了直接告诉民众目前的情况和防止疫情扩大的要点，在基本方针出炉之前破例发布了意见。"①

宪法学者和法律界方面，上智大学、庆应大学的学者自 2 月起就发声表示反对政府轻易将"紧急事态"与新冠肺炎疫情挂钩。3 月 9 日，宪法学者和律师等组成的专家团体在东京召开记者会，表示"由于紧急事态宣言，包括市民的自由和人权受到广泛限制等在内，立宪主义的根基可能会遭到威胁"，发表紧急声明要求撤销对相关法律的修改。②

2. 友好城市、相关机构和一般国民

从日本国内视角看，一般国民未必认同疫情背景下安倍内阁的相关政策。除疫情对策外，以东京奥运为例，日本政府将本次奥运命名为"重建奥运"，但福岛县知事表示："奥运不意味着重建完成。即使过了 9 年也还在（重建）过程中。"③ 2 月底日本媒体舆论调查显示，居住在灾害公营住宅的岩手、宫城、福岛 3 县灾民有 85% 不期待奥运有助于灾后重建。④ 还有受灾民众在圣火传递起点（福岛县足球设施"J-Village"）举行游行，抗议政府的"重建奥运"理念，呼吁"不是只强调表面上的重建，希望能了解核电站事故灾害仍在持续

---

① 《详讯：日本政府将公布新冠肺炎基本方针》，共同社，2020 年 2 月 25 日，https://china.kyodonews.net/news/2020/02/9bcdf3f45043.html ［2020 - 03 - 31］。
② 《日本学者批评自民党议员借新冠肺炎为修宪造势》，共同社，2020 年 2 月 9 日，https://china.kyodonews.net/news/2020/02/21971bc97091.html ［2020 - 03 - 31］；《日学者称紧急事态宣言或威胁立宪主义根基》，共同社，2020 年 3 月 9 日，https://china.kyodonews.net/news/2020/03/1f179878711e.html ［2020 - 03 - 31］。
③ 《福岛县知事称东京奥运不意味着重建完成》，共同社，2020 年 2 月 18 日，https://china.kyodonews.net/news/2020/02/f2e2fe1524c0.html ［2020 - 03 - 31］。
④ 《焦点：调查显示 85% 的灾民不期待"重建奥运"》，共同社，2020 年 2 月 28 日，https://china.kyodonews.net/news/2020/02/53de3cbb952b-85.html ［2020 - 03 - 31］。

的实际情况"。① 日本其他地区的普通民众虽期待奥运盛事，但在疫情蔓延下不安情绪进一步扩大，更期待政府早日拿出疫情应对有效措施。3月中旬日本媒体舆论调查显示，近七成日本民众认为东京奥运无法按计划举办。②

从国际关系视角看，日本地方友好城市、相关机构和一般国民在本次疫情中也有很多值得肯定的表现。例如，与中国相关，疫情初期，日本各界人士对于中国的各种形式支援和"山川异域，风月同天"的友情，在中国国内引起强烈反响，增进了两国民间的交流和相通。随着日本疫情扩大，也出现了中方向日方友好城市和民众回赠口罩等佳话。

与此同时，本次疫情中也存在针对中国的歧视性言行，仅日本媒体报道的事件就有：有人在街上张贴针对中国的歧视性标语，有店铺不愿接待中国人、推出"日本人专用楼层套餐"，有公司以疫情蔓延为由劝退中国技能实习生，横滨中华街多家商铺接到诋毁中伤中国的匿名信，等等。

当然，日本普通国民也有很多在疫情中能理性对待、反对歧视。据媒体报道，有学校专门致信家长，提醒家长注意培养孩子正确对待歧视言论。也有客人专程到被投递诋毁匿名信的中华街餐厅就餐并表示支持。这些善举都是中日友好的民间基础、民心相通的良好契机。

四 疫情中的日本应急体制应对得失

到目前为止，日本应急体制在本次疫情中的表现，如果以"迅速应对、灵活反应、周密计划、细化落实、充足支援"作为标准，可以说"对外好于对内，地方好于中央，经济好于医疗"。日本政府的对策被批评为"缺乏危机意识""缓不济急、轻描淡写"，而针对日本政府前期应对暴露的隐患和问题，国会质询、地方自助、专家发声、民众自觉

---

① 《日本圣火传递起点民众游行抗议"重建奥运"》，共同社，2020年2月29日，https://china.kyodonews.net/news/2020/02/55a28908c592.html ［2020-03-31］。
② 《快讯：近7成日本人认为东京奥运无法按计划举办》，共同社，2020年3月16日，https://china.kyodonews.net/news/2020/03/ab8db41b47db-7.html ［2020-03-31］。

等发挥了重要的推动和补充作用。

（一）本次疫情中，日本政府应对做得较好的方面

第一，日本政府初期很早发布了海外疫情信息，迅速实施了撤侨和入境限制。包括入境限制、入境检疫等方面，日本的防控境外输入措施虽仍被日本国内各方认为在时间上有些延误，但力度较大。日本地方政府、社会各界很早开始向中国捐助防疫物资，日本政府也第一个向中国表达了愿与中国共同抗疫的意愿。

第二，医疗机构能够根据临床经验及时调整检查方法。如发现仅靠咽拭子取样可能更容易出现检测误差时，较早提出了取痰检测的方法，等等。

第三，疫情背景下的经济对策力度不断增大，也有较为细致的一面。虽然第一波仅推出153亿日元用于疫情应对，规模甚至少于同期东京都推出的400亿日元。但面临疫情日益严峻的形势，在各在野党的建议下，后期不断追加了金额，也日益细致地关注小企业、经济困难者。

第四，工作过程中对细节的注重比较到位。例如，游轮应对阶段，虽然最关键的防控措施方面多有漏洞，但在发放生活物资过程中，向乘客发放供临时使用的手机、发放口罩、提供多语言应对等细节受到称赞。

第五，对隐私等注重保护。日本政府始终强调应注意保护患者、疑似等人群的人权隐私等。虽然存在以此为借口回避向地方政府和公众公布必要的防控相关信息的情况，但除当事人自愿公布外，都强调在公布相关人士行动轨迹等信息时要注意隐私保护问题。

（二）本次疫情中，日本政府应对暴露的主要问题

第一，对待疫情的态度存在松懈、轻慢、偏见。

除游轮应对等暴露出来的措施松懈问题之外，安倍首相及重要阁僚初期对疫情重视程度不够，表现出轻慢的态度。广受日本国内批评的事件包括：1月24日，日本外务省在发布暂勿前往湖北省的提醒的同时，在日本驻华大使馆官网上刊载了安倍首相欢迎更多中国人访日的春节贺词，受到在野党和民众"做法过于粗糙、应对缺乏一致性"的质疑，外务省遂于30日删除了该贺词。2月19日，在疫情已被认为有国内蔓延之势的严峻情况下，安倍首相还在接见相关业者时以轻松愉快试吃河豚的形象出现。环境大臣小泉进次郎也被媒体曝光因参加家乡后援会的新年会而缺席了要求全体阁僚参加的新冠对策总部会议。此外，截至2020年3月底，从每次对策总部会议召开的时间来看，会议时间多在15—20分钟，最短仅10分钟；本应从一开始就启动的对策总部专家会议也是在对策总部成立半个多月后才成立的。这样的迟缓态度受到了包括前首相菅直人在内的各界批评。

此外，包括麻生太郎副首相在内的日本阁僚、议员有在国会、社交媒体等场合多次称"武汉病毒"的行为，麻生还曾在国会表示"不相信"中国的疫情数据，讽刺世界卫生组织应改名"中国卫生组织"。[1]在中国以巨大代价为世界赢得应对时间的情况下，这种偏见也可能是妨碍日本及早掌握疫情特点的因素之一。

第二，检测防控方针和体制存在隐患。

各国国情、体制、文化等各不相同，任何国家面对疫情都不能随便"抄作业"。但是，正如世界卫生组织亦已强调的那样，"为了抑制和控制流行病，各国必须隔离、检测、治疗和追踪"[2]。但截至2020年3月底，日本应对疫情的基本方针仍未根本改变以2月25日方针为基础的"重症优先，轻症居家"，检测门槛较高，未充分开展隔离、追踪，导致至今存在传染规模扩大、防控时间拉长的隐患。

本次疫情中，在医疗资源有限的现实下，日本吸取了此前H1N1时

---

[1] 《详讯：日财务相麻生称"不相信"中国新冠疫情数据》，共同社，2020年3月19日，https://china.kyodonews.net/news/2020/03/880cf27dd2f9.html［2020-03-31］；《日本避免批评特朗普"中国病毒"的发言》，2020年3月22日，共同社，https://china.kyodonews.net/news/2020/03/e18e59294dc8.html［2020-03-31］；《日财务相称WHO应叫"中国卫生组织"》，共同社，2020年3月26日，https://china.kyodonews.net/news/2020/03/43cd944e11a7-who.html［2020-03-31］。

[2] 《世卫组织总干事2020年3月18日在2019冠状病毒病（COVID-19）疫情媒体通报会上的讲话》，世界卫生组织网，https://www.who.int/zh/dg/speeches/detail/who-director-general-s-opening-remarks-at-the-media-briefing-on-covid-19---18-march-2020［2020-03-31］。

的教训，采取经"归国者/接触者咨询中心"等机构事先进行分诊的制度，以期防止医疗挤兑和交叉感染。这个思路本身的出发点是好的，但问题在于缺乏综合考虑和配套措施。例如，出现症状的人们如果被相关机构认为无须检测，仍可能需要自行前往普通医疗机构就诊，而这些普通医疗机构可能比专门的"归国者/接触者门诊"更缺乏必要防护措施，仍然存在交叉感染的风险。另外，未能得到检测者可能因为并不知道自己已感染，继续日常生活工作和社会交往，即使按照政府方针尽最大努力避免外出，也可能因需要购买食物和必要生活用品而出门，仍然存在传染扩散的风险。

另一个问题是，根据厚生劳动省公布的数据，截至 3 月底，在向"归国者/接触者咨询中心"咨询者中，仅有不到 5% 会被介绍到"归国者/接触者门诊"，仅有不到 4% 最终接受了检测。[1] 也就是说，虽然日本目前的确诊数字看似远远低于意大利、韩国，并因此被一些欧美媒体和国内自媒体认为是"防控得力的亚洲国家之一"，但这个数字是在日本未大量检测、未隔离筛查轻症的情况下得出的。目前，即使是曾持"群体免疫说""大号流感说"的英国、美国也已开始扩大检测数量，而日本虽然不断宣布"检测能力"在扩大，称 3 月底可以达到每日 7000 多份，但由于检测方针没有重大调整，实际的"检测数量"并未扩大，截至 3 月底仍为每日 1000 多份。[2] 根据厚生劳动省公布的数字，自 1 月 15 日至 3 月 30 日，日本接受检测者总计刚刚超过 3 万人。[3] 这个数字与英国、美国的检测数字相比都是很低的，更不用提与韩国的检测数字相比。这意味着日本可能尚有感染者未被发现、检测、统计，现阶段单凭确诊人数本身还不能认为日本疫情已经得到

---

[1] 厚生労働省「帰国者・接触者相談センターへの相談件数等（都道府県別）（2020 年 3 月 29 日掲載分）」、https://www.mhlw.go.jp/stf/newpage_10555.html [2020-03-31]。

[2] 厚生労働省「国内における新型コロナウイルスに係るPCR検査の実施状況（2020 年 3 月 29 日掲載分）」、https://www.mhlw.go.jp/stf/newpage_10555.html [2020-04-01]。3 月 30 日、31 日的单日检测数字都超过 2000 例，但 3 月有若干日都是单日检测量仅数百例。

[3] 厚生労働省「新型コロナウイルス感染症の現在の状況と厚生労働省の対応について（令和 2 年 3 月 31 日版）」、https://www.mhlw.go.jp/stf/newpage_10636.html [2020-04-02]。

控制。日本政府对策总部专家会议也已经表达了对日本国内出现爆发式传染扩大的担忧①。

第三，信息共享和信息公开不及时。

日本政府前期未向各地方政府公布游轮下船乘客信息等疫情防控必要信息，未向国内民众公布各地检测数量等相关信息，不仅留下防控隐患、未能及时阻止传染扩大，也使得地方政府和国内民众强烈不安。如前所述，在地方政府、在野党的强烈呼吁和"倒逼"推动下，日本政府才对前期做法有所改变。对于全国停课等决策，安倍首相事先也并未与相关机构等充分商讨，导致配套措施缺失、现场出现混乱。

第四，应对措施和配套支援存在矛盾、滞后、不足。

日本政府前期对策措施存在自相矛盾之处。例如，自民党在2020年2月中旬已拒绝湖北省、浙江省的旅客入境，并已开始考虑由于疫情而延期召开党大会，这说明自民党此时应已认为无症状/轻症等也可能存在传播隐患，但是，日本政府却并未以此为前提对游轮下船乘客及其可能接触的人士采取更严密的预防措施。2月25日的日本政府基本方针强调控制传染蔓延，却并未尽早大量检测、追踪轻症，反而表示今后有可能进一步缩小检测和医学观察范围。这种考虑是否与安倍内阁迫切希望如期举办东京奥运会等考虑相关，尚不得而知。

整体来看，如前所述，与地方政府、在野党乃至个别省厅提出并实践的对策相比，本应起到引领带头作用的日本政府对策相对而言存在诸多滞后、不足之处。比如在通报疫情两个月之后检测才开始适用医保，地方相关医疗机构在尚未得到充分的人力、设施、物资等支援的情况下就被要求接诊等，都是典型事例，直接关系到能否及时有效防止疫情蔓延。在医疗体制、物资支援、经济对策等方面，出现问题后被动修改调整的情况似乎多于前瞻性主动综合预防的情况；而在各界始终呼吁的尽早检测方面，截至2020年3月底尚未看到实质性的方

---

① 首相官邸「新型コロナウイルス感染症対策専門家会議（第8回）」（令和2年3月19日開催）、https：//www.kantei.go.jp/jp/singi/novel_coronavirus/taisaku_honbu.html［2020-04-01］。

针体制调整。

总体来看，日本作为灾害应急经验丰富、应急体制相对完备的国家，在本次疫情中的应对并未能更迅速有效控制疫情蔓延，与上述态度、方针、过程、措施所暴露出来的问题有很大关系，这些问题导致专家意见、民众意愿和国际经验未能及时得到重视，应急体制也未能充分起到提前预防和整体协调的作用。

五　疫情背景下的日本内政外交动态与中日关系

疫情背景下，日本安倍内阁也有一些值得重视的内政外交动态。其中与中国有较密切关系的包括日本所受经济影响、日本自卫队动向和安倍内阁对"紧急事态宣言/立法/改宪"的推动等。

（一）疫情给日本经济带来巨大冲击

本次疫情对日本经济增长引擎产生了巨大冲击，导致日本经济出现衰退。日本在2019年第四季度已因消费税增税至10%而出现经济衰退迹象，商业投资和私人消费大幅下降。对此，安倍内阁本来设想在2020年第一季度依靠观光旅游业等抑制经济衰退，但疫情要求人们减少流动聚集和大型活动，进一步导致消费和商业投资受到抑制，观光旅游业也大受打击。除了客流和消费的急剧减少，疫情中还出现了老字号旅馆等因为来自中国的旅行团大幅减少而倒闭的情况。①

与此同时，中国是日本最大的贸易伙伴，疫情导致中国经济活动相对停滞，这对日本的影响既是需求冲击也是供应冲击。依据日本财务省的统计，2020年2月日本从中国进口额同期减少47.1%（降幅是1986年以来的新高），主要是汽车零部件（减少46%）、有机化合物（减少45%）、金属制品（减少50%）等企业生产活动中使用的品类，直接导致供应链中断，日本大型汽车公司已经开始削减国内工厂的产量。日用

---

① 《日本老字号旅馆受新冠疫情影响倒闭》，共同社，2020年2月25日，https://china.kyodonews.net/news/2020/02/fbca5f34add1.html［2020-04-01］。

品方面，服装（减少66%）、蔬菜鱼类（减少34%）、手机（减少56%）进口降低直接反映为市场疲软、消费乏力。从国际贸易来看，日本出口总额减少1%（6.3万亿日元），连续15个月减少；进口额减少14%（5.2万亿日元），连续10个月减少。日本产牛肉恢复对华出口等相关工作也因疫情延期。尽管出现时隔4个月的贸易顺差（2007年9月以来的新高），但基于疫情对世界经济的影响来看，以上对日本经济产生的影响可能只是刚刚显现。因此，OECD已将日本2020年的经济增长率从0.6%下调至0.2%。随着石油市场暴跌、日元大幅升值以及日经指数跌至2万点以下，日本经济前景继续恶化。[1]

此外，根据日本出入国在留管理厅的统计，截至2019年年底在日外国人数量达2933137人，其中来自中国的最多，为813675人，而超过40万人的"技能实习生"中也有很高比例来自中国。疫情背景下，日本对包括中国在内的许多国家实施了入境限制，多地以技能实习生为主要劳动力的制造业、农林水产业等已因中国等地的技能实习生无法入境而受到冲击。[2]

2020年3月26日，日本政府发布3月月度经济报告，今年来首次下调国内经济形势评估，认为"受新冠病毒传染病的影响，眼下经济遭受大幅打压，处于严峻状况"。日本媒体指出："从2013年7月起使用的'复苏'一词时隔约6年零9个月消失。2012年12月第二届安倍政府上台以来持续的经济扩张期已经结束，日本经济陷入衰退期已成确定之势。"[3]

---

[1] 参见 https://www.cn.nikkei.com/politicsaeconmy/investrade/39874-2020-03-18-10-37-58.html［2020-03-18］；《日本产牛肉恢复对华出口时间或推迟》，共同社，2020年2月7日，https://china.kyodonews.net/news/2020/02/881c77b09bda.html［2020-03-18］；《热点：新冠肺炎打击日本经济2020年或为零增长》，共同社，2020年3月2日，https://china.kyodonews.net/news/2020/03/131e576db30b--2020.html［2020-03-31］。

[2]《在日外国人293万创新高　技能实习生逾40万人》，共同社，2020年3月28日，https://china.kyodonews.net/news/2020/03/51ff7c084f01-293-40.html［2020-03-31］；《关注：日本地方产业因中国实习生无法入境受到冲击》，共同社，2020年3月19日，https://china.kyodonews.net/news/2020/03/34402c2e6068.html［2020-03-31］。

[3]《日本政府月度报告显示经济陷入衰退》，共同社，2020年3月26日，https://china.kyodonews.net/news/2020/03/6458a77a284b.html［2020-03-31］。

（二）自卫队"灾害派遣"，讨论引入"医院船"

2020年1月31日至3月16日，日本防卫省实施了自卫队"灾害派遣"。"2月6日至3月1日，共计2700名自卫队员在'钻石公主'号开展医疗支援、生活支援、消毒活动、运送支援等。在税务大学等临时留观地点，面向包机回国、游轮下船人员，共计2200名自卫队员开展了物资发放、回收问诊卡等生活支援，医护自卫官开展了查房、诊疗等健康管理支援。……自卫队医院等接收了检测阳性患者，目前累计接收122名，其中112名出院，2名转到其他医院，8名住院中。""自卫队救护车运送97名确诊患者，将128名无症状确诊患者送至医疗设施，382名有基础疾病者、高龄者送至临时住所，1345名希望乘坐各国包机者送至羽田机场。活用租借民间客轮'白鸥'号作为自卫队员临时驻留场所。"①

此外，相关活动还包括：派遣自卫队护理官同乘撤侨包机，招募有医护资格证的"预备自卫官"，借出防卫省储备的100万只口罩等。

疫情期间，防卫省表示，将以海上自卫队为中心，就引入"医院船"进行讨论，将在政府内讨论预算、人员、种类、大小等事项。医院船"可能由海自保有。由海自自卫官运航，或由海自退役人员运航，有多种选项"。河野防卫大臣表示："医院船在印太构想中也可发挥作用"；"外务大臣时代，在印太构想中也讨论过与太平洋岛国相关的医院船事项。当然，在日本离岛、灾害应对中也可发挥作用"。②

（三）自卫队"中东派遣"、训练演习和研发扩编

派赴中东的自卫队护卫舰"高波"号2月2日从横须贺出发，经停新加坡、斯里兰卡，2月26日起开始在阿拉伯海北部开展"情报收集活动"。日本未参加美国主导的"有意愿国家联盟"，本次派遣不涉及

---

① 防衞省「防衛大臣記者会見」（令和2年3月3日）、https：//www.mod.go.jp/j/press/kisha/2020/0303a.html［2020-03-31］；「防衛大臣記者会見」（令和2年3月10日）、https：//www.mod.go.jp/j/press/kisha/2020/0310a.html［2020-03-31］。

② 防衞省「防衛大臣記者会見」（令和2年2月14日）、https：//www.mod.go.jp/j/press/kisha/2020/0214a.html［2020-03-31］。

霍尔木兹海峡和波斯湾，但会与美国相互交换情报。日媒称，"在保护日籍船只免遭不测之时，由防卫相发布海上警备行动命令。自卫队使用武器仅限于正当防卫和紧急避难"。防卫省表示，现阶段疫情对中东派遣部队没有影响，目前全员健康，已提醒注意漱口、洗手，在停靠地不要感染，依其状况采取必要行动，在吉布提与法军医院等商讨合作。

疫情期间，防卫省在2020年2月底称，"训练、训练演习在国内完全没有影响"，外洋航海有行程变更但训练本身没有影响，借用夏威夷设施的海自不是共同训练而是单独训练。3月5日，日本首艘搭载锂离子电池的海上自卫队潜艇"凰龙"号交付（2950吨级，可更长时间高速移动和潜行），将部署在广岛县的吴基地。同日，航空自卫队在兵库县陆上自卫队伊丹驻地进行地对空拦截导弹"爱国者3"（PAC-3）的机动部署训练。日媒称："这是防备朝鲜发射弹道导弹等事态在各地进行训练的一部分，在关西地区实施尚属首次。"[1]

此外，日本2020年防卫预算达53133亿日元，其中"研究开发费"1676亿日元，比2019年大幅增加，创下历史新高，将发力AI、无人机等。[2] 防卫省还表示，根据阁议决定，将于3月26日进行令和元年年度自卫队部队改编。其中包括新编"航空自卫队警戒航空团"，由在地面警戒管制雷达监视困难的空域进行警戒监视的警戒航空队升格而成。"近年来我国周边国家活动扩大、日益活跃，这种体制强化非常重要。"日本还计划加强宇宙、网络防卫。宇宙作战队、无人机等相关的航空自卫官增员20名，网络防卫队扩充，相关自卫官增员68名。[3]

（四）继续强化日美同盟、"印太构想"

关于日美同盟，防卫省表示目前美军驻日未受疫情影响。在日美

---

[1] 《空自在伊丹展示"爱国者3"拦截导弹训练》，共同社，2020年3月5日，https://china.kyodonews.net/news/2020/03/bd13e1d306ad-3.html［2020-03-31］。

[2] 《详讯：日本2020年度预算成立 总额创新高》，共同社，2020年3月27日，https://china.kyodonews.net/news/2020/03/14ce23d56033-2020-.html［2020-03-31］。

[3] 防衛省「防衛大臣記者会見」（令和2年3月3日）、https://www.mod.go.jp/j/press/kisha/2020/0303a.html［2020-03-31］；「防衛大臣記者会見」（令和2年1月31日）、https://www.mod.go.jp/j/press/kisha/2020/0131a.html［2020-03-31］。

安保条约 60 周年之际,双方表示将强化日美同盟。关于防卫费,日媒称日美谈判最早将于 2020 年 3 月底非公开启动。日方认为,(1)若美方要求日方负担提供"核保护伞"的战略轰炸机运用费,则可能违反宪法第九条;(2)算上美军设施费,日本已在与美军的装备共通化方面支出了巨额防卫费。关于网络防卫,2 月下旬,陆上自卫队主办了日美联合研讨会,陆海空自卫队、美军相关人员等约 150 人参加(民营企业计划参加但受疫情影响取消)。日媒称会议介绍了民营企业与美军定期共享最新情报和想法的举措,讨论了各国军队等在网络领域的活用方法。[1]

关于"印太构想",2 月中旬慕尼黑安全会议上,河野防卫大臣与德国、乌克兰、加拿大、法国等国的国防部部长以及欧盟高级代表、北约秘书长等开展会谈,就双方的防卫政策、防卫合作、防卫交流、地区局势等广泛坦诚交换了意见。防卫省称:"通过高级别对话,面向'自由开放的印太愿景'的实现进行深入会谈,非常有意义。"[2] 为实现"自由开放的印太"与太平洋岛国加强合作,日本还计划于 4 月 5 日在东京召开国防部长级"日本太平洋岛国防卫对话 2020"(JPIDD)。防卫副大臣访问巴布亚新几内亚、汤加、斐济亲递邀请函。

(五)利用疫情推进"紧急事态宣言/立法/改宪"

如前所述,日本政府前期对策导致日本国内传染扩大、国内民众不安扩大。日本地方政府和在野党等多次表达强烈担忧,"倒逼"日本政府采取措施。与此同时,本次疫情背景下也存在安倍内阁利用在野党、地方政府、一般民众对疫情的担忧,推进"紧急事态宣言/立法/改宪"的情形。

(1)疫情之初,日本前众议院议长、前自民党干事长伊吹文明等政界高层人士已抛出类似"新冠肺炎疫情扩大是一种'紧急事态',可

---

[1] 《日本陆自与美军举办网络防卫研讨会》,共同社,2020 年 2 月 27 日,https://china.kyodonews.net/news/2020/02/86f5fc767dfe.html[2020-03-31]。

[2] 防衛省「防衛大臣記者会見」(令和 2 年 2 月 16 日)、https://www.mod.go.jp/j/press/kisha/2020/0216a_r.html[2020-03-31]。

以成为修改宪法的'试验台'"的言论。① 这种论调并非偶然，而是与近年来日本自民党主张的"紧急事态条款"入宪一脉相承。

（2）在"现行法律已经可以用来应对新冠肺炎疫情""现阶段不需要发布紧急事态宣言""紧急事态的发布/结束条件不明确"的情况下，安倍内阁罔顾地方政府、在野党、医学专家、国民各界强烈呼吁的"尽早检测"，而是首先推进"紧急事态"相关立法。3月13日，修改后的《新型流感等对策特别措施法》在国会通过，使得日本内阁宣布"紧急事态"成为可能。

此外，安倍内阁还利用地方政府对疫情扩大的担忧、利用在野党对公文管理透明度的关注，将本次疫情定位为"历史性紧急事态"。

（3）在疫情日益严峻的背景下，自民党2020年运动方针仍重点强调"修宪"：3月17日，替代因疫情延期的党大会，自民党召开两院议员总会，通过了2020年运动方针，就修改宪法写明"面向修宪，展示让国民进行判断的材料是政治的职责""为完善迈向由国会提议修宪草案的环境而尽力"。尤其值得关注的是，与以往不同，修宪被作为独立的一章，并被放在了最开头，凸显了自民党的意愿。安倍首相称："希望遵循包括修宪在内的运动方针，团结一致去实行。"②

（4）疫情之前已有观点认为，安倍内阁有可能择机利用"解散众议院提前大选""众参两院同时选举"等手段为修宪创造条件。与此背景相关，围绕下届众院选举，由于现任议员任期剩下不到2年，本次的自民党2020年运动方针指出"有必要再次铭记常在战场"③，要求党员加速选举准备工作。不排除相关准备与修宪目标存在关联的可能。

---

① 「新型肺炎『緊急事態の一つ、改憲の実験台に』 伊吹元衆院議長」、2020年1月31日、https://www.tokyo-np.co.jp/article/politics/list/202001/CK2020013102000138.html［2020-03-31］。

② 自民党「令和2年党運動方針 みんなが輝く令和の国づくり」、2020年3月17日、https://www.jimin.jp/news/information/141420.html［2020-03-31］；《详讯：自民党2020年运动方针强调推进修宪》，共同社，2020年3月17日，https://china.kyodonews.net/news/2020/03/19194afe34a7-2020.html［2020-03-31］。

③ 《详讯：自民党2020年运动方针强调推进修宪》，共同社，2020年3月17日，https://china.kyodonews.net/news/2020/03/19194afe34a7-2020.html［2020-03-31］。

在3月22日的防卫大学毕业典礼上,安倍首相再次表明修改宪法第九条、明文写入自卫队的意愿,并强调为进一步强化日美同盟力争发挥更大作用。[1]

目前,《新型流感等对策特别措施法》修正案已在日本国会通过,使日本内阁发布"紧急事态宣言"成为可能。安倍首相意欲推进"紧急事态宣言/立法",并向在野党寻求合作。在野党认为现行法律无须修改即可应对新冠肺炎疫情,对"紧急事态"也持保留态度。但出于对疫情担忧、希望尽早检测等考虑,除日本共产党外,其他在野党并未坚决反对修改法律。此外,各在野党对"紧急事态"的看法亦有所不同。安倍内阁今后是否会利用在野党及民众的担忧、借机推进"紧急事态修宪",值得重点关注。若日本在野党能提出较有针对性的疫情应对有效措施,有可能赢得更高支持率,从而有延缓"紧急事态宣言"乃至"紧急事态修宪"的可能。

日本的"修宪"始于20世纪50年代,是长期、渐进、战略性的过程。安倍首相明确表示要继承其外祖父岸信介首相的理念修宪。当前,《日本国宪法》对日本政府与武装力量仍存在约束作用,不能因为"第九条已被架空""日本修宪只是时间问题"而不重视或放弃。从日本国内政治角度看,"安倍式修宪"主张自卫队明文入宪,一旦突破底线不仅意味着日本安全政策改变,也意味着战后日本国会中心、"文官统治"等机制规范的破坏。从亚太国际关系角度看,在安倍内阁未深刻反省侵略历史的情况下,若失去《日本国宪法》机制规范的约束,日本曾引发战争的"实用主义"思维方式和国际秩序观,将进一步构成对第二次世界大战后国际格局、国际秩序、国际规范的挑战。从中日关系的角度看,第二次世界大战后日本修宪进程伴随着对侵略历史的美化,安倍内阁近年来更公然以"中国威胁"作为修宪借口。在日本疫情蔓延给日本民众和在日同胞带来健康、社会风险的情况下,安倍内阁未着力推进轻症筛查或医疗支援,反而在疫情期间继续开展针对中国的自卫

---

[1] 《详讯:安倍展现将自卫队写入宪法意愿》,共同社,2020年3月22日,https://china.kyodonews.net/news/2020/03/b711f526c9b5.html[2020-03-31]。

队扩编、训练、部署,利用疫情扩大为推进"紧急事态"乃至"修宪试验台"提供借口,从短期和中长期来看都对中日关系健康发展有负面影响。

本次疫情作为"非常事态",对于长期图谋修宪的安倍内阁而言可能意味着推进"紧急事态修宪"的可乘之机。鉴于此,在做好国内防控、严防境外输入、国际携手抗疫的同时,中国应持续关注日本修宪问题,警惕日本修宪势力对疫情扩大的恶意利用,防范其对中日关系和亚太安全造成不利影响。

第一,在稳定发展中日经济合作的同时,亦从长远战略高度综合考量经济—政治得失,不因安倍内阁"柔软姿态"小动作促成经济合作收益而忽视其修宪大动作将带来的中长期政治危害,防范其对"政经分离"的故意维持与恶意利用。

第二,密切关注日本修宪—护宪的政治过程及未来走向,包括本次疫情在内,对安倍内阁以修宪为目的向日本国民渲染乃至制造"中国威胁""紧急事态""周边事态""离岛防卫"的行为,一方面在适当时机通过适当途径向日本修宪—护宪双方阵营提出交涉或沟通,降低其对中日关系的负面影响,另一方面通过海空联络机制等防范相关区域出现偶发事件。

第三,警惕疫情期间安倍内阁在多边国际场合继续以"周边安全""印太构想""积极的和平主义""价值观外交"等名义为日本"海外派遣"、修改宪法直接或间接造势的行为,必要时通过适当途径向相关国家或组织指出其虚伪性、危险性。

第四,面向日本的执政党各派、在野党、地方政府、学界、社会团体、一般国民等,发挥有关部门、地方友城、研究机构、友好协会、民间交流等各界优势,在携手抗疫的同时,以灵活方式继续交流沟通、争取友好合作,尽可能消减因安倍内阁渲染"中国威胁"而产生的负面影响。

防疫合作与中日建设性安全关系
——基于非传统安全理论的分析框架*

从政策宣示层面看,推动中日构建建设性安全关系,已成为中日两国政府的共识①;但从现状和实际操作层面看,中日建设性安全关系的构建面临着两大供给不足,一是国际安全理论层面的理论支撑和供给不足,如何构建建设性安全关系是中日两国政府对中日安全关系研究学界②提出的最大现实需求;二是实践路径与操作流程的供给不足。③ 新冠肺炎疫情这一重大公共卫生事件的发生为我们探讨弥补上述两项不足带来了重大启示,为我们从非传统安全理论视角反思中日安全关系的研究范式,探讨通过防疫合作构建中日建设性安全关系提供了重要契机。

本部分拟在非传统安全理论视野下结合疫情的传播及中日合作,对当前中日安全关系的研究主流范式进行反思,为中日构建建设性安全关

---

* 张晓磊,中国社会科学院日本研究所副研究员。本研究为中国社会科学院创新工程项目"日本政治体制转型与政局变动研究"(GJ08_2017_SCX_3563)阶段性成果。

① 2018年10月,中日首脑会谈中确认了关于构建中日建设性安全关系的共识。关于中日建设性安全关系的酝酿过程及内涵,参见张晓磊《中日构建建设性安全关系探析》,《和平与发展》2019年第2期。

② 中日安全关系的研究对象理应指涉中日各自的安全政策、中国的对日安全政策、日本的对华安全政策及相应的政策双边或多边互动。

③ 2019年6月和10月,笔者赴日进行两次调研,就建设性安全关系与日本学界、智库、政治家和官僚(比如明治大学的伊藤刚教授、防卫研究所中国研究室的研究人员、政策研究大学院的道下德成副校长、前外务副大臣山口壮、参议员武见敬三等)进行了深入交流,同时也通过座谈了解到了一些日本外交官的态度和想法,总体的感觉是日方对建设性安全关系依然存在很大的困惑,主要表现在对如何落实建设性安全关系以及中方的具体想法是什么存有疑问。这一感性认识给了笔者很大的启示,说明在中日安全关系的研究学界,无论在中国还是在日本,安全理论的供给和现实需求之间的确产生了巨大的落差,而这也是本文写作的一个主要出发点。

系提供学理支撑,并尝试以治理路径为基础探讨中日加强防疫合作的现实意义和合作方向,从而为中日构建新时代的建设性安全关系提供一种可行性思路。

一 新冠肺炎疫情的暴发及快速传播显示非传统安全威胁显著增大并超出预期

作为一种非传统安全威胁,2020年新冠肺炎疫情在全球的传播给中国、日本以及全世界的经济、社会、文化等各个层面带来了巨大的冲击。疫情除了反映了国际安全实践中传统安全与非传统安全威胁相互交织的时代特征,更显示出非传统安全威胁的波及性、危害性都在显著增大,甚至超过了传统安全威胁。遗憾的是国际安全理论的发展却是不平衡的,对如疫情这样的非传统安全威胁的警惕是相对低下的。

2019年世界经济论坛的年度报告显示,疾病暴发的频率一直在稳步上升。1980—2013年记录了12012例暴发,包括4400万例个人病例,并影响了世界上每个国家。世界卫生组织(WHO)每月追踪7000个潜在暴发新信号,进行300次跟进,30次调查和10次全面风险评估。2018年6月,世卫组织"优先疾病"清单中的八类疾病中有6种暴发,这是有史以来第一次。如果有任何广泛传播,它将有可能杀死数千人并造成重大的全球破坏。其实早在2018年,WHO就将"疾病X"列入其清单,以使研究人员将注意力集中在目前无法传播给人类或传播效率低下的疾病所造成的大流行风险上。

疫情的巨大危害还体现在新冠肺炎的快速传播大大超出了预期,其中的重要诱因在于当前全球旅游、贸易等互联互通水平的极大提高,这意味着一次疫情可以在不到36小时内从一个偏远的村庄转移到世界各地的城市。① 麦肯锡研究院的数据显示,中国现已成为全球第一大留学

---

① "The Global Risks Report 2019", *World Economic Forum*, http://reports.weforum.org/global-risks-2019/going-viral/?doing_wp_cron=1580556640.6537969112396240234375#hide/fn-4 [2020–03–03].

生和游客来源地。① 2003 年暴发的 SARS 感染了约 8000 人，造成 774 人死亡，估计给全球经济造成 500 亿美元的损失。② 而由于互联互通水平的迅猛发展，2020 年新冠肺炎疫情带来的经济损失将远远超过 2003 年，并且是全方位的。由于疫情的影响，国际货币基金组织预测中国经济将下滑，GDP 增长将为 5.6%，比 1 月的预测调低 0.4%；而世界经济也因此下调 0.1 个百分点，增速为 3.2%。③

近邻日本更是深受波及。据日本野村综合研究所估算，2020 年日本名义 GDP 受疫情影响，可能减少 24750 亿日元（约 1574 亿元人民币），相当于日本 GDP 的约 0.46%。④ 日本本田在武汉合资共产的生产数量占到其中国产量的约一半。⑤ 从旅游市场来看，日本是中国出境游的第二大目的地，特别是每年年关前后对日本的消费将起到巨大的拉动作用，2019 年中国访日游客达 959 万人次，平均每月约 80 万人次；但此次事件无疑将对日本的旅游收入造成巨大冲击。据日本旅游业协会的调查，3 月前将有 40 万中国团体游客取消日本游，普通中国游客可能会降低到一半以下。日本中部圈社会经济研究所估算显示，2020 年受中国游客减少影响，在日消费额可能减少约 11899 亿日元（约 761 亿人民币），相当于日本 GDP 的约 0.22%。

二 中日安全关系的研究范式反思

疫情的扩散不禁让我们对国际安全研究及理论范式进行再度反思，

---

① 留学生总计 60.84 万人，为 2000 年的 16 倍；2018 年中国出境游达到近 1.5 亿人次，为 2000 年的 14 倍，居全球之首。参见 McKinsey Global Institute（MGI）"China and the World: Inside the Dynamics of a Changing Relationship"，July 2019。

② "The Global Risks Report 2019"，*World Economic Forum*，http://reports.weforum.org/global-risks-2019/going-viral/? doing_wp_cron = 1580556640.6537969112396240234375#hide/fn-4 [2020 - 03 - 03]。

③ 《快讯：IMF 总裁：2020 年全球经济增速预测下调至 3.2%》，全景网，https://baijiahao.baidu.com/s? id =1659309050330515411&wfr = spider&for = pc [2020 - 03 - 03]。

④ 《肺炎影响或令日本 GDP 减少 2.4 万亿日元》，中国国际贸促会网，http://www.ccpit.org/Contents/Channel_4114/2020/0131/1239408/content_1239408.htm [2020 - 03 - 03]。

⑤ 《日本 37% 进口汽车零部件靠中国，受疫情影响大》，日经中文网，https://cn.nikki.com [2020 - 03 - 03]。

重新挖掘非传统安全理论的现实意义，进而探讨中日安全关系的研究范式是否需要进行议题拓展和范式转换。

（一）中日安全关系主流研究范式的界定：传统安全理论还是非传统安全理论

能够解释或者解决现实问题是一种理论研究范式存在的最大价值，而当其解释或解决问题的效能日益不足时，就意味着这一理论研究范式需要进行转换、深化或者扩展，从国际政治理论和研究演化出来的国际安全理论和研究尤其符合上述理论研究范式的进化过程。比如在中日安全关系这一问题的研究上，判断当前学界的理论研究范式是否具有足够效能的标准，是观察其对中日安全关系实践的理论解释力或者问题解决力，但比较遗憾的是学界在两个层面都存在着问题，这不得不引起我们的反思和审视。

首先，我们需要对当前学界中日安全关系的研究范式做出一个利于讨论和令人信服的界定。在此，我们按照国际安全理论的历史发展脉络即从传统安全研究到非传统安全研究的演进检视当前中日安全关系的研究范式。从现实中看，传统安全研究和非传统安全研究的分野并非界限分明，但这并不妨碍从理论上对二者的研究进行区分。

巴里·布赞用5个研究视角或者争论问题梳理了国际安全理论从20世纪40年代诞生以来的历史发展脉络，包括指涉对象、内/外驱动、领域、安全政治的观点、认识论与方法论。[1] 根据笔者的理解，指涉对象是指研究对象，即将国家、集体还是个人的安全作为核心研究主体；内/外驱动是指研究安全的威胁来源是外部还是内部；领域是指研究纯粹的国防、军事安全还是扩展到更大范围的安全；安全政治的观点是指理论假定或者逻辑前提是对威胁的认知属于现实主义的、理想主义的还是中立的；认识论与方法论是指研究方法是实证主义、经验主义、建构主义还是解构主义等。

布赞根据上述标准按照理论流派的产生时间给国际安全理论的发展

---

[1] 巴里·布赞：《论非传统安全研究的理论框架》，《世界经济与政治》2010年第1期。

过程进行了排序，总共罗列了 11 种理论流派。李开盛和薛力在布赞分类的基础上将其研究视角简化，并进一步将现实主义这一传统安全理论与 4 种主要的非传统安全理论（哥本哈根学派、批判安全研究、女性主义和人的安全研究）进行了对比。[①] 张伟玉、陈哲、表娜俐在以上学者研究的基础上又通过区域和国别比较的方式对中国和其他地区、国家的非传统安全研究进行了细致的梳理。他们认为，中国的非传统安全研究问题意识不够，学术成果多以描述性研究为主，科学研究方法在非传统安全领域的应用还有较大空间，没有一个普遍适用的研究范式。根据布赞的 11 种流派分类，他们将中国、日本的非传统安全研究都归为了早期扩展派，将美国的非传统安全研究定位为处于战略研究派和早期扩展派之间。[②] 笔者用表格的方式将传统安全理论与非传统安全理论的主要区别、战略研究派和早期扩展派的区别进行总结，以便于继续讨论。

表 5-1　　　　　传统安全理论与非传统安全理论的区别

		指涉对象	内/外驱动	领域	维护方式	维护主体
传统安全理论	现实主义	国家	战争、冲突、外部干预和颠覆等	政治和军事安全	谈判、威慑、均势、战争等	国家及其盟友
非传统安全理论	总体特征	人的地位上升	多样化的内外部威胁	多样化的安全价值	合作安全、共同安全	国家、集体、共同体等

资料来源：笔者根据各流派特点自行整理。

表 5-2　　　　　战略研究派与早期扩展派的区别（中美日）

流派	国家	指涉对象	内/外驱动	领域	安全政治的观点	认识论与方法论
战略研究派	美国	国家	主要为外驱动	军事（诉诸武力）	现实主义者	实证主义（从强经验主义到模型化）
早期扩展派	中国、日本	主要国家	两者皆有	主要是经济和环境	转变的必要性	实证主义为主

资料来源：笔者根据各流派特点自行整理。

---

① 李开盛、薛力：《非传统安全理论：概念、流派与特征》，《国家政治研究》（季刊）2012 年第 2 期。
② 张伟玉、陈哲、表娜俐：《中国非传统安全研究——兼与其他国家和地区比较》，《国际政治科学》2013 年第 2 期。

基于以上传统安全理论和非传统安全理论的差异以及中国非传统安全理论发展的现状，通过梳理近些年关于中日安全关系的学术文献，我们发现无论是中国的还是日本的抑或是欧美的研究学界都一边倒地倾向于传统的西方国际关系主流理论框架下的安全研究，中、日、欧美的非传统安全理论对传统安全理论尤其是具体到中日安全关系理论研究的传导微乎其微。不得不说，这是当前中日安全关系研究没有对中日安全关系的实践和未来发展形成强有力支撑的一个重要原因。

从中国学界[1]看，吴怀中认为，"中国的学界尤其日本研究界对日本安全外交政策的研究，总体上尚缺理论层次的创新与成果"。[2] 或者更确切地说，是中国的中日安全关系研究学界总体上没有脱离西方传统国际安全理论的分析框架与模式，进而无法对传统安全理论形成主动反思和突破，同时这也与中国自身非传统安全理论不尽成熟有一定的关联。

从日本学界[3]看，尽管日本的非传统安全理论乃至非传统安全政策的发展更为系统、深入，比如早在20世纪80年代，大平正芳首相提交

---

[1] 近来关于中日安全关系的相关典型性国际关系主流理论分析框架下的文献包括：朱成虎：《构筑战略互惠型的中日安全合作关系》，《和平与发展》2012年第2期；张沱生：《中日安全关系的现状与前景》，《国际政治研究》2015年第1期；孟晓旭：《中日安全关系发展态势及中国的应对》，《现代国际关系》2017年第3期；于铁军：《笔谈：日本的战略文化与中日安全关系》，《国际政治研究》2015年第1期；吴怀中：《当代日本安全政策：激进修正还是渐进转变》，《日本学刊》2018年第5期（开始流露出对西方现实主义分析框架的批判性思考）；陆伟：《日本的自我身份建构与冷战后战略文化的嬗变》，《日本学刊》2018年第5期（建构主义的分析框架）；田庆立：《冷战后日本国家战略的演变及其面临的困境》，《日本学刊》2017年第1期；梁云祥：《日本新安保法与中日安全关系》，《日本学刊》2017年第2期；武寅：《论中日战略博弈的性质与作用》，《日本学刊》2017年第4期等。

[2] 吴怀中：《美国学界对日本安全政策的理论研究》，《日本学刊》2019年第4期。

[3] 日本有关中日安全关系的典型性文献包括：増田雅之「中国の台頭と日中安全保障関係—日中防衛交流のロードマップ—」、『東亜』2007年9月号、76—85頁；欧陽維「講演 アジア太平洋地域の安全保障情勢と日中安全保障関係」、『防衛学研究』2011年3月号、123—127頁；田中明彦「パワー・トランジッションと国際政治の変容 中国台頭の影響（パワー・トランジッション下の国際政治）」、『国際問題 = International affairs』2011年9月号、5—14頁；政策研究部防衛政策研究室研究員前田祐司「2030年米中二極構造と日本の安全保障」、2019年10月号、日本防衛研究所；飯田将史「CHINA 海洋での権益を拡大させる中国 米軍の接近を阻む『太平洋進出』（Wedge Special Report 激動の国際情勢を見通す ポスト冷戦の世界史）」、『Wedge』2019年11月号、24—27頁；松田康博「中国の将来シナリオと日本の対中戦略—台頭する中国と日本の備え—（特集 国防論 平成19年版 台頭する中国とわが国の防衛）」、『じゅん刊世界と日本』2007年12月15日号、53—71頁。

的关于"综合安全保障问题"的政策研究会报告①就对"军事"和"非军事"手段以及威胁的内外部来源等非传统安全问题进行了阐述,从而在日本正式确定了"综合安全保障"②概念,甚至形成了非传统安全理论的专门学派即人的安全学派③,但遗憾的是在中日安全关系这一研究对象上,日本学界的主流观点仍然是基于传统的现实主义分析框架。

从欧美学界④看,非传统安全理论依然没有动摇传统安全理论对中日安全关系相关问题的驾驭和统制,如同吴怀中所说:"当前,美国学界的对日研究中流行的一个趋势是,按照现实主义权力政治理论,推导并解释结构压力(中国崛起)及其引发的地缘威胁认知对日本安全政策变化造成决定性影响。……中日安全关系作为现实主义理论的解释试验场,正受到越来越多的关注和论证,成为一种研究的热点和

---

① 「大平総理の政策研究会報告五　総合安全保障戦略」、大藏省印刷局、1980年、10頁。

② 衛藤瀋吉・山本吉宣「総合安保と未来の選択」、講談社、1991年、556頁。

③ 参見栗栖薫子「人間の安全保障」、『国際政治』第117号;栗栖「人間の安全保障—主権国家システムの変容とガバナンス—」、赤根谷・落合編著『改訂増補版「新しい安全保障論」の視座—人間・環境・経済・情報—」、亜紀書房、2007年。

④ 关于中日安全关系的美国学界的典型性文献包括:Peter Katzenstein, *The Culture of National Security*, New York: Columbia University Press, 1997; Eric Heginbotham and Richard J. Samuels, "Mercantile Realism and Japanese Foreign Policy 1998 International Security", *International Security*, Vol. 22, No. 4, 1998; Richard J. Samuels, *Securing Japan—Tokyo's Grand Strategy and the Future of East Asia*, Cornell University Press, 2007; Andrew L. Oros, *Normalizing Japan: Politics, Identity, and the Evolution of Security Practice*, Stanford University Press, Stanford, California, 2008; Kenneth Pyle, "Japan Rising: The Resurgence of Japanese Power and Purpose", *Public Affairs*, 2009; Sheila A. Smith, *Intimate Rivals—Japanese Domestic Politics and a Rising China*, Columbia University Press, New York, 2015; Andrew L. Oros, *Japan's Security Renaissance—New Policies and Politics for the Twenty-First Century*, Columbia University Press, New York, 2017; James L. Schoff, *Uncommon Alliance for the Common Good—The United States and Japan after the Cold War*, Carnegie Endowment for International Peace, 2017; Sheila A. Smith, *Japan Rearmed—The Politics of Military Power*, Harvard University Press, 2019; Kenneth B. Pyle, *Japan in the American Century*, Harvard University Press, 2018; Adam P. Liff, "Unambivalent Alignment: Japan's China Strategy, the US alliance, and the 'Hedging' Fallacy", *International Relations of the Asia-Pacific*, Vol. 19, No. 3, 2019; Jennifer Lind, "Pacifism or Passing the Buck? Testing Theories of Japanese Security Policy", *International Security*, Vol. 29, No. 1, 2004; Michael Auslin, "Japan's New Realism: Abe Gets Tough", *Foreign Affairs*, Vol. 95, No. 2, 2016; Michael J. Green, *Japan's Reluctant Realism*, Palgrave, 2001; Gerald L. Curtis, "Japan's Cautious Hawks: Why Tokyo is Unlikely to Pursue an Aggressive Foreign Policy", *Foreign Affairs*, Vol. 92, No. 2, 2013; Richard C. Bush, *The Perils of Proximity: China-Japan Security Relations*, Washington D. C.: the Brookings Institution, 2010。

焦点。"① 可见，当前在欧美学界，从结构现实主义宏理论中延展出来的防御性现实主义仍然在中日安全关系相关的理论研究中占据着主流位置。

（二）中日安全关系主流研究范式的革新方向：传统安全理论到非传统安全理论的演进

接下来需要解决的问题是中日安全关系主流研究范式朝哪个方向革新才是符合科学规律的。当然，笼统地说，其基本的判断标准在于能够对安全实践和现实政策提供最准确的解释，同时为实现政策目标提供理论支撑，但这一标准难以具有学术和理论上的可操作性。如何证明一种安全理论的研究范式已经落后于时代，又如何判断其科学的发展方向呢？在此，我们借鉴巴里·布赞在论述国际安全理论演进的驱动力时提供的五种要素即大国政治、技术发展、关键事件、学术争论和制度化②，希望通过对五种要素的检视发现中日安全关系研究范式的未来方向。

第一，大国关系，也就是物质层面上相对的大国权力配置、敌友框架和在安全层面的社会安排。在布赞看来，这个要素中最核心的驱动力是基于美国中心主义的美国的安全，而由于美国特殊的地缘战略位置又决定了美国在安全设定上的高标准；另外一个不断上升的安全议题就是中国的崛起，因此在中国崛起的背景下中美的实力对比、敌友框架以及在安全层面的社会安排就成为国际安全理论演进到目前急需解决的一个重要宏观性安全议题。

可以看出，布赞提供的这一要素由于其指涉物质层面的大国实力对比而变得现实主义风格十足，但需要注意的是布赞没有将现实主义的理论前提即无政府状态作为描述这一要素的假定背景，相反，他将美国的高标准安全、中国的崛起作为客观问题抛了出来，以期能引起国际安全理论的自我反思和革新。布赞的分析同时也证明，非传统安

---

① 吴怀中：《美国学界对日本安全政策的理论研究》，《日本学刊》2019 年第 4 期。
② 巴里·布赞：《论非传统安全研究的理论框架》，《世界经济与政治》2010 年第 1 期。

全理论并不排斥传统的安全议题,它具有远比传统安全理论更宽广的包容性。就中日安全关系的研究来看,由于美日同盟这一美日间特殊的安全制度安排,中美安全关系的发展趋势同样是其绕不开的问题,但并不能说明这类传统安全议题的研究只能通过传统的安全研究范式加以解决,相反,用传统的安全理论研究范式研究传统的安全议题有更大的可能遇到障碍。就这一因素,我们得出的启示是,中日安全关系的传统安全议题可能需要用非传统安全理论的理念和视角才能破除一些固有的理论障碍。

第二,技术发展,即潜在技术的发展会对战略关系和国际安全研究产生广泛的影响。比如布赞指出的,20世纪40年代中期原子弹的使用及其之后远程弹道导弹、核弹头、洲际导弹的出现促使以这些问题为研究的国际安全理论文献大量增加。[①] 技术发展对国家安全理论演进的促进作用更大限度体现在,并非只有军用技术才会与安全发生联系,民用技术同样可以造成诸多安全问题,并且军用和民用技术的转化和相互影响也促使国际安全理论界对安全的理解、界定大为扩展,比如已经成为重要研究领域的环境安全,现在影响日益深远的网络安全、太空安全甚至是量子方面的安全议题[②],以及随着新冠肺炎疫情的发展而被热议的生物安全的问题。

同时,我们也可以看到,在技术和安全问题之间关键的中介变量是人类的认知和主观态度,从原子能到量子技术的应用,这些技术是朝着更为安全的方向发展还是形成令人类更为担忧的威胁,全在一念之间。未来,随着技术日新月异的发展,安全问题已经远远不是国防和军事领域能够囊括的了。同样,就中日安全关系的研究来说,国防和军事领域的双边关系已经不再是两国安全关系的全部,通信、网络、太空、量子、基因、生物等越来越多的领域开始并已经逐步成为影响两国安全关

[①] 巴里·布赞:《论非传统安全研究的理论框架》,《世界经济与政治》2010年第1期。
[②] 关于新技术与安全的讨论,日本近来的文献有:道下德成编著『「技術」が変える戦争と平和』、芙蓉書房、2018年;持永大·村野正泰·土屋大洋『サイバー空間を支配する者—21世紀の国家、組織、個人の戦略—』、日本経済新聞出版社、2018年;中谷和弘·河野桂子·黒崎将広『サイバー攻撃の国際法』、信山社、2018年。

系的重大议题，而面对这些议题，传统安全理论的问题解释和解决能力必然是面对着重大困境的，这正是中日安全关系研究范式需要转换的重要动力。就此，我们得出的启示是，中日安全关系研究的议题正在或已经从传统安全议题大范围地向着非传统安全议题扩展和深化，非传统安全理论需要为这样的重大转换做好充足的准备。

第三，关键事件。与大国政治这一现实主义风格十足的要素相比，布赞提到的关键事件，则完全是一个建构主义视角的驱动因素，也就是说，事件的成立及其关键性是被主体（政治家、机构、媒体、学者、公众等）建构的，事件本身既构成和推动着国际政治发展的历史过程，同时也在理论界产生着广泛的影响。正如布赞所说："在结构主义视角中，或者在强调事件与其他驱动力之间的相互作用中，现实事件对理论创建极有意义，事件以不同的形式出现，它们不仅能改变权力之间的关系，而且能改变运用于这些关系分析中的学术范式。最令人注目的是特定的危机事件，不仅使得其自身成为研究的对象，而且在更广泛的战略层面改变了原有的理解、关系和实践。"[①]

布赞给出的例子是1962年的古巴导弹危机和"9·11"恐怖袭击。而就中日安全关系而言，围绕钓鱼岛主权争端而渐次发生的2010年撞船事件、2012年日本"购岛闹剧"等系列事件则既构成了中日安全关系在21世纪第二个10年的时间线，同时也对中日安全关系的学术研究产生了广泛而深远的影响，围绕钓鱼岛主权争端产生了大量的学术文献[②]。而近十年关于钓鱼岛的学术研究也逐步从过去的对事件本身的历史背景、性质、动因、进展、影响等维度过渡到如何处理、解决或者管理钓鱼岛问题的层面，研究方法也从起初的国际关系、历史学、国际法、法理学等扩展到战略学、博弈理论、环境等多学科。某种程度上是钓鱼岛主权争端促进了中日安全关系在国际安全理论层面的不断积累和演进。据此，我们得出的启示是，中日安全关系研究范式的转换和更新

---

① 巴里·布赞：《论非传统安全研究的理论框架》，《世界经济与政治》2010年第1期。
② 例如，在中国知网以钓鱼岛为关键词搜索2000年1月至2009年12月的文献为110篇，而2010年1月至2019年11月的文献则多达1206篇。

与中日安全关系中的重大事件有着密切的因果关系。因此，我们有理由相信新冠肺炎疫情的传播与防治必将成为影响中日安全关系发展及学术研究的一个重大事件。

第四，学术争论是驱动国际安全理论演变的第四个要素，布赞系统分析了学术争论是如何从四个层面[1]成为国际安全理论的内在动力的。首先，对认识论、方法论和研究重点选取的讨论，比如20世纪80年代后期的认识论与方法论的讨论，美国学界的强实证主义重视理性主义的、经济学的方法路径，而欧洲学界的弱反思主义强调解释和分析的阐释学方法路径，两者间的学术争鸣是长期存在的；其次，其他学科领域发展给国际安全研究带来的影响，包括数学、经济学、博弈论、认知心理学、语言学、社会理论、政治理论、发展研究、女性主义理论等，近些年国际关系建构主义大家亚历山大·温特更是将社会科学与量子力学[2]连接起来，唐世平也出版英文新著《论社会演化：现象与范式》[3]，他在广义上借鉴了考古学、演化人类学、进化生物学等学科，揭示了社会演化范式的本体论和认识论原则；再次，基于安全学者的政治地位，学界内外对学术探讨与政策咨询之间边界划分的激烈争论，安全议题自身具有的高度政治特性与客观定义缺乏这两种要素是导致上述激烈争论的背景，同时也给安全学者如何保证没有放弃学术权威的独立性而沦为政治工具带来了巨大挑战，毕竟当前没有哪位学者能像马克思·韦伯那样在学术和政治之间游刃有余；最后，安全研究领域"元观点"（meta-view）的争论，在这一部分的分析中，布赞指出了传统安全和非传统安全研究的重要划分基础，"即国际安全研究是（或应当是）通过单一学科方法还是通过不同学科方法来发展，如果其由不同学科方法来建构，那么能够建构起一个关联整个领域核心主体的'元通约性'（meta-commensurability）？安全学者是否有责任进行跨范式研究，或者只是尽力排

---

[1] 巴里·布赞：《论非传统安全研究的理论框架》，《世界经济与政治》2010年第1期。
[2] Alexander Wendt, *Quantum Mind and Social Science*: *Unifying Physical and Social Ontology*, Cambridge University Press, 1995.
[3] Shiping Tang, *On Social Evolution*: *Phenomenon and Paradigm*, Routledge, 2020.

除和忽略其他的范式?"[1]

就中日安全关系层面来说,学术争论作为驱动中日安全关系理论研究和学术探讨不断深入的要素是较为明显的,但中日安全关系中的学术争论是否达到了上述四个层面的实际效果或许是值得继续讨论的,但可以肯定的是这些学术争论起码在某一个或者两个层面推动着中日安全关系研究范式的深入、扩展乃至革新。比如2000—2008年,由中国社会科学院日本研究所和日本冈崎研究所共同举办的5次"中日安全对话研讨会"[2];2015—2019年,由南京大学中国南海研究协同创新中心与日本笹川和平财团共同主办的5届"中日东海安全对话"[3];2016—2019年,由中国南海研究院与日本笹川和平财团海洋政策研究所共同主办的4届"中日海洋对话会"[4];由中国社会科学院主办、中国社会科学院日本研究所承办的"社科论坛"等。这些学术研讨会为中日安全关系的学术争论提供了多层次、多视角、多元化的平台,也为中日安全关系研究范式的演进做好了铺垫。

第五,"制度化"是布赞提供的第五个驱动国际安全理论研究的要素,"制度化"又包括四种重叠的要素:组织结构、基金、研究的传播和研究网络。[5] 国际安全理论研究范式的转换还需要制度性力量的推动,所谓组织结构实际上是指智库、研究中心等国家设置的科研机构在理论研究导向、议题设置上的方向性倾斜,基金是指国家对上述议题的资金支持,而研究的传播和研究网络则主要是指成果的公开出版及借助整个国家宣传体制的正面传播,因此,中日安全关系主流研究范式的转换也需要中日两国的制度性推动。近期日本的安全智库和学者开始将中日安全关系研究的重心从单纯的军事安全领域向政治和国际秩序领域拓展,并从中寻求中日之间可能的共同的战略空间,如日

---

[1] 巴里·布赞:《论非传统安全研究的理论框架》,《世界经济与政治》2010年第1期。
[2] 参见张勇《中日安全与合作研讨会纪要》,《日本学刊》2006年第1期;吴怀中《第五次中日安全对话研讨会综述》,《日本学刊》2008年第6期。
[3] 顾全:《海上执法机构与中日东海安全稳定——第四届"中日东海安全对话"第二轮会议综述》,《亚太安全与海洋研究》2019年第1期。
[4] 笔者于2019年11月7日参加了第四届"中日海洋对话会"并做主题发言。
[5] 巴里·布赞:《论非传统安全研究的理论框架》,《世界经济与政治》2010年第1期。

本防卫研究所2019年12月10日举行题为"一带一路构想与国际秩序前景"的安保国际论坛[①]，2019年12月2—3日日本国际问题研究所举行建所60周年全球对话国际研讨会，同样以"一带一路"与印太为中心设置了国际秩序建构的议题，安倍首相和茂木外相均出席此研讨会，足见日本政府对智库议题的重视程度。[②] 同时，中国《国家社科基金项目2020年度课题指南》第74项的题目为"日本安全战略的新变化及中日建设性安全互动研究"，也说明了中国对中日建设性安全关系研究问题的重视。

三　非传统安全理论能为中日构建建设性安全关系提供哪些理论支撑

如果说第一节是通过分析传统安全理论到非传统安全理论的演进，对中日安全关系主流研究范式提出质疑和反思，那么本部分的主要任务是挖掘和总结非传统安全理论中的合理部分，在理性批判的基础上为中日构建建设性安全关系提供更为硬核的安全理论基础和支撑。因此，本节的难点包括两点，一是如何通过理论思辨对非传统安全理论进行理性批判和扬弃，从而找到能够适用于未来中日安全关系实践的理论发光点；二是如何在非传统安全理论和中日安全关系的实践中找到关键的联结点。这些联结点构成用非传统安全理论分析中日安全关系特别是为构建中日建设性安全关系提供坚实理论基础的重要逻辑工具，唯有此才能为中日构建建设性安全关系提供具体的实践路径。

（一）对非传统安全理论的批判与扬弃

适用非传统安全理论不能用"拿来主义"的简单方式，需要根据历史发展阶段的不同、区域环境的差异、遇到的具体问题等进行理性的批

[①] 安全保障国際シンポジウム「一帯一路構想と国際秩序の行方」、防衛研究所、http：//www.nids.mod.go.jp/topics/topic/index.html#topic–191210 ［2020–01–03］。
[②] 「1st Tokyo Global Dialogue（Japanese）」、日本国際問題研究所、https：//www.jiia-jic.jp/en/events/2019/12/global-dialog-tokyo.html ［2020–01–03］。

判和扬弃。综合来看，非传统安全理论需要处理好与传统安全理论、西方国际安全理论、非传统安全政策等范畴或政策实践之间的逻辑关系。

第一，非传统安全理论并非对传统安全理论的补充和拾遗，而是一种符合和适应国际关系实践发展的演进和深化。首先，从内涵和外延来看，非传统安全理论没有彻底抛弃传统安全理论，也并未与传统安全理论进行完全切割，而更大程度上是对传统安全理论所涉行为主体、指涉对象、安全领域、处理方式等的延伸、拓展或者综合。这说明了非传统安全理论对传统安全理论的包容性和吸收性，更说明传统安全理论为非传统安全理论的成熟和发展提供了基础。其次，从理论模式、分析偏好和研究方法来看，非传统安全理论的确做到了对传统安全理论的批判、重构和深化。例如，即便是传统安全理论主导的政治和军事领域中的安全问题，哥本哈根学派也都从建构主义的视角对其重新审视，并试图从中得出新的结论，这也可以证明非传统安全理论的确是传统安全理论的演进和深化。而非传统安全理论之所以能够做到这一点，根本动因在于冷战结束后国际安全领域的新实践。基于此，中日从两国政府宣示构建建设性安全关系开始，就为中日安全关系研究范式的演进提供了原初动力。

第二，尽管非传统安全理论源自西方，但并不代表其专属于西方，而应看作人类国际安全理论的发展成果，东亚的安全关系实践可以为其提供新的养分。

理论流派本身无国界，一种理论模式形成的动力在于能够解决最大范围的普适性问题，尽管非传统安全理论源自西方，但并不代表其专属于西方或者只能解决西方实践中遇到的问题，比如哥本哈根学派在《新安全论》中经常在各个安全领域将其分析问题的逻辑框架应用于世界各地的安全实践，包括非洲、东南亚、南亚、东亚等发展中国家和第三世界国家，其目的并非是显示西方知识界的学术优越性，而主要是为了解决各区域所面对的共同问题。还需注意的是，非传统安全理论并未故步自封、僵化不前，而是处于不断发展的过程之中，从其发展过程中形成的诸多流派就可看出其未来的无限学术可能性。基于此，非传统安全理论更不应该将自身束缚在西方国际安全理论的视域内，中日构建建设性安全关系的实践完全可以为非传统安全理论的进一步发展提供新的养分，甚至在此基础上形成一种新的非传统安全理论流派也是完全可能的。

第三，注意非传统安全理论与非传统安全政策的关系。非传统安全理论与非传统安全政策尽管只有两字之差，却相差甚远。如前所述，非传统安全理论从根本上来说是对传统安全理论的演进，而非传统安全政策是与一个政府的传统安全政策相对照而言的，因此在相关领域上，非传统安全政策主要是军事、政治安全问题以外的其他领域安全问题的政府政策。非传统安全政策的理论基础也并非必然是非传统安全理论，政府出台非传统安全政策可能仅仅是吸收了非传统安全理论中提出的问题领域，但在解决对策上依然是政治和军事领域中的传统手段和方式。另外，对一个政府来说，非传统安全政策或许更大程度上是对其传统安全政策的补充，或者非传统安全政策更多用来作为实现传统安全政策的手段或工具，比如2009年5月美国和菲律宾主导的在东盟地区论坛（ARF）下的首次灾害救援演习，以及2011年3月日本和印度尼西亚主导的东盟地区论坛下的第二次灾害救援演习。对相关政府来说，这些非传统安全领域的军事演习的主要目的还是为加深传统安全领域上各国政府军兵种间的军事合作密切程度。从中日防疫合作的角度看，如果在应对疫情的过程中，中日两国的协调依然停留在传统安全层面的政策逻辑和工具的应用层面，用传统安全理论指导非传统安全问题，则不但无法使得中日防疫合作深入发展，更无法推动中日安全关系实现质的改变。

（二）非传统安全理论与中日安全关系研究的联结点

非传统安全理论流派众多，但其中却以建构主义安全观为基础的哥本哈根学派为集大成者。这一学派的学术概念、理论预设、分析框架、研究方法已经非常系统和成熟，且具有理论上的包容性，其与传统安全理论分庭抗礼，并在持续不断地扩大其影响力。基于此，我们主要以建构主义安全观和哥派的安全学说为底色，尝试对中日安全关系的研究范式进行重组和建构。

首先，我们对哥本哈根学派安全学说的理论发光点①加以梳理和总结。

第一，安全是一种社会实践，将安全问题看作是一个互动和建构过程，强调安全的"主体间性"（intersubjective），提出"安全化"这一概念。所谓安全化是指，某些问题作为"存在性威胁"被提出，需要采取紧急措施，以及能够证明这些措施固然超出了政治程序正常限度但仍然不失为正当。安全化是由"主体间性"和社会性构成的，安全化过程，即一个行为主体适应其他行为主体对一种"真正"威胁内容构成的认知，正塑造着国际体系内的安全互动。成功的安全化不但由安全化施动者所决定，而且由"安全言语—行为"的听众所决定，……因此，安全最终保持着既不是主体又不是客体，而是存在于主体中间这样一种特质。

第二，安全化的基本步骤和方式。在成功将一个问题安全化之前，行为主体首先要提出一个安全化动议，提出安全化动议包括设定"存在性威胁"、提出紧急措施。接下来要让安全化动议被普遍接受，也就是让受众认为在面对存在性威胁时打破旧有的规则而采取的紧急措施是合理、合法的，而让受众接受的方式则是"言语—行为"（speech-act）。这一行为要想获得效果需要行为主体自身的权威性和实际存在的威胁作为"催化条件"，通过这种方式建构一个共享的、对某种威胁的集体反应和认识过程，如果这一建构过程成功了，安全化则宣告成功。而这里的受众应该包括国内受众和国外受众两个部分。

第三，安全是一种特殊政治，安全化是一种强烈的、激进的政治化过程，提出和研究安全化的终极目标是去安全化，安全化是一种次优的政策选择。如同奥利·维夫所主张的，我们的信条是，并非"安全越多

---

① 哥本哈根学派观点由作者根据巴里·布赞和奥利·维夫的相关论文及著作加以整理。参见 Barry Buzan, Ole Waever, and Jaap De Wilde Editor, *Security: A New Framework for Analysis*, Lynne Rienner Publishers, Inc, 1997; *People, States and Fear: An Agenda for International Security Studies in the Post-Cold War Era*, Boulder: Lynne Rienner, 1991; Ole Waever, "Securitization and Desecuritization", in Ronnie D. Lischutz, ed., *On Security*, New York: Columbia University Press, 1995; "Concepts of Security", Ph. d. Dissertation, Institute of Political Science, University of Copenhagen, 1995。

越好"。基本上，安全应当被视为消极的，是作为常规政治处理问题的一种失败而不得已采取的措施。理想地说，政治应当能够根据日常事务的程序，并不特别将具体"威胁"拔高到一种刻不容缓的超政治状况来阐述。"非安全化"是长时间范围的最优选项，因为它意味着，没有问题需要像"威胁我们"这样的话语来表达。

第四，安全从来都是一种集合体安全，这意味着以安全化为核心概念的安全研究也可以跨越军事—政治领域并向经济、社会、环境等领域拓展。一方面，可以用安全化过程对军事—政治领域的安全问题进行重新解释，军事—政治领域的问题并非全然是完全的、必然的安全化问题，在这些领域依然存在可以"非安全化"的问题。另一方面，把安全问题以领域为单元进行分析，有助于归纳脆弱性和威胁的不同类型，归纳关于指涉对象和行为主体的差异，以及体系内地区化和非地区化趋势的不同关系。在理论家和政策制定者的头脑中，安全概念本身即是一种合力，行为主体考虑经济、政治和其他一些领域，但他们对主要安全问题的判断却是全面考虑的结果。

第五，以安全化为基础概念对安全问题的研究方法。将安全问题分为军事、政治、经济、社会、环境等领域，分析每个领域中实施安全化的行为主体、何种性质的威胁、指涉对象、原因、后果和实施条件。哥派经由上述分析提出了"复合安全"理论，并认为安全复合体的实质是一组相互关联的安全关系格局。在安全复合体分析中，必须发现两者之间互动的最重要模式，最好是先确定一种具有指涉对象的安全与相应的安全行为主体之间的关系。安全分析中的关键问题是，谁能够，以及用何种名义"施行"安全。

基于以上建构主义视角下的、以"安全化"概念为基础的非传统安全理论，我们认为未来中日安全关系的研究需要把握以下几个关键联结点。

第一，中日安全关系是一组处于不断互动和建构过程中的安全复合体。其格局既非由中日两国的客观实力对比所决定，也并不完全由两国政府的主观政策宣示所囊括，而是两国的安全相关行为主体通过"言语—行为"建构的共享的、对某种威胁的集体反应和认识过程，归根结底是中日安全实践建构了中日安全关系。这证明中日安全关系具有可塑性，与双方相关行为主体的主观努力密不可分，这种对中日安全关系的解释逻辑和框架可以为中日构建建设性安全关系提供理论支撑。按照安全复合体理论的发展阶段，如果将中日安全关系的发展阶段划分为冲突形态、安全机制和安全共同体三个不断递进的层次，那么中日安全机制则对应中日建设性安全关系的初级阶段，而中日安全共同体则可以对应中日建设性安全关系的高级阶段。

第二，不能将中日安全关系的内涵和外延仅仅局限于军事和政治领域，应针对具体领域的具体问题做中日安全关系的精细化研究，唯有此才能为中日构建建设性安全关系的实践提供多维度平台。中日安全关系是一种综合性的、集合性的安全关系，涉及军事、政治、经济、社会乃至环境等各个领域。安全化这一概念可以避免对中日安全关系通过领域的拓展过度泛化的可能性弊端，一方面，军事和政治领域内的问题并非都是安全问题，某些问题可以做"去安全化"或"非安全化"处理；另一方面，经济、社会和环境等各领域内的某些问题也有被中日双方"安全化"的可能。不同领域的威胁来源、指涉对象、产生原因、紧急措施和后果都会不同，中日安全关系也会因此而具有多视角、多层次、多维度的内涵和外延。

第三，基于第二点，中日安全关系各领域的分析对政策制定者来说是政策酝酿层次上的或者说是一种思考过程，中日安全关系在实践层面依然表现出各领域的合成或者跨领域的综合。因此，需要密切关注各领域间的相互影响，这些交互影响表现在描述威胁来源、确定指涉对象、采取紧急措施、受众接受安全化动议的所有安全化步骤中，而探寻各个领域之间如何相互影响则能为推动中日构建建设性安全关系提供可能的实践路径。

第四，基于以上三点，中日安全关系的研究模式或者研究进路大约为分和总两个阶段。分的阶段，按照军事、政治、经济、社会、环境等领域，分析每个领域中日安全实践的具体态势，包括行为主体、威胁来源、指涉对象、产生原因、紧急措施和相应后果，主要搞清楚军事和政治领域可以去安全化或者非安全化的可能性问题，以及经济、社会、环境等领域安全化后的结果尤其是风险。总的阶段，将以上几个领域进行整合，重点是发现各个领域内安全问题的具体的相互联结点，目的是尽量缩小安全化的指涉区域或者为解决安全化的问题提供更合理的有利于中日双方的紧急措施。

第五，基于前四点，可以发现中日构建建设性安全关系的实践过程在非传统安全理论看来，实质是一个不断追寻"去安全化"或者"非安全化"的过程。前面第一点所说的中日安全共同体作为中日建设性安全关系的高级阶段是一种理想化的或者说终极目标。因此，探寻中日建设性安全关系的实践路径，也就成为两个探索过程，一是探寻各个领域"安全化"或者"去安全化"的潜在边界并最大限度地挤压安全化边界的过程，二是探寻安全化后的各类问题的包容性解决措施，并使这些紧急措施逐步制度化的过程。

四 治理路径、中日防疫合作与建设性安全关系

从安全关系层面看，此次疫情作为公共卫生事件，是典型的非传统安全问题，跨越国界，波及范围广，特别是对于中国近邻日本来说，疫情是共同威胁，损害的是中日共同的安全利益，需要中日通力合作，共克难关。疫情的发生客观上为中日构建建设性安全关系提供了一条有效路径，即通过防疫合作加强双边积极的安全互动。本部分尝试用中日安全关系的非传统安全理论分析框架，对中日防疫协调与合作问题加以定性分析，进而探求其对构建中日建设性安全关系的现实意义和合作方向。

（一）从非传统安全理论框架看全球卫生治理中的两大路径：国家主义与全球主义

从领域来看，疫情作为突发公共卫生事件，由于事发突然、未知性大、波及范围广，涉及个人、组织以及国家，甚至可能造成巨大经济冲击、社会失序乃至国家安全危机，是一个较为典型的跨领域综合安全问题。按照非传统安全理论的分析框架，突发公共卫生事件的指涉对象自然不像传统安全问题那样仅为国家，而是包括国家和个人，首要的保护

对象是个人的健康和生命利益，国家作为维护个体生命安全的行为主体而存在；威胁来源除了疫情暴发、传播这一源发性威胁以外，更是囊括了可能的经济危机、社会失序甚至是国家政权安全；维护方式上不同于传统安全问题中的威慑、均势、战争、谈判等方式，而是更多诉诸医疗救助、社会管理、经济调控以及国内外合作等方式。

对非传统安全理论的分析框架反思有助于弥合国际关系学界关于全球卫生治理路径之争。澳大利亚学者莎拉·戴维斯总结了国际关系学界对全球卫生治理的两大路径[①]，一是主要关注安全的国家主义（statist）路径，将卫生措施与外交或国防政策联系起来；二是重在聚焦个人福利与权利的全球主义（globalist）路径。实际上，上述两大路径与非传统安全理论的不同流派有着密切联系，国家主义观点倾向于优先保障国家安全，将其视作良好卫生治理的前提；全球主义者则认为国家不应自动获得这种优先级，因为有许多有潜力的治理体系可能更好地保障个人健康，国家只有在切实改进人民健康时才被重视。可以看出，在非传统安全理论的光谱中，国家主义处于光谱中更靠近传统安全理论的一端，而全球主义则离传统安全理论较远。

表5-3　　　　　　　　　　　　全球卫生治理路径对比

	国家主义	全球主义
指涉对象	国家	个人
威胁	疾病对国家的威胁	面对疾病，个人更脆弱
行为体	国家；协作或减弱国家治理能力的行为体	个人、国家、邻国、国际组织、跨国公司、公民社会组织
措施	国家治理最合适	任何能减轻威胁的其他行为体或制度进行治理是最合适的

资料来源：Sara E. Davies, "What Contribution can International Relations Make to the Evolving Global Health Agenda?", *International Affairs*, Volume 86, Issue 5, September 2010, pp. 1167 – 1190。

[①] Sara E. Davies, "What Contribution can International Relations Make to the Evolving Global Health Agenda?", *International Affairs*, Volume 86, Issue 5, September 2010, pp. 1167 – 1190.

两种治理路径各有优劣。国家主义路径通过将卫生问题呈现为类似于核扩散的国家安全威胁,这一特定使其适合解决紧急危机,促进针对特定卫生危机的预防和控制政策,但不太适合解决慢性健康危机,无法减少传染病的潜在成因,随着危机渡过,注意力也容易转移。也就是说,国家主义强调保护和遏制,而非解决根本原因,并且把传染病之外的公共卫生问题挤出了讨论空间。[①]

全球主义路径把安全的指涉对象替换为人,认为如果只通过国家的视角,卫生治理的效果将大打折扣,其主要强调要重视全球卫生治理中多种行为体的角色。20世纪90年代初以来,联合国有力实践了上述路径。联合国开发计划署在其1994年的《人类发展报告》中就提出了人的安全的基本原则。1999年,联合国宏观经济与卫生委员会(Commission on Macroeconomics and Health for the UN)成立,旨在决定如何实现健康相关的千年发展目标。2000年,联合国千禧高峰会(UN Millennium Summit)将180个国家聚在一起,世界领袖们在千年发展目标的旗号下同意。截至2015年,全民健康应在防控流行性传染病、降低儿童死亡率、提供安全饮用水和足够食物以预防疾病、降低孕产妇死亡率这些具体方面得以实现。2001年,绪方贞子(Sadako Ogata)与阿玛蒂亚·森(Amartya Sen)领衔创立的"人的安全委员会"(Human Security Commission)是该事业的又一座里程碑。2004年,"威胁、挑战与变化问题上的联合国秘书长高级专家咨询委员会"(UN Secretary-General's High-Level Panel on Threats, Challenges and Change)认为健康问题应被视作一种安全威胁,因为它可威胁的对象是无限的,无论贫富。这一路径可能的缺点是夸大了国家被其他行为体取代的程度,也低估了国家在应对卫生问题时的重要性,由于非国家行为体和全球卫生行动的激增,国家提供医疗保障的责任或许会得不到足够重视。[②]

其实,学界中的路径与理念之争并非存在严格的界限,两种理念已

[①] Sara E. Davies, "What Contribution can International Relations Make to the Evolving Global Health Agenda?", *International Affairs*, Volume 86, Issue 5, September 2010, pp. 1167–1190.

[②] Ibid.

经在一定程度上合流了。而全球卫生治理实践中也出现了这种现象,比如 2008 年 10 月召开的国际禽流感及大流行流感部长级会议上提出的"共享世界,共享健康"(One World, One Health)的战略框架,通过协调全球努力来控制 H5N1 病毒、防止人类流感,减轻大流行性传染病对社会、治理体系、公共卫生与全球经济的伤害,这一框架中有清晰的全球主义观点,但依赖于国家的承诺。2009 年第一个关于全球健康与对外政策的联合国大会决议诞生,该决议建议联合国秘书长与 WHO 总干事协同分析对外政策与全球健康相关的挑战与行动,同样离不开国家的支持。

(二) 中日防疫合作的现实意义与发展方向

日本早在 20 世纪八九十年代就提出了"综合安全保障"和"人的安全保障"的概念,又在联合国大力倡导"人的安全保障"的国际合作,日本对传染病这种公共卫生事件的认识深刻、经验丰富、机制健全。疫情发生后,日本政府也表示将全力帮助中国克服疫情,日本地方政府也纷纷送出医用物资为中国加油。因此,此事件客观上为中日加强积极的安全互动提供了一次有效契机,中日可以借机加强双边在应对公共卫生事件中的对话、交流和合作,形成机制,为构建建设性安全关系奠定良好基础。

当前,加强中日防疫合作的前提除了总结已有的经验之外,更重要的是找出双方各自在防疫过程中存在的一些缺点,并从现实合作和可行性的角度,列出一项负面清单,启动消除上述清单的实施机制,为加强合作效果奠定良好基础。有学者针对此次疫情应对,从公众报告与防控预案、防控体系建设、应急响应机制、科技成果转化、医疗供给和战略储备、现场决策处置能力、舆论引导、"次生灾害"研判与应对、野生动物市场监管、公明素质与科学素养方面总结了十大问题。[①] 实际上,这些问题也是对全球各国提出的重大挑战,在疫情随后全球扩散的过程

[①] 陈国强、江帆等:《新型冠状病毒感染疫情下的思考》,《中国科学:生命科学》2020 年第 50 期。

中，即便是作为发达国家的美国、日本、欧洲国家等也在不同层面、不同程度上出现了一些应对的问题。比如日本的检测设施无法满负荷运转[①]、初期口罩供应短缺[②]、因措施缺乏灵活性导致游轮聚集性感染扩大[③]等。可见，面对重大传染病，没有一个国家能够独善其身，加强国际合作和共同应对才是上上之策。

从卫生治理的两条路径来看，在应对疫情的过程中更适合以国家主义为主、全球主义为辅的治理路径。从中国应对新冠肺炎疫情的效果来看，中国的防控举措是成功的，并且积累了丰富的实战经验，正如王毅国务委员所言，中国为阻止疫情全球扩散展现了担当，为携手应对全球挑战赢得了信任[④]。而在事前的传染病预防、事后的评估和长效治理以及日常管理的过程中，则需在重点关注人的安全的基础上建设卫生治理体系，卫生治理体系和治理能力的建设是中国需要向日本学习的重点。

[①] 《日本新冠病毒检测能力落后于海外》，日经中文网，2020 年 3 月 6 日，https：//cn.nikkei.com［2020-03-07］；《日本称新冠每天可检 3800 例，但实际只有 900》，日经中文网，2020 年 3 月 3 日，https：//cn.nikkei.com［2020-03-07］。

[②] 《日本的口罩之忧》，日经中文网，2020 年 3 月 4 日，https：//cn.nikkei.com［2020-03-07］。

[③] 《日本为钻石公主号应对付出的代价很大》，日经中文网，2020 年 3 月 2 日，https：//cn.nikkei.com［2020-03-07］。

[④] 王毅：《坚决打赢抗击疫情阻击战　推动构建人类命运共同体》，中国政府网，2020 年 3 月 1 日，http：//www.gov.cn/xinwen/2020-03/01/content_5485253.htm［2020-03-07］。

民间外交与文化共享对构筑新时代中日关系的意义
——对中日携手抗击疫情的若干思考[*]

一 守望相助为新时代中日关系注入动力

在中国暴发来势凶猛的新冠肺炎疫情后，经年与中国磕磕绊绊的日本居然出现援华义举，特别是日本要"举全国之力"与中国共渡危难的态度，让国人感到意外。这是一次在中国人没有心理准备情况下日本官民几近爆发式的对华善意表达，也是暌违久矣的中日"急接近"。

人们首先注意到的是日本民间的反应。武汉封城后，日本政府决定撤侨。有记者注意到，除一批合资企业的日方"干部"选择留下外，还有一位誓言"要与武汉共存亡"的大学教授，他叫津田贤一，今年44岁，是北海道大学地区环境科学博士。2019年津田被华中农业大学作为高水平人才引进，在该校植物科学技术学院及农业微生物学国家重点实验室组织实施了大量卓有成效的工作。在突发的疫情面前，津田选择与武汉人民在一起。当北海道电视台记者问及原因时，他的回答朴素而平实："在疫情暴发的当下，我虽然可以选择回国，但我的研究室里还有中国学生，站在我的立场，我无法抛下我的同事和我的学生而一个人返回日本！"还有一位坚决选择留下的日本人，是因自拍旅行纪录片《我住在这里的理由》而深受中国网民喜爱的老人岛田孝治。他70多岁了，多年来一直在武汉市经营一家咖啡店。面对新冠肺炎疫情，他说

---

[*] 韩东育，东北师范大学教授。原载《日本学刊》2020年第2期。

"我是武汉人",并早有"死在中国"的"觉悟",因为这样才能把遗产留给武汉,留给深爱的武汉人。古稀之人是新冠病毒最容易侵害的对象,生死面前有如此抉择,对一个可以回国避难的外国人来说其实并不容易。这些普通日本人身上传递出的,是在天灾面前的平静淡定和对人对事的责任与大义。

把视线转向日本国内时,也可以看到一幕幕让人感动的场景。大量日本人为驰援中国,纷纷以最快的速度慷慨解囊,有的甚至倾其所有亦在所不惜。在武汉传染疫情确证、抗击疫情物资储备匮乏的情况下,大型零售商伊藤洋华堂迅速向中国捐助了100万个口罩,并在第一时间运往武汉。另外,许多中国人几乎从未听说过的日本县市,亦纷纷对准中国的友好省份和城市,把能找到和搜集起来的口罩、防护服等防疫物资,悉数发往中国,如大分对武汉、水户对重庆、东京对湖北、鸟取对珲春、滋贺对湖南、香川对陕西、苫小牧对秦皇岛、宫崎对葫芦岛、太田对余姚、秋田对无锡、滨松对杭州、沼津对岳阳、厚木对扬州、丰川对南通、彦根对湘潭、千岁对长春、冲绳对福建、新潟对哈尔滨、鹿儿岛对长沙、萨摩川内对江苏常熟、新潟柏崎对四川峨眉山,等等。这是一次遍及日本全国的募集活动。在这场活动中,日本民间所释放出的善意,打湿了中国人的眼眶。中央广播电视总台驻日记者何欣蕾注意到,在大阪街头,市民打出"挺住!武汉"的条幅,在箱根、富士山等景区,还贴着用中文写的"武汉加油"海报。在东京池袋举办的中国元宵节灯会上,一名14岁日本女孩身穿旗袍向路人以90度的鞠躬为武汉募捐。日本羽咋市的"日中友好协会"50名会员用会费购买口罩寄往中国。之后,他们又跑到临市继续采购,计划再捐4000个口罩。因为日方开放了绿色通道,江西曹洞慈善基金会在日本千叶县医院购买的2万个口罩,从寻找货源到抵达目的地仅用去4天时间。日本各界还全力配合在日华侨组织的援助活动,如日本湖北总商会参与捐赠的救灾物资全部由东京的几大物流公司提供转运支持。据记者统计,截至2020年2月7日,日本国内各界累计对华捐赠防护口罩633.8万余个,手套104.7万余副,防护服及隔离衣17.9万余套,护目镜及镜框7.8万余个,防护帽1000个,鞋套1000

个，防护靴 30 双，大型 CT 检测设备 1 台（价值 300 万元人民币），体温计 1.6 万余个，消毒水 1.15 吨，消毒粉 1 吨，消毒用品 2400 余件，累计捐款约合 3060.2 万元人民币。①"钻石公主"号邮轮发生新冠肺炎疫情后，日本一时成为海外确诊病例最多的国家，自身医疗物资也倏忽间变得非常紧缺。但不少日本民间企业仍万里驰援湖北，不计成本，以至于中国网友竟开始呼吁："别再送了，给自己留点吧，你们也需要呀！"这场不分年龄、不分阶层、不分地域的对华支援行动，在历史上是少见的。

如实而言，安倍晋三政府在中国新冠肺炎疫情发生后所做的表态，是世界各国中对中国的同情和支持最及时也是最明确的。2020 年 1 月 23 日，在日本众议院全体会议上，安倍首相除表示要加强对新冠病毒的防范，还强调要全力支持中国人民抗击疫情、加强与中国政府的合作。1 月 26 日，中国国务委员王毅与日本外务大臣茂木敏充通话，茂木敏充表示，"日方愿同中方一道，共同应对疫情威胁，向中方提供全方位支持帮助"。1 月 27 日，安倍首相将新冠肺炎指定为《感染症法》所承认的、需要国家应对的感染症，对日本人和非日本人的治疗在原则上给予"同等待遇"。1 月 28 日晚，日本政府派往武汉撤侨的飞机上，装载了大量由日本政府援助中国的口罩、防护衣等物资。2 月 7 日，已经 81 岁高龄的自民党干事长二阶俊博专门前往中国驻日本国大使馆，代表自民党向中国捐赠了 10 万件防护服。原本，中国企业是准备购买这些防护服的，但日本方面坚决不卖，而无偿捐献给中国。二阶对孔铉佑大使说："对日本来说，看到中国遭遇疫情，如同是亲戚、邻居遭难"，"我们常讲患难见真情，日方愿举全国之力，不遗余力地向中方提供一切帮助，与中方共同抗击疫情。我相信，只要日中两国团结合作，就没有办不成的事"。在日资深记者蒋丰感叹道，多少年了，人们在中日关系交流史上还从没听过"举国之力"这句话。这次中国发生疫情，日本以"举国之力"给予援助，无疑给新时代的中日关系注入

---

① 《对日本，这次真的要说声：谢谢!》，央视网，http://news.cctv.com/2020/02/13/ARTIYiMcAK7yKGwl6HfdkTK2200213.shtml［2020－02－13］。

了一股巨大的暖流。① 2月10日晚，安倍在主持召开的日本执政党自民党干部会上进一步做出决定：自民党国会议员每人从3月工资中扣5000日元，捐给中国抗击疫情。日本官员集体动用自己的工资来帮助中国，这在中日两国交往史上也是极为罕见的。为了表达东京民众的心意，在向中国送去2万套防护服后，东京都知事小池百合子又向中国捐助了10万套防护服。除在任的政治家外，许多日本前政要亦纷纷解囊相助，让人印象深刻。日本前首相村山富市在大分县的家中，面对中国媒体的视频镜头，用带着浓重的九州方言口音一句一句地喊道："武汉加油！武汉加油！"

二　民间交流是推动新时代中日关系的重要途径

周恩来总理在谈到中日交流史时，曾有过"两千年友好，五十年干戈"的总结。1972年中日邦交正常化的谈判仅用去5天时间，就达成了结束战后两国不正常状态的联合宣言。这是壮举，凸显出那一代两国政治家的高端站位和远见卓识。但让抗战期间蒙受过生命财产巨大损失的中国人民彻底忘却"家仇"，却也并非易事。正是在这样的背景下，20世纪70年代末日本首相大平正芳发起对华政府开发援助（ODA）。按日本学者毛里和子的解读，该项目"即便在心情上有替代赔偿的想法，但（日本）并没有传达给中国方面，而且日本自身也缺乏不管采取什么方式都要进行赔偿的决断。在1972年的谈判中从中国方面获得一些让步，对日本来说是一种侥幸，也是一种成功，所以并没有努力去填补因此留下的缺漏"。② 自小泉纯一郎执政以来，中日两国间或出现这样或那样的摩擦，但民间外交始终是最后解决问题的有效途径。没有人会忘记2008年中国汶川大地震时日本第一时间派出了救援队，队员们所具有的专业精神、对遇难者遗体默哀的一幕以及有人因没能救出生

---

① 蒋丰：《两千年友好，五十年干戈》，百通社，https://baijiahao.baidu.com［2020-02-15］。

② 毛里和子：《重建中日关系》，《日本学刊》2013年第4期。

还者而引咎辞职的耻感表达，都给中国人民留下了深刻印象。2008年7月7日，时任中国国家主席胡锦涛在参加北海道洞爷湖八国峰会的繁忙事务间隙，一定要挤出时间去看望赴汶川救援的日本救援队队员。这一行动令现场的所有人都大为感动。当时的救援队重要成员之一田尻和宏，日后还成为日本国驻沈阳总领事馆的总领事。反过来看，2011年3月，当东日本发生地震、海啸和核泄漏事件后，时任中国国务院总理的温家宝亦曾赴灾区慰问，不但带去了中国人民驰援日本的大量物资和善款，还穿着工人的服装走进日本老百姓避难用的临时住房内，亲切而温暖人心的交谈使日本民众深受感动。

如此相互感动，在新冠肺炎疫情中不但没有变化，反而在"投桃报李"的感恩心情催动下疾速升腾。中国驻日本国大使馆网站2020年2月29日的消息称，疫情发生以来，日本政府和社会各界纷纷伸出援助之手，以各种方式支持中国抗击疫情，中国人民对此铭记在心。近来日本进入疫情防控关键期，中方对此感同身受，愿在努力抗击本国疫情的同时，尽己所能向日本提供支持和帮助。不久前，中方向日方交付一批病毒检测试剂盒，并计划分批次向日本捐赠5000套防护服和10万个口罩，其中前两批物资已于2月27日、28日运抵东京。除了中央政府深明大义的行动外，很多中国地方省市、企业和个人也在积极行动，向日本捐款捐物，为日本加油打气。中国企业和留学生在东京等地自发组织的"报恩"行动同样令人感动。2月20日，有日本媒体以"报恩日本援助，中国企业在东京歌舞伎町为日本人发放口罩"为题，对中国人的行为给予了盛赞。日本媒体还特地记录下现场的一段标语——"2000年的友好，50年的对立，10000年的未来！"。① 无独有偶，一位叫曾颖的中国留学生，站在东京街头，身着鹿角头饰，手擎"来自武汉的报恩"标语牌，为过往行人免费发送口罩。据消息人士称，阿里巴巴集团创始人马云在向日本捐赠了100万个口罩后，还将在日本"3·11"大地震九周年当天，向东京都捐赠10万个口罩。中日是一衣带水的友好

---

① 「日本の支援に恩返し、中国企業が歌舞伎で日本人にマスク配る」、https://www.recordchina.co.jp/b783045-s0-c30-d0054.html［2020-02-20］。

近邻，在疫情面前更是守望相助的命运共同体。当我们回头看日本官民在这次中国疫情中近乎井喷般的情感表达时便不难发现，无论是言还是行，平素中日两国的患难交谊，相互之间的"恩恩相报"，才是素朴而真诚的"善因善果"。

三 共抗疫情中尽显东亚共同的文化基因

日本在这次疫情中对中国人的精神鼓励和心灵慰藉，应该是无数援华行动中意味隽永亦颇值得珍视者。这其中，无论是日本汉语水平考试（HSK）事务局写给湖北的"山川异域，风月同天"，还是日本医药NPO法人仁心会的"岂曰无衣，与子同裳"（《诗经·秦风·无衣》），不管是舞鹤市政府驰援大连时写下的"青山一道同云雨，明月何曾是两乡"（王昌龄《送柴侍御》），抑或日本道教协会、日本道观的"四海皆兄弟，谁为行路人"（《旧题苏武诗》）和"相知无远近，万里尚为邻"（张九龄《送韦城李少府》），这些诗句不但在第一时间让中国民众眼前一亮、身心骤暖，还同时勾起了两国人民友好交往史上无尽的乡愁。当我们认真体味这些诗句的内容时会发现，它们有一个共同的特点，那就是用人类天然的关联来超越民族，超越国界，超越制度，超越偏见，一言以蔽之曰超越一切人为的藩篱而唯余人溺己溺、守望相助的天道。这些古已有之的"命运共同体"思维，曾经在超越尘寰的佛法东渡中，被佛学界赋予过经典的诠释，那就是"山川异域，风月同天"。这八个字出自日本长屋亲王自撰的《绣袈裟衣缘》，后来被《全唐诗》全文收录为"山川异域，风月同天。寄诸佛子，共结来缘"。据说，鉴真和尚正是因为听闻此偈后深受触动，才决定东渡日本、弘扬佛法的。[①]

历史上，中日两国同文、同种、同教、同俗。这"四同"曾经被日本军国主义的"大东亚"扩张战略所恶用，因此长期以来亦为中国人民所警惕。然而，当周恩来总理所称之"五十年干戈"已成为过去，

---

① 该典故发生在距今1300多年前，参见「唐大和上東征傳」、塙保己一編『群書類従』（第四輯）第六十九卷、経済雑誌社、1902年、541頁。

特别在世界第二次大战后中日两国人民已和平走过了 75 年的今天，大疫当前日方人士对中国人民激昂滚烫的报恩式倾诉，却无论如何不可谓不"诚"。日本前首相细川护熙动情地写信给武汉人，说他祖父号"晴川"典出于崔颢的《黄鹤楼》；日本株式会社资生堂总经理鱼谷雅彦告诉中国说，"资生堂的社名亦来自中国《易经》的'至哉坤元，万物资生'"。他们想表达的或许都是如何报答中国的文化大恩并与中国结成患难之交。

《毛诗序·大序》称："诗者，志之所之也。在心为志，发言为诗。情动于中而形于言。"中日两国人民能如此这般地全力互助，是双方都动了真情。真情源自真心，而真心又何尝不是童心。"夫童心者，真心也。若以童心为不可，是以真心为不可也。夫童心者，绝假纯真，最初一念之本心也。"（李贽《童心说》）笔者之所以把此番中日互助行为的根本意义置于这些汉诗名句上，原因在于它们源于"最初一念之本心"即"真心"，也就是孟子良知第一义的"恻隐之心"。这或许才是东亚人的所谓"风月"——一个传统文明圈内永远无法规避的共同文化基因。而"至善者易缺"的古训又警告后人，如此圣洁之物，一旦被欺诳者恶用，将会万劫不复。中日民心能像今天这样炽热而贴近，何其不易，又何其脆弱！在天敌大于人怨、猜忌不如人和、历史问题转向社会问题、彼此对立让位给相互体恤的事实面前，东亚各国没有理由再彼此设限和互为路人。"同天"所内藏的"天覆地载"观念和"道法自然"哲学，劝说人们回归本心，回到"天地之大德曰生"的生命原点，那里有真善美，有道，有无限。

第六章

疫情与公共卫生管理体制

日本危机管理体制机制的运行及其特点[*]

一 日本危机管理体制机制的形成与运行

日本是一个自然灾害频发的岛国,因此在其危机管理体制机制的构架中,防灾减灾对策一直处于最重要的位置。换句话说,日本危机管理体制机制的构建主要是围绕应对自然灾害风险而展开的,历史上发生的三次重大自然灾害事件成为日本完善综合性危机管理体制机制的重要契机。第一次是1959年日本中部地区遭到"伊势湾台风"袭击,当时由于灾害预防和灾后救助的无序,造成5000多人遇难。1961年日本政府制定《灾害对策基本法》,首次以立法的形式规范了危机管理多元主体的责任义务、组织机构、应急对策、灾后重建等内容,使日本危机管理体制建设走上法制化的轨道。第二次是1995年日本发生里氏7.3级的"阪神·淡路大地震",政府危机管理由于初期应对反应迟缓而饱受民众和媒体的诟病和质疑。灾后,日本一方面相继制定了《地震防灾对策特别措施法》《建筑物抗震改修促进法》《受灾者生活再建支援法》等法律,另一方面重点强化政府初期应对能力,增设内阁危机管理总监、危机管理专门小组、24小时值班的内阁情报汇集中心、官邸危机管理中心等机构,开通中央防灾无线网、直升机影像传输、地震灾害早期评价等系统,以尽早掌握灾害信息。一系列的机制

---

[*] 王德迅,中国社会科学院世界经济与政治研究所研究员。原载《日本学刊》2020年第2期。

化改革有效提升了日本的危机管理能力。第三次是 2011 年 3 月日本东北部地区发生里氏 9 级巨大地震并引发海啸、核泄漏等次生灾害。面对这次出乎预料的复合型灾害，日本政府以"什么是日本最佳的危机管理体制"为视角，对危机管理组织形式以及防灾理念等进行深入探讨。2015 年 3 月内阁府完成《关于政府防灾、安全保障危机管理体制现状调查报告》，就建立统一的国家危机管理响应机制、设计能够最大限度地发挥中央与地方政府作用的制度、完善紧急灾害对策本部与核灾害对策本部的整合等提出了建议。[1] 此外，日本政府在反思此次教训后认为，过去的防灾理念都来自"防得住"的固有思维，使人们对战胜自然灾害过于自信；应该重新评估灾害对策，把"防灾"思路向"减灾"理念转变。[2] 应该说，日本危机管理观念的这次转变，促使人们打破了"日本安全神话"的社会认知，树立起居安思危、防患于未然的意识。现在日本正着力打造"防灾体制 4.0"升级版，其内容是让每个人把防灾减灾作为"自己的事情"，变成自觉的行动，构建起行政（国家、都道府县、市町村）、经济界（企业）、地域（居民）等多种社会主体共同参加的"自觉防灾社会"。[3] 日本在应对各类危机的过程中，强调初期快速响应，其特点是程序启动迅速、成员分工明确、步骤衔接紧密。如图 6-1 所示，灾害危机发生后，首先是通过不同渠道（包括电视、广播、网络、外电等），借助各种科技手段及时获得和整理分析初期受灾信息。其次是迅速召集"非常要员"和相关省厅把握受灾情况。再次是根据危机的类型启动不同的应对机制。如自然灾害主要由国土交通省负责应对，突发公共卫生事件则由厚生劳动省牵头处置。最后是根据危机事件性质、涉及范围、危害程度、可控性等设置非常对策本部或紧急对策本部。

---

[1] 内閣府『平成 27 年版防災白書』、57 頁、http：//www.bousai.go.jp/kaigirep/hakusho/h27/［2020-02-10］。

[2] 内閣府『平成 24 年版防災白書』、43 頁、http：//www.bousai.go.jp/kaigirep/hakusho/pdf/H24_gaiyou.pdf［2020-01-25］。

[3] 内閣府『平成 28 年版防災白書』、20 頁、http：//www.bousai.go.jp/kaigirep/hakusho/pdf/H28_gaiyou.pdf［2020-01-25］。

日本危机管理体制机制的运行及其特点 | 303

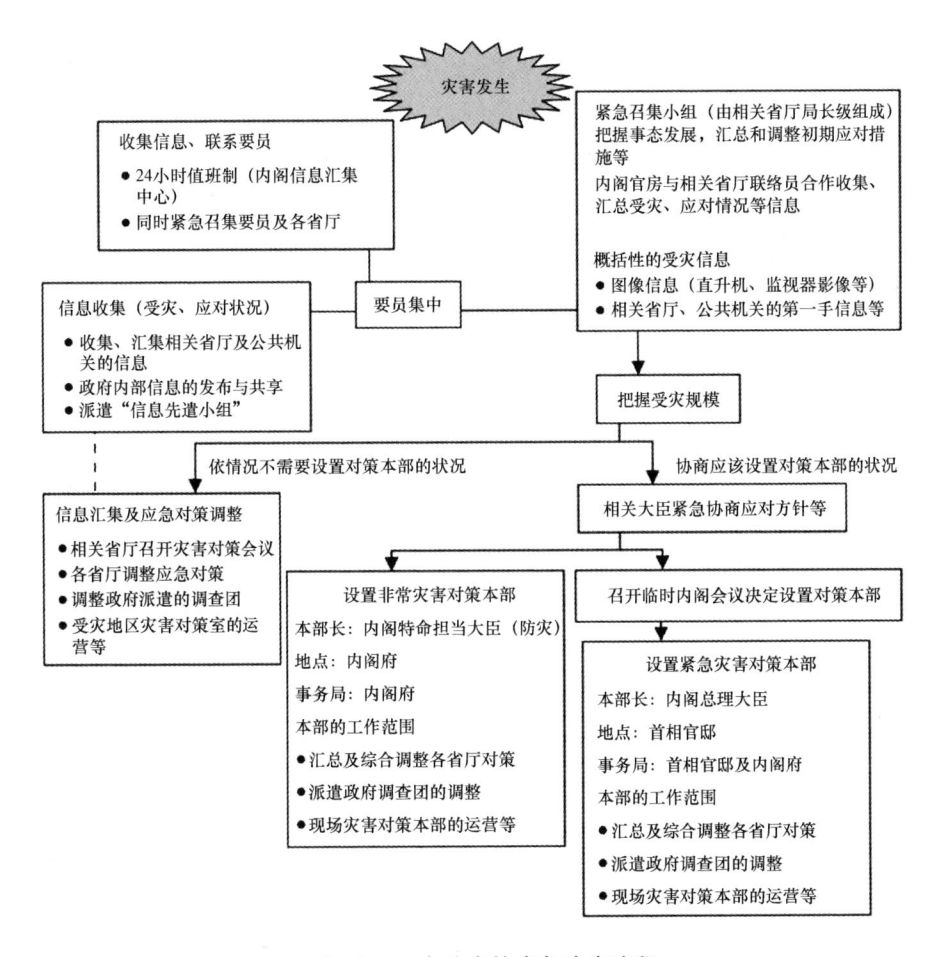

```
                            ┌─────────┐
                            │ 灾害发生 │
                            └─────────┘
┌──────────────────────┐         │         ┌──────────────────────────────┐
│ 收集信息、联系要员   │         │         │ 紧急召集小组（由相关省厅局长级组成）│
│ ● 24小时值班制（内阁 │         │         │ 把握事态发展，汇总和调整初期应对措施│
│   信息汇集中心）     │         │         │ 等                                 │
│ ● 同时紧急召集要员及 │         │         │ 内阁官房与相关省厅联络员合作收集、 │
│   各省厅             │         │         │ 汇总受灾、应对情况等信息           │
└──────────────────────┘         │         │                                    │
           │              ┌──────────────┐ │ 概括性的受灾信息                   │
┌──────────────────────┐  │  要员集中    │ │ ● 图像信息（直升机、监视器影像等） │
│ 信息收集（受灾、应对 │  └──────────────┘ │ ● 相关省厅、公共机关的第一手信息等 │
│   状况）             │         │         └──────────────────────────────────┘
│ ● 收集、汇集相关省厅 │         │                      │
│   及公共机关的信息   │         │              ┌───────────────┐
│ ● 政府内部信息的发布 │         │              │  把握受灾规模 │
│   与共享             │         │              └───────────────┘
│ ● 派遣"信息先遣小组" │         │                      │
└──────────────────────┘         │                      │
           │   依情况不需要设置对策本部的状况  协商应该设置对策本部的状况
           │                                           │
┌──────────────────────┐                    ┌─────────────────────────┐
│ 信息汇集及应急对策调整│                    │ 相关大臣紧急协商应对方针等│
│ ● 相关省厅召开灾害对策│                    └─────────────────────────┘
│   会议               │                      │                      │
│ ● 各省厅调整应急对策 │              ┌───────────────┐  ┌──────────────────────┐
│ ● 调整政府派遣的调查团│              │设置非常灾害对策本部│ │召开临时内阁会议决定设置│
│ ● 受灾地区灾害对策室 │              │本部长：内阁特命担当│ │对策本部              │
│   的运营等           │              │      大臣（防灾） │ └──────────────────────┘
└──────────────────────┘              │地点：内阁府       │            │
                                      │事务局：内阁府     │  ┌──────────────────────┐
                                      │本部的工作范围     │  │设置紧急灾害对策本部  │
                                      │● 汇总及综合调整各 │  │本部长：内阁总理大臣  │
                                      │  省厅对策         │  │地点：首相官邸        │
                                      │● 派遣政府调查团的 │  │事务局：首相官邸及内阁府│
                                      │  调整             │  │本部的工作范围        │
                                      │● 现场灾害对策本部 │  │● 汇总及综合调整各省厅│
                                      │  的运营等         │  │  对策                │
                                      └───────────────────┘  │● 派遣政府调查团的调整│
                                                             │● 现场灾害对策本部的  │
                                                             │  运营等              │
                                                             └──────────────────────┘
```

图 6－1　日本政府的应急响应流程

资料来源：内阁府『令和元年版防灾白书』、7 页、http://www.bousai.go.jp/kaigirep/hakusho/pdf/R1_tokushu1－1.pdf［2020－02－25］。

新冠肺炎疫情发生以来，日本全国上下全力应对，中央政府设立了以安倍晋三首相为本部长的"新型冠状病毒感染症对策本部"①（截至 2020 年 3 月 10 日已召开 16 次对策会议）；2 月 26 日，为了遏制疫情在全国蔓延，日本政府出台《新型冠状病毒感染症对策基本方针》，指导今后的防控工作。相信日本政府凭借以往应对突发公共危机事件的丰富

---

① 为体现对患者的尊重，日本法律文件中用中性词"感染症"指称"传染病"。

经验，一定能够战胜疫情，渡过难关。值得一提的是，在抗击疫情中，中日两国相互支持、守望相助，充分体现了作为东方国家的仁爱传统，相信两国人民的友谊将因此得到进一步深化。

二 日本危机管理体制机制的几个特点

（一）注重法律法规的制定、修订与执行，为应对各种可能发生的危机事件提供根本保障

法律是治国之重器，良法是善治之前提。日本政府在危机管理体制的建设中，注重依法规范政府及相关职能行政部门在应对危机事件中的权利、义务和行为。这种立法先行的做法，一方面能够增强危机管理的有序性和有效性，确立危机管理体制与机制启动实施的合法性，并对政府实施危机管理的过程进行严密的法律约束与监督；另一方面依靠法律可以调整危机情境下的各种社会关系，以防止因突发事件导致国家和社会秩序的失控。

以1961年制定的《灾害对策基本法》为例，截至2019年，日本政府对该法总共进行了50多次修订。近年来，日本政府针对2011年东日本大地震中暴露出的问题，加快了对《灾害对策基本法》进行修订的步伐，具体为2012年和2013年各修订了3次，2014年两次（直接原因是2014年日本相继发生了东北部地区雪灾、广岛泥石流灾害以及御岳山火山喷发等灾害），2015年1次，2016年两次（原因是2016年日本熊本县发生里氏6.2级地震灾害），2018年1次。[1] 又如，为适应新冠肺炎疫情防控的需要，日本政府用10天时间完成了对《新型流感等对策特别措施法》（2012年制定）的修订工作，将新型冠状病毒感染症纳入该法适用范围，其不仅有利于纾缓国民对疫情的焦虑和恐惧，而且使日本政府为防控疫情而采取"发布紧急事态宣言"措施具备了法律基础。还有，日本在应对危机过程中不仅能够有法可依，而且做到有法

---

[1] 内阁府『令和元年版防灾白书』、附属史料26、http://www.bousai.go.jp/kaigirep/hakusho/pdf/R1_fuzokusiryo.pdf [2020-02-25]。

必依。2020年1月30日，日本政府成立了"新型冠状病毒感染症对策本部"，在每次仅有10—15分钟的会议上，几乎都有议论相关法律法规的适用、调整和实施等内容，以最大限度地确保危机应对始终在法制的框架内运行。

（二）提高国民应对危机的意识，培养具有处理公共危机能力的管理人才

灾害的突发性、严重性及不可预测性很容易引起民众的心理恐慌和手足无措。日本政府平时注重利用各种形式培养国民应对危机的意识。首先，政府搭台，民众唱戏。2015年3月，第三届联合国世界减灾大会在日本仙台市成功举行，借此契机，作为中央防灾会议会长的安倍首相提议在内阁府设立"防灾推进国民会议"和主要由行业防灾组织组成的"防灾推进协议会"，并决定从2016年起每年由内阁府牵头主办全国最大规模的防灾活动——"防灾推进国民大会"，以全面提高国民自主防灾意识。第四届"防灾推进国民大会"于2019年10月19—20日在名古屋市举行，来自产官学界、非营利组织、市民团体以及群众代表15000多人参会。该次大会的主题是"做好应对大规模灾害准备，让我们变得更好——防灾从平时做起"。两天的大会共举办了28场报告会、专题讨论会和研究会，政府防灾主管部门和各界群众、团体的代表齐聚一堂，相互切磋各自的防灾体会。此外，大会还设置了96个展台、16个工作坊，用于展示基层丰富多彩的防灾、减灾活动，在室外体验区增设了急救、灭火、地震模拟等环节。会后的问卷调查结果显示，有98%的参会者表示学到了防灾知识，收获很大。

其次，寓教于乐，普及防灾文化。日本在防灾减灾教育方面，注重趣味性和知识性相结合，让人们在轻松愉快的氛围里体验防灾文化。例如，从1995年起，日本汉字能力鉴定协会每年都会向全国征集一个表现该年度所发生重大事件的代表性汉字，在至今所评选出的24个汉字中，与公共危机事件相关的有八个，其中"灾"字入选过两次。名古屋大学减灾联合研究中心主任福和伸夫认为，这一年我们从"灾"中学到了很多东西，为减少新一年的"灾"，应吸取教训，努力建设一个更加安全的社会。① 2016年，日本上映由著名导演庵野秀明拍摄的科幻电影《新哥斯拉》，再现了政府处置突发危机事件的全过程。影片在灾难场景的还原上采用3D技术，给观众以身临其境的感觉。

最后，日本重视公共危机专业管理人才的培养。2002年7月，日本政府批准成立了专门培训危机管理专业人才的"日本防灾士机构"。参加者按照"防灾士教本"规定的内容，接受两天的授课培训，考试合格者被授予具有民间资格的"防灾士"认证书。截至2020年1月底，日本全国约有18.8万人取得"防灾士"资格，仅东京都就有15546人取得防灾士资格认证。② 这些"防灾士"平时调查研究有关自然灾害情况，协助政府提高民众防灾减灾意识和技能，在灾害发生时参与志愿者救助活动。

（三）善于总结、反思，把应对灾害过程中的经验教训变为社会的宝贵财富

在全球应对自然灾害的实践中，防灾减灾的理念也在变化和发展，日本政府在完善危机管理体制机制的过程中，注重总结灾害应急处置的经验教训，不断实践新的危机管理理念。

首先，倡导"防灾主流化"（mainstreaming disaster risk reduction）理念。强调在制订发展计划和公共投资时评估潜在自然灾害可能造成的风险，并将政府应对自然灾害的能力作为衡量执政能力的重要标准。阪神大地震后，日本从强调防灾对策的实效性角度提出了"自助、共助、协动"三大减灾理念，强化民众灾后靠自身力量组织自救互救的意识和能力。

其次，灾后报告细致、具体、管用。如2016年熊本地震之后，日本政府在深刻总结教训的基础上提出《2016年熊本地震初期响应检验报告》，就成立有关"灾民生活支援队"、相关省厅如何迅速派遣官员

---

① 福和伸夫「『災』『震』『乱』『絆』『今年の漢字』に見る災害の記憶」，https://news.yahooo.co.jp/byline/fukuwanobuo/20190212-00114491/［2020-01-25］。

② 『徳島新聞』2020年2月19日。

指导抗灾以及建立实施嵌入型物资支援的"紧急物资供应队"等提出建议。这些措施在日本近年来应对灾害中发挥了明显作用。又如2018年7月日本多地发生暴雨灾害，政府成立了以杉田和博内阁官房副长官为召集人的"暴雨初期响应检验团队"，在受灾地区开展各种支援活动。灾后79名队员都提交了总结报告，内容包括避难场所及物资供应情况、瓦砾砂石清理、供水修复、确保灾民居住的安全、自治体支援五个重点，同时提出发现的问题和改进方案。①

（四）积极参与国际防灾合作，在防灾领域发挥引领作用

日本政府积极开展国际防灾减灾合作，为提升其国家软实力和影响力、增强话语权、参与全球治理和赢得更多的国家权益争取了有利条件。一是承办联合国世界减灾大会。日本继1994年在横滨、2005年在神户承办两届联合国世界减灾大会之后，又于2015年3月在仙台承办第三届联合国世界减灾大会。此次会议通过了《仙台减轻灾害风险框架（2015—2030年）》，其中规定了到2030年大幅降低灾害死亡率、减少全球受灾人数及直接经济损失等全球性目标。通过举办各种形式的国际防灾减灾会议，日本向世界提供了独具特色的灾害治理经验，彰显了其积极参与全球灾害治理的信心，赢得了国际社会的普遍赞誉。

二是吸引国际防灾机构落户日本。如在神户落户的国际防灾组织就有联合国减少灾害风险办公室（UNDRR）驻日办事处、亚洲防灾中心（ADRC）、国际防灾复兴机构（IRP）等。日本借助这些国际防灾机构的平台，积极开展与各国防灾专家之间的交流、防灾信息的收集与提供、各国间防灾合作的调查研究等一系列活动，提升了所在城市及日本在世界防灾减灾领域的良好形象。

三是积极参与有关公共危机治理方面的国际标准制定工作。如日本政府为了维护国家和企业的利益，深度参与国际标准化组织有关业务持续计划（BCP）的国际标准制定工作，显示出争夺主导权、占领制高点

---

① 内阁府『令和元年版防災白書』、11頁、http：//www.bousai.go.jp/kaigirep/hakusho/pdf/R1_fuzokusiryo.pdf［2020-02-25］。

的态势。

四是日籍职员在联合国防灾机构中担任要职。日本政府不断将日本籍优秀人才输送到国际组织和相关机构，取得了显著成效。① UNDRR 是唯一负责协调全球减灾相关事务的实体组织，2018 年 3 月，原日本外交官水鸟真美出任联合国秘书长减灾事务特别代表，并兼任 UNDRR 负责人，表现出日本在国际防灾领域中的极强影响力。

---

① 联合国减少灾害风险办公室网，https://www.undrr.org/news/undp-and-undrr-step-action-climate-and-disaster-risk［2020-02-25］。

国家安全体系下的日本公共卫生
安全体系建设[*]

2020年以来，突发的新冠肺炎疫情引发一轮前所未有的全球公共卫生危机，各国民众生命财产及经济社会发展持续面临重大威胁。疫情大规模扩散与疫情防控常态化背景下，公共卫生安全的极端重要性空前显现。从维护国家安全与人民根本利益的高度出发，通过非传统安全治理而非一般性社会治理手段推进国家公共卫生体系建设，确保公共卫生安全，已成为当务之急。

在国家安全体系下建设公共卫生安全体系，一方面应立足国情，充分考虑自身需求和能力；另一方面应积极借鉴国际先进经验。日本作为亚洲发达国家，在公共行政、危机管理及医疗卫生事务方面均具有较丰富资源与经验积累，公共卫生安全体系的建设比较系统、成熟且有自身特点。在此次疫情应对中，日本的对策取得成效。同时，中日国情亦有诸多相似，因此有必要重点参考日本方面经验，为中国公共卫生安全体系的建设服务。

一 国家安全与公共卫生安全：内涵及意义

安全是国家的根本利益，国家是实现安全的核心主体。当前国家安全的内涵范围不断扩大，从传统的军事、政治安全逐步延伸到非传统的经

---

[*] 朱清秀，中国社会科学院日本研究所副研究员；郭佩，中国社会科学院日本研究所助理研究员。

济、社会、生态安全等领域。相比"高政治"领域的传统安全问题，涵盖大量"低政治"领域的非传统安全问题具有更强的普遍性、潜在性、传导性与扩散性，特定情况下具有极强突发性，并直接威胁国家安全与发展。

非传统安全中，公共卫生安全因涉及人的基本生存健康，日益成为重要环节。根据世卫组织定义，公共卫生安全意指不同地域、国家人群因自然或人为灾害而群体健康受到损害的社会状态，以及为避免这种状态而实施的公共事务及对策。涉及对重大疾病尤其是传染病的预防、监控和治疗，对食品、药品、公共环境卫生的监督管制，以及卫生宣传、健康教育、免疫接种等。改善公众健康状态，强化国家及社会应对紧急公共卫生事件乃至重大公共卫生危机的能力，是实现公共卫生安全的现实目标。

当前，公共卫生安全日益成为重大课题。全球化发展与现代化生产生活方式导致人类健康及疾控压力增大，传染性疾病的暴发危害显著上升，非传染性疾病（如慢性病与精神疾病）的扩散难以遏制，作为敌对手段的病毒武器及生物恐怖的潜在威胁远未消除，使得人的安全、国家安全乃至国际安全产生高度统合关联性。为确保公共卫生安全，应从总体国家安全观的"大安全理念"出发，建立健全覆盖全社会的公共卫生安全体系。党的十八大以来，习近平总书记创造性地提出总体国家安全观，强调重视公共卫生安全。新冠肺炎疫情发生后，习近平总书记进一步指出，重大传染病和生物安全风险是事关国家安全和发展、事关社会大局稳定的重大风险挑战。[①] 只有构建起强大的公共卫生体系，才能切实为维护人民健康提供有力保障。

建设公共卫生安全体系，一方面应强化战略安全意识，常态化管理与危机应对并重，将公共卫生事业与国家整体战略及总体安全治理紧密衔接，使其有效发挥支撑作用。另一方面，应坚持全局长远思维，持续加强从行政法制到具体政策应对的体系性、规范性与合理性。而在以上方面，作为被国际社会普遍认可的"医疗卫生先进国"与"危机管理

---

① 《习近平：向科学要答案、要方法》，新华网，2020年3月3日，http://www.xinhuanet.com/politics/2020-03/03/c_1125654573.htm［2020-07-01］。

先进国"，日本具有较丰富经验且取得了较好成效。中日两国国情存在差异，但在国民思维、文化理念、社会环境、政府治理等方面亦有诸多类似相通之处。在加强公共卫生安全，推进行政、法制与政策体系建设方面，日本的经验值得中方积极思考与借鉴。

二 日本公共卫生政策发展历程

日本现阶段的公共卫生安全体系，建立在明治维新以来长达150多年的历史发展基础上。作为亚洲最早实现现代化、经济总量处于世界第三的发达国家，日本在发展公共卫生事业、开展体系建设与政策实施方面具有一定先进性。日本公共卫生政策的发展大致可分为以下四个阶段。

（一）"卫生"概念的引入（19世纪70年代至第二次世界大战前）

日本的公共卫生事业起源于19世纪70年代，这一时期，由于对外贸易和人员往来的开启，西方的霍乱和天花等传染病被带至日本国内，并频繁流行。为此日本政府从德国引入"卫生"（hygiene）的概念，开始构建卫生行政体系，并向公众宣传卫生、环境清洁意识。1872年，日本政府在文部省设立医务课，1875年在内务省下设立卫生局。1897年日本制定首部《传染病预防法》并在其后40年时间里陆续出台《下水道法》《检疫法》《麻风预防法》《结核预防法》《性病预防法》等。但在这一时期，负责日本社会基层预防保健与检疫的是警察部门，而非专业医生或相关领域技术官员。直到1937年，日本制定《保健所法》，在全国成立了49个保健所，1938年将卫生局从内务省内分离出来，成立了厚生省，开始建立专门的公共卫生行政管理力量。

（二）公共卫生概念的引入及初期体系建设（第二次世界大战结束后至20世纪50年代中期）

第二次世界大战结束后，日本被美国军事占领，国内疾疫流行，百废待兴。在美国主导下，1946年5月日本实行了卫生行政改革，从美国引入"公共卫生"（public health）概念，在全国各都道府县设立卫部，并设置了公共卫生福利局，负责疾病预防、医疗、福利和社会保障。1947年9月，日本政府大幅修订《保健所法》，确定保健所作为公共卫生安全一线机构，受权处理医疗和医药品、食品卫生、环境卫生安全等事务，并以治疗与预防传染性疾病为重点，开始在全国兴建保健所，在城乡普及医疗卫生机构网络。同时，日本政府加强了卫生立法，相继制定《食品卫生法》《预防接种法》《检疫法》《新保健所法》等一系列法规，确立了依法实施公共卫生管理的基本原则。

（三）公共卫生体系的迅速发展及政策重点转移（20世纪50年代中期至80年代末）

这一时期，日本公共卫生体系建设随着经济的飞速发展取得重要进展。日本政府大力推进卫生行政改革，积极布局覆盖全国的医疗卫生机构体系，并将政策重点置于传染病防治及社会卫生改善。经过努力，日本的公共医疗资源年增量在这一时期达到高峰，国民人均寿命与健康水平大幅提升，急性传染病被有效控制。此后，日本公共卫生政策重点逐步从传染病防治转移到非传染病防治及生物环境风险因素控制，并陆续出台《妇幼保健法》《老人保健法》《精神卫生法》《公害对策法》等多项法规，进一步建立健全了公共卫生法制体系。

（四）公共卫生安全体系的系统强化（20世纪90年代至今）

20世纪90年代，日本相继发生东京地铁沙林毒气事件、出血性大肠杆菌暴发事件等，促使日本更明确地从安全角度关注与治理公共卫生问题。公共卫生危机管理（日本又称为"健康危机管理"）的强化成为首要议题。1997年，日本厚生劳动省制定了《健康危机管理基本指南》，标志着公共卫生问题被正式纳入国家安全及应急管理机制。2000年，日本政府通过调整政策，使得保健所在日本公共卫生安全管理方面被赋予了诸多关键职能。[1] 此后，厚生劳动省推进配套行政改革，增设

---

[1] 淳于淼泠、程永明、骆兰：《日本政府应对突发公共卫生事件的组织创新》，《现代预防医学》2007年第13期。

机构，增补修订政策法规，最终确立并强化了以厚生劳动省为责任主体的中央公共卫生安全管理机制，以及以保健所为核心的地方公共卫生安全管理机制。

以上过程显示，日本在发展公共卫生安全政策时遵循了以下基本思路：首先，及时引入公共卫生理念，积极建设公共卫生管理力量；其次，在公共卫生行政、法制体系建设方面保持着较强延续性，形成了较为完备的行政管理机制与法制保障；最后，及时响应内外形势变化，积极强化公共卫生政策的"安全指向"，并将其纳入国家危机管理体系。正是基于以上举措，日本公共卫生安全相关行政体系、法制体系得到不断完善，安全对策流程标准化逐步加强，成为支撑日本公共卫生安全体系的基本内容。

三 日本公共卫生安全行政体系

经过长期摸索实践，日本建立起了一整套系统、成熟的公共卫生安全行政体系与法制体系，形成了可操作性强的公共卫生安全对策标准化流程。其中，公共卫生行政体系是日本整个公共卫生安全体系的基础，其主要构成可概括为以下三个方面。

（一）以日本政府厚生劳动省为中心，形成从中央到地方的医疗卫生行政与常态管理体系

在中央层面，作为主管医疗卫生等民生事务的中央省厅，厚生劳动省内设医政局、健康局、医疗卫生局与劳动基准局，分别负责医疗资源管理、传染病防控与公共场所卫生管理、食品药品安全管理以及劳动环境卫生管理，并在全国划分地区，设地方厚生局，负责相关政策实施。厚生劳动省统管全国的检疫所、公立医院、疗养院及研究机构。其中，国立感染症研究所、国力食品药品卫生研究所、国立保健医疗科学研究所等专业研究机构在日本的公共卫生技术研究中发挥重要作用。

在地方层面，日本47个都道府县（相当于中国的省）政府内均设有卫生健康局，并管辖区域内的保健所、县立医院与卫生研究所。在各

市町村（类似于中国县区级）设有卫生主管课，并管辖区域内的保健中心。其中，都道府县一级的保健所同时接受中央政府厚生劳动省及地方政府卫生主管部门的指导，承担了居民日常保健、疫病防控、食品药品管理及公众卫生健康教育等职能，成为日本公共卫生安全一线机构与"基层据点"。截至2017年，日本全国共有480多个保健所[①]，包括医师、保健师及咨询员2.8万人。

（二）国家统一危机管理体系与专门卫生应急组织体系相结合，形成全天候公共卫生突发事件应对机制

在日本，传染病等公共卫生突发事件与地震、台风等自然灾害一样，被纳入国家统一的危机管理机制。这一机制覆盖中央、都道府县及市町村三级。其中在中央层级，由首相官邸设置"紧急灾害对策本部"，首相担任本部长，负责危机管理重大决策。内阁设防灾担当大臣，负责具体领导危机管理。非特别紧急情况下，危机管理（除国防外）的管理事务由设在内阁官房的危机管理中心负责。都道府县与市町村均设有"一般灾害对策本部"，由地方行政首长兼任本部长。同时，中央、都道府县及市町村均设有防灾会议，负责制订防灾基本计划及研究相关事务。

在全国统一的危机管理体系内，以厚生劳动省为中心的医疗卫生行政体系可直接转为专门的公共卫生应急体系。为加强公共卫生安全工作的组织协调，厚生劳动省内设健康危机管理协调会议，平时负责制定修订作为公共卫生应急政策方针的《健康危机管理基本指南》，并研究制定相关政策。当出现紧急状态时则直接转为"健康危机对策本部"，统一指挥行动。厚生劳动省会派遣主管部门到事发当地的保健所，组建临时应急指挥中心，并与地方政府、警察、消防、医师协会等展开协调，共同应对。国立感染症研究所等研究机构则会同地方保健所及医院，建立全天候监控调查体系，为一线医疗人员的救治行动提供支持。

---

① 赵慧等：《日本疫情到底有多严重？你可能不知道的4件事》，腾讯网，2020年2月28日，https://new.qq.com/omn/20200228/20200228A06KI800.html ［2020－07－01］。

（三）依托全国医疗卫生机构，形成高度专业性的紧急医学救援体制

日本的紧急医学救援体系由国家灾害医疗中心、地区中心及指定医疗机构组成。其中，位于东京都立川市的日本国家灾害医疗中心是日本公共卫生紧急救援核心管理机构。平时负责相关医学及临床研究、培训专业急救人员，进入紧急状态时则转为全国医疗急救的指挥中心。国家灾害医疗中心建立了覆盖全国的紧急医学救援信息系统（EMIS），可实时收集汇总相关信息，了解各地医疗机构运转情况、收治伤员状况等信息，并与各级政府实现实时信息共享，从而为行政部门做出科学救灾决策、合理调配医疗力量提供了重要保障。

日本国家灾害医疗中心在全国设有两个区域性中心和数个地区中心，并直接指导 600 多家指定医疗机构，包括国立医院、地方公立医院、大学附属医院、红十字会医疗机构与私立医院，开展医疗急救行动。此外，日本厚生劳动省还于 1985 年组建专门的灾害医学救援队（DMAT），由专业的医疗急救人员组成，目前人员规模超过 8300 人，[①] 作为医疗急救的"快速反应部队"，随时可派往事发当地，支援当地医疗机构收治各类伤病患者，在多次公共卫生突发事件中发挥了关键作用。

总体上，日本公共卫生安全行政体系涵盖由中央到地方的三级行政（中央—都道府县—市町村），综合了常态医疗卫生管理与应急卫生事件应对的双重功能，有效地结合了一般行政管理与医疗卫生相关专业管理，使得日本公共卫生安全政策的实施建立在相当稳定的制度化基础上。

四 日本公共卫生安全法制体系

日本应对公共卫生安全的一大特点是极为重视依法治理，将公共卫

[①] 刘宏韬：《日本的卫生应急管理体系》，《社会治理》2016 年第 1 期。

生安全相关政策完全纳入法制化体系。目前，日本国内有关公共卫生安全的法律超过50部，这些法律配合其他应急管理相关法律，构成了公共卫生安全法制体系。特定情况下，日本政府还推动紧急立法，以应对公共卫生突发事件。日本政府一直重视公共卫生安全法制建设，不断修订完善法律，使其内容既保持宏观上的科学指导性，同时又始终符合具体情况需要。日本公共卫生安全法制主要由以下五个部分组成。

（一）传染病防控相关法

如前所述，日本早在1897年就制定了《传染病预防法》，1998年该法被新修订的《传染病预防与传染病患者医疗法》取代，成为日本公共卫生安全法制的主干法律之一。该法按照传染性和危害程度高低将传染病分为5大类共109种，分别规定相应措施，包括疫情信息收集公布、患者诊断治疗、污染场所消毒、治疗责任与费用分担等。[①] 针对传染性强、健康危害度高的疾病，日本政府还制定了专门法律，如《结核病预防法》《狂犬病预防法》等，这些法律有效支持了政府防控措施，明显降低了相关传染病发病率与死亡率。日本还出台了《预防接种法》，以法律形式强化政府责任和不良反应补偿机制，明确由国家负责免疫接种任务，并承担相关治疗救济费用。在该法支持下，日本国民的免疫接种率多年来一直保持较高水平。为防范外来传染病源，日本出台并多次修订《检疫法》，明确规定了边境检疫的范围、流程办法及惩罚措施。

（二）食品安全相关法

日本以《食品卫生法》和《食品安全基本法》为主体，通过法治措施不断加强对食品安全管理，使得日本在食品质量及卫生方面处于世界领先水平。其中《食品卫生法》制定于1947年，详细规定了食品成分、添加剂、农药残留、食品加工设备及容器包装必须符合的卫生标准。2003年，日本出台《食品安全基本法》。该法侧重食品从农产品原

---

① 刘宏韬：《日本的卫生应急管理体系》，《社会治理》2016年第1期。

料到消费产品全流程的监控,强化生产企业及供应商在各环节的责任。另外,日本重视动物疫病可能造成的公共卫生风险,并立法设定严格标准及程序,对生产及流通部门进行规范,对特定动物疫情实施集中防范,如《屠畜场法》《食用禽类处理法》《疯牛病特别措施法》等。

(三) 药品安全相关法

日本药品安全管理制度严格,其核心法律是《药品法》。该法规定设置药事审议会,对药店和药品生产企业实施管理,并就药品、医疗器械的生产销售、药品的标准检验、广告及监管等做出一系列详细规定,涵盖药品研发、生产、流通销售全流程。除一般药品管理外,日本政府还出台了一些专门法规,对具有特殊性能的药品加强管理,如《安全血液制剂安定供给确保法》《麻醉及精神药品取缔法》等。日本政府出台了《药品副作用被害救济法》,规定对因药品使用出现不良反应乃至致残死亡的受害者及其家属进行补偿。

(四) 公共场所、行业卫生相关法

为维护公共卫生环境,保障公众日常生活健康,日本还在涉及公共场所、行业的卫生清洁上,通过大量立法进一步规范行业行为,确保卫生标准。如《自来水法》对供水管道的布设、水质标准、卫生保障措施等作了一系列明确规定;《旅馆业法》《公共浴池法》对旅馆、浴池等公共场所的卫生消毒、保温照明等措施进行了明确要求;《理发师法》《餐饮业者法》等对相关从业人员的卫生行为进行了详细规定;《确保建筑物卫生环境法》对建筑物内外保洁消毒程序及质量标准做了明确规定;《废弃物处理法》对各种垃圾废弃物的处理办法做了细致分类与程序规定,等等。通过以上立法,日本得以建立起覆盖全社会环境卫生的保障体系。

(五) 医疗活动相关法

除以上直接有关公共卫生安全的法律外,日本还出台了一系列医疗活动相关的通用法律,如《医疗法》《医师法》《救急救命士法》《健

康促进法》《地域保健法》等。这些法律亦涉及公共卫生应急组织体系建设、卫生资源调配、急救人员培训、大众卫生保健宣传等多方面内容，从而成为公共卫生安全法律体系的重要补充。

需要指出的是，日本公共卫生安全的行政体系与法制体系是一体两面的关系。法制体系从法律和制度层面规定了行政体系的组织结构，规范了行政管理的动态运转，设定了相关主体（包括政府机关、政府官员、民间组织等）的权责义务，是行政体系的基础和保障。行政体系作为庞大的综合系统在依法动态运转过程中又持续给予法律体系诸多反馈，从而使法律体系得到进一步完善。在总体上，日本公共卫生安全体系从行政体系和法律体系上来看，体现出明显的规则性和系统性，同时又具有自身独特的行政指导特性。

五 日本公共卫生安全对策的标准化流程

依托系统而成熟的公共卫生行政、法制体系，日本进一步围绕公共卫生安全事件发生的事前、事中与事后各环节，制定详细的对策内容，并使其固定化与标准化。其内容包括以下四个环节。

（一）从构建可持续公共卫生安全出发，制定基本对策与应对预案

针对随时可能发生的公共卫生突发事件，日本为构筑覆盖全体国民的全天候、可持续公共卫生安全环境，由行政机构出台对策及预案，以有效预防与处置相关突发事件。从宏观到微观，日本的相关对策及预案体现为基本指南、实施要点与行动计划等文件形式。其中，1997年与2001年，日本厚生劳动省先后出台《健康危机管理基本指南》与《地方健康危机管理指南》。前者界定了公共卫生危机的概念、工作内容及各部门责任，规定了通过"健康危机管理协调会议"等机制，统一管理安全对策，加强跨省厅合作及中央地方行政单位的协调；后者进一步明确了地方在应对公共卫生突发事件中的职责角色。

在以上基本指南的基础上，日本厚生劳动省针对不同类型的公共卫生安全问题，分别制定了作为具体问题管理办法的实施要点，如《药品等健康危机管理实施要点》《感染症健康危机管理实施要点》《饮用水健康危机管理实施要点》《食物中毒健康危机管理实施要点》等。地方厚生局及国立感染症研究所等研究机构亦根据各自业务需要，制定了相关问题管理实施要点。针对重大突发公共卫生事件，专门制订政府行动计划，对政府在危机不同阶段需采取的具体行动进一步予以明确。

（二）就应对公共安全突发事件开展预先准备

在厚生劳动省及地方政府卫生健康局指导下，由各都道府县的保健所具体承担公共卫生安全突发事件前的日常管理与事前准备。具体包括：（1）通过信息收集与分析，对当地公共卫生安全形势进行监控研判，评估风险并及时发出预警；（2）与地方各级行政职能部门、医疗机构、警务及消防部门乃至自卫队等建立协调关系，制作危机应对指导手册，以确保应急措施的多部门联动与操作流程统一；（3）组织培养公共卫生专业人员，定期开展应急演练；（4）就公共卫生问题开展宣传教育，提高公众防范意识，推动卫生专家、企业与社区居民间开展对话，共享信息；（5）发动民间团体，建立社区居民互助机制，提前对本地区内需重点帮扶的弱势群体（高龄者、独居者、残障者、重病患者等）状况进行摸底；（6）充分掌握本地区医疗机构诊疗类别、出诊时间、病床数量、空床数、医护人员数量、药品耗材储备状况等。

（三）公共卫生突发事件中的应急措施

在突发事件乃至"危机状态"下，中央政府视情况召集成立"紧急灾害对策本部"，或由内阁官房危机管理本部直接主持应对，由厚生劳动省负责部门与事发地保健所组建临时指挥中心，进行现场处置，一般情况下，厚生劳动省负责部门主要发挥指导作用，当地保健所所长作为首要责任人，拥有判断是否进入危机状态、调动人员开展行动等实际权力，并在一线负责具体指挥。

以保健所为中心实施的应急措施内容包括：（1）召集公共卫生安全事件相关方召开"救济医疗对策会议"，通过科学分析把握事件情况；（2）协调有关部门行动，开展跨部门联防联控；（3）组织人员在保护措施下进行现场调查，采集检体及患者临床症状；（4）确立污染区与非污染区，确保医护人员及普通民众免受感染威胁；（5）制订救助方案，迅速安排患者就医，确保医疗机构实施收治与患者运输路线通畅；（6）确保信息管理机制有效运转，向上一级危机管理部门及时传达信息，向媒体与市民定期公开情况，提供咨询服务；（7）保障医疗机构在处置突发事件的同时，仍能提供其他基本医疗服务；（8）对受灾弱势群体提供特殊保护，向公众提供必要心理疏导与干预服务；（9）为参与突发事件应急的全体人员提供食宿、交通等后勤保障；（10）持续监测公共卫生安全事件走势，抑制可能新增风险，避免灾害扩大。①

（四）公共卫生突发事件后的"结果管理"及经验总结

"结果管理"包括对公共卫生安全事件后期的管理与评估。主要包括隔离区域的解禁、患者后期的生活管理、健康管理、精神管理，病亡者遗体公示、遗嘱交付、污染消除等，以确保社会秩序与民众生活回归正轨。同时，日本注重灾害事件后的经验总结。②从中央到地方各级政府均会公开发表灾后报告，内容包括对整个事件过程及对策的归纳梳理，以及对策得失评估，可能的改进方案等。

总体上，日本公共卫生安全对策已经形成标准化、链条式流程，在充分预案及演练的前提下，各项应急处置以标准化、模块化、有序化的措施次第展开，有利于相关部分人员迅速介入并有效协调，提高了政策的精细度与可操作性，尤其是提高了危机管理的效率。

六 新冠肺炎疫情下的日本公共卫生安全对策

21世纪以来，日本依托其公共卫生安全体系，有效地抵御了非典型性肺炎（SARS）、禽流感、H1N1流感、中东呼吸综合症（MERS）

---

① 俞祖成：《日本地方政府公共卫生危机应急管理机制及启示》，《日本学刊》2020年第2期。

② 王德迅：《日本危机管理体制机制的运行及其特点》，《日本学刊》2020年第2期。

等跨国大规模传染病。此次新冠肺炎疫情具有极强的突发性与扩散性，自2020年1月15日发现首例感染者至今，日本国内疫情已经持续5个多月。在此情况下，日本的公共卫生安全体系及相应对策经受了前所未有的考验。为防控疫情，日本启动的公共卫生安全政策主要包括以下几点。

（一）逐步升级防疫，立法启动国家紧急状态

2020年1月30日，日本内阁成立以安倍首相为本部长的"新冠肺炎对策本部"，进入"平时防疫"阶段。3月13日，国会通过《新型流感等对策特别措施法》，进入"危机防疫"阶段。该法授权首相必要情况下宣布日本进入紧急状态，通过各级地方政府限制民众外出以及公共设施的开放。4月7日，日本政府宣布7县进入紧急状态，4月16日又将紧急状态范围进一步扩大到全国，进入措施更严厉的"紧急防疫"阶段。随着4月下旬至5月初日本国内疫情高峰期过去，5月14日，日本39个县解除紧急状态，5月25日全国解除紧急状态，进入常态化防疫阶段。

（二）以厚生劳动省为中心、各地保健所为据点，制定实施防控对策

疫情发生后，在首相官邸指挥下，厚生劳动省、内阁官房下属"新型流感等对策室"及国立感染症研究所负责防疫工作。其中，厚生劳动省作为主管部门，较早制定并公布了病毒检测标准及患者送医流程，启动了疫情信息公开与咨询服务机制。2020年2月25日，日本政府出台"新冠肺炎疫情应对基本方针"，以防范聚集性感染与抑制感染者增速为首要目标，确立了集中治疗重症患者、轻症患者自主隔离的基本方针。各地保健所在厚生劳动省指导下，分别成立新冠肺炎应对指挥中心，承担起病毒检测、协调患者隔离收治、汇总疫情数据等具体工作。

（三）动员全国医疗力量开展检测救治，确保患者检测治疗权益

根据厚生劳动省方针，日本全国传染病专业医院以及设置传染病专

科的综合性医院均接收新冠确诊患者。同时，厚生劳动省与地方政府合作，积极增加临时传染病床与隔离病床，合理调配重症监护室、呼吸机等紧缺资源，使其用于重症患者救治。2020年2月1日，日本政府发布政令，将新冠肺炎疫情列为"指定感染症"，依法由国家承担检测治疗费用。3月上旬，病毒检测被全面纳入国民医疗保险体系，除保健所外，一般医院及私人机构的检测也被包括在内。

（四）发挥产学研机制联动，推动防疫技术及产品研发

在厚生劳动省支持下，国立感染症研究所联合各地的卫生研究所，承担了新冠病毒相关的主要医学科研任务。日本政府下属的理化学研究所、产业综合研究所等"国家队"科研机构，以及东京大学、京都大学、大阪大学的医学、生物学研究部门也承担了相关科研。在研究机构支持与政府优惠政策刺激下，宝生物、三菱、佳能、富士胶片、武田制药等企业在病毒检测工具、疫苗及治疗药物等方面取得进展。其中由宝生物承担的新冠疫苗研发进展较快，预计将于2021年年初实用化。

（五）强化国内社交隔离、边境防疫政策，减轻疫情对经济社会冲击

日本政府将避免"三密"，即密闭、密集及密切接触作为公众防疫的基本方针。2020年3月初，在政府要求下，日本所有小学、初中和高中停课，取消或延期所有大型活动。此后日本全国逐步进入紧急状态，社交隔离政策得到加强。2月初起，日本将中韩部分疫情严重地区列为限制入境地区，3月初起将范围进一步扩大到欧美各国，日本限制入境国家和地区最多时达到180个。为支持社交隔离与出入境管控，缓解企业与居民家庭经济困难，日本政府连续出台紧急经济对策，向企业及居民提供补贴或紧急贷款。

从效果看，一方面，日本疫情对策暴露出了一些问题，如初期重视不够，应急措施启动较慢；医疗物资储备不足，急救体系一度混乱；病毒检测标准偏高，检测力度不足等。这些问题部分源自公共卫生安全体系在危机应对上的不足，但亦有不少是政府的政治决策问题。另一方面，日本公共卫生安全体系总体上保持了稳定运转，日本的国内疫情得到了较好控制。根据2020年6月30日世卫组织公布的数据，日本累计发现确诊患者18593人，死亡972人，传染率与死亡率均大幅度低于欧美各国。同时，日本的新冠肺炎感染数、病死率及每10万人口感染者人数在七国集团里都是最低的，远远低于美国、德国、英国、法国、加拿大等国家。[1]

日本此次防疫抗疫成果的取得，主要源于其公共卫生安全体系的长期建设及相对有效的动员，体现在：（1）公共卫生行政体系运作总体正常，分工明确。尽管初期中央地方防控政策存在政令不畅问题，但后期经过调整明显改善，在中央政策指导及医疗资源、技术及资讯的综合支援下，地方卫生医疗组织在疫情应对中发挥了主力作用。（2）公共卫生安全对策预案与事前准备非常充分、实用。针对大型传染病的基本对策流程标准化、模块化，且已经过反复演练，使相关部门得以迅速动员，应急人员操作熟练度高，使应急措施得以相对及时而高效地展开。（3）公共卫生管理的科学化与信息化水平较高。[2] 政府严格按照客观数据和专家意见科学决策，并将信息化技术充分应用于危机管理。信息图像的收集汇总对疫情预测、救助及流行病学调查等发挥了重大作用。（4）公共卫生行政行为坚持法制化、规范化原则。以紧急事态立法带动危机应对，迅速增强了中央政策权威性，很大程度上克服了行政程序及官僚主义，较好保障了公众特别是弱势群体权益。（5）面向公众的信息沟通发挥了重要效果。政府与媒体的宣传内容较为严谨专业，同时不失人文关怀。在强化公众危机意识的同时避免了恐慌蔓延，维护了社会稳定。

---

[1] World Health Organization, "Coronavirus disease (COVID-19) Situation Report-162", Data as received by WHO from national authorities by 10：00 CEST, June 30, 2020, https://www.who.int/docs/default-source/coronaviruse/20200630-covid-19-sitrep-162.pdf? sfvrsn = e00a5466_2 [2020-07-01].

[2] 田香兰：《日本公共卫生危机管理的特点及应对》，《人民论坛》2020年第10期。

七 结语

进入 21 世纪，非典、埃博拉病毒、新型冠状病毒等突发公共卫生事件不断考验着全世界各国的公共卫生安全体系。日本在长期的实践过程中不断摸索，不仅建立和完善从中央到地方的突发公共卫生事件的应对体系，重视法律、行政体系的完善，而且以"见微彰著"的预防理念充实和加强各级预防保健机构，逐步形成以保健所为核心的地方公共卫生危机应急管理机制。他山之石，可以攻玉。当前，我国正处于一个非常重要又特殊的历史时期，建设符合我国特色的公共卫生安全体系是我国"大安全理念"下国家安全观的重要组成部分，我们必须清醒认识、坚决守卫公共卫生安全。未来应从完善相关法律及行政管理体系、重视应急对策的更新、建立科学的应急保障机制等方面不断完善我国的公共卫生安全体系。

日本应对疫情的国内政策选择[*]

2020年1月初以来，新冠肺炎疫情逐渐受到国际社会广泛关注。1月30日，世界卫生组织将其定义为"国际关注的突发公共卫生事件"；3月11日，更是将其标注为"全球大流行疾病"。对日本来说，1月15日，其本土确诊第一例新冠肺炎输入病例[①]，至5月25日宣布全国范围内解除防疫"紧急事态宣言"，其新冠防疫经历了平时防疫状态（1月28日）、危机防疫状态（3月14日）、紧急防疫状态（4月7日）后，再回到常态化危机防疫状态（5月25日至今）。

从制度安排上来看，新冠病毒在日本传播不久后，安倍内阁即主导并着手制定应对新冠肺炎疫情的政策。回顾此一轮防疫过程中日本国内的政策安排，可以认为，其共经历了四个阶段的政策选择。[②] 它们分别是：内紧外松的政策初始阶段、法律抵牾的政策调整阶段、紧急状态下央地关系调整的阶段、"新生活方式"下的常态防疫阶段。虽然防疫要基于科学，无论病毒种属、感染路径、传播指数，还是疫情的流行规律、拐点分析、预防对策等，都要以病毒学、流行病学等科学研究为基础。但安倍内阁应对疫情的国内政策选择首先是政治性的，其次才是科学性的；其政策安排由始至终都涉及公共卫生防疫措施与维持经济社会

---

[*] 邹皓丹，中国社会科学院日本研究所助理研究员。
[①] 厚生労働省「新型コロナウイルスに関連した肺炎の患者の発生について（1例目）」、2020年1月16日、https://www.mhlw.go.jp/stf/newpage_08906.html［2020-06-25］。
[②] 本部分对安倍内阁应对新冠肺炎疫情所做之政策选择的探讨以其在日本防疫体制下进行的政治安排为中心，围绕内阁为应对疫情而直接制定的国内政策展开论述，不涉及其受疫情影响而进行调整的其他间接政策安排，也不涉及其为应对疫情而采取的边境政策和外交政策安排。

稳定措施两个层面，试图在抑制疫情过程中，尽量消解防疫对经济社会的负面冲击，在实施防疫限制措施与维持经济社会正常秩序之间求得平衡。

一　内紧外松的政策初始阶段

为应对初始阶段的境外输入疫情，2020年1月28日内阁发布政令，新冠肺炎被定性为"指定传染病"。1月30日，内阁成立全体阁僚参加的"新冠肺炎传染病对策本部"。[1] 它作为应对新冠肺炎疫情的政府最高决策部门，由安倍首相担任本部长，内阁官房长官菅义伟、厚生劳动大臣加藤胜信任副部长，全权领导应对新冠肺炎疫情的政策制定。

2月4日，在第201次国会众议院通常委员会上，国民民主党议员后藤祐一就新冠肺炎的定性问题发表质疑，认为不应将其认定为"指定传染病"，而应将其纳入"新传染病"的范畴。对此，厚生劳动大臣加藤胜信答辩道，因为现已查明新冠肺炎的病原体，在日本防疫体制下，新冠肺炎不符合"新传染病"的定义，只能将其认定为"指定传染病"。第二天，国民民主党党代表玉木雄一郎在记者招待会上，更是明确表示，赞同本党后藤议员的上述主张。他指出："（议会答辩中）内阁指出了不能将新冠肺炎指定为'新传染病'的原因。但是，由于'新传染病'可以适用于《新型流感等对策特别措施法》（以下简称《流感特措法》）中规定的最广泛的应对措施，如果能够将其指定为'新传染病'，即可根据该法实施强制限制措施，还能根据该法发表'紧急事态宣言'，所以我认为，一定要将新冠肺炎指定为'新传染病'才好。虽然新冠肺炎不是由未知病原体引发的疾病，从这个意义上说，不能将其指定为'新传染病'。但是因为还没有开发出新冠疫苗，而且'新冠肺炎'这一命名中也带有'新型'字样[2]，如果可以不拘泥于法

---

[1]　首相官邸「新型コロナウイルス感染症対策本部の設置について」、2020年1月30日、https://www.kantei.go.jp/jp/singi/novel_coronavirus/th_siryou/sidai_r020130.pdf［2020-06-25］。

[2]　新冠肺炎在日文中写作"新型コロナウイルス感染症"。

律条文上的语句规定，为了能够（被法律赋权）采取广泛的、完全的新冠防疫对策，我认为应该将新冠肺炎指定为'新传染病'。"①

这里，为深入理解内阁与国民民主党在新冠肺炎定性问题上产生争议的原因，有必要在日本防疫法体制下对"指定传染病"和"新传染病"的概念稍作解释。根据1998年10月2日公布的《有关传染病预防及传染病患者医疗的法律》（以下简称《传染病新法》），无论是"指定传染病"，还是"新传染病"，它们作为2种不确定传染性疾病名称的传染病类型，是该法为应对未来发生的、具有不确定性的疫情而设置的特殊传染病类别。"指定传染病"② 指的是未来由已知病原体引发、但现阶段并没有被纳入1类至3类传染病类型和"新型流感等传染病"类型中的传染病，以应对未来某种已知传染病发生病原性变异的状况（已知但变异病原体引发的传染病），或者未来由海外入侵至本土的传染病流行的状况（已知、现在没有但未来对本土构成威胁的传染病）。"指定传染病"仅能根据《传染病新法》，适用平时防疫状态下的各种规定，属于厚生省公共卫生行政领域的管辖范畴。与此同时，"新传染病"③ 指的则是未来由未知病原体所引发的传染病，不但对当时人类来说，它属于完全未知的传染病，而且具有最高级别的危险性。"新传染病"防疫可以根据具体情况，选择适用《传染病新法》中、平时防疫状态下、针对1类传染病制定的各种措施；也可以选择适用《流感特措法》中危机防疫状态和紧急防疫状态下的各种措

---

① 国民民主党「新型肺炎『新感染症』指定等さらなる対策の取りまとめについて」，2020年2月5日，https：//www. dpfp. or. jp/article/202548 ［2020 - 06 - 25］。

② 《传染病新法》第6条第8项，"指定传染病"指的是一种目前已知的传染性疾病，它虽然不在1类传染病、2类传染病、3类传染病、新型流感等传染病分类当中，但如果不准用第三章至第七章的全部或一部分规定，会导致该疾病蔓延，对国民的生命及健康产生重大影响，故而以政令将其确认为"指定传染病"。参见『感染症の予防及び感染症の患者に対する医療に関する法律』、E-Gov、https：//elaws. e-gov. go. jp/search/elawsSearch/elaws _ search/lsg0500/detail? lawId = 410AC0000000114#A ［2020 - 06 - 25］。

③ 《传染病新法》第6条第9项，"新传染病"指的是确认具有人传人特性的疾病，它具有以下特点：与目前已知的传染性疾病相比，其病症与治疗结果明显不同，该疾病发病症状严重，且该疾病的蔓延可能对国民的生命和健康产生重大影响。参见『感染症の予防及び感染症の患者に対する医療に関する法律』、E-Gov、https：//elaws. e-gov. go. jp/search/elawsSearch/elaws_ search/lsg0500/detail? lawId = 410AC0000000114#A ［2020 - 06 - 25］。

施。而且，根据《流感特措法》，在危机防疫状态和紧急防疫状态下，"新传染病"的应对决策机构需要得到升级，内阁必须建立"传染病对策委员会"，全面统筹抗疫工作，接管平时防疫状态下厚生省制定防疫措施的权力。

如上所述，"指定传染病"和"新传染病"，它们在《传染病新法》的规定中被视为2种特殊的传染病类型，确切说，是为应对未来可能发生的不确定疫情、划分防疫等级而创设的概念范畴。值得注意的是，二者作为科学概念，其内涵和外延其实并不清晰。1999年《传染病新法》通过时，议会追加了份附带决议，其中即指出了二者定义不清晰的问题："需要进一步明确定义'新传染病'及'指定传染病'的概念。包括感染力的强度、归类所需的必要条件等问题，皆需进一步探讨。"[1] 学者野村隆司也指出，"新传染病"和"指定传染病"看起来是根据引起传染病的病原体是已知还是未知进行划分的，但是"新传染病"指的是危险性等级最高的未知传染性疾病，故而"即使是未知的传染病，从感染力和患病时的危重性来判断，若其危险性不高的话，也不适合作为'新传染病'。……（因此）在未知的传染病中，对于与'新传染病'定义不一致的那部分，在查明其病原体后，……也可以设想将其认定为'指定传染病'"。[2] 而且，即使是已知病原体引发的"指定传染病"，"因为病原体突变等因素，导致其明确具有超出现在想象的传染能力和病原危害"。此时，政府是否有权启用适用于"新传染病"的防疫规定，也存在法律的探讨空间。[3]

具体到新冠肺炎的定性问题，如上所述，根据2月4日的议会答辩，厚生省将其纳入"指定传染病"范畴，理由是病原体已得到确认。诚然，1月初，中国政府向世界分享了新冠病毒的基因组图，明确了导

---

[1] 衆議院「传染病の予防及び传染病の患者に対する医疗に関する法律案（内阁提出、第142回国会阁法第84号）附带决議（10.9.16）」，http://www.shugiin.go.jp/internet/itdb_annai.nsf/html/statics/ugoki/h11ugoki/143/f143kuos.htm［2020-06-25］。

[2] 野村隆司「感染症99『感染症新法』下における感染症への対応 トピックス Ⅲ.感染症の類型—疾病概念及び対応—5.指定感染症」、『日内会誌』、1999年、2193頁。

[3] 同上书，第2194页。

致新冠肺炎的病原体。不过全世界对该病原体的科学认知都十分有限，对新冠肺炎的病程、病状、传播能力、危害等问题的探讨更是处于初级阶段。参照上述野村隆司的分析，在缺乏有关新冠肺炎传染性与危害性的明确认知的情况下，厚生劳动省决定将其纳入"指定传染病"范畴，其科学依据十分单薄。

与此同时，玉木雄一郎不认同将病原体已知与否作为判断"指定传染病"和"新传染病"的标准。如上所述，这一观点也有其学术合理性。而且，玉木之所以执着于将新冠肺炎纳入"新传染病"的范畴，是基于对"新传染病"法律定位的考量，它可以广泛适用于两部防疫法下的各种规定，能够给予执政者更大的政策制定空间，以便及时采取各种层级的措施，防止疫情蔓延；与此相反，将新冠肺炎定性为"指定传染病"，则意味着阻断了防疫升级所必需的法律空间。

值得注意的是，从行政程序的实践来看，将新冠肺炎纳入"指定传染病"范畴，这一决策并非像厚生省在议会答辩时所解释的那样，是基于已知病原体而进行的科学判断，而是内阁有意识做出的政治判断。

之所以得出上述结论，是因为在日本官僚体制运行过程中，本土发生未知突发传染病流行时，首先确实需要由厚生省进行科学判断，但厚生劳动省仅有权力认定"指定传染病"，对"新传染病"还是"指定传染病"的最终判断权力，则掌握在内阁手中。根据厚生劳动省健康局发布的《传染病健康危机管理实施要领》，行政程序上，该省结核传染病课（专事管辖传染病问题的部门）在搜集信息和进行初期研判后，一旦认为某种未知的传染病有可能在本土蔓延，则需要提请厚生劳动大臣组织召开厚生科学审议会传染病部会。根据其对该传染病的传染性和危害性的评价，如果厚生劳动省认为自身有能力控制疫情，即有权将其归类为"指定传染病"，实施平时防疫措施。假设厚生劳动省依据传染病部会的科学判断，认为该传染病的发展具有重大不确定性，有必要将其认定为"新传染病"时，——即"不能事先推测其流行时会产生何种程度的影响，但是在流行时，又担忧其可能引发巨大的公众健康损害和社会影响,认为其有必要作为国家的危机管理来应对"① 时——则必须向内阁信息调查室和内阁官房新型流感等对策室报告。与此同时,厚生劳动大臣也需要直接向内阁总理大臣报告。②

根据 2020 年 1 月 28 日内阁官报③,安倍首相和加藤厚生劳动大臣共同签署了将新冠肺炎认定为"指定传染病"的政令。这意味着,新冠肺炎疫情发生后,厚生劳动省经过判断,认为其有必要被认定为"新传染病",上报经过内阁审议后,才最终将其定性为"指定传染病"。

这意味着,在应对新冠肺炎疫情的初期政策选择阶段,安倍内阁成立专门的"传染病对策委员会",以危机管理的方式统筹疫情;但是却将新冠肺炎定义为"指定传染病",根据平时防疫状态的规定进行防疫。这种在危机状态下进行政治决策、却在平时状态下实施防疫措施的制度安排,是安倍内阁主动选择的结果。

之所以主动构筑上述这种内紧外松的制度安排,很可能是因为安倍政府不希望即将在 2020 年 8 月举行的东京奥林匹克运动会受到疫情因素的影响,但又考虑到疫情规模和走势的不确定,认为有必要综合统筹奥运与防疫。同时,将奥运会的顺利举办作为政务的第一顺位,在这样的思维引导下,安倍内阁当然希望尽量依靠温和的公共卫生平时防疫规定来控制疫情蔓延、以保持经济社会秩序如常运转。同时,一旦将新冠肺炎定性为"新传染病",则意味着其向社会传达了该传染病危害性严重的信息,容易引发国民的不安,不利于秩序稳定。

再者,内阁成立"新冠肺炎政府对策本部",在危机管理方式下进行应对疫情的政治决策,这样的制度安排也参考了《流感特措法》的防疫构想。2012 年《流感特措法》出台所设定的实施场景是,未来,在危险性强的传染病全国流行的情况下,政府能够建立全民防疫体制。

---

① 田辺正樹「伝染病 診断と治療の進步 トピックス Ⅳ. 伝染病制御にむけて、5. 伝染病パンデミック時の対応」、『日内会誌』、2014 年、2761 頁。
② 厚生労働省「感染症健康危機管理実施要領」、1997 年 3 月、https://www.mhlw.go.jp/general/seido/kousei/kenkou/kansen/index.html［2020 - 06 - 25］。
③ 厚生労働省「新型コロナウイルス感染症を指定感染症として定める等の政令をここに公布する」、2020 年 1 月 28 日、https://www.mhlw.go.jp/content/10900000/000589748.pdf ［2020 - 06 - 25］。

它要求政府在应对疫情的政策制定过程中，将"保护国民的生命和健康"与"将传染病对国民生活及国民经济的影响减轻到最小限度"合并在一起进行考量，在二者间求得平衡。① 事实上，安倍内阁的新冠肺炎疫情应对政策，从制定之初就涉及公共卫生防疫措施与经济稳定维持措施两个层面。

公共卫生防疫领域，根据 2020 年 1 月 28 日官报②，鉴于新冠肺炎被认定为"指定传染病"，其所适用的《传染病新法》法条，基本引用的是针对 2 类传染病的防疫规定，仅引用了 1 项针对 1 类传染病的防疫规定，赋予政府请求或强制患者入院治疗的权力（19 条）。这意味着，此时的防疫措施仅针对受到感染的确诊患者或疑似患者，并没有涉及无症状感染者；政府在赋权范围内，仅能够对已经确认受到感染的人和物进行常规治疗和处置。鉴于此，除开始着手推动疫苗开发，向国民宣传勤洗手、戴口罩等日常防护措施外，该阶段国内防疫的实施重点在于对感染检测体系和治疗保障体系进行整合。2 月 1 日，地方保健所下，"回国者、密接者咨询中心"设立。通过电话沟通的方式确认可能存在感染风险的患者，安排其去指定机构接受核酸检测，进而安排阳性感染者赴指定医疗机构进行健康诊断和相关治疗，"回国者、密接者咨询中心"成为连接感染检测体系和医疗保障体系的桥梁。③

维持经济社会稳定措施层面，根据 2 月 13 日发表的第一份《新冠病毒传染病紧急对策》，考虑到因防疫入境限制、以观光业为首的中小企业可能陷入经营困境及由此引发的社会问题，安倍内阁着手安排通过日本政策金融公库等机构，给予困难企业低息贷款支援，以维持其运营；通过向被迫暂停营业的企业发放雇佣调整助成金，即由政府代替企业支付停业期间的人工成本，以此换来企业在疫情期间不裁员的承诺，

---

① 内閣府「新型インフルエンザ等対策有識者会議中間とりまとめ」、2014 年 2 月 7 日、https://www.cas.go.jp/jp/houdou/pdf/130207flu_chukan.pdf［2020-06-25］。
② 厚生労働省「新型コロナウイルス感染症を指定感染症として定める等の政令をここに公布する」、2020 年 1 月 28 日、https://www.mhlw.go.jp/content/10900000/000589748.pdf［2020-06-25］。
③ 厚生労働省「新型コロナウイルス感染症に対応した医療体制について」、2020 年 2 月 1 日、https://www.mhlw.go.jp/content/10900000/000591991.pdf［2020-06-25］。

以此缓冲新冠肺炎疫情对经济社会造成的负面影响。①

与此同时，如玉木雄一郎所担心的那样，新冠肺炎不能被指定为"新传染病"，即阻断了内阁在法律上引用《流感特措法》、实施危机防疫对策和紧急防疫对策的可能性。这样外紧内松的制度安排本身自有其弊端。当2月中旬以后疫情蔓延、安倍内阁需要升级防疫措施需要时，法律抵牾的问题不可避免地呈现在执政者面前。

二 法律抵牾的政策调整阶段

2020年2月23日"新冠病毒传染病对策本部"会议上，安倍内阁已明确意识到疫情已经由输入传播阶段转入社区传播阶段，"各地都发现了感染路径不明确的患者"，需要进行政策调整，以"整备预防重症患者增多的医疗保障体制""防止传染进一步蔓延"为防疫重点。②

鉴于此，在公共卫生防疫领域中，2月16日，内阁设置"新冠病毒传染病对策专家会议"，由医学界知名专家组成，作为其防疫政策咨询机构；2月25日，厚生劳动省下又成立了"新冠病毒传染病群聚感染对策班"，对内阁"新冠病毒传染病对策本部"负责。③ 该对策班由医学新锐组成，领导者是北海道大学的西浦博教授和东北大学的押谷仁教授。前者擅长通过数理模型预测感染情况，后者擅长流行病学防疫。在新冠肺炎疫情已进入社区传播阶段时，他们临危受命，在"指定传染病"规范制约下提案，制定了所谓"日本模式"的抗疫对策。其特点可以归纳为：通过非大量PCR检测，预计疫情规模；通过三种方式抑制疫情扩散，包括"尽早发现和应对集团感染"，"构建尽早治疗感染

---

① 首相官邸「新型コロナウイルス感染症に関する緊急対応策」、2020年2月13日、https：//www.kantei.go.jp/jp/singi/novel_coronavirus/th_siryou/kihon_h_0504.pdf［2020-06-25］。

② 首相官邸「新型コロナウイルス感染症対策本部（第12回）議事概要」、2020年2月23日、https：//www.kantei.go.jp/jp/singi/novel_coronavirus/th_siryou/gaiyou_r020223.pdf［2020-06-25］。

③ 厚生労働省「新型コロナウイルスクラスター対策班の設置」、https：//www.mhlw.go.jp/content/10906000/000599837.pdf［2020-06-25］。

患者、集中治疗重症患者的医疗体制","更改市民的行动方式",① 号召民众扩大社交距离，避免"三密"（密闭、密集、密接）社交。②

3月以来，厚生劳动省也调整工作重点，转而致力于整备重症医疗体制和医疗保障体制，加强医药后勤供给。它与日本医师会等公共团体、大型医药企业展开合作，致力于增加感染床位和扩大口罩、呼吸机等医疗设备的供给。

与此同时，为阻止疫情蔓延，安倍首相认为有必要调整防疫政策，建立全民防疫体制，却因法律适用导致无法升级防疫规定而进展困难。作为"指定传染病"而施行的新冠肺炎疫情平时防疫，并没有赋权政府以施行针对未感染者的限制措施。作为调整防疫政策的初步尝试，2月27日，安倍晋三在记者会上呼吁全国的小学、初高中及特别支援学校，从3月2日开始临时停课至春季假期结束。2月28日文部省正式下达行政命令要求停课。③ 但因为宣布突然，而且存在法律抵牾，引发各界争议。具体说来，文部省所引用的停课理由来源于《学校保健安全法》，它虽然将决定疫情期间学校是否停课的权力赋予文部省（第21条），但《流感特措法》规定，只有在紧急防疫状态下，中央政府才有权限下达此种行政命令；平时防疫状态下，决定学校是否停课的权限仍然归属于市町村教育委员会。这意味着，文部省下达停课命令的合法性存疑，并不存在强制力。④ 在实际执行中，各个学校是否停课最终以各地教育委员会的规定为准。例如，同在京都地区，京都府立各学校决定于3月3—13日停课，但3月6日的高中、期中入学考试如期举行；京

---

① 押谷仁「COVID-19への対策の概念」、日本公衆衛生学会、2020年3月29日、https://www.jsph.jp/covid/files/gainen.pdf［2020-06-25］。
② 首相官邸「新型コロナウイルス感染症対策の基本的対処方針」、2020年3月28日、https://www.kantei.go.jp/jp/singi/novel_coronavirus/th_siryou/kihon_h（4.7）.pdf［2020-06-25］。
③ 立憲民主党「新型コロナウイルス感染症対策のための小学校、中学校、高等学校及び特別学校などにおける一斉臨時休業について」、https://cdp-japan.jp/news/20200228_2665［2020-06-25］。
④ 上久保誠人「臨時休校騒動で分かった、今こそ安倍首相に『謙虚さ』が必要な理由」、Diamond、2020年3月3日、https://diamond.jp/articles/-/230504?page=3［2020-06-25］。

都市立学校则规定 3 月 5 日开始停课。

或许是从上述临时停课事件中吸取的教训，内阁意识到新冠肺炎疫情适用于《流感特措法》的重要性。故而 3 月 4 日，安倍晋三罕见地在国会结束后，召集联合执政党、在野党的党首分别进行会谈，商议修改《流感特措法》、使其适用于新冠肺炎疫情的可能性，希望获得他们的支持。[1] 除共产党外，公明党、社民党、日本维新会、国民民主党、立宪民主党都基本支持修法。3 月 10 日《对新型流感等对策特别措施法实施部分改正的法律案》提交国会，3 月 13 日在参众两院获得通过，3 月 14 日正式实施。自此，新冠病毒正式纳入《流感特措法》的适用范围，准用 1 级传染病的全部防疫规定，全国进入危机防疫状态。

但是，根据日本防疫体制规定，危机防疫状态下，政府仍然不能针对未感染人群实行限制措施。只有在紧急防疫状态下，公权力才有权行使对私权的限制。根据《流感特措法》及其修正法案规定，在满足以下法律要件下，政府发布"紧急事态宣言"后，才能正式进入紧急防疫状态。第一，仅限于"新型流感等传染病""新型肺炎传染病"或急速且向全国蔓延的"新传染病"发生时适用；第二，仅限于符合"由政令所规定的、有可能对国民生命和健康产生重大伤害"的条件；第三，仅限于"由政令所规定的、有可能对国民生活及国民经济造成重大影响"的事态。毫无疑问，第一条适用条件已因 3 月 13 日《流感特措法》修正案的通过得以满足。第二条法律要件是否满足有赖于专家会议的意见。3 月 19 日，"新冠病毒传染病对策专家会议"即表示，在目前的防疫体制下，新冠肺炎疫情扩大趋势可能会一发不可收拾。在他们看来，随着群聚疫情规模扩大，"受感染者爆发式增长或许已经开始了，只不过目前无法察觉到征兆而已，但等察觉到的时候，也已经进展到不受控的程度了。……进而日本会如欧洲一般，……不得不采用'封锁'等强制措施控制疫情"[2]，暗示有宣布"紧急事态宣言"的必要性。但

---

[1] 「首相『法改正やらせて』、新型コロナで野党に」、『朝日新聞』2020 年 3 月 4 日。
[2] 首相官邸「新型コロナウイルス感染症対策専門家会議（第 8 回）」、2020 年 3 月 8 日、https://www.kantei.go.jp/jp/singi/novel_coronavirus/senmonkakaigi/sidai_r020319.pdf [2020-06-25]。

是对于何时进入紧急防疫状态，最终还要取决于内阁的政治判断。

2020年3月，内阁一直呼吁国民改变行动方式，保持社交距离，避免"三密"接触；同时呼吁各行业慎重举办各种聚集性活动，但是对于是否需要进入"紧急状态"，通过法律强制力维持自肃的有效性，却犹豫不决，迟迟拿不定主意。主要原因很可能在于以下两点：第一，发表紧急事态宣言，意味着政府首次引用《流感特措法》中的"紧急事态条款"，赋权自身以限制私权的权力。而《流感特措法》被广为诟病的，恰恰就是其中的"紧急事态条款"。2012年3月9日，《流感特措法》颁布。3月22日，日本律师联合会即发表了《反对新型流感等对策特别措施法的会长声明》，认为该法中包含"有广泛具有强制力或较强约束力的限制人权"的规定，但是其适用的"必要科学依据存疑"，"适用人权限制的法律要件"却极为暧昧，"有可能存在被扩大使用"的倾向，呼吁对该法案进行再次检讨，反对议会如此急于通过该项法案。① 作为日本全国性的律师压力集团，日本律师联合会的态度代表了社会相当一部分成员对于该法律的忧虑，故而内阁在考虑是否发表"紧急事态宣言"时，不得不持慎重的态度，尽量谋求大部分国民的理解。第二，乃是内阁出于维持防疫限制与经济稳定之间平衡的考量。发表"紧急事态宣言"，意味着内阁赋予都道府县关闭营业场所的权力，这会导致全球疫情期间、受进出口下降打击的日本国内经济增长进一步失速。鉴于此，直到3月末4月初，营义伟内阁官房长官、西村康稔经济再生大臣都一直明确表示，现在还不是发表"紧急事态宣言"的时机。②

与此相反，以下两方面力量则竭力推动内阁尽快发表"紧急事态宣言"。地方疫情扩散的压力越来越大，导致赋权不足的地方自治体成为推动国家进入紧急防疫状态的重要力量。北海道早在2月28日就单方

---

① 日本弁護士連合会「新型インフルエンザ等対策特別措置法案に反対する会長声明」、2012年3月22日、https：//www.nichibenren.or.jp/document/statement/year/2012/120322.html［2020－06－25］。
② 「『緊急事態宣言が必要な状態ではない』経済再生相」、NHK、2020年3月31日、https：//www.nhk.or.jp/politics/articles/statement/32795.html［2020－06－25］；「緊急事態宣言『必要ではないという認識変わりない』」、NHK、2020年4月1日、https：//www.nhk.or.jp/politics/articles/statement/32898.html［2020－06－25］。

面宣布过"紧急事态宣言",① 已然反映出安倍内阁抗疫措施滞后于部分地方自治体的需求。3月25日,东京都知事小池百合子在记者会上更是明确指出,疫情严重,"如果再不采取措施,一定会面临全面封锁的局面",并公开要求都民在非工作时间停止"不紧急、不必要的外出活动",各行经营者尽量不要举行人员聚集的活动。② 千叶县、神奈川县、埼玉县、山梨县随之跟进。如上所述,在无法律赋权的情况下,各地方自治体的各种限制要求并没有强制力,确切来说,只能称之为"呼吁",行政机关只有通过协商的方式实现其限制措施。这种协商显然已经无法满足部分自治体防疫的需求。推动紧急事态宣言发表的另外一股力量来源于日本医师会,它作为日本唯一的临床医生公益社团法人,位于救治新冠患者的临床一线,深刻意识到如果再不实行更有力的强制措施,则医疗有可能崩溃。3月30日其会长、副会长召开记者会,明确建议政府发布"紧急事态宣言"。4月1日又发表"医疗危机情况的宣言",③ 向公众说明临床救治容量正趋向饱和,应积极推动防疫体制升级。

经过慎重考虑,4月7日安倍内阁发表"紧急事态宣言",宣布全国7个都道府县进入为期1个月的防疫"紧急状态",4月16日更将"紧急状态"的适用范围扩展到全国,5月4日又决定将全国"紧急状态"延长1个月。

在此政策调整期间,安倍内阁的经济援助方案也发生了部分转向,除颁布救助企业和维持金融稳定的相关政策外,还增加了直接对国民个人生产、生活提供援助的内容。3月10日,即内阁将《对新型流感等对策特别措施法实施部分改正的法律案》提交国会的当日,政府同时发表《新冠病毒传染病相关紧急应对政策第2阶段》,其中包含了面向个

---

① 「緊急事態宣言(2月28日発表)」、北海道、2020年2月28日、http://www.pref.hokkaido.lg.jp/hf/kth/kak/kinnkyuuzitaisengennsetumei0228.pdf [2020 - 06 - 25]。

② 「東京都『感染爆発の重大局面』週末の外出自粛を強く要請」、流通ニュース、https://www.ryutsuu.biz/government/m032555.html [2020 - 06 - 25]。

③ 日本医師会「『医療危機的状況宣言』を発表」、2020年4月1日、https://www.med.or.jp/nichiionline/article/009242.html [2020 - 06 - 25]。

人的救助措施，包括：（1）践行 2 月 28 日安倍首相呼吁学校停课并给予补偿的承诺，对受学校停课影响的家长实施经济援助。除向被迫居家照顾儿童的家长支付误工费外，还将义务教育儿童的在校午餐费补偿给家长。（2）为疫情影响而使生活陷入困顿的个人发放低息甚至无息的、10 万—20 万日元的小额贷款。（3）利用生活贫困者自立支援制度，为其提供维持生存的必要经济支援。

三　紧急状态下中央—地方关系调整的阶段

2020 年 4 月 7 日，安倍内阁发表《新冠肺炎传染病应对基本政策方针》，规定了紧急状态下日本全国防疫的总体方针。在公共卫生层面，该方针仅规定了防疫总目标，即将当下接触密度减少 80%。与此同时，安倍内阁强调，紧急防疫状态并非封城，号召各地根据疫情严重程度实行弹性的限制措施。中央政府除了原则性要求国民避免"三密"社交、"不紧急、不必要时不要外出"以及要求各地减少 4 成通勤人员之外，将执行限制措施的权限完全下放至都道府县。

各地方自治体因疫情严重程度不同，执行限制措施的程度各有差异。东京都、大阪府等疫情最为严重的地区，除最彻底地贯彻执行了《流感特措法》规定的限制措施外，尚以软性手段扩大了对私权的限制。根据东京都 4 月 10 日[①]和大阪府 4 月 13 日[②]的具体限制政策，二者皆明确要求住民除往返医院、购买食物、通勤上班等维持生活必要的情况外，原则上不要外出；在实施预防感染措施、适当缩减营业时间和减少工作人员出勤率的基础上，保留针对孩童和老人的介护设施、医疗设施、旅馆等留宿设施、提供生活必需物资和服务的设施、公共交通设

---

① 「新型コロナウイルス感染拡大防止のための東京都における緊急事態措置等」、東京都防災ホームページ、2020 年 4 月 10 日、https://www.bousai.metro.tokyo.lg.jp/_res/projects/default_project/_page_/001/007/654/kinkyuujitaisochi.pdf［2020 - 06 - 25］。

② 大阪府「施設の使用制限の要請等について（新型インフルエンザ等対策特別措置法等に基づく措置）」、2020 年 4 月 13 日、http://www.pref.osaka.lg.jp/kikaku_keikaku/sarscov2/12kaigi.html［2020 - 06 - 25］。

施、工场等制造业设施、金融机构和行政机构、公共卫生和公共服务机构（如媒体、火葬场、垃圾场等），其他所有文教设施和非生活必需类经营设施原则上全部停业。值得注意的是，东京、大阪地方政府都要求停业的所有设施中，根据《流感特措法》，紧急状态下，政府仅有权力强制娱乐设施、运动竞技设施、剧场以及总面积超过 1000 平方米的大学和培训场所、集会和展览设施、商业设施停业。① 针对无法引用法律要求强制停业的设施，地方政府希望通过协商的方式，软性强制总面积在 1000 平方米以下的大学和培训场所、集会和展览设施、非生活必需类商业设施全部自愿停业；在协商不成的情况下，至少要求总面积在 100—1000 平方米的集会和展览设施自愿关闭用于聚会的功能区域；允许个别总面积在 100 平方米以下的大学和培训场所、非生活必需类商业设施继续营业。

第一阶段的紧急状态防疫得到了大部分地方自治体的支持，进展顺利。但 5 月 4 日安倍内阁宣布将全国"紧急状态"延长至 5 月 31 日，却没有对延长原因进行解释。因防疫进展不同，就认同此次决议与否，各地方自治体出现分歧。5 月 5 日，大阪府即宣布，当地决定参照自己制定的科学标准，根据本地疫情的每日指标而非内阁决议案，判断何时解除自身的"紧急事态宣言"。② 此举公开质疑了内阁在没有制定科学标准和考虑各地疫情现状差异的情况下，决定全国范围内延迟"紧急事态宣言"的合理性。

为回应大阪府的公开质疑，内阁主动调整中央—地方关系。5 月 14 日，"新冠肺炎传染病专家会议"公布了各地解除"紧急事态宣言"需要满足的科学标准。包括：流行病学标准下，需满足近一周内确诊人数明显减少、近一周内每 10 万人确诊总人数少于 0.5 人两个条件；医疗

---

① 根据《流感特措法》规定，公权力有权要求停业的范围，参见内阁府「感染を防止するための協力要請等について（法第 45 条）」、https://www.cas.go.jp/jp/seisaku/ful/yusiki-syakaigi/dai2/siryou2.pdf［2020－06－25］。

② 大阪府「府独自の基準に基づく自粛要請・解除及び対策の基本的な考え方について」、2020 年 5 月 5 日、http://www.pref.osaka.lg.jp/iryo/osakakansensho/corona_model.html［2020－06－25］。

保障标准下，以当地医疗体制不受挤兑为前提，满足重症人数减少、患者增长人数趋稳两个条件；病毒检疫标准下，需满足当地 PCR 检测数量保持稳定、阳性检出者减少两个条件。① 同日，根据上述 3 重标准，内阁决定解除 39 县的"紧急事态宣言"；5 月 25 日，其余 8 县也达到上述指标，内阁宣布日本全域解除"紧急事态宣言"。

经济对策层面，根据 4 月 11 日的《新冠肺炎传染病对策基本方针》，为支持企业经营和金融市场稳定，安倍内阁颁布了一系列包括财政、金融、税收在内的优惠政策。与此同时，为扩大个人救助的覆盖范围，内阁决定向受疫情影响收入减少一半的国民提供每人 30 万日元的"特别定额给付金"。受公明党反对的影响，4 月 20 日，上述"给付金"改为向每一位国民分发 10 万日元，个人救助范围达到极致。据总务省统计，截至 6 月 23 日，已执行了全部预算额的 60.7%。②

四 "新生活方式"下的常态防疫阶段

如上所述，2020 年 5 月 4 日安倍内阁宣布将全国"紧急事态宣言"延长 1 个月，与此同时，开始推行"新生活方式"运动，③ 试图为解除紧急状态后将防疫措施融入个人日常生活当中、实施常态化防疫进行前期准备。其实，"新生活方式"的内容并无特别，不过是此前宣传过的个人防疫措施的总结，包括注意个人卫生，防止"三密"，保持社交距离。为了应对复工复产后不得已的人员密集现象，尤其强调个人错峰购物、错峰娱乐、错峰出行的重要性。

另外，5 月 5 日，在延长"紧急事态宣言"遭到大阪府明确反对

---

① 首相官邸「新型コロナウイルス感染症対策専門家会議（第 14 回）」、2020 年 5 月 14 日、https：//www.kantei.go.jp/jp/singi/novel_coronavirus/senmonkakaigi/sidai_r020514.pdf [2020 – 06 – 25]。
② 「一律 10 万円、給付率 57.9%　総務省」、2020 年 6 月 23 日、https：//www.jiji.com/jc/article?k=2020062300577&g=pol [2020 – 06 – 25]。
③ 首相官邸「新型コロナウイルス感染症対策の基本的対処方針」、2020 年 5 月 4 日、https：//www.kantei.go.jp/jp/singi/novel_coronavirus/th_siryou/kihon_h_0504.pdf [2020 – 06 – 25]。

后,内阁进而就央地关系进行相关的政策调整。上述为各地解除"紧急事态宣言"制定科学标准是其中一个方面;根据各地感染状况不同,为各地方自治体提供差别化防疫行政指导是另一个方面。

5月14日,"新冠肺炎传染病专家会议"根据如下三重标准,依据疫情蔓延危险等级不同,由高到低将各地方划分为"特定警戒都道府县""注意感染扩大都道府县"和"感染观察都道府县"三部分。这些标准包括:近一周内每10万人为单位的总感染人数,近一周内感染人数变化的速度,近一周内通过不明传播路径被感染的人数比例。针对"特定警戒都道府县",倡导各知事引用《流感特措法》第45条强制限制条款,"发挥强有力的领导作用,毫不犹豫地施行必要的"限制措施;① 针对"注意感染扩大都道府县",倡导其引用《流感特措法》第24条第9项协助防止感染扩散条款,以协商的方式实施限制措施;② 针对"感染注意都道府县",则倡导其谨慎引用上述协助防止感染扩散条款。

5月25日结束"紧急事态宣言"后,"新生活方式"运动和上述分级都道府县的指引,二者作为疫情常态化下的防疫指针,依然保留了下来。前者有利于专家对各地疫情实时监控,内阁对各地防疫实施差别化指导。例如,即使解除了紧急防疫状态,安倍内阁依然呼吁身在"特定警戒都道府县"的民众不要离开自己所处的地域,该自肃要求一直持续到6月19日。后者则有利于全社会在与疫情并存的理念下,做好日常防疫工作。

经济措施层面,6月,安倍内阁提交的2份补充预算方案在议会获得通过。"紧急事态宣言"以来,政府的诸多个人救助措施得以实现。除上文提及的内容以外,根据6月12日通过的《令和二年第2次补充预算案》,另外2项个人救助措施也获得财政拨款。一项是创立"租金支援给付金",③ 给予受疫情影响的企业和个人以6个月的房租补贴;

---

① 厚生劳働省「新型コロナウイルス感染症対策の状况分析・提言」、2020年5月14日、https://www.mhlw.go.jp/content/10900000/000630600.pdf [2020-06-25]。

② 同上。

③ 经济产业省「家賃支援給付金」、2020年6月、https://www.meti.go.jp/covid-19/support/00/00_01.pdf [2020-06-25]。

另一项是创立"持续化给付金",补贴受疫情影响、月销售额比上月减少一半的中小企业者或者自我雇佣者(中小法人每个最多200万日元、自我雇佣者每人最多100万日元)。受资助范围包括农民、渔民、手工业者、小作坊业主、小餐饮业者、作家、演员等各行各业的人员。[1] 6月29日开始,无固定收入者和2019年开始创业者等无法提供上年完整收入证明的国民也被纳入该补助范畴。[2] 这样一来,上述4月7日内阁承诺向受疫情影响收入减少一半的国民提供援助,该政策于4月20日夭折后,最终得以实现。

五 结语

自新冠肺炎疫情发生以来,安倍内阁统筹防疫与经济,全程主导了疫情应对政策的制定。公共卫生层面,内阁与议会、地方自治体和各界压力团体相互协调,在法律框架下不断调整防疫政策,争取实现以科学标准下的精细化防疫。经济层面,除保障金融稳定与企业运营的政策外,安倍内阁格外重视个人生产生活救助政策的制定,力图将疫情对个人生活的影响降低到最小。需要补充的是,内阁强调疫情期间信息传递的公开透明,为在保持社交距离的同时有效传达信息,各省厅和地方自治体将各种疫情信息和补助措施公开在官网上,并设置咨询电话,有利于国民查询和申请。日本律师联合会等公共团体也设有免费咨询电话,为对政策有疑义的国民提供咨询服务。

疫情影响了国家与社会的正常运转,更影响了每一个国民的生活。科学标准的精细化防疫方式与面向个体国民进行救助的政策制定初衷,皆有利于统合全体国民的力量,在危机防疫规定下构筑常态化的全民防疫体制。

2020年7月,安倍内阁很可能打算在常态化防疫体制下进一步调

---

[1] 経済産業省「持続化給付金に関するお知らせ」、https://www.meti.go.jp/covid-19/pdf/kyufukin.pdf［2020-06-25］。

[2] 経済産業省「持続化給付金に関するお知らせ 支援対象を拡大します」、https://www.meti.go.jp/covid-19/pdf/kyufukin-kakudai.pdf［2020-06-25］。

整制度安排，将组建常设中央政府防疫团队作为此次调整的重点。6月24日《日本经济新闻》报道，自民党很可能于7月上旬提案，要求政府仿照美国的疾病控制与预防中心（CDC），设立日本版的传染病防控指挥机构。① 同日，内阁记者招待会上，经济再生大臣西村康稔突然建议废除现行的"新冠肺炎传染病专家会议"，建立"新冠肺炎传染病对策分科会"，除传染病专家外，还邀请地方自治体相关人员和媒体人员参加。② 该提议似乎另辟蹊径，提出了建立在社会共识基础上制定防疫政策的委员会构想。但事后证实，西村的发言并没有正式征求过现行专家会议的认可，引来批判。6月28日，西村道歉，并强调新设立的会议并不会将现有"专家会议"人员排除在外，而是要扩大专家成员的来源。③ 由此可见，常设中央政府防疫团队的政策构想目前仅处于起步阶段，后续发展如何，尚未可知。

值得注意的是，解除"紧急事态宣言"1个月后，东京都感染人数急增，6月23—29日一周平均每天感染人数为51.9人，超过了其设定的警戒位置。④ 而中央政府对于何时何地需要重启"紧急事态宣言"，仅表示需参考4月7日内阁宣布"紧急事态宣言"时各地的感染情况。⑤ 目前央地正在对此问题进行协商。疫情常态化背景下，如何在维持经济稳定与防控疫情方面求取平衡，依然是安倍内阁面临的首要课题。

---

① 「感染症対策の司令塔創設、自民提言へ　米CDC教訓に」、『日本経済新聞』、https：//www.nikkei.com/article/DGXMZO60691770T20C20A6PP8000/［2020 - 06 - 25］。

② 「専門家会議廃止、新組織に『位置づけ不安定』新型コロナ」、『朝日新聞』、https：//www.asahi.com/articles/DA3S14525261.html［2020 - 06 - 25］。

③ 「西村担当相『排除と取られ反省』　専門家会議廃止で釈明」、JIJI、https：//www.jiji.com/jc/article?k=2020062800190&g=pol［2020 - 06 - 25］。

④ 「感染者『連日50人超』の東京都、再び緊急事態宣言を出すべき?」、Yahoo、https：//news.yahoo.co.jp/articles/6de3d06ea0701bd2273cb6530420f251d53e5e33［2020 - 06 - 25］。

⑤ 厚生労働省「新型コロナウイルス感染症対策の状況分析・提言」、2020年5月14日、https：//www.mhlw.go.jp/content/10900000/000630600.pdf［2020 - 06 - 25］。

日本"官民协作"的危机治理模式及其启示[*]

2019年12月以来,中国武汉暴发新冠肺炎疫情,并迅速蔓延至中国31个省(直辖市、自治区),截至2020年2月24日,累计确诊7.7万余人,死亡2000余人。日本、韩国、意大利、新加坡等国也陆续出现了多人感染甚至死亡的情况。此次新冠肺炎疫情正在酿成一场严重的国际公共卫生危机。

日本是一个灾害大国,自古以来地震、台风、海啸、火山、洪水等自然灾害频发。20世纪90年代以来,"东京地铁沙林毒气事件"、个人信息泄露、列车脱轨事故、危险品泄漏、食品安全事件、福岛核泄漏等社会性突发事件不断,还遭遇了"非典"(SARS)、禽流感、中东呼吸症等公共卫生事件。日本民族具有强烈的危机意识,重大的自然灾害、社会性突发事件以及公共卫生事件的发生也不断提升着日本的危机应对能力和治理能力,有很多值得中国借鉴的地方。

一 社会治理视角下日本应对危机的经验

日本的危机应对体系完备,法律也较为健全。在危机治理上,分为危机发生前采取措施的"事前应对"、危机来临之际将损失降低到最小范围的"应急对策"、危机结束后防止其复发的"事后对策"三个层次。针对不同性质的危机,每个层次都能有条不紊推进,显示了危机应

---

[*] 胡澎,中国社会科学院日本研究所研究员。原载《日本学刊》2020年第2期。

急体系的高效运转。特别是中央政府、地方自治体、企业、学校、非营利组织（NPO）、市民团体、专家、志愿者等多元主体共同参与的"官民协作"，在危机治理中发挥了积极作用。

首先，中央政府和地方自治体在应对危机中起着主导作用。日本的危机管理体系比较完备，中央、都道府县和市町村三级均有危机管理的常设机构和临时机构。常设机构有内阁的危机管理专门机构、各级防灾会议，其中内阁官房设立的"内阁危机管理总监"专门负责处理对国民生命、身体或财产造成重大危害或可能产生危害的紧急事态及预防相关事宜。各自治体设置的危机管理课、协作推进课、市民协作部（危机管理室）等虽然名称不同，但均承担着危机管理的总协调以及日常的培训、演练等任务。临时机构主要是在发生重大突发事件时启动应对机制，根据危机性质和内容成立专门的对策本部，如"危机对策本部""国民保护对策本部""紧急事态对策本部""灾害对策本部"等，负责承担应急决策指挥职能，对各种风险诱因实施动态监测并对其变化趋向及时做出评估判断。此外，针对地震等突发灾害，在《灾害对策基本法》的基础上迅速制订地域防灾计划；针对国民遭受武力攻击事件以及大规模恐怖事件等紧急事态，在《国民保护法》的基础上制订国民保护计划。针对突发的公共卫生危机，1997年1月专门制定了《厚生劳动省健康危机管理基本指南》，设置了健康危机管理对策室，主要针对药品、食物中毒、感染症、饮用水等原因造成的危及国民生命安全和健康的事态进行预防、治疗，防止事态扩大。

其次，"多元协作"的危机治理模式将危机控制在最小范围。20世纪90年代以来，日本社会面临诸多问题，民众在生活上的不安、烦恼日益增多，需求也日渐多元，单靠政府部门来提供公共服务、实施公共事业，很难满足民众的需求。因此，政府部门、NPO、科研单位、学校、企业和志愿者组织等主体在平等的基础上，合理分工、互动合作、相互依存、相互补充、相得益彰地开展公共服务，解决公共问题的"多元协作"模式被建构起来。在危机治理上，政府不再是危机管理的唯一合法力量，装备精良和训练有素的专业救援队伍、大量机动的救援辅助人员、医疗救护人员、企业、市民团体、NPO法人、学校、志愿者等各种力量参与进来，成为危机应对的主体，各自承担职责，与政府部门共同协作应对危机。

为防范危机状态下民众出现恐慌、恐惧、缺乏安全感等心理以及各种不实传闻、谣言的迅速散播，日本政府和民间一直在构建透明、动态的信息联络机制。都道府县、市町村、民间组织、医疗福祉机构、防灾机构、科研机构、NPO 间建有平台，可相互享有信息；危机到来时，政府网站、媒体、宣传车迅速向公众和社会发布各类相关信息，发布头条避难信息，确保信息公开透明；政府机构还有公开电话、传真，及时回应民众的关切，防止危机事态扩大。

日本重视对民众进行危机应对知识的普及。日常主要通过广播、电视、报刊、互联网等媒体向公众提供各种危机常识和应对危机的知识，中小学设有灾害预防和应对的课程。一些大学还设有危机管理的院系或专业，如日本大学设有危机管理学院，致力于培养具有综合应对危机能力的专门人才。学院教师不仅为学生讲授灾害管理、公共安全保障、全球化安全保障、信息安全保障等课程，还时常邀请法务省、国土交通省、警察厅等政府机构中具体负责危机管理的官员来校举办讲座。

日本危机治理的多元主体之间十分注重搭建平台，共同开展调查研究。如"多元协作平台"（一般社团法人）日常依靠政府和民众之间的合作，在防灾、危机管理等方面进行调查，主动寻找危机应对中存在的问题，并试图去解决，它同时还担负着向政府建言献策的职责。

最后，NPO 是危机治理中的重要力量。1998 年《特定非营利活动促进法》实施后，日本各领域的非营利组织数量增长迅速，灾害救助领域也涌现出 NPO 法人。这些 NPO 的活动分为两部分，一部分是特殊时期的救援活动，另一部分是日常开展的活动。日常活动包括：灾害救助训练、向市民提供防御灾害的信息和资料、普及防灾知识、开展社会教育活动以及其他有益于社区发展的活动。这些非营利组织凝聚了一批具有专业救助能力的志愿者，其中不乏心理援助、现场急救、物资调配、医疗等专业的人才，甚至有人还多次参与国际救援活动。除了专门的防灾、救灾非营利组织，全日本大多数町、社区都建有"居民防灾会"这类居民组织，在政府资金援助和各学术机构的支持下开展日常的防灾演练。灾害救助领域的 NPO 不仅提高了民众的危机意识,也提升了民众的公共责任感。因此,大部分日本人在大灾大难面前才会表现得淡定理性。

21 世纪,日本还涌现出不少致力于危机管理的 NPO,如"日本危机管理总研""千叶危机管理中心"①"危机管理研究会"② 以及"危机管理能力开发机构"③(DSSD)等。这些 NPO 通过举办演讲会、公开讲座、市民学习会等活动提高民众对危机的认知和应对能力。另外,他们也接受各机构、组织、团体的委托开展培训和演习,还就安全领域、危机治理领域中存在的问题进行调研,广泛听取社会意见,在此基础之上形成调研报告,供政府决策时参考。

一些 NPO 致力于培养危机管理和危机应对的专门人才。如"日本危机管理员机构"④ 就是专门培养"危机管理员"的组织。

"危机管理员"需要具备在危机发生时能迅速准确地应对、具有危机处置知识和能力以及识别危机和潜在风险的能力,还要熟悉危机发生时的相关法律制度。"危机管理员"等专门人才是危机治理中的灵魂人物,他们可保证危机应对机构和组织内部的顺利运转,同时保证危机发生时能迅速与其他机构进行协调。

在日本,不仅从事灾害救助、危机应对和社区营造领域活动的 NPO 与危机管理 NPO 之间建有伙伴关系,一些 NPO 与政府各部门之间也建有伙伴关系。因此,一旦有突发事件,可以迅速应对。接受过防灾、救灾培训的会员们也能在灾害来临之际被迅速组织起来,积极展开行动。

二 日本的危机治理经验给中国的启示

政府与社会的关系问题,一直是学界研究的重点。近期,习近平主席对新冠肺炎疫情防控工作做出指示,强调要加强社会治理,妥善处理

---

① 日语为"NPO 法人ちば危機管理センター"。
② 危機管理研究会、http://cmf-j.com/ [2020-02-15]。
③ 日语为"NPO 法人危機管理能力開発機構"。
④ 日本危機管理士機構、https://jiem.jp/ [2020-02-14]。

疫情防控中可能出现的各类问题，将打好防疫战与提高国家和社会治理能力结合在一起。为此，日本危机治理的以下经验值得借鉴。

（一）大力培育社会组织，以"政社协作"治理危机

今后应对推动社会进步、满足民众需求的社会组织适当放宽准入门槛，给予社会力量足够的空间与参与渠道。政府要鼓励社区那些乐于奉献的居民成立各种防灾、减灾、宣传社区安全的志愿者队伍，促进更多的民众参与到危机防范中来。一些专业性较强的社会组织也要不断提升自身能力，监测、跟踪各种动态，对可能导致突发事件的危机要素进行分析，为危机的到来提出预警，为政府出谋划策。政府应与社会组织建立良好的协作关系，认真听取他们的对策建议，并将好的建议纳入决策。各地政府的危机应对机制中应吸收专家、学者、社会组织负责人、媒体工作者等，组成危机治理委员会或信息发布平台，保证危机来临之际，政府的决策公开透明，防止因信息不透明导致谣言四起、人心混乱的现象。政府、企业、慈善机构、社会组织、社工组织、心理咨询组织、服务儿童和老人的组织、乡村和农民的社会组织、专业志愿者团队等，要通过"政社协作"在危机治理中发挥作用。

（二）提高民众的危机应对能力，培养危机治理的专门人才

此次疫情暴露出中国民众对传染病缺乏正确的认识，科学素养和健康意识较薄弱。因此，要向全社会普及相关知识，提升民众的公共卫生知识和防范危机意识，还要培养危机治理的专门人才。这方面可借鉴日本的经验。一是在中小学开设应对危机的课程，在更多的大学设立危机管理专业，探索建立危机管理的科学理论体系，培养具备专业知识的危机管理人才。二是通过传统媒体和自媒体平台进行宣传，传播危机管理的理念。三是鼓励社会组织通过教育、培训、模拟训练等方式，提高危机管理工作人员和普通民众的危机意识和应对能力。社区也要积极行动起来，通过各种活动让居民了解必要的公共卫生知识，树立危机意识，当危机来临时能沉着应对，第一时间展开自救。

（三）大力开展公民教育，提升民众的社会责任感

此次疫情中有个别人故意隐瞒病情，逃避检查，恶意造成聚集性感染，表现出对社会和他人的极端不负责任，缺乏社会公德的特点。因此，今后应加大学校的公民课教育，对那些自私自利、不负责任、给社会造成危害的人进行曝光，计入不诚信档案，严重的要追究其法律责任。还要大力表彰那些乐于奉献、关爱他人的举动，营造文明和谐友善的社会风气。社会组织也担负着对民众进行教育和自我教育的功能。社区居民组织、社会组织可举办关于社区问题、城市问题的讨论会，也可针对某一社会课题邀请专家做讲座，探讨民众如何通过自身力量或与政府沟通、协作来解决身边的社会问题。日常的公民教育可以培养民众对社会问题的关心，提升民众的法律观念、社会责任感和公民素质。一个懂得法律且有社会责任感的公民在危机到来的时候才会做到有爱、有担当。

日本地方政府公共卫生危机应急管理机制及启示[*]

公共危机，往往"危"中有"机"。本部分以政策文本分析为研究方法，考察和剖析日本地方政府[①]公共卫生危机应急管理机制及其经验，以期推动相关研究并供实务参考。

一 日本公共卫生危机管理与地方保健所

（一）日本公共卫生危机管理的内涵及其体系构建

在日本，公共卫生危机管理被称为"健康危机管理"，目前已成为日本公共危机管理体系的重要组成部分。[②] 20 世纪 80 年代，鉴于国家公共危机管理体系的建立、公共卫生事件的频繁发生以及相关法律制度的修订，当时主管日本公共卫生事业的厚生省（2001 年重组为厚生劳动省）决定改革公共卫生行政体系。

1997 年，厚生省颁布《公共卫生危机管理基本方针》，2001 年进一步修订，其中首次提出"公共卫生危机管理"的概念并对其内涵进

---

[*] 俞祖成，上海外国语大学国际关系与公共事务学院副教授。原载《日本学刊》2020 年第 2 期。

[①] 在日本，地方政府的法律称谓为"地方公共团体"，民间俗称"地方自治体"，主要包括都道府县和市町村（含东京都 23 个特别区）两个层级。在本文中，日本地方政府仅指都道府县、政令指定都市、中核市、特别区以及其他指定市（保健所设置市）。换言之，本文提及的日本地方政府的管辖区域与保健所业务辐射区域相重合。

[②] 仲井宏充・原冈智子「健康危機管理の概念についての考察」，『保健医療科学』第 56 卷第 4 号、2007 年、378—386 頁。

行界定，即公共卫生危机管理是指"属于厚生劳动省管辖的，针对由药品、食物中毒、感染症、饮用水等引发的对国民的生命和健康安全造成威胁的事态，政府所实施的健康损害事态防控、防止事态扩大以及紧急医疗救护等业务"。①

随后，厚生劳动省根据相关法规制度进行机构改革，增设公共卫生危机管理对策室、公共卫生危机管理协调会议等机构，并陆续制定和颁布《药品等危机管理实施要领》《感染症健康危机管理实施要领》《饮用水健康危机管理实施要领》《食物中毒健康危机管理实施要领》《地方厚生（支）局健康危机管理实施要领》《关于地方公共卫生危机的管理——地方公共卫生危机管理指导方针》（以下简称《地方公共卫生危机管理指导方针》），据此建立了以厚生劳动省为责任主体的中央公共卫生危机管理体制与以保健所为核心的地方公共卫生危机管理体制。②

（二）保健所的定义及其功能

鉴于近年来频发的公共卫生事件，日本政府将保健所重新定位为"地方公共卫生危机管理之据点"，责令其负责实施公共卫生危机管理全流程业务，包括危机预防、应急预案制定、应急措施实施以及危机善后恢复。所谓保健所，是指负责保障地方居民健康与公共卫生的行政机构，在业务上接受厚生劳动省的指导，在行政上接受地方政府卫生行政部门的领导，具体负责包括"艾滋病、结核病、性病、感染症等疾病的预防"等在内的14项法定业务。

根据《地域保健法》的规定，保健所设置于都道府县、政令指定都市、中核市、特别区以及其他指定市（保健所设置市）。截至2017年4月，日本在全国共设置保健所481个（其中，都道府县363个、保健所设置市95个、特别区23个），聘任医师、保健师、精神保健福祉咨询

---

① 厚生労働省「厚生労働省健康危機管理基本指針」（2001年）、https://www.mhlw.go.jp/general/seido/kousei/kenkou/sisin/index.html［2020-02-01］。
② 平川幸子「自治体における大規模感染症に対する健康危機管理体制の現状と課題」、『公共政策志林』2016年4号、135—154頁。

员等18类岗位的工作人员28159人。①

以京都市为例，该市保健所虽然在行政上接受市福祉保健局领导，但在业务上享有自主权限。目前，京都市保健所内设9个业务科室，并下设14个分所（保健中心）（见图6-2）。关于保健所在地方公共卫生危机管理中应发挥的功能，日本政府认为，作为地方保健医疗行政机构，保健所应通过日常监管工作预防公共卫生危机，在其辖区内构筑公共卫生危机管理综合体系，并在公共卫生危机发生之际迅速掌握全局情况，调配区域内保健医疗资源，同时整合跨部门力量以应对危机。换言之，保健所应发挥的核心功能不应局限于"向居民直接提供医疗和保健服务"，而在于"调配区域内医疗机构及市町村保健中心等资源，构建

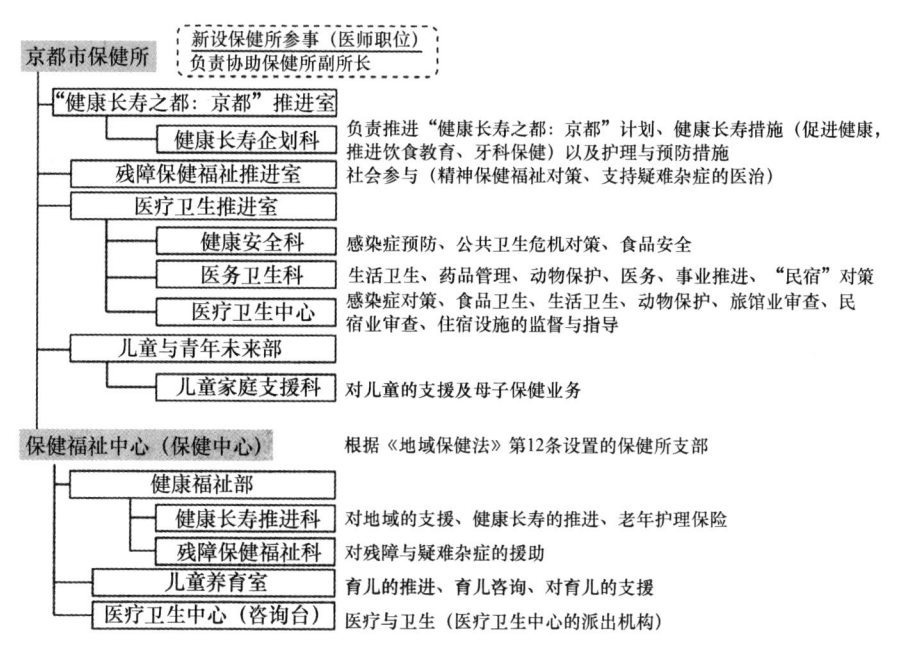

图6-2 京都市保健所的组织架构（2019年）

资料来源：京都市「平成31年度京都市保健所运营方针」、https://www.city.kyoto.lg.jp/hokenfukushi/page/0000166373.html［2020-02-01］。

---

① 厚生劳働省『平成30年版厚生劳働省 资料编』、https://www.mhlw.go.jp/wp/hakusyo/kousei/18-2/［2020-02-17］。

向居民提供必要服务的行动框架,进而发挥危机应对主体之功能"。①

1998年,厚生省组建"地域保健问题研讨会",并于翌年发布《关于地方公共卫生危机管理的政策提案》。根据该提案,厚生省修订了《推进地域保健对策的基本方针》,明确了地方公共卫生危机管理的基本方针,并督促地方政府制定公共卫生危机管理指导手册,以强化在地域保健领域具备专业性、技术性及广域性的保健所在地方公共卫生危机管理中应发挥的核心功能。紧接着,厚生省组建"地方公共卫生危机管理工作研讨会",并于2001年发布《地方公共卫生危机管理指导方针》,以供地方政府在制定公共卫生危机管理指导手册之际参考。

二 以保健所为核心的地方公共卫生危机应急管理机制

在《地方公共卫生危机管理指导方针》中,厚生劳动省将地方公共卫生危机管理全流程业务归为两大类,即"日常准备业务"与"危机应急管理业务"。囿于篇幅限制,本部分侧重考察日本地方层面以保健所为核心的公共卫生危机应急管理机制。概括而言,日本地方政府公共卫生危机应急管理机制在宏观层面包括四个部分,即应急指挥机制、信息发布机制、市民救助机制以及法律应对机制。②

(一)应急指挥机制

1. 行政机构的责任主体、责任分担及指挥命令方式

一般而言,地方公共卫生危机管理责任人为当地保健所所长。危机发生后,保健所所长应立即采取自上而下的方式,发出应急机制启动与任务分配等指令,所长有权要求各方将决策所需信息迅速汇集到他那

---

① 厚生労働省「地域における健康危機管理について—地域健康危機管理ガイドライン—」、https://www.mhlw.go.jp/general/seido/kousei/kenkou/guideline/index.html [2020-02-01]。

② 如无特别说明,本节论述主要参考《地方公共卫生危机管理指导方针》,参见厚生労働省「地域における健康危機管理について—地域健康危機管理ガイドライン—」、https://www.mhlw.go.jp/general/seido/kousei/kenkou/guideline/index.html [2020-02-01]。

里。所长在判定有必要启动应急机制后，应立即召集所内工作人员建立所内横向应急机制。在无法立即判明公共卫生危机发生原因时，所长应同时设想可能出现的食物中毒、感染症、化学物质泄漏以及其他突发情形。应急机制启动后，所长应迅速确立与危机状况相匹配的应急策略，并明确各项应急任务的责任人与责任清单（见表 6-1）。①

表 6-1 应急管理期间保健所内部的任务分配与责任清单（示例）

任务清单	责任清单
后勤保障工作	确保危机应对所需人员数量
	筹备餐饮与寝具
	为危机现场工作人员提供后勤保障
信息收集工作	接受并分类整理来自地方政府总部、其他保健所、医疗机构、警察、消防、市町村（含教育委员会）等的信息
	收集媒体报道等信息
	通过互联网收集相关信息
	收集来自专家和研究机构等的信息
现场应对工作	收集危机现场的信息并采集检体（现场调查人员负责）
	收集收治患者的临床症状信息（患者调查人员负责）
	协调危机现场有关部门并收集信息
所内应对工作	◎策划并制定危机应急对策 ◎与应急对策相关其他组织进行联络沟通 ◎向地方政府总部相关负责部门汇报信息与沟通 ◎调配并向危机现场派遣工作人员 • 制作危机原因调查分析计划并开展检查工作 • 汇总并分析信息 • 记录危机发生过程并制成表格 • 制作宣传资料 • 向保健所内工作人员提供信息

---

① 由于保健所须接受地方政府的行政领导，故当地方政府收到来自保健所有关公共卫生危机的报告或自行掌握相关危机信息后，应由卫生主管部门负责人对保健所能否独立应对危机做出判断，并同时考虑向中央或毗邻地方政府进行通报和沟通。与保健所的应对机制相同，卫生主管部门负责人应迅速收集相关信息，采取自上而下的方式发布应急命令，同时建立政府内部横向应急机制。如果危机的规模或影响较大，保健所需联手其他区域的保健所共同应对，此时卫生主管部门负责人应在其间进行协调和沟通。

续表

任务清单	责任清单
信息宣传工作	与地方政府总部就社会宣传与媒体应对方法进行协商沟通
	制作并提供社会宣传材料
	应对媒体采访并做好备案记录
	与媒体进行协调与沟通
	通过互联网发布危机信息
服务供给工作	开展巡回咨询
	接受电话咨询

注:"◎"所示事项,原则上应由保健所主任级干部负责实施。

资料来源:厚生労働省「地域における健康危機管理について—地域健康危機管理ガイドライン—」、https://www.mhlw.go.jp/general/seido/kousei/kenkou/guideline/index.html [2020-02-01]。

2. 行政机构的信息收集与信息共享

当保健所值班人员收到公共卫生危机已发生或疑似发生的首次预警信息后,无论信息是否经核实或保健所是否处于上班状态,均应立即将预警信息上报保健所所长及所内其他干部。所长接到预警信息后,应尽快判断是否需要启动应急机制以及是否需要上报地方政府相关部门。如果危机预警信息特别重大,应由所长本人亲自上报地方政府卫生主管部门负责人并确保信息不遗漏、不迟滞。应急机制启动后,应由保健所的信息专员负责收集各类信息并统一管理,同时向所长及所内相关负责人进行汇报,以实现信息的内部即时共享。此外,地方政府卫生主管部门应迅速且准确地将来自保健所的信息上报给地方政府总部负责人。如果危机信息涉及政府内部多个部门,卫生主管部门应对信息进行统一管理,以避免不同部门分别向保健所进行重复咨询。同时,地方政府应按照相关法律规定向中央政府及毗邻地方政府通报危机信息并进行沟通。

3. 危机现场的应急管理

公共卫生危机发生后,保健所或地方政府总部应立即向危机发生地派遣调查人员,责令其开展信息收集、状况确认、原因调查、检体采集等工作，并要求其与现场有关部门进行协调沟通、建言献策。当然，派出机构须采取必要措施以确保调查人员的人身安全，同时根据需要向其配备包括卫星手机在内的应急通信设备。此外，如有需要，还应在危机现场设置应急指挥中心并配置常驻人员，以确保信息收集的及时性和准确性。

4. 基于跨部门合作的联防联控

公共卫生危机发生后，鉴于危机应对所需的专业知识和技能，除需要保健所和地方政府总部保持紧密配合外，还需要跨部门乃至民间力量的通力协作，携手构建联防联控、群防群治的危机应对协同网络。根据《地方公共卫生危机管理指导方针》，保健所在危机应急管理期间应联合医师协会、医疗机构、警察部门、消防部门、地方卫生研究所、日本中毒信息中心、专家团队以及其他组织，共同构筑联防联控网络。

（二）信息管理机制

1. 信息的收集

危机应急管理期间，保健所应全面收集危机灾害信息（如危机发生日期、收治患者人数、患者的症状表现及接诊日期等）、事故原因信息（如事故原因调查进展及其应对举措等）、医疗供给信息（如现场医疗救助、患者运送、危险区域设定等）、危机应对进展信息（如医疗机构的病床数量及其收治患者情况、医药品保障情况等）。为了提高信息收集的效率，保健所除与市町村政府、消防、警察以及医疗机构进行信息沟通外，还应向危机现场派遣工作人员进行实地调查。当然，如有需要，可向地方卫生研究所、国立试验研究机构以及专家学者请求协助，以尽快查明事故原因和病患治疗所需信息。同时，通过消防部门、医师协会以及广域灾害·急救医疗信息系统，掌握收治患者的医疗机构数量、其他医疗机构空余病床数量等信息。

2. 信息的管理和研判

保健所应指定专人负责信息的管理，并要求其按照时序进行信息汇总。同时，保健所应成立"对策会议"，并通过制作患者信息一览表、绘制危机时序变化曲线图和危机空间扩散分布图等方式，对危机灾害的时间性、空间性及其性质进行分析，进而综合研判查明事故原因的难度、危机的规模和程度以及危机应对的紧迫性。

3. 面向媒体的信息发布

鉴于危机信息在媒体发布后所产生的社会影响，地方政府应指定专人担任宣传专员以应对媒体采访。宣传专员在接受媒体采访后，应及时将采访内容上报给保健所所长和地方政府相关部门。如果地方政府总部未能及时指定宣传专员，可委托保健所所长在与地方政府相关部门沟通的前提下亲自应对媒体采访。为了避免舆情混乱，宣传专员以外的工作人员未经允许不可接受媒体采访。媒体采访的协调沟通工作，由地方政府知事部局宣传科负责。政府应尊重和满足媒体提出的合理需求，并要求媒体注意保护公民个人隐私。考虑到官方可能无法及时回应所有媒体的采访要求，地方政府应定期举行新闻发布会。

4. 面向市民的信息发布

为了防止危机灾害的扩大以及出现市民恐慌和被污名化问题，政府应及时准确地向市民发布包括危机受害情况、危机应对举措以及个人防护事项等信息。此外，政府不仅需要通过大众媒体和互联网向不特定多数市民提供真实准确的信息，还应开设电话热线和现场咨询窗口回应市民的咨询需求。换言之，面向居民的危机信息发布应包括两方面内容，即"媒体和网络的信息发布"与"市民个人的咨询需求回应"。

（三）市民救助机制

1. 医疗服务的确保

公共卫生危机发生后，保健所如果无法及时向患者提供所需医疗服务，可向本地其他医疗机构、医师协会、市町村和都道府县寻求援助，延长医疗机构的门诊时间并确保所需病床数量和临时救助场所，做到对患者应收尽收、应治尽治。一般而言，消防部门负责患者急救运送工作。不过，如果因危机恶化而导致出现大量重症患者或急需特殊治疗服务的患者，造成本地医疗机构无法及时应对，保健所应尽快请求地方政府的急救医疗部门、厚生劳动省急救直升机部门、消防部门以及自卫队提供援助。如果需要运送一级传染病患者（含疑似症患者和无症状病毒携带者）以及二级传染病患者（含部分疑似症患者），为了防止其他人员受到感染，可通过地方政府总部向厚生劳动省或其他地方政府提出支援请求，以确保所需专业运送车辆。

2. 灾害扩散的防控

如果出现因大规模灾害、化学物质以及核辐射泄漏而引发环境污染，进而造成市民不安或恐慌的情况，保健所应与地方政府和专家学者一起讨论紧急避难的必要性，并协助市町村、警察和消防等部门使民众知晓避难的必要性。同时，保健所应根据法规迅速实施危机防控措施。此外，政府部门应在社会层面开展有关受灾状况、疫情防控举措以及个人防护知识等方面的普及教育，以教育引导公众提高文明素质和自我保护能力。

3. 受灾弱势群体的特殊照护

危机应急管理期间，针对患有疑难杂症和精神病等慢性疾病以及需要居家医疗的患者，保健所应利用在日常工作中掌握的患者信息，全面调查这些特殊患者的避难动向及其治疗持续状况，并根据需要与医师协会和医疗机构进行合作以确保这些患者所需的照护服务。同时，保健所应向市町村提供相关信息以协助其掌握老年人、残障人士及卧病在床人员的避难信息，并协助市町村向这些弱势群体提供相应照护服务。此外，如果市町村决定动员孕妇和儿童进行避难，保健所应向市町村提供相应支持。

4. 心理疏导和干预服务的提供

在居民进行灾害避难以及居住环境遭受破坏的情况下，居民可能因生活环境巨变而产生心理不安和身体不适等症状。为了尽早察知这些动向，保健所应携手市町村保健中心，安排医生和保健师向居民提供健康巡回咨询服务。另外，鉴于很多受灾者自身无法觉察已罹患创伤后应激障碍（PTSD）疾病，保健所应借助患者周边人群，并携手心理健康保健中心开设面向普通家庭、教师以及居委会工作人员的 PTSD 知识宣讲会，以便他们协助保健所及时筛选 PTSD 患者并向其提供相应的医疗服务。同时，保健所也应派出工作人员向一线工作人员提供心理疏导和干预服务。

5. 个人隐私信息保护与人权保障

公共卫生危机发生后，政府部门应及时向受灾者提供相应援助服务。需要注意的是，居民接受灾害援助服务的信息往往涉及个人隐私，政府需要对之加以严格保护。因为这些信息一旦泄露，当事人可能遭受社会歧视甚至被污名化，这将对其今后日常生活产生负面影响，并可能因此出现人权侵害事件。

（四）法律应对机制

即便是公共危机的"应急管理"，也应做到"依法管理"。这是国际上关于公共危机管理的通行惯例，日本也不例外。与公共卫生危机管理相关的日本法律均对危机应对措施做出规定，包括临时检查、事故调查、疫情监控、防止危机扩大等措施。即便是法律未能就某些突发危机的应对措施等做出规定，政府部门也应恪守法律宗旨，坚持从"保障居民公共卫生安全"的原则出发，通过部门间的通力协作，针对保健、医疗及卫生等领域发生的异常情况，尽最大努力进行疫情排查并全力防止公共卫生事件的发生，同时积极救助受灾人员并开展危机善后恢复工作。

三　日本经验对中国的启示

一般而言，在日本，保健所所长负责应对发生在二级医疗圈[①]的公共卫生危机。不过，如果公共卫生危机规模较大或形势严峻，将由地方政府卫生主管部门负责人或行政首长（知事或市长）担任危机应急管理责任人。当然，如果预测公共卫生危机将在全国层面出现，那么危机应急管理责任人则应由厚生劳动大臣甚至首相亲自担任。

例如，这次新冠肺炎疫情蔓延至日本后，鉴于新冠病毒的高度传染性及其在中国造成的巨大危害，日本中央政府随即启动国家层面的应急

[①] 根据日本《医疗法》与《医疗法实施规则》的相关规定，二级医疗圈是指能够提供除特殊医疗服务外的一般医疗服务区域。

管理机制，于 2020 年 1 月 30 日紧急成立"新型冠状病毒感染症对策本部"，安倍晋三首相亲自担任部长，内阁官房长官和厚生劳动大臣共同担任副部长，其他中央省厅负责人均自动成为对策本部成员。与中央政府同步，日本地方政府也启动了以行政首长为第一责任人的应急管理机制。在此状况下，各地方保健所根据法定职责积极参与疫情防控工作。例如，各都道府县的保健所根据国家要求，迅速设立"归国人员·接触人员咨询中心"并开展相关业务。

此外，值得我们关注的是，日本政府根据已往疫情防控的经验，在其"政府行动计划"中将疫情危机演变过程划分为"疫情未发生阶段""海外疫情发生阶段""国内疫情发生初期""国内疫情传播阶段"以及"疫情得以控制阶段"。根据笔者的观察，日本的新冠肺炎疫情目前处于"国内疫情传播阶段"与"疫情得以控制阶段"之间，疫情尚处于可控状态。当然，仅就本部分阐述的日本地方政府公共卫生应急管理机制而言，其实施效果也并非完美无缺，在实际操作过程中出现了保健卫生部局与危机管理部局合作不畅等问题。① 不过，仅从应然层面而言，日本地方政府应对公共卫生危机的经验仍可为我们提供诸多启示。

1. 健全公共危机预警机制

在现代国家，公共危机预警尤其是疫情危机预警是一项法定制度，国家应通过立法要求政府或其他法定机构在危险尚未转化为突发事件之前，将有关风险的信息及时转告给潜在的受影响者并使其采取必要的行动，以尽可能减少事件的不利影响。否则，很可能出现因危机预警不及时或瞒报、迟报而引发的不可挽回的重大损失。在日本，地方层面的保健所工作人员如果接到公共卫生危机预警信息，会立即上报所长等干部。保健所所长则根据危机预警信息迅速做出是否需要启动应急机制，或是否需要上报地方政府总部的决断。如果危机预警信息特别重大，保健所所长还须亲自上报地方政府卫生主管部门并依法向社会公布。

---

① 平川幸子「自治体における大規模感染症に対する健康危機管理体制の現状と課題」、『公共政策志林』2016 年 4 号、135—154 頁。

2. 强化危机现场应急管理

公共卫生危机尤其是疫情危机发生后，政府部门应立即派出工作人员前往危机现场开展实地调查，并收集相关信息以查实事故原因。一旦错过时机，危机现场可能遭受不可逆的破坏。若疫情发生现场在调查之前遭受破坏，那么政府部门可能无法回答如病毒病原体的中间宿主是什么、疫情暴发地到底在哪儿、病毒传播后被感染的一号病人是什么情况等一系列问题。如果政府无法及时向公众回答这些问题，就很可能引发公众对政府的质疑，进而引起社会上不必要的恐慌。在日本，疫情危机一旦发生，地方政府会及时派遣工作人员前往疫情现场进行实地调查，收集与疫情现场相关的各种记录资料，包括设施的建筑图纸及其周边地图、业务记录以及操作手册。同时，调查人员会访谈相关人员并对现场残留的物质进行样本采集。在人身安全得以确保的前提下，调查人员还会根据相关操作指南，对患者的血液、粪便、呕吐物以及现场的饮用水、污水、食品以及擦拭物等进行样本采集。

3. 完善危机联防联控机制

不同于常规性公共危机，公共卫生危机尤其是疫情危机的防控，不只是医药卫生问题，而是涉及全方位的工作，更是社会总动员的总体战，需要构建科学研究、疾病控制、临床治疗等有效协同机制。在日本，地方一旦发生公共卫生危机，保健所在与地方政府总部保持紧密配合的同时，还须积极主动地与医师协会、医疗机构、警察部门、消防部门、地方卫生研究所、日本中毒信息中心、专家学者以及其他组织展开合作，以构筑基于跨部门合作的危机联防联控网络并实现组织间的信息共享。

4. 重视弱势群体特殊照护

从全球经验来看，公共危机尤其是疫情危机发生后，除了遭受灾害的普通市民，还可能出现大量诸如老年人、儿童、残障人士以及其他无法依靠自身力量进行自救的弱势群体。如果这些弱势群体无法得到政府或其他力量的及时照护，很可能在社会上引发大量的悲情故事，进而在政治层面诱发民心流失危机。在日本，公共卫生危机发生后，法律要求地方政府应及时向普通受灾居民提供心理干预和疏导服务，同时向疑难杂症患者、精神病患者、老年人、残障人士、卧病在床人员以及妇女儿童等提供特殊照护服务，以便有针对性做好人文关怀。

5. 坚持依法应急管理原则

依法进行危机应急管理，是任何法治国家均须恪守的底线原则。依法应急管理，意味着应急管理措施必须符合法律法规、符合法治精神。在日本，有关公共卫生危机应对的法律法规较为健全，其地方政府公共卫生应急管理机制也专门设有"法律应对机制"，以切实推进合法合规的危机应急管理。

日韩公共卫生危机管理机制比较研究[*]

公共卫生危机管理是指为预防和减少危机所造成的损害而采取的危机预防、事件识别、紧急反应、应急决策、处理以及应对评估危机等的管理行为。其目的在于提高对危机发生的预见能力、危机发生后的救助能力以及事后的恢复能力。[①] 2020年暴发的新冠肺炎疫情是一场危机，也是对国家公共卫生危机管理能力的一次大考。针对疫情，日本内阁设立新冠病毒对策本部，制定应对措施，并按照现行公共卫生危机管理机制进行疫情防控，较好地控制了疫情。截至2020年6月22日，日本国内新冠肺炎累计确诊人数为17937（不包括"钻石公主"号游轮确诊的712名感染者及13例死亡），死亡955例。[②] 韩国之所以能够较快遏制疫情的蔓延，主要归功于韩国经历中东呼吸综合症后建立的公共卫生危机管理机制。包括政府设立公共卫生危机管理指挥部——疾病管理本部，建立传染病预警系统和传染病危机分析评价体系，制定传染病预防及管理对策，构建传染病防疫体系，迅速控制疫情蔓延。截至2020年6月22日，韩国新冠肺炎累计确诊12438例，新增确诊32例，死亡280例。[③]

---

[*] 田香兰，天津社会科学院日本研究所研究员。本研究为天津社会科学院委托课题"深化中日韩公共防疫合作 构建东北亚命运共同体"（20YWT-06）阶段性成果。

[①] 楚安娜、许迎喜、吕全军：《我国公共卫生危机管理应对机制研究》，《中国卫生政策研究》2014年第7期。

[②] NHK「日本国内の感染者数（NHKまとめ）」、https：//www3.nhk.or.jp/news/special/coronavirus/data-all/［2020-06-22］。

[③] 《COVID-19现状》，http：//ncov.mohw.go.kr/［2020-06-22］。

一 日本公共卫生危机管理机制内容及特点

(一) 日本公共卫生危机管理相关法律机制

日本公共危机管理相关法律机制大致包括以应对各种灾害为目的的防灾法律、以应对各类公共卫生紧急事态的健康危机管理法律和以应对武力攻击为目的的有事法制三个部分。[1] 日本公共卫生危机分为灾害及灾害以外的其他。《灾害对策基本法》中的灾害不包括传染病。因此，传染病引起的健康危机不属于《灾害对策基本法》《灾害救助法》的范畴，而属于《传染病法》及《检疫法》范畴。这两部法律为日本应对传染病引起的公共卫生危机管理提供了法律依据。当公共卫生危机发生时，根据相关法律规定，由内阁府、内阁官房、厚生劳动省及国立传染病研究所协同作战。内阁负责制定和修改相关法律，内阁官房设立新冠病毒对策室，召集新冠病毒相关省厅对策会议，制订政府行动计划。厚生劳动省设立健康危机管理室，国立传染病研究所作为厚生劳动省下属机构，综合开展疫情调研及科学分析。为了具体实施公共卫生状况监测和把握传染病动向，日本厚生劳动省先后制定了《厚生劳动省健康危机管理基本指针》《地方健康危机管理指南》《医药品等危机管理实施要领》《传染病健康危机管理实施要领》《国立医院等健康危机管理实施要领》《国立传染病研究所健康危机管理实施要领》《国立医药品食品研究所健康危机管理实施要领》等具体制度，为日本应对公共卫生紧急事态和构建健康危机管理机制奠定了制度框架。[2] 但随着新冠肺炎疫情的扩大，2020年3月13日日本参议院通过了《新型流感等对策特别措施法》修正案，14日正式生效。日本首相可以根据疫情的传播情况，随时发布"紧急事态宣言"，宣布国家进入紧急状态。日本政府根据修正案，可以采取如下措施：限制公众出行，要求学生停课，限制大型集会场所的运行；要求征用土地或建筑作为医疗设施；要求医药品和食品

---

[1] 王德迅：《日本危机管理机制的演进及其特点》，《国际经济评论》2007年第2期。
[2] 同上。

等企业提供物资，要求企业运输紧急物资；稳定生活相关物资的价格；如果研发出疫苗，将疫苗纳入公费预防接种项目。①

(二) 日本公共卫生危机管理行政机制

1. 内阁府设立新冠病毒对策本部，由本部全权负责公共卫生危机管理

日本公共卫生危机管理组织机构由内阁府、内阁官房、厚生劳动省及国立传染病研究所组成（见表6-2）。日本政府根据《内阁法》第15条，在内阁官房设置内阁危机管理总监一职（常设职位），主要协助内阁官房长官，负责处理国家危机事项（不包括国家防卫），以应对紧急事态及疫情初期的快速处理。②

表6-2　　　　　　　　日本公共卫生危机管理组织机构

组织	职能
内阁府	制定《传染病法》《检疫法》，修改《新型流感等对策特别措施法》
内阁官房	设立各相关省厅参加的对策会议，综合协调各省厅业务。对策会议制订《新冠病毒对策行动计划》，设立新冠病毒对策室，并根据《新型流感等对策特别措施法》执行各项工作
厚生劳动省	负责执行《传染病法》《检疫法》《新型流感等对策特别措施法》。设立健康危机管理室，建立健康危机管理机制
国立传染病研究所	综合性开展传染病研究，为国家保健医疗政策提供科学依据。除了开展研究以外，收集传染病相关信息，开发疫苗，开展国际合作和进修等活动

2020年1月30日，内阁开会决定设立新冠病毒对策本部（以下简称本部），本部长由内阁总理大臣担任，副本部长由内阁官房长官和厚生劳动大臣担任，其他大臣担任本部成员。③ 对策本部是非常设机构，

---

① 郭丹等：《日本通过〈新型流感等对策特别措施法〉修正案》，新华网，2020年3月8日，http：//www.xinhuanet.com/world/2020-03/13/c_1125709361.html [2020-03-30]。
② 首相官邸「我が国の危機管理について」，http：//www.kantei.go.jp/jp/singi/ka_yusiki/dai2/siryou2.pdf [2020-03-18]。
③ 首相官邸「新型コロナウイルス感染症対策本部の設置について」，https：//www.kantei.go.jp/jp/singi/novel_coronavirus/th_siryou/konkyo.pdf [2020-03-18]。

只有危机发生时才设立,同时设立的还有内阁危机管理中心和内阁信息集约中心。① 内阁危机管理中心作为政府开展危机管理活动的中枢机构,采取24小时全天候机制。当紧急事态发生时,内阁危机管理中心下设内阁对策室,室长由内阁危机管理总监兼任,各个省厅派遣局长组成对策室成员。内阁信息集约中心迅速收集和确认疫情相关信息,并在第一时间向政府主要领导报告。危机管理中心根据内阁信息集约中心提供的信息召开紧急会议,提出应对方案,为决策提供参考。当紧急事态发生时,根据《事态对策法》第10条第1项,由内阁总理大臣设立紧急对策本部,由紧急对策本部调整各省厅的权限。截至5月20日,新冠病毒传染病对策本部召开了34次会议,传染病对策专家会议召开了14次(见表6-3)。

表6-3　　　　日本内阁新冠病毒对策本部会议主要内容

日　期	主要内容
1月27日	根据《传染病法》,日本政府将此次新冠病毒认定为"指定传染病"
1月30日	本部召开第1次会议,制定《基本应对方针》,劝国民延期访问中国,加强检疫检查,完善医疗机制
2月13日	本部制定了紧急对策,并安排153亿日元的预算。紧急对策包括国内感染对策、提前应对措施及旅游业影响对策
2月14日	对策本部为了听取医学等领域专家意见,启动新冠病毒对策专家会议(以下简称专家会议)。专家会议会长由国立传染病研究所所长担任,成员由大学和研究机构的相关研究人员组成
2月25日	日本新冠病毒对策本部公布了基本方针:一是防止传染病扩大及早日结束流行期,尽可能控制患者人数及流行规模。二是尽最大努力减少重症患者发生率。三是努力控制疫情对经济社会的影响。根据基本方针,制订了第一轮应对方案
2月26日	安倍首相(兼任本部长)发表讲话,呼吁国民停止大型活动。对于政府来说,这一两周是防止新冠病毒传染的关键时期,因此劝国民尽量取消全国性体育赛事及文化活动
3月9日	安倍首相宣布新冠肺炎疫情为"历史性紧急事态",这也是日本历史上首例"历史性紧急事态"

---

① 首相官邸「我が国の危機管理について」、http://www.kantei.go.jp/jp/singi/ka_yusiki/dai2/siryou2.pdf [2020-03-18]。

续表

日期	主要内容
3月14日	新冠肺炎被列入《新型流感等对策特别措施法》，安倍首相必要时可以宣布指定地区进入紧急状态
3月18日	对策本部制定了针对生活不稳定者的紧急对策，允许此类人员推迟缴纳社会保险费等公共费用
4月7日	安倍首相宣布7个地区进入紧急状态，同时提出紧急经济振兴对策
4月16日	安倍首相宣布将紧急状态扩大到全国
5月14日	安倍首相宣布解除东京都、大阪府等8个都道府县之外的39个县的紧急状态
5月25日	安倍首相宣布全面解除紧急状态

资料来源：首相官邸「政策会議」，https：//www.kantei.go.jp/jp/singi/novel_coronavirus/taisaku_honbu.html［2020－05－25］。

2. 建立由中央到地方的多层次公共卫生危机管理系统，多部门协同作战

日本公共卫生危机管理机制分为三级政府两大系统。三级政府是指国家（厚生劳动省）、都道府县及市町村。两大系统是指国家层次和地方层次的公共卫生危机管理系统。国家层次的由厚生劳动省、厚生劳动省派驻的8个地区分局、13家检疫所、47所国立大学医学系和附属医院、62家国立医院、125家国立疗养所、5家国立研究所构成。[1] 地方层次的由都道府县卫生健康局、卫生试验所、保健所、县立医院、市町村保健中心构成。当国家突发公共卫生危机事件时，根据地方自治制度及《传染病法》的相关规定，国家、地方政府及国民必须履行相应的义务和责任。保健所是日本公共卫生管理系统的核心机构，负责防治传染病。截至2020年5月，日本全国各地有472家保健所。[2] 根据既定方针，政府加强与医师会、医疗机构、警察、消防、地方卫生研究所、日本中毒信息中心、教育委员会、红十字会、自卫队等相关机构的联系，同时积极听取专家意见，以减少疫情对居民健康、生

---

[1] 清华大学公共管理学院危机管理课题组：《国外公共卫生突发事件应对体系》，《医疗管理论坛》2003年第8期。

[2] http：//www.phcd.jp/03/HCsuii/pdf/suii_temp02.pdf［2020－06－08］。

活、社会秩序的影响。①

3. 制定完善的应对突发公共卫生事件的应急预案

一是传染病监测。2020年1月中旬日本国内出现首例患者，政府立刻启动"水际对策"，即加强港口、机场检疫，防止新冠病毒侵入日本国内。后随着疫情的发展，充分考虑日本医疗供给体制承受能力的前提下，在全国范围内有条件地实施核酸检测，从而防止医疗体系崩溃，达到有效控制疫情的目的。二是下发指导方针。针对新冠肺炎，厚生劳动省根据疫情进展不定期下发有关指导方针，详细说明传染病的特征、危害、防治措施和注意事项等。三是疫情通报。为了便于公众了解疫情全貌，厚生劳动省每天发布疫情通报。四是重视普及防疫知识。日本政府利用网络、电视、报纸等多种形式和渠道向公众介绍相关知识。例如，政府要求公众回避"三密（密闭、密集、密切）"，即回避封闭空间（空气不流通的空间）、密集场所（人员拥挤的场所）及密切接触（交谈时尽量保持双方伸手的距离），从而减少被传染的风险。尤其在社会舆论及公众防范恶性传染病的意识方面，常态化的卫生事件教育起到了积极作用。比如，通过NHK特别节目向社会发出过警告："一个人类从未经历过的'超级感染威胁时代'即将到来。"②

（三）日本公共卫生危机管理机制特点

1. 从机构设置到具体措施重视法制化和程序化

日本政府根据危机的不同种类和不同阶段，依法应对，确保危机管理的依法行政，使政府危机管理机制高效、稳定运转。根据《内阁法》，为应对国家危机，在内阁官房常设内阁危机管理总监一职，协助官房长官处理危机管理相关事务。当公共卫生危机发生时，立刻设立对策本部，由对策本部负责制定针对性、操作性强的对策。对策本部长由总理大臣担任，厚生劳动大臣及其他大臣担任对策本部成员。同时，在

---

① 高梓箐：《日本地方公共卫生应急管理体系及新冠肺炎疫情的应对》，《东北亚学刊》2020年第3期。

② 高洪：《日本的危机管理体制与新冠肺炎疫情防控》，《人民政协报》2020年5月11日。

内阁设立内阁危机管理中心。此次新冠肺炎疫情发生后，日本政府严格按照《传染病法》《检疫法》《新型流感等对策特别措施法》，设立相应机构，采取相应对策。同时，制定了标准化的公共卫生危机管理行动方案。这一方案沿用了应对SARS疫情的方案，只是根据疫情的严重性，做出了相应调整。从SARS到新冠肺炎疫情，方式方法具有程序化的特点。因此，两次危机采取的很多措施几乎相同。如及时向国民、企业及社区提供信息；准确掌握国内疫情情况；完善医疗保障（咨询中心、门诊及住院）措施；对受疫情影响的中小企业提供低息贷款及对家庭提供现金补贴等。

2. 采取中央—地方相互协调的危机管理模式

日本地方自治体既有相对独立的危机管理体系，又有与中央相互协调的机制。新冠肺炎疫情发生后，中央政府充分尊重地方自治体的自主权，保证各地因地制宜采取应对措施。疫情刚暴发时，北海道地区与其他都府县相比，疫情较为严重，因此安倍尚未宣布国家进入紧急状态时，北海道知事率先宣布进入紧急状态。按照日本地方自治的法律条款，中央政府无法强制要求地方采取统一行动，只能"呼吁"或"要求"地方配合中央政府，但一旦中央政府宣布国家进入紧急事态，那么中央有权要求地方听从中央命令。面对越来越严峻的疫情，2020年3月2日，安倍首相在参议院预算委员会上表示要修改相关法律。3月14日，新冠肺炎被列入《新型流感等对策特别措施法》，规定首相必要时可以宣布指定地区进入紧急状态。4月7日，安倍首相根据传染病对策专家会议提出的意见，宣布日本进入紧急事态宣言。在紧急状态下，各都道府县成立新冠肺炎对策本部，本部长由都道府县知事担任。各地响应中央政府的号召，根据本地区实际情况针对性地采取应对措施。当个别地方疫情严重时，中央政府根据地方政府的请求对其进行全面支援。

3. 日本政府严格按照客观数据和专家意见科学决策

日本政府在内阁设立信息集约中心，及时收集并分析处理国内外疫情信息，并直接提供给对策本部成员及专家会议。对策本部为了听取医学等领域专家意见，启动新冠病毒对策专家会议，专家会议会长由国立传染病研究所所长担任，成员由大学和研究机构的相关研究人员组成。

对策本部每次决策之前都要听取专家会议的意见，避免决策失误引起财力、物力、人力浪费，实现有效、科学的决策和施策。这次新冠肺炎疫情发生后，安倍首相充分听取专家意见后才制定"重点救治重症患者，最大限度减少死亡，防止医疗机制崩溃"的应对疫情基本方针。日本政府根据上述方针，通过在咨询、检测及治疗上设定较高门槛，排除轻症患者，重点救治重症患者。同时，通过呼吁国民保持自律，尽量不聚集、不参加大型活动，有效管控了疫情，保障了社会活动和经济活动正常进行。

4. 通过政府网站透明、准确、全面公布疫情相关信息

日本政府对疫情有关的信息实行一元化管理，对外公布信息采取一体化应对体制。比如，厚生劳动省负责发布新冠肺炎疫情动向，保证信息的透明、准确、全面。同时，在首相官邸网站和厚生劳动省网站上刊登各种应对新冠肺炎疫情的方法和常识，使公众通过政府网站详细了解相关信息。为了提高应对危机的能力，政府将最新技术应用于政府危机管理系统。信息化建设一直是日本政府危机治理机制建设的重点所在。在信息提供方面，日本不断使用先进的科学技术检测突发公共卫生事件潜在风险，从疫情暴发检测到信息共享平台，不断进行技术创新，及时发现突发事件并迅速评估潜在公共卫生后果。[1] 在收集与汇总、新冠肺炎疫情的预测、救助及流行病学调查等方面，大数据和人工智能技术发挥了重要作用。比如，委托日本搜索引擎对公众进行新冠肺炎疫情问卷调查，以此来判断疫情蔓延程度及公众对政府举措的反应。

二 韩国公共卫生危机管理机制内容及特点

（一）韩国公共卫生危机管理相关法律机制

为了应对新冠肺炎疫情，2020年2月26日，韩国国会通过了《传染病预防与管理法》《检疫法》《医疗法》的部分修订案，统称

---

[1] 周忠良：《国外突发公共卫生事件应对体系比较》，《人民论坛》2020年第10期。

"新冠三法",为应对新冠肺炎疫情奠定了法律基础。《传染病预防与管理法》修订案规定,当传染病预警级别达到二级"注意"阶段,就向老年人、儿童及贫困人员提供口罩等防护用品。该法案还规定当药品、口罩等价格暴涨或供应短缺时禁止出口,对于违反法律,出口药品及防护用品的,处以罚款。该法为隔离传染病疑似患者及流行病学调查提供了法律依据。如疑似患者拒绝接受检查或拒绝向保健医疗机构提供个人活动轨迹信息,将处以300万韩元以下罚款。对违反自我隔离措施或拒绝住院治疗的,处以1000万韩元以下罚款或判处一年以下有期徒刑。[①]《检疫法》修订案规定,保健福利部长官必须每五年制订一次检疫管理基本计划,准许保健福利部通过信息系统获得相关信息,允许检疫机关使用信息化设备。该法为设置及运营检疫所提供了法律依据,并规定国家有义务对检疫人员进行定期业务培训。按照该法,政府有权拒绝传染病发生国人员或存在传染危险的国家人员入境。《医疗法》修订案规定,由保健福利部长官负责建立医疗监督体系,对感染源进行医学监督,以防医疗机构被感染。该法要求政府建立诊疗记录保管体系,以保证医疗机构休业或停业时能够安全保管相关诊疗记录。

(二)韩国公共危机管理行政机制

1. 设立疾病管理本部,由本部全权负责公共卫生危机管理

韩国疾病管理本部隶属于保健福利部,是韩国公共卫生预警及应对指挥部,在公共危机管理中发挥核心作用。疾病管理本部制订及修改疾病管理相关计划;负责申报及管理传染病;收集、分析及交换信息;开展流行病学调查、分析传染病特点、支援地方自治体的流行病学调查;制定传染病实验室检查计划和检测标准;制定传染病病原体的国家标准,确立标准检测法;分析传染病病原体的分子特点;制订传染病污染地区入境检疫计划及统一管理。疾病管理本部设有紧急状

---

① https://namu.wiki/w/%EC%BD%94%EB%A1%9C%EB%82%98%203%EB%B2%95 [2020-05-09].

况中心、传染病管理中心、传染病分析中心、疾病预防中心四个中心和国立保健研究院、国立检疫所两个机构。紧急状况中心集中统一管理所有与传染病有关的信息，协助相关机构对现场进行指挥、管控和支援。该中心下设五个职能处，即危机应对及生物反恐处、检疫支援处、资源管理处、危机分析国际合作处、新型传染病应对处。危机应对及生物反恐处下设 24 小时紧急状况室。紧急状况室负责实时收集国内外传染病信息，实时应对传染病发生，迅速判断传染病危机等级，派遣现场应急对策小组，与相关部门协同对现场进行指挥。国立检疫所对传染病污染地区入境人员进行检疫；对检疫阶段所发现的疑似患者、接触人员进行跟踪调查并通报各市（道）；管理和监督检疫区域内媒介，检测传染病病原体。

2. 建立政府加强传染病预警系统，根据预警级别采取相应措施

韩国传染病预警系统分为关心（蓝色）、注意（黄色）、警戒（橙色）、深刻（红色）四个等级（见表6-4）。新冠肺炎疫情暴发后，韩国政府迅速启动传染病预警系统，严格按照预警系统采取相应措施。

表6-4　　　　　韩国传染病预警系统与新冠肺炎疫情

等级	危机类型及措施	新冠肺炎疫情期间相应措施
一级 关心 （蓝色）	类型：国外发生和流行新型传染病 　　　国内发生不明原因传染病 措施：建立传染病对策班子 　　　监测和监控危机程度 　　　采取现场防疫措施	1月8日，中国湖北省武汉市发生新冠肺炎疫情，韩国政府启动危机警报，进入"关心"阶段。韩国疾病管理本部紧急状况中心负责密切关注国外疫情动向
二级 注意 （黄色）	类型：出现输入性传染病 　　　国内出现传染病 措施：设立中央防疫对策本部 　　　实施现场防疫 　　　加强监测及监控	1月20日，出现第1例新冠肺炎患者，进入"注意"阶段。疾病管理本部设立中央防疫对策本部，本部长由疾病管理本部长兼任。本部实施流行病学调查，并协调地方自治体做好防疫工作
三级 警戒 （橙色）	类型：在局部地区出现传染病 　　　传染病在社会传播 措施：启动中央事故处理本部 　　　加强跨部门、跨机构合作 　　　加强防疫及监控	1月27日，出现4名确诊患者，进入"警戒"阶段。保健福利部成立中央事故处理本部，由保健福利部长官担任本部长。中央事故处理本部加强医疗机构应对能力，采取早发现早隔离措施

续表

等级	危机类型及措施	新冠肺炎疫情期间相应措施
四级深刻（红色）	类型：在社会传播或在全国蔓延 措施：总理主持政府扩大会议，动员政府力量 启动中央灾难安全对策本部	2月23日，新天地教会出现大规模集体感染事件，进入最高阶段"深刻"。政府成立中央灾难安全对策本部，由总理担任本部长

资料来源：根据疾病管理本部网站的《传染病预警系统》等内容整理，http：//www.cdc.go.kr/contents.es？mid = a20301020300［2020 - 04 - 15］。

3. 制定传染病预防及管理相关对策，迅速应对疫情

传染病预防及管理相关对策包括完善传染病应对体系、建立健康合作体系、加强传染病预防管理措施、搭建传染病技术创新平台、提升应对传染病的基础（见表6 - 5）。主要通过早期发现传染病并迅速应对，加强相关组织机构及体系，从而保护国民健康和生命。搭建应对传染病的技术创新平台，致力于早期探测、危险分析、迅速诊断、治疗药物及疫苗开发。

表6 - 5　　　　　　　　韩国传染病预防及管理相关对策

序号	相关体系	具体对策
1	完善传染病应对体系	加强应对传染病的能力；应对生物恐怖传染病的体系；应对新型传染病的体系；应对不明原因集体传染事件；防止灾难及军队内传播传染病
2	建立健康合作体系	探明输入性及食品媒介传染原因；防止呼吸性传染病在社区传播；加强抗生素耐药性管理及研究
3	加强传染病预防管理措施	医疗相关感染管理；预防病毒感染及转为慢性
4	建立传染病技术创新平台	建立迅速而准确的监督体系；加强新一代传染病信息系统；建立实验室诊断检测体系；做好传染病病原体安全管理；实现国家防疫体系和研发体系间的协同
5	加强应对传染病的基础	建立国家疫苗供给体系；加强公共疫苗研发基础；通过严格检疫杜绝国内流入；加强传染病危机沟通机制；加强国际合作，培养人力资源

资料来源：韩国疾病管理本部：《2020年度传染病管理事业指针》，http：//www.cdc.go.kr/board.es？mid = a20507020000&bid = 0019&act = view&list_no = 36561［2020 - 04 - 15］。

(三) 韩国公共危机管理机制特点

1. 建立从中央到地方的应急管理指挥系统

韩国政府根据传染病预警系统的不同等级，采取不同的应对措施。在预警一级（关心）和二级（注意）阶段，由保健福利部所属疾病管理本部负责管理疫情。一旦发生疫情，疾病管理本部迅速成立中央防疫对策本部，启动24小时应急管理体系，统一监控患者、诊断检查疑似病例。地方自治体也启动防疫对策班子，加强对社区患者的监控及接触人员的管理。疫情升级到三级（警戒）阶段，就由保健福利部直接管理疫情。保健福利部成立中央事故处理本部，由保健福利部长官担任本部长。保健福利部协同国防部、警察厅、地方政府共同抗疫。升级到四级"深刻"（最高级别）阶段，中央启动中央灾难安全对策本部，本部长由国务总理担任，举全国之力全力应对疫情。中央灾难安全对策本部成立两个本部，一个是中央事故处理本部，由保健福利部长官兼任，主要负责中央防疫对策事务；另一个是泛政府支援本部，由行政安全部长官兼任，负责协调中央及地方自治体间的关系。各地也纷纷设立灾难安全防疫对策本部，动员公共和民间医疗机构积极配合政府共同应对疫情。以首尔市铜雀区为例，由区长兼任本部长，举办紧急会议，积极应对新冠肺炎疫情。开设鉴别诊所，建立区域防疫体系。社区保健所和指定诊所收治新冠肺炎疑似患者。为了防止医院交叉感染，保健所增加新冠肺炎诊疗业务，人员从10人增加到17人，分3组（总务组、防疫组、调查组）应对疫情。铜雀区政府同辖区内的757家诊所、医院和药店合作，要求有症状的患者不要直接前往医院，而是先到保健所进行咨询和诊疗。总务组主要负责应对传染及对外合作、防疫物品管理。防疫组主要负责对居住空间、公共设施、公交站、道路进行消毒。调查组主要负责保护居民，上门护士调查居民疫情动向、易感染人群管理、接受居民咨询。

2. 采取"早准备、多检测、重隔离"的防疫措施

当中国发生新冠肺炎疫情后，韩国政府认为疫情迟早会扩散到韩国。因此，2020年1月中旬，中国政府发布病毒基因序列后，韩国政

府迅速批准研发检测系统。卫生部门、研发机构及制药公司合力生产出检测试剂和设备。经政府紧急批准后迅速投放市场，保证全部疑似患者尽快得到检测并得到及时治疗。为了早期发现传染病患者，韩国政府指定鉴别诊所和专门检测机构进行检测和接受咨询。有症状的人首先要拨打1339或120，或到离家近的鉴别诊所或辖区保健所接受咨询和检查。鉴别诊所主要针对有咳嗽、发热等传染病疑似症状的患者进行诊疗。截至2020年3月16日，全国共有635家保健所和医疗机构开设了鉴别诊所，其中94.8%（602家）可以直接进行检测。[1] 在韩国，能进行诊断检查的机构共有118家，其中公共机构23家、医疗机构81家、检查机构14家，诊断试剂厂家5家。韩国采取应测尽测的防疫手段，只要怀疑自己被感染，不管有无症状，都可以接受免费检测。韩国采取世界上最先进的免下车检测、简易亭检测等多种检测方式，做到短时间内大量检测，从而避免医护人员及医院内部感染。检测过程只需十分钟，检测后48小时内通过手机APP通知检测结果，准确率高达98%。截至5月14日，核酸检测数累计达到71.1万件，单日可检测近两万人。韩国根据症状轻重，采取分级治疗模式，轻症患者居家隔离，重症患者集中住院，从而防止医疗体系崩溃。国立中央医院专门收治新冠肺炎重症患者。利用公共培训大楼和大企业培训大楼收治轻症患者及疑似患者。

3. 充分利用高科技优势有效控制疫情

韩国作为IT强国，利用IT技术和大数据对新冠肺炎患者进行管理，开展流行病学调查（见表6-6）。政府同信用卡公司合作，了解患者活动轨迹，并进行追踪，从而及时控制疫情扩散。主要通过查看确诊患者的信用卡使用情况、检查探头、定位手机位置等方式掌握确诊患者活动轨迹，并向社会公布，防止追加感染，确认接触情况。比如，首尔九老区某大厦发生集体感染事件后，政府利用手机信号对曾在大厦内停留过5分钟以上的人员进行查找，共找到16628人，并通过打电话、发短信等方式询问有无症状。尤其是传染病检测技术和诊断试剂的前沿性、集

---

[1] 韩国中央灾难安全对策本部：《大韩民国防疫体系》，http：//ncov.mohw.go.kr/［2020-04-01］。

成性、系统性和标准化方面达到国际先进水平。

表6-6 韩国利用IT技术抗疫的案例

序号	案例	主要内容
1	自诊APP（入境者管理）	要求入境人员在手机上安装自我诊断新冠肺炎症状的APP，如果连续两天出现相关症状，就要求做病毒检测
2	自我隔离安全保护APP	对于与确诊患者有过接触的疑似人员，要求自我隔离一段时间，并通过手机实时上传健康状况，接受有关部门监督
3	人工智能护理呼叫	韩国最大搜索引擎（NAVER）的人工智能（AI）系统自动连接监视器，并将监视结果上传给政府有关部门
4	口罩隔5日轮购制	为了向国民公平提供购买口罩的机会，采取轮购制，按照出生年月日最后尾数购买口罩
5	口罩位置通报APP	向国民实时通报口罩销售店铺位置、库存情况、入库时间等信息，方便购买
6	公开确诊者信息系统	用短信将灾难有关的预报、警报、通知及应急措施发送给国民
7	自我隔离制度	为了管理疑似患者等非住院患者居家隔离而采取的措施
8	鉴别诊所查询APP	与医院分离的地点设立鉴别诊所，对疑似患者进行车内核酸检测
9	生活治疗中心	开辟国家公共设施和大企业进修用建筑，收治轻症患者
10	国民安心医院	疫情期间其他疾病患者能够利用的医疗机构

资料来源：《韩国应对新冠肺炎受到世界瞩目》，韩国《世界日报》2020年5月7日。

4. 通过信息公开、透明，获得国民理解与支持

疫情发生后，政府第一时间提供公开迅速、准确、透明的信息。一开始就以完全透明的方式应对这场疫情，从而赢得了公众的信任和支持。在现代社会里只有国家才能最方便地获取和传达最全面的信息，国家对相关信息和事态的敏感度和对信息与事态的负责任的处理在应对传染病时尤其是在初期的防扩散黄金时期至关重要。[1] 而韩国应对2015年中东呼吸综合征时迟迟不肯公开患者入住过的医院名单等信息，引起国民恐慌及愤怒，导致国民对政府失去信心和信任。面对新冠肺炎疫情，

---

[1] 葛小辉：《2015年韩国MERS事件：分析与思考》，《韩国研究论丛》2015年第2期。

政府认识到只有信息披露和信息对称有助于国民了解疫情全貌，客观判断疫情现状，才能配合政府做好应对疫情的工作。政府充分尊重国民知情权，公开透明发布信息，让国民安心放心。因此，政府并未因疫情出现而压制言论和阻碍信息传播。韩国中央防疫对策本部每天两次通报（后改为一次）最新疫情动态，并开设新冠肺炎疫情专用网站，发布各种疫情统计信息、政策信息、注意事项。尤其是确诊患者的基本信息、确诊前的活动轨迹、家庭住址等信息。疫情发生后，国民自觉向政府提出很多建设性解决方法，民间诊所和医院也积极协助政府做好防疫工作，并主动上报及收集流行学调查所需信息。同时，居民防疫团和防疫协会积极协助地方政府做好传染病预防管理。

三　日韩两国公共卫生危机管理经验对中国的启示

因各国政治制度、法律制度、历史经验及医疗机制等各方面的特殊性，任何经验都不能照搬照抄，只能活学活用。从此次新冠肺炎疫情发生后日韩政府采取的措施及公共卫生危机管理相关法律、行政机制可以得到以下几点启示。

（一）日韩两国制定和完善公共卫生危机相关立法，使疫情治理有法可依

由于日本是自然灾害及疫情多发的国家，非常重视相关立法工作。日本为应对公共卫生危机事件，制定了《传染病法》（1998年）和《检疫法》（1951年）。2020年3月13日，为了应对新冠肺炎疫情，修改了《新型流感等对策特别措施法》（1998年制定）。而韩国政府暴发新冠肺炎疫情后高度重视疫情发展情况，积极吸收2015年中东呼吸综合征（MERS）的惨痛教训，及时修改《传染病预防与管理法》《检疫法》《医疗法》等法律，构建了应对突发公共卫生危机的法律体系，并以此为基础建立了公共卫生危机管理机制。可见，日韩两国应对新冠肺炎疫情的措施都是通过法制化手段来实现的，这为公共卫生危机管理提供了依法行政的制度保障，使得政府主导的防控措施可靠、高效、稳定。日韩两国实行地方自治，各个地方政府相对独立，有权决定重大公共卫生危机事件。一旦发生危机，地方政府可以不用等待中央政府的决策和指示先进行危机处理。因此，我国可以借鉴日本经验，通过立法，适度扩大地方政府在突发公共卫生危机时的处置权限。目前，我国应对公共卫生危机管理的最主要法律是《传染病防治法》（2013年修改）和《突发事件应对法》（2007年）。我国可以制定《传染病对策特别措施法》，从而完善现有的综合协调、分类管理、分级负责、属地管理为主的应急管理机制。

（二）日韩两国民间组织和志愿者队伍发挥了重要作用

自新冠肺炎疫情暴发以来，日韩两国很多民间组织为中国捐赠了大量支援金、口罩及医疗防护用品。1998年12月，日本颁布了《特定非营利活动促进法》（即NPO法），将保健、医疗、福利、社会教育、环境保护等12个与市民生活息息相关的领域作为法律允许的NPO法人的活动范围，从法律上保障了非营利组织的权益。而韩国于2017年制定了《志愿服务活动基本法》，将社会福利、保健、地域开发、环境保护等领域纳入志愿服务活动范围，以法律的形式保障了各种志愿活动，推动了民间组织的发展。同时，在公共危机管理中强调政府、社会组织和公众互动的管理模式。日本提倡建立携手互助的社会体系，以"自己的生命自己保护""自己的城市和市区自己保护"作为基本宗旨，改变以行政中心的救灾体系，提出以行政、企业、非政府组织、非营利团体和社区（居民）以及志愿者团体等多方合作的"公救""共救""自救"体系。[①] 此外，日本各地政府都制定了危机志愿者制度，对志愿者进行登记，建立志愿者数据库。建立专职和兼职相结合的危机队伍，兼职队伍由公民参加，接受专业培训。如医生、心理咨询师、外文翻译人员都属于危机所需要的人员。政府定期向其提供免费灾害训练和语言培训。当发生疫情时政府会联系志愿者，派遣到咨询窗口提供咨询服务，向外国人讲解疫情相关知识，派遣到医院担任医疗口译。心理咨询师可以帮

---

① 孙茜：《试析日本危机管理机制的特点》，《江西公安专科学校学报》2006年第3期。

助患者及疑似人员缓解紧张情绪。截至 3 月 17 日，韩国已经有 16 万志愿者通过志愿者服务中心活跃在社会各领域。这些志愿者主要从事消毒及防疫、支援被隔离人员、物品配送工作。其中 9 万多人参与公共设施消毒作业，3 万人参与制作防护用品，1 万人参加新冠肺炎疫情讲解宣传，8000 多人参加物品配送，2000 多人参与咨询，3000 多人在药店帮忙发放口罩。全国 246 家志愿者服务中心通过打电话、配送生活用品及送餐等方式向孤寡老人表达爱心。[①] 可见，通过立法形式保护志愿活动，可以聚集社会力量，整合社会资源。组织公众和非政府组织等社会力量参与到突发公共卫生事件的应急事务中，有利于提高危机管理的效率，实现政府与社会功能的互补。

（三）日韩两国政府尊重国民知情权，及时公开信息，获得国民理解与支持

疫情发生后，日本厚生劳动省第一时间通过网站及时发布疫情相关信息，其内容包括日本国内疫情、日本以外的疫情、政府采取的措施。当出现第 1 例病例后，厚生劳动省向国民发出了《致全国国民的一封信》《新冠病毒常见问题解答》。此外，日本国土交通省、外务省、内阁府、首相官邸、国立传染病研究所等机构发布有关新冠病毒有关的重要信息，便于民众了解。政府作为信息发布者，毫不隐瞒地给民众提供具体的危机情况，并进行详细的解释。只要信息充分，即使政府的措施慢半拍或不充分，还是能得到民众理解。例如，这次日本核酸检测跟不上，但因为政府做了充分的解释工作，所以国民还是表示理解和支持。另外，也非常重视对外国人的信息传递。比如，进入首相官邸网站，就能看到用英语、汉语介绍的传染病防治对策。[②] 而韩国政府将抗疫作为政府首要议题，高度重视疫情发展动向，及时采取对策，并迅速向国民公开相关信息。韩国政府利用各种网站及媒体积极进行宣传，利用手机

---

① 韩国行政安全部：《全国 16 万人参与新冠肺炎抗疫活动》，https：//www.mois.go.kr/srch.jsp［2020 - 03 - 20］。
② 内阁府『新型コロナウィルス感染症対策』、https：//www.cas.go.jp/jp/influenza/novel_coronavirus.html［2020 - 03 - 20］。

短信发送最新疫情动态,传递注意事项,积极引导国民合作抗疫。这种做法使赢得国民高度信任和支持,为提高国民意识和自发参与抗疫活动发挥了重要作用。国民了解真相后,积极配合政府,自觉减少外出活动。韩国政府在规范、引导和服务中很好地发挥了社会疏导能力,取得了明显效果。[1] 可见,只有政府信息公开透明,才能避免国民恐慌情绪,才能赢得国民信任,从而有效应对疫情。

---

[1] 王生:《从疫情防控机制看韩国应急管理体系》,《人民论坛》2020年第10期。

后　　记

当前，新冠肺炎疫情仍持续全球蔓延态势，成为深刻影响经济社会发展、国家间关系、国际格局及秩序变动的重大变量。2020年4月11日，中国社会科学院日本研究所联合南开大学日本研究院、复旦大学日本研究中心、天津社会科学院日本研究所、河北大学日本研究中心、辽宁大学日本研究所、东北师范大学日本研究所等国内专事日本研究的多家机构，共同举办了"新冠疫情冲击与新时代中日关系"视频学术研讨会。会上，30余位知名专家发表了最新研究成果，逾百位研究人员、政策专家及媒体人士在线参与，会议精彩纷呈，不乏真知灼见。为此，我们特以会上展现的优秀成果为基础，并进一步吸收会议外高质量论文，形成了这样一部具有体系完整性的研究专著，以飨广大读者。

本书围绕新冠肺炎疫情给日本与东亚带来的现实及潜在影响，从"疫情与全球及区域形势""疫情对日本经济的影响及其未来走向""疫情对日本政治外交的影响及其未来走向""疫情对中日及区域合作的影响及其未来走向""疫情对中日关系的影响及其未来走向""疫情与公共卫生管理体制"等多个角度进行了深入分析，均为疫情暴发以来的最新研究成果。希望本书的出版，能够进一步推动该领域的深化研究，并为中国政府制定相关政策提供参考。

衷心感谢中国社会科学出版社赵剑英社长、王茵副总编辑、王衡编辑，以及《日本学刊》编辑部李璇夏、张耀之、陈梦莉等各位年轻同事为本书编校出版提供的宝贵支持及付出的辛勤努力。

由于编者水平及时间所限，书中错漏舛误之处在所难免，敬请广大读者朋友和业内专家同行不吝批评指正。

编者

2020年11月